DVB

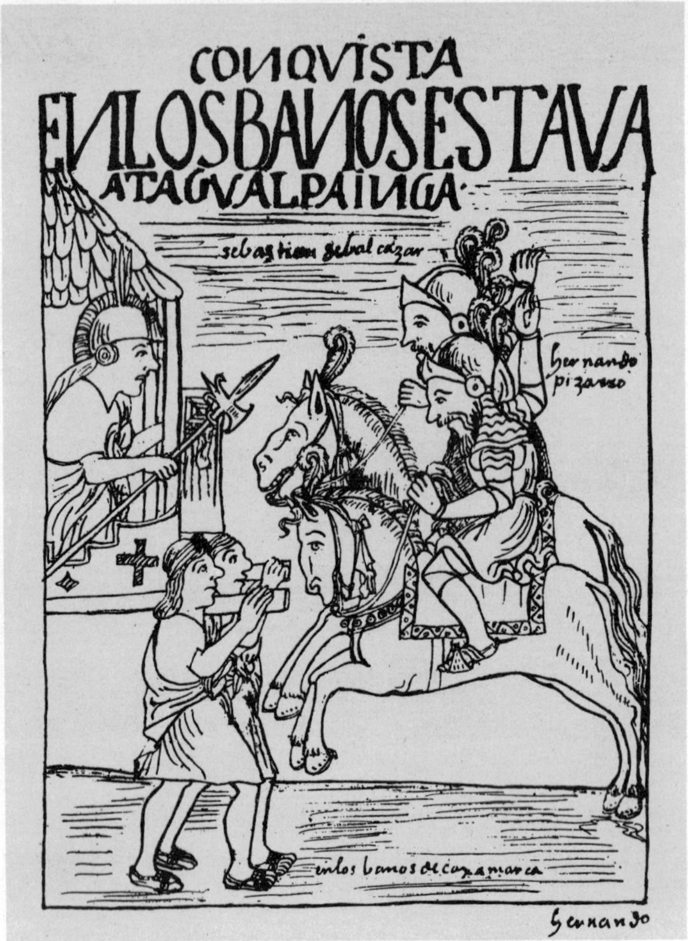

Der Inka Atahualpa vor seiner Gefangennahme

WILLIAM PRESCOTT

DIE EROBERUNG PERUS

MIT 20 INDIANISCHEN ABBILDUNGEN

DIETERICH'SCHE
VERLAGSBUCHHANDLUNG
LEIPZIG

SAMMLUNG DIETERICH BAND 344 (GROSSFORMAT)

Originaltitel: History of the Conquest of Peru
Unter Benutzung der Übersetzung von Julius Herrmann Eberty
aus dem Amerikanischen von Barbara Cramer-Nauhaus
Mit einem Nachwort von Peter Neumann

ISBN 3-7350-0001-0

KULTUR DES INKAREICHS

Eine Karte von Peru zur Zeit der Eroberung findet sich nach Seite 384

I

Von den zahlreichen Völkern, die das große amerikanische Festland zur Zeit seiner Eroberung durch die Europäer bewohnten, waren zweifellos die Mexikaner und Peruaner in Macht und Gesittung am weitesten vorgeschritten. Doch befanden sie sich auch auf gleicher Höhe, so unterschied sie andererseits die Art ihrer Kultur, und wer in Geschichte und Entwicklung des Menschengeschlechts einzudringen sucht, dürfte begierig sein, die verschiedenen Schritte zu verfolgen, durch welche die beiden Völker versuchten, sich aus dem Zustand der Barbarei zu erheben und eine höhere Sprosse menschlicher Bildung zu erklimmen. In einem früheren Werk habe ich mich bemüht, Einrichtungen und Wesensart der alten Mexikaner sowie die Geschichte der spanischen Eroberung Mexikos zu schildern. Dieses Buch nun ist den Peruanern gewidmet; und sollte ihre Geschichte an Seltsamkeiten und auffallenden Gegensätzen auch weniger reich sein als die der Azteken, so dürfte das ansprechende Bild einer wohlgeordneten Verwaltung und eines stetigen Gewerbefleißes unter der patriarchalischen Herrschaft der Inka doch in gleichem Maße unserer Teilnahme gewiß sein.

Das peruanische Reich erstreckte sich zur Zeit seiner Entdekkung durch die Spanier ungefähr vom 2. Grad nördlicher bis zum 37. Grad südlicher Breite längs des Pazifiks, über das Gebiet der späteren Staaten Ekuador, Peru, Bolivien und Chile. Seine Ausdehnung landeinwärts ist schwer zu bestimmen; zwar war es im Westen überall vom Ozean begrenzt, doch gegen Osten breitete sich stellenweise weithin jenseits der Berge bis an die Grenzen wilder Länder aus, deren genaue Lage sich nicht feststellen läßt oder deren Namen aus der Geschichte verschwunden sind. Gewiß ist indes, daß seine Breite in gar keinem Verhältnis zu seiner Länge stand.

Die geographischen Gegebenheiten des Inkareichs sind sehr merkwürdig. Ein Streifen Land, selten über sechzig Meilen[1] breit, zieht sich an der Küste hin und wird in seiner ganzen Ausdehnung durch einen riesenhaften Gebirgszug begrenzt, der, von der Magalhäesstraße ausgehend, seine größte Höhe – zugleich die größte Höhe des amerikanischen Festlands – etwa beim 17. Grad südlicher Breite erreicht und nördlich des Äquators, wo er dann in die Landenge von Panamá einmündet, allmählich zu mäßiger Höhe abfällt. Das sind die berühmten Kordilleren oder Anden, die ›Kupferberge‹, wie die Eingeborenen sie nannten, obgleich man sie mit größerem Recht ›Goldberge‹ hätte nennen können. Zuweilen einen einzelnen Gebirgszug bildend, öfter aber in zwei oder drei parallele oder schräg aufeinander zulaufende Ketten aufgespalten, erscheinen sie dem Reisenden vom Meer aus als ein einziger ununterbrochener Gebirgskamm, und die ungeheuren Vulkane, für die Bewohner des Tafellandes selbständige, voneinander getrennte Massive, muten ihn nur wie verschiedene Gipfel des einen riesenhaften und großartigen Höhenzuges an. So ungeheuer ist der Maßstab, nach dem die Natur in diesen Regionen gearbeitet hat, daß der Beschauer nur aus großer Entfernung einigermaßen das Verhältnis der verschiedenen Teile zu dem staunenswerten Ganzen erfassen kann. Wenige Werke der Natur vermögen einen erhabeneren Eindruck zu vermitteln als diese Küste, wenn sie sich dem Auge des Seefahrers auf den fernen Gewässern des Pazifiks allmählich entfaltet, einen Berg über den andern türmend, mit der herrlichen, weit über den Wolken glänzenden Schneekuppel des Chimborazo gleichsam als himmlischer Krone.

Die äußeren Gegebenheiten des Landes scheinen den Zwecken des Ackerbaus und Verkehrs gleich ungünstig. Der sandige Küstenstreifen, wo es niemals regnet, wird nur von wenigen dürftigen Wasserläufen genährt, ein merkwürdiger Gegensatz zu den ungeheuren Wassermassen, die von den östlichen Flanken der Kordilleren dem Atlantischen Ozean zuströmen. Ebenso ungeeignet für die Bemühungen des Landmanns scheinen die steilen Ab-

[1] eine englische Meile = 1,609 km

hänge der Sierra mit ihren zerklüfteten Porphyr- und Granitwänden, in den höheren Regionen bedeckt mit Schnee, der unter der brennenden Sonne des Äquators niemals schmilzt, es sei denn durch die zerstörende Kraft vulkanischen Feuers. Auch sollte man meinen, daß eine Verbindung zwischen den verschiedenen Teilen des langgestreckten Gebiets bei dem wilden Charakter der Landschaft ausgeschlossen sei; ist sie doch durchfurcht von jähen Abgründen, wütenden Sturzbächen und unüberschreitbaren Quebradas – jenen furchtbaren Spalten in der Gebirgskette, deren Tiefen der erschrockene Wanderer auf seinem luftigen Pfad vergebens zu ergründen sucht. Und doch verstand es die Beharrlichkeit, fast möchte man sagen, das Genie des Indianers, alle diese Hindernisse der Natur zu überwinden.

Durch ein wohlüberlegtes System von Kanälen und unterirdischen Wasserleitungen wurden die Wüstenstriche an der Küste bewässert und damit in fruchtbares Ackerland verwandelt. An den steilen Hängen der Kordilleren legte man Terrassen an, und da Höhenunterschiede sich ebenso auswirken wie unterschiedliche geographische Breite, ergab sich eine Stufenfolge mannigfaltiger Vegetation, vom üppigen Überfluß der Tropen bis zu den bescheideneren Erzeugnissen nördlicher Breiten, während über die weiten, schneebedeckten Einöden der Gebirgskämme, die sich der Bebauung entzogen, Herden von Lamas, den peruanischen Schafen, mit ihren Hirten wanderten. Eine arbeitsame Bevölkerung siedelte sich auf den Hochebenen an, und Städte und Dörfer inmitten ausgedehnter Obst- und Gemüsegärten schienen weit über den Wolken in der Luft zu schweben. Der Verkehr zwischen den zahlreichen Ansiedlungen wurde durch große Landstraßen ermöglicht, die über die Bergpässe führten und eine bequeme Verbindung zwischen der Hauptstadt und den entlegensten Teilen des Reiches herstellten.

Der Ausgangspunkt der Inkazivilisation ist in der Mitte Perus, im Tal von Cuzco, zu suchen. Die Ursprünge des peruanischen Reichs verlieren sich wie bei den meisten Völkern im Nebel der Fabel, der sich denn auch ebensodicht wie bei jedem beliebigen Volk der Alten Welt um seine Geschichte gelagert hat. Nach der dem europäischen Gelehrten vertrauten Überlieferung gab es eine Zeit, da die Urstämme des Festlandes noch ganz in beklagenswerter Barbarei versunken waren, da sie wahllos fast jeden Gegenstand in der Natur anbeteten, den Krieg als Zeitvertreib betrachteten und sich am Fleisch ihrer geschlachteten Gefangenen gütlich taten. Da habe nun die Sonne, die große Himmelsleuchte und der Vater der Menschheit, sich ihres armseligen Zustands erbarmt und zwei ihrer Kinder, Manco Capac und Mama Ocllo Huaco, abgesandt, die Eingeborenen in Gemeinden zu sammeln und sie die Künste eines gesitteten Lebens zu lehren. Das himmlische Paar, Bruder und Schwester, Mann und Weib, zog über das Hochland in der Nähe des Titicacasees bis etwa zum 16. Grad südlicher Breite. Sie führten einen goldenen Stab bei sich und waren angewiesen, ihren Wohnsitz an der Stelle aufzuschlagen, wo das heilige Sinnbild ohne Mühe in den Boden dringen werde. Nach kurzer Wanderung erfüllte sich im Tal von Cuzco das Wunder: Schnell drang der Stab in die Erde und verschwand für immer. Die Kinder der Sonne schlugen hier ihren Wohnsitz auf und erfüllten bald ihre wohltätige Sendung bei den unwissenden Bewohnern des Landes. Manco Capac lehrte die Männer die Kunst des Ackerbaus, und Mama Ocllo weihte die Frauen in die Geheimnisse des Spinnens und Webens ein. Das einfache Volk lieh den Himmelsboten ein williges Ohr, strömte in großer Menge zusammen und legte den Grund zur Stadt Cuzco. Die gleichen weisen und wohlwollenden Grundsätze, die den ersten Inka als Richtschnur dienten, vererbten sich auf ihre Nachfolger, und unter ihrer milden Herrschaft breitete sich auf dem geräumigen Tafelland allmählich ein Gemeinwesen aus, das seine Überlegenheit über die anderen Stämme ringsumher behauptete. Dies ist das gefällige Bild vom Ursprung des peruanischen Königreichs, wie es Garcilaso de la Vega, der Abkömmling der Inka, entworfen und dem europäischen Leser vertraut gemacht hat.

Aber diese Überlieferung ist nur eine von mehreren und wahrscheinlich nicht einmal die verbreitetste. Eine andere Legende spricht von gewissen bärtigen weißen Männern, die, von den Ufern des Titicacasees kommend, Macht über die Eingeborenen gewannen und ihnen die Segnungen der Zivilisation zukommen ließen. Das erinnert uns an die Überlieferung der Azteken von Quetzalcoatl, der guten Gottheit, die ähnlich gekleidet und von ähnlichem Äußeren in ebenso wohlwollender Absicht aus dem Osten auf die große Hochebene kam. Die Ähnlichkeit ist um so merkwürdiger, als sich bei beiden Völkern nicht die Spur einer

Verbindung oder auch nur des Wissens voneinander nachweisen läßt.

Der Zeitpunkt, der für diese außerordentlichen Ereignisse gewöhnlich angenommen wird, liegt ungefähr vierhundert Jahre vor der Ankunft der Spanier, also im Anfang des 12. Jahrhunderts. Aber so ansprechend und allgemein verbreitet die Legende von Manco Capac auch sein mag, so gehört doch, selbst wenn man die übernatürlichen Beigaben abstreicht, nur wenig Überlegung dazu, ihre Unglaubwürdigkeit zu erkennen. An den Ufern des Titicacasees finden sich noch heute weitläufige Ruinen, von denen die Peruaner selbst behaupten, die Inka hätten sie bei ihrer Ankunft bereits vorgefunden und als Muster für ihre eigenen Bauten benutzt. Und offenkundig läßt sich der angebliche Zeitpunkt für ihr Erscheinen nicht mit ihrer späteren Geschichte in Einklang bringen. Keine Darstellung schreibt der Inkadynastie mehr als dreizehn Fürsten vor der Eroberung zu. Aber diese Zahl ist allzu gering, um über vierhundert Jahre zu bestreiten, und würde die Gründung des Königreichs bei allenfalls glaubwürdiger Schätzung nicht über zweieinhalb Jahrhunderte zurückverlegen – ein an sich nicht unwahrscheinliches Alter, das übrigens dem für die Gründung der mexikanischen Hauptstadt angenommenen Zeitpunkt um nicht mehr als ein halbes Jahrhundert vorausginge. Die Fabel von Manco Capac und seiner Schwestergemahlin wurde zweifellos zu einer späteren Zeit ersonnen, um der Eitelkeit der peruanischen Herrscher zu schmeicheln und ihrer Macht durch die Herleitung von einem himmlischen Ursprung eine höhere Weihe zu geben.

Wir können wohl mit Recht vermuten, daß schon vor der Zeit der Inka ein in der Gesittung fortgeschrittenes Volk im Lande lebte, und in Übereinstimmung mit fast allen Überlieferungen können wir annehmen, daß dieses Volk aus der Gegend des Titicacasees gekommen ist, wofür auch die staunenswerten baulichen Überreste sprechen, die noch immer nach so vielen Jahrhunderten an den Seeufern dauern. Was für ein Volk es war und woher es stammt – das sind verlockende Fragen für den spekulativen Forscher. Aber es ist ein Land der Finsternis, das weit jenseits der Sphäre der Geschichte liegt.

Derselbe Nebel, der den Ursprung der Inka einhüllt, breitet sich auch über ihre spätere Geschichte, und die von den Peruanern benutzten Zeugnisse waren so unvollkommen, ihre Überlieferungen so verworren und widersprüchlich, daß der Historiker erst innerhalb des letzten Jahrhunderts vor der spanischen Eroberung etwas findet, worauf er sicher fußen kann. Anfangs scheinen die Peruaner nur langsame, kaum merkliche Fortschritte gemacht zu haben. Durch ihre weise und maßvolle Politik nahmen sie allmählich die benachbarten Stämme für ihre Herrschaft ein und überzeugten sie mehr und mehr von den Wohltaten einer gerechten und geordneten Regierung. Als sie an Macht gewannen, konnten sie sich mit größerer Sicherheit auf die pure Stärke verlassen; doch benutzten sie noch immer den Deckmantel der schon von ihren Vorgängern gebrauchten schönen Vorwände, während sie Frieden und Gesittung mit der Schärfe des Schwertes verbreiteten. Die rohen Völker des Landes, ohne jeden Zusammenhang miteinander, unterlagen eines nach dem andern dem siegreichen Arm der Inka. Doch war es nicht vor der Mitte des 15. Jahrhunderts, daß der berühmte Inka Tupac Yupanqui, Großvater des Fürsten, der bei der Ankunft der Spanier den Thron innehatte, seine Heere mitten durch die schreckliche Wüste von Atacama führte, bis ins südliche Chile vordrang und den Maulefluß zur Grenze seines Reiches machte. Sein Sohn Huayna Capac, an Ehrgeiz und kriegerischen Fähigkeiten seinem Vater ebenbürtig, rückte längs der Kordilleren nach Norden vor, dehnte seine Eroberungen bis über den Äquator aus und erwarb dem peruanischen Zepter das mächtige Königreich Quito.

Unterdessen hatte die alte Stadt Cuzco an Reichtum und Einwohnern ständig zugenommen und war schließlich die würdige Hauptstadt eines großen und blühenden Königreichs geworden. Sie lag in einem schönen Hochtal im Gebirge, in einer Höhe, die der Zone ewigen Schnees in den europäischen Alpen entspricht, die jedoch innerhalb der Wendekreise mit einem milden, gesunden Klima gesegnet ist. Gegen Norden war die Stadt durch eine steile Anhöhe, einen Ausläufer der Kordilleren, geschützt; ein Fluß oder vielmehr ein schmaler Wasserlauf durchströmte sie, und hölzerne, mit schweren Steinplatten belegte Brücken bildeten eine bequeme Verbindung zwischen den Ufern. Die Straßen waren lang und schmal und die Häuser niedrig; die geringeren bestanden aus Lehm und Rohr. Doch war Cuzco als königliche Residenz mit den geräumigen Wohnhäusern des hohen Adels geschmückt, und die massiven Bruchstücke, die in viele neuere Gebäude eingegangen sind, zeugen noch heute von der Größe und Festigkeit der ehemaligen Bauten.

Die Stadt war aufgelichtet durch weitläufige Plätze und freie Flächen, auf denen eine zahlreiche Bevölkerung aus der Stadt und von weither zur Feier der hohen religiösen Feste zusammenströmte. Denn Cuzco war die ›Heilige Stadt‹, und der große Tempel der Sonne, zu dem Pilger aus den fernsten Teilen des Landes wallfahrteten, war der prachtvollste Bau in der Neuen Welt und vermutlich kostbarer ausgeschmückt als irgendein Bauwerk in der Alten.

Im Norden auf der bereits erwähnten schroffen Anhöhe erhob sich eine starke Festung, deren Überreste noch heute durch ihre riesigen Ausmaße die Bewunderung des Reisenden erregen. Nach der Stadt zu, wo der steil abfallende Hang allein schon eine ausreichende Schutzwehr geboten hätte, war sie durch eine einzige sehr dicke und zwölfhundert Fuß lange Mauer gesichert. Auf der anderen Seite, die leichter zugänglich war, schützten sie zwei weitere halbkreisförmige Mauern von gleicher Länge wie die erste. Sie standen in beträchtlicher Entfernung voneinander und von der Festung, und die Zwischenräume waren so hoch aufgefüllt, daß die Mauern im Fall eines Angriffs für die dort stationierten Truppen eine Brustwehr bildeten. Die Festung bestand aus drei einzelnen Türmen. Einer war dem Inka vorbehalten und mit den prachtvollsten Verzierungen geschmückt, wie sie eher zu einem Königspalast als zu einem kriegerischen Ort gepaßt hätten. Die beiden anderen waren für die Besatzung bestimmt, die sich aus peruanischen Edelleuten zusammensetzte und von einem Offizier königlichen Geblüts befehligt wurde; denn die Stellung war zu wichtig, um geringeren Händen anvertraut zu werden. Der Berg war unter den Türmen ausgehöhlt, und mehrere unterirdische Gänge verbanden die Festung mit der Stadt und den Palästen der Inka.

Türme, Mauern und Gänge bestanden ganz und gar aus Stein, schweren Blöcken, die aber nicht in regelmäßigen Reihen übereinanderlagen, sondern so, daß die kleinen die Lücken zwischen den großen ausfüllten. Sie bildeten eine Art Rustika, roh behauen und nur an den Kanten überaus sorgfältig bearbeitet. Obwohl kein Mörtel verwendet wurde, waren die Blöcke so genau und fest aneinandergefügt, daß sich auch nicht eine Messerklinge dazwischenschieben ließ. Viele dieser Steine hatten riesige Ausmaße; so waren einige volle achtunddreißig Fuß lang, achtzehn Fuß breit und sechs Fuß tief.

Staunen ergreift uns, wenn wir bedenken, daß diese ungeheuren Massen von einem Volk, das den Gebrauch des Eisens nicht kannte, aus dem Mutterfels herausgelöst und zugerichtet wurden, daß sie ohne die Hilfe von Lasttieren aus zwölf bis fünfzehn Meilen entfernten Steinbrüchen herbeigeschafft wurden, über Flüsse und Schluchten, bis hinauf zu ihrem hohen Bestimmungsort, um dort schließlich ohne irgendeines der den Europäern vertrauten Werkzeuge und technischen Hilfsmittel mit der größten Sorgfalt eingepaßt zu werden. Zwanzigtausend Menschen sollen an diesem großen Werk gearbeitet und fünfzig Jahre bis zu seiner Vollendung gebraucht haben. Wie dem auch sei, wir sehen darin die Auswirkungen einer Gewaltherrschaft, die über Leben und Schicksal ihrer Untertanen unbeschränkt verfügte und, wenn sie im allgemeinen auch milder Natur war, die in ihren Diensten stehenden Menschen doch nicht höher achtete als fühllose Tiere, deren Stelle sie vertreten mußten.

Die Festung von Cuzco war nur Teil eines Festungssystems, das die Inka in ihrem ganzen Herrschaftsbereich eingerichtet hatten. Es bildete einen Hauptbestandteil ihrer Kriegspolitik; aber bevor wir auf diese näher eingehen, empfiehlt es sich, dem Leser einen gewissen Überblick über ihre zivilen Einrichtungen und ihre Regierungsweise zu geben.

Das Zepter der Inka vererbte sich, wenn wir ihrem Chronisten glauben dürfen, während der ganzen Dauer ihrer Herrschaft in ununterbrochener Folge vom Vater auf den Sohn. Es ist anzunehmen, daß das Erbrecht dem ältesten Sohn der Cuya oder rechtmäßigen Königin zustand, wie sie zur Unterscheidung von dem Heer der Nebenfrauen genannt wurde. Zudem zeichnete sich die Königin, wenigstens in späterer Zeit, dadurch aus, daß sie unter den Schwestern des Inka erwählt wurde, eine Maßnahme, die – sosehr sie auch den Begriffen gesitteter Völker zuwiderlaufen mag – sich den Peruanern empfahl, da sie der Krone einen Erben aus dem reinen, vom Himmel stammenden, durch keine irdische Beimischung befleckten Königsgeschlecht sicherte.

In seiner frühen Jugend wurde der königliche Sprößling der

Abb. 1 Der Inka Tupac Yupanqui in Festtracht

Aufsicht der Amauta oder ›weisen Männer‹ anvertraut, wie die Lehrer der peruanischen Wissenschaft genannt wurden. Sie unterwiesen ihn in den Anfangsgründen der Kenntnisse, die sie selbst besaßen, vor allem in dem umständlichen Zeremoniell ihrer Religion, bei dem er dereinst eine wichtige Rolle zu spielen hatte. Auch auf seine kriegerische Ausbildung wurde große Sorgfalt verwendet, war sie doch von höchster Bedeutung in einem Staat, der bei allen Beteuerungen von Frieden und Wohlwollen ständig Krieg führte, um seine Herrschaft auszuweiten.

In dieser Kriegsschule wurde der junge Thronfolger mit Inkaadligen seines Alters erzogen; der geheiligte Name Inka – für den Historiker eine ergiebige Quelle von Unklarheiten – wurde ohne Unterschied allen beigelegt, die in männlicher Linie von dem Begründer der Dynastie abstammten. Mit sechzehn Jahren mußten sich die Zöglinge einer öffentlichen Prüfung unterziehen und wurden dann in eine Art Ritterorden aufgenommen. Die Prüfung wurde von einigen der ältesten und angesehensten Inkaedelleute geleitet. Die jungen Männer mußten ihr Können in allen kriegerischen Übungen zeigen, im Ring- und Faustkampf, im Durchlaufen langer Strecken, wozu ein hohes Maß an Behendigkeit und Kraft gehörte, in mehrtägigem strengem Fasten und in Scheingefechten, die, obwohl mit stumpfen Waffen geführt, doch nie ohne Wunden ausgingen und zuweilen den Tod zur Folge hatten. Während der ganzen Prüfungszeit, die dreißig Tage dauerte, wurde der königliche Neuling nicht besser behandelt als seine Gefährten; er schlief auf dem nackten Boden, ging barfuß und schlecht gekleidet – eine Lebensweise, die wohl dazu dienen sollte, ihm Mitgefühl für die Bedürftigen einzuflößen. Doch trotz aller betonten Unparteilichkeit der Richter tun wir ihnen gewiß nicht unrecht, wenn wir annehmen, daß politische Klugheit ihren Blick für die tatsächlichen Vorzüge des Thronerben einigermaßen geschärft haben dürfte.

Nach Ablauf der festgesetzten Frist wurden die der Ehre ihres rohen Rittertums für würdig Befundenen dem Herrscher vorgestellt, der die Hauptrolle bei der Einführungszeremonie zu übernehmen geruhte. Er begann mit einer kurzen Ansprache, beglückwünschte die jungen Männer zu ihren in den kriegerischen Übungen gezeigten Fertigkeiten und erinnerte sie an die mit Geburt und Rang verbundene Verantwortung. Zärtlich nannte er sie

›Kinder der Sonne‹ und ermahnte sie, ihrem großen Ahnherrn auf seiner glorreichen Bahn zum Wohl der Menschheit nachzueifern. Dann traten die Bewerber näher, und indem einer nach dem andern vor dem Inka niederkniete, durchstach er ihnen die Ohren mit einem goldenen Stift. Dieser mußte dann steckenbleiben, bis die Öffnung weit genug war, um die ungeheuren Ohrpflöcke aufzunehmen, die das Kennzeichen der Inkaedelleute waren und ihnen bei den Spaniern den Namen Orejones (Großohren) eintrugen. Beim Herrscher selbst war dieser Schmuck so gewaltigen Ausmaßes, daß er das Ohrläppchen fast bis an die Schulter ausdehnte, in den Augen der Europäer eine scheußliche Verunstaltung, wiewohl es unter dem zauberischen Einfluß der Mode von den Eingeborenen für schön gehalten wurde.

Nachdem dieser Eingriff beendet war, legte einer der ehrwürdigsten Edelleute den Jünglingen die in ihrer Kaste gebräuchlichen Sandalen an, was uns wohl an die ritterliche Zeremonie des Sporenanschnallens erinnert. Von nun an durften sie den Gürtel mit dem Schamtuch tragen, wie die Toga virilis der Römer das Kennzeichen des Mannesalters. Ihre Häupter wurden mit Blumengewinden geschmückt, die in ihren mannigfachen Farben die Milde und Güte versinnbildlichten, die den Charakter jedes echten Kriegers zieren sollten; auch wurden Blätter immergrüner Pflanzen unter die Blumen gemischt, um anzudeuten, daß diese Tugenden ewig währen sollten. Das Haupt des Prinzen wurde überdies geschmückt mit einem fransenbesetzten gelben Stirnband aus feiner Vikunjawolle, dem besonderen Kennzeichen des Thronerben. Nun trat die große Schar der Inkaedelleute auf; die Nächstverwandten zuerst, knieten sie der Reihe nach vor dem Prinzen nieder und huldigten ihm als dem Thronerben. Dann machte sich die ganze Versammlung nach dem großen Platz der Hauptstadt auf, wo Gesang und Tanz und andere öffentliche Lustbarkeiten die wichtige Zeremonie des Huaracicoy beschlossen.

Wenn der Thronerbe auf diese Weise seine Prüfung mit Ehren bestanden hatte, wurde er für würdig erachtet, im Rat seines Vaters zu sitzen; er wurde daheim mit verantwortungsvollen Aufgaben betraut, häufiger aber auf ferne Kriegszüge gesandt, um auf dem Schlachtfeld die Lektionen in die Tat umzusetzen, die er bisher nur im Kriegsspiel geprobt hatte. Seine ersten Feldzüge machte er unter der Leitung berühmter, im Dienste seines Vaters ergrauter Befehlshaber, bis er, an Jahren und Erfahrung reicher, selbst ein Kommando erhielt und wie Huayna Capac, der letzte und berühmteste seines Stammes, das Banner des Regenbogens, das Sinnbild seines Hauses, weit über die Grenzen hinaus bis zu den fernsten Stämmen der Hochebene trug.

Das peruanische Regierungssystem war eine zwar milde gehandhabte, aber ihrem Wesen nach reine und unumschränkte Despotie. Der Herrscher stand unerreichbar hoch über seinen Untertanen. Selbst der stolzeste Inkaedelmann, der sich desselben himmlischen Ursprungs rühmen konnte wie der Inka selbst, durfte es nicht wagen, ohne die Zeichen der Unterwürfigkeit, nämlich barfuß und mit einer leichten Last auf der Schulter, vor dem König zu erscheinen. Als Stellvertreter der Sonne stand er an der Spitze der Priesterschaft und hatte bei den wichtigsten religiösen Festen den Vorsitz. Er stellte Heere auf und befehligte sie gewöhnlich in eigner Person. Er erhob Steuern, erließ Gesetze und sorgte für ihre Durchführung durch bestellte Richter, die er nach Belieben auch wieder absetzte. Er war die Quelle, der alles entsprang, alle Würde, alle Macht, alles Eigentum. Kurz, um es mit dem wohlbekannten Ausspruch des europäischen Despoten zu sagen, er selbst war der Staat.[1]

Der Inka unterstrich seinen Nimbus als Wesen höherer Art durch eine Prachtentfaltung, die ganz darauf berechnet war, seinem Volke Ehrfurcht einzuflößen. Seine Kleidung war aus feinster, farbenprächtiger Vikunjawolle gefertigt und mit einer Fülle von Gold und Edelsteinen geschmückt. Um sein Haupt schlang sich in vielfarbigen Falten ein Turban, das sogenannte Llautu, und ein fransenbesetztes Stirnband, wie es auch der Thronfolger trug, aber scharlachrot, mit zwei senkrecht aufragenden Federn des Coraquenque, eines seltenen und merkwürdigen Vogels: dies waren die besonderen Kennzeichen der Königswürde. Die Vögel, von denen die Federn stammten, gab es in einer öden Gegend im Gebirge, und es war bei Todesstrafe verboten, sie zu fangen oder zu töten, da sie ausschließlich dem königlichen Kopfputz vorbehalten waren. Jeder Fürst erhielt bei seiner Thronbesteigung ein neues Federnpaar, und seine leichtgläubigen Untertanen glaubten

[1] Anspielung auf die unverbürgte Äußerung Ludwigs XIV.: ›Der Staat bin ich.‹

gern, daß es immer nur zwei Geschöpfe der Art gegeben habe, um den einfachen Schmuck der Inkakrone zu liefern.

Obgleich der peruanische Herrscher weit über dem höchsten seiner Untertanen stand, ließ er sich doch zuweilen herab, sich unter sein Volk zu mischen, und war bemüht, sich persönlich von der Lage der unteren Klassen ein Bild zu machen. Er führte den Vorsitz bei religiösen Festen, bewirtete bei solchen Gelegenheiten die vornehmsten Edelleute an seiner Tafel und erwies, wie es bei zivilisierten Völkern der Brauch ist, einigen, die er besonders zu ehren wünschte, die Gunst, auf ihre Gesundheit zu trinken.

Das wirksamste Mittel aber, mit dem Volk in Verbindung zu bleiben, waren die Rundreisen der Inka durch ihr Reich. Sie fanden alle paar Jahre mit großem Pomp und Gepränge statt. Die Sänfte, in der sie reisten, war mit Gold und Smaragden reich verziert und von einem großen Gefolge begleitet. Die Männer, die den Tragsessel auf den Schultern trugen, wurden von zwei eigens dafür ausersehenen Städten gestellt. Es war ein Amt, um das sich keiner so leicht beworben haben dürfte, da, wie behauptet wird, ein Sturz mit dem Tode bestraft wurde. Die Inka reisten auf diese Weise bequem und schnell, machten Halt in den Tambu, den von der Regierung an der Landstraße errichteten Rasthäusern, und mitunter auch in den königlichen Palästen der großen Städte, die dem ganzen Gefolge geräumige Unterkunft boten. Die stattlichen, das Tafelland durchziehenden Landstraßen waren gesäumt mit Leuten, die Steine und Geröll beiseite räumten, den Weg mit duftenden Blumen bestreuten und miteinander wetteiferten, das Gepäck von einem Dorf zum andern zu tragen. Der König hielt von Zeit zu Zeit an, um Klagen seiner Untertanen anzuhören oder einige Rechtsfälle beizulegen, die von den örtlichen Instanzen seiner Entscheidung anheimgestellt wurden. Wenn der königliche Zug sich über die Bergpässe wand, drängten sich am Wege die Zuschauer, begierig, einen flüchtigen Blick auf ihren Landesherrn zu werfen, und wenn er die Vorhänge seiner Sänfte hob und sich ihnen zeigte, gellten Jubelrufe und Segenswünsche durch die Luft. Lange bewahrte die Überlieferung die Stellen, an denen er verweilt hatte, und das einfache Landvolk hielt sie als geweihte Stätten in Ehren.

Die königlichen Paläste waren aufs prächtigste eingerichtet und keineswegs auf die Hauptstadt oder wenige größere Städte beschränkt, sondern über alle Teile des riesigen Reiches verstreut. Die Gebäude waren niedrig, nahmen aber eine große Grundfläche ein. Die Gemächer, zum Teil geräumig, im allgemeinen jedoch klein, waren nicht untereinander verbunden, führten aber alle auf einen gemeinsamen Platz oder Hof. Die Mauern bestanden aus Steinblöcken verschiedener Größe, ähnlich den bei der Festung von Cuzco verwendeten; sie waren roh behauen und nur an den Fugen so sorgfältig bearbeitet, daß diese kaum sichtbar waren. Die Dächer bestanden aus Holz oder Stroh; sie haben dem rauhen Zugriff der Zeit, die vor den Mauern der Gebäude mehr Achtung bewiesen hat, nicht standgehalten. Das Ganze scheint sich eher durch Festigkeit und Stärke als durch irgendein Streben nach baulicher Schönheit ausgezeichnet zu haben.

Aber jeder Mangel im Äußeren der königlichen Paläste wurde voll aufgewogen durch das Innere, das den ganzen Reichtum der peruanischen Fürsten prunkend zur Schau stellte. Die Wände der Gemächer waren mit Gold- und Silberzierat übersät, die Nischen im Mauerwerk angefüllt mit den kunstvollen Abbildern von Tieren und Pflanzen aus demselben kostbaren Material, und sogar eine Menge Hausrat bis hinab zu den allergewöhnlichsten Gebrauchsgegenständen offenbarte die gleiche verschwenderische Pracht. Zu dem prunkvollen Zierat gesellten sich farbenprächtige Stoffe aus feinster peruanischer Wolle, Gewebe von solcher Schönheit, daß die spanischen Könige, obgleich ihnen alle Luxusgüter Europas und Asiens zu Gebote standen, es nicht verschmähten, sich ihrer zu bedienen. Die königliche Hofhaltung bestand aus einer großen Schar von Dienern aus den benachbarten Städten und Dörfern, die darüber hinaus verpflichtet waren, dem Landesherrn Feuerung und andere notwendige Verbrauchsgüter in den Palast zu liefern.

Der Lieblingsaufenthalt der Inka aber war Yucay, ungefähr zwölf Meilen von der Hauptstadt entfernt. In diesem lieblichen, von den freundlichen Armen der Sierra umschlossenen und vor den rauhen Ostwinden geschützten Tal, das erfrischt wird durch sprudelnde Quellen und Wasserläufe, erbauten sie die schönsten ihrer Paläste. Hierhin zogen sie sich, des Staubes und der Mühsal der Stadt überdrüssig, gern zurück, um sich in der Gesellschaft ihrer Lieblingsfrauen zu erholen; hier wandelten sie in Hainen und luftigen Gärten, die ihre sanften, berauschenden Düfte ausströmten und die Sinne in wollüstige Ruhe einwiegten. Hier überließen sie sich auch gern dem Luxus ihrer Bäder, goldenen Becken, die durch unterirdische silberne Röhren mit kristallklarem Wasser gespeist wurden. Die weitläufigen Gärten waren reich besetzt mit vielerlei Blumen und Planzen, wie sie in dieser gemäßigten Region der Tropen mühelos gediehen. Daneben gab es Beete außergewöhnlicher Art, auf denen, in Gold und Silber kunstreich nachgebildet, die verschiedenartigsten Pflanzenformen schimmerten. Unter diesen Nachbildungen wird der Mais besonders hervorgehoben und die außerordentliche Kunstfertigkeit der Ausführung gerühmt: Der goldene Kolben war halb verborgen von den breiten silbernen Blättern und das Ganze gekrönt von den zarten, gleichfalls silbernen Büscheln der Narbenfäden.

Sollte dieses verwirrende Bild dem Leser unglaubwürdig vorkommen, so möge er bedenken, daß die peruanischen Berge von Gold strotzten, daß die Eingeborenen sich erstaunlich gut auf die Kunst des Bergbaus verstanden, daß von den Edelmetallen, wie wir später noch sehen werden, nichts in Münzen verwandelt wurde, sondern alles ausschließlich dem Landesherrn zu Nutz und Zierde diente.

Es muß uns indes mit Recht in Erstaunen setzen, wenn wir hören, daß der von den peruanischen Fürsten entfaltete Reichtum nur in dem bestand, was jeder einzelne für sich aufgehäuft hatte. Keiner beerbte seinen Vorgänger. Beim Tode eines Inka wurden seine Paläste bis auf einen einzigen verlassen und für immer geschlossen; alle seine Schätze mit Ausnahme dessen, was zum Leichenbegängnis benötigt wurde, sein Hausrat und seine Kleidung blieben unangetastet. Der neue Herrscher mußte sich mit allem, was zum königlichen Hofstaat gehörte, neu ausstatten. Der Grund hierfür war der eingewurzelte Glaube, die Seele des verstorbenen Herrschers werde nach einiger Zeit wiederkehren, um seinen Körper auf Erden neu zu beleben; dann sollte er alles, woran er im Leben gewöhnt gewesen war, zu seinem Empfang bereitfinden.

Wenn ein Inka starb oder, um seine eigenen Worte zu gebrauchen, ›heimgerufen wurde in die Wohnungen seines Vaters, der Sonne‹, so wurde mit viel Pomp und Aufwand sein Leichenbegängnis gefeiert. Man entnahm dem Leichnam die Eingeweide und bestattete sie zusammen mit einer Menge Tafelgeschirr und

Juwelen im Tempel von Tambo ungefähr fünfzehn Meilen von der Hauptstadt. Viele seiner Diener und Konkubinen – mitunter sollen es an die tausend gewesen sein – wurden auf seinem Grab geopfert. Auf die Leichenfeier folgte allgemeine Landestrauer. Ein Jahr lang versammelte sich das Volk zu bestimmten Zeiten, um aufs neue seinem Gram Ausdruck zu verleihen; feierliche Umzüge fanden statt, bei denen man das Banner des verstorbenen Herrschers entfaltete; Barden und Sänger wurden beauftragt, seine Taten der Nachwelt zu überliefern, und an hohen Festtagen wurden ihre Gesänge in Gegenwart des regierenden Herrschers immer wieder vorgetragen – Ansporn für den Lebenden durch das rühmliche Beispiel des Toten.

Der Leichnam des verstorbenen Inka wurde sachkundig einbalsamiert und in den großen Tempel der Sonne in Cuzco gebracht. Dort konnte der regierende Inka, wenn er das ehrwürdige Heiligtum betrat, die Gestalten seiner königlichen Vorfahren betrachten; in zwei Reihen saßen sie einander gegenüber, die Männer zur Rechten, ihre Königinnen zur Linken des großen Himmelslichts, das in funkelndem Gold auf der Tempelwand erstrahlte. In fürstlichen Staat gekleidet, wie sie es im Leben gewohnt waren, saßen sie auf goldenen Stühlen, die Köpfe niedergebeugt, die Hände ruhig über der Brust gekreuzt, die Gesichter von jenem natürlichen Bronzeton, welcher der Veränderung weniger unterworfen ist als die hellere Hautfarbe der Europäer, das Haar rabenschwarz oder silberweiß je nach dem Alter, das sie erreicht hatten. Sie wirkten wie eine Versammlung andächtiger Beter – so sehr schienen Formen und Gesichtszüge von Leben erfüllt. Die Peruaner verstanden sich ebensogut wie die Ägypter auf die traurige Kunst, den menschlichen Leib über die von der Natur gesetzten Grenzen hinaus zu bewahren.

In noch sonderbareren Selbsttäuschungen ergingen sie sich, wenn sie diesen fühllosen Überresten, als wären sie noch von Leben erfüllt, die hergebrachten Aufmerksamkeiten zollten. Jeweils einer der Paläste, die dem verstorbenen Inka gehört hatten, blieb weiterhin von seiner Leibwache und seiner Dienerschaft bewohnt, und aller der Königswürde geziemende Aufwand wurde beibehalten. An gewissen Festtagen wurden die ehrwürdigen Toten mit großer Feierlichkeit auf den öffentlichen Platz von Cuzco gebracht. Von den Hauptleuten der Leibwache der betreffenden

Inka ergingen Einladungen an die verschiedenen Edelleute und Hofbeamten, und im Namen der Gebieter fanden Gastmähler statt, bei denen sich aufs neue die verschwenderische Pracht ihrer Schätze offenbarte. ›Auf dem großen Platz von Cuzco‹, schreibt ein alter Chronist, ›gab es bei dieser Gelegenheit ein solches Schaugepränge von goldenem und silbernem Tafelgeschirr und Juwelen, wie keine andere Stadt der Welt es je gesehen hat.‹ Beim Gastmahl wartete die Dienerschaft des jeweiligen Hofstaates auf; die Gäste nahmen an dem traurigen Festschmaus in Gegenwart des königlichen Trugbildes teil und unterwarfen sich der gleichen strengen Hofetikette wie zu Lebzeiten des Herrschers.

Der peruanische Adel bestand aus zwei Klassen. Die erste und wichtigste war die der Inka, die sich derselben Abkunft wie ihr Herrscher rühmen konnte und sozusagen im Widerschein seines Glanzes lebte. Da die peruanischen Könige vom Vorrecht der Vielweiberei den großzügigsten Gebrauch machten und an die hundert oder gar zweihundert Kinder hinterließen, schwoll die Menge der Edelleute königlichen Geblüts, obwohl nur die männliche Linie zählte, im Lauf der Jahre beträchtlich an. Sie gliederten sich in verschiedene Zweige, die ihren Stammbaum jeweils auf ein anderes Glied der Inkadynastie zurückführten, aber doch sämtlich ihren Ursprung in dem göttlichen Begründer des Reiches hatten.

Sie zeichneten sich durch viele wichtige Vorrechte aus, trugen eine besondere Kleidung, sprachen, wenn wir dem Chronisten glauben dürfen, eine ihnen eigene Mundart und zogen ihren Unterhalt aus dem erlesensten Teil der öffentlichen Ländereien. Die meisten von ihnen lebten am Hof in der Umgebung des Fürsten, saßen in seinem Rat, speisten in seiner Gesellschaft oder wurden doch von seiner Tafel versorgt. Ihnen allein waren die hohen Priesterämter vorbehalten. Sie befehligten Heere und ferne Festungen, verwalteten die Provinzen, kurz, sie bekleideten alle verantwortungsvollen und einträglichen Stellen. Selbst die Gesetze, wie streng auch immer, schienen nicht im Hinblick auf sie gemacht, und das Volk, das die ganze Adelskaste mit einem Teil jener unantastbaren Würde umkleidete, die dem Herrscher zukam, hegte den Glauben, ein Inkaabkömmling sei keines Verbrechens fähig.

Die andere Adelsklasse bildeten die Curaca, die Kaziken der besiegten Stämme oder deren Abkömmlinge. Sie wurden gewöhnlich von der Regierung in ihren Ämtern belassen, mußten aber von Zeit zu Zeit in der Hauptstadt erscheinen und ihre Söhne als Unterpfänder ihrer Treue dort erziehen lassen. Ihre Macht war in der Regel örtlich begrenzt und stets der Territorialgerichtsbarkeit der großen Statthalter untergeordnet, die aus den Reihen der Inka kamen.

In der Tat war es der Inkaadel, der die eigentliche Stärke des peruanischen Reiches ausmachte. Durch Blutsverwandtschaft mit ihrem Fürsten verbunden, hatten sie gemeinsame Neigungen und weitgehend gemeinsame Interessen. Durch Kleidung und andere Standeszeichen sowie durch Sprache und Abstammung vom übrigen Volk unterschieden, verschmolzen sie nie mit den anderen Stämmen und Völkerschaften, die dem großen peruanischen Reich einverleibt wurden. Noch nach Jahrhunderten behielten sie ihre Sonderstellung als privilegierte Kaste. Den unterworfenen Stämmen des Landes gegenüber blieben sie, was die Römer für die Barbarenhorden des römischen Reiches oder die Normannen für die Urbewohner der britischen Inseln waren. Um den Thron geschart, stellten sie eine unbesiegliche Phalanx dar, eine Schutzwehr gegen geheime Verschwörung wie offenen Aufruhr. Zwar wohnten sie zeitweise in der Hauptstadt, hatten aber, übers ganze Land verteilt, alle hohen Ämter und militärischen Posten inne und bildeten auf diese Weise ein Netz von Verbindungslinien, das es dem Herrscher ermöglichte, gleichzeitig und mit Nachdruck auf die fernsten Teile seines Reiches einzuwirken. Überdies besaßen die Inkaedelleute ein geistiges Übergewicht, das ihnen nicht weniger als ihre Stellung Ansehen beim Volk verschaffte, ja man kann sagen, daß es die eigentliche Grundlage ihrer Macht war. Die Schädel des Inkastammes zeugen von einer entschiedenen geistigen Überlegenheit über die anderen Stämme des Landes, und es ist nicht zu leugnen, daß sie die Quelle jener einzigartigen Gesittung und staatlichen Ordnung war, die das Inkareich über alle anderen Länder Südamerikas erhoben. Woher dieses ungewöhnliche Volk kam und welches seine frühere Geschichte war, das gehört zu den Geheimnissen, die uns so oft in der Neuen Welt begegnen und zu deren Erhellung Zeit und Forschung bisher nur wenig beigetragen haben.

Wenn uns schon die eigentümlichen Züge der peruanischen Aristokratie, wie wir sie wohl nennen dürfen, erstaunen, so werden wir erst recht in Verwunderung versetzt, wenn wir zu den unteren Klassen des Gemeinwesens hinabsteigen und die überaus künstliche Organisation des ganzen Staatsgefüges wahrnehmen, ebenso künstlich in der Tat wie im alten Sparta und, wenn auch auf andere Weise, den Grundzügen unserer Natur ebenso zuwiderlaufend. Die Institutionen Lykurgs waren indes nur für einen winzigen Staat bestimmt, während die peruanischen, obgleich ursprünglich auch auf einen kleinen Staat berechnet, offenbar eine unendliche Ausdehnungskraft besessen haben und ebensogut für die Blütezeit des Riesenreiches wie für dessen Anfangsstadium paßten.

Den Namen Peru kannten die Eingeborenen nicht. Er wurde dem Land von den Spaniern gegeben und soll aus einer Mißdeutung des indianischen Wortes für ›Fluß‹ entstanden sein. Wie dem auch sei, sicher ist, daß die Eingeborenen für das bunte Vielerlei von Stämmen und Völkerschaften, die unter dem Zepter der Inka vereint waren, keine andere Bezeichnung hatten als Tahuantinsuyu, ›die vier Weltteile‹. Diesem Namen gemäß war das Land in vier große, verschieden benannte Gebiete geteilt; nach jedem führte eine der vier Landstraßen, die von der Hauptstadt Cuzco, dem ›Nabel‹ des peruanischen Reiches, ausgingen. Die Stadt war in gleicher Weise in vier Teile gegliedert, und die verschiedenen Stämme, die dort aus den entlegensten Gegenden des Landes zusammenkamen, lebten jeweils in dem ihrem ›Weltteil‹ am nächsten gelegenen Viertel. Sie behielten ihre eigene Stammestracht bei, so daß ihr Ursprung leicht zu erkennen war, und die gleiche Ordnung und Einteilung wie in den großen Provinzen galt auch für die buntgemischte Bevölkerung der Hauptstadt. In der Tat war Cuzco eine Miniaturausgabe des Reiches.

Die vier großen Provinzen waren jeweils einem Vizekönig oder Gouverneur unterstellt, der sie mit Hilfe eines großen, für die verschiedenen Verwaltungsbereiche zuständigen Beamtenstabes regierte. Die Vizekönige residierten, wenigstens zeitweilig, in der Hauptstadt, wo sie eine Art Staatsrat für den Inka darstellten. Das Volk in seiner Gesamtheit war in Dekaden oder Zehnergruppen eingeteilt; jeder zehnte, das Haupt der Dekade, führte die Aufsicht über die übrigen, mußte darauf sehen, daß sie die ihnen zustehenden Rechte und Freiheiten genossen, nötigenfalls die Hilfe der Regierung für sie erbitten und Missetäter vor Gericht bringen. Zu dieser Pflicht spornte ihn ein Gesetz, das ihm für den Fall der Unterlassung ebendie Strafe androhte, die sonst der Schuldige erlitten hätte.

Darüber hinaus war das Volk in Körperschaften von fünfzig, hundert, fünfhundert und tausend Einwohnern unterteilt, jede mit einem verantwortlichen Beamten an der Spitze, der die Aufsicht über die unteren führte, wobei die höheren bis zu einem gewissen Grade richterliche Befugnisse besaßen. Endlich war das ganze Reich in Verwaltungsbezirke von zehntausend Einwohnern gegliedert, jeder mit einem Statthalter aus dem Inkaadel über sich, der Aufsicht über die Curaca und die anderen territorialen Beamten in seinem Distrikt führte. Außerdem gab es in jeder Stadt oder Dorfgemeinschaft reguläre Gerichtshöfe, die für geringfügige Vergehen zuständig waren, während ernstere Verstöße vor höhere Richter, gewöhnlich vor die Statthalter oder Vorsteher der Distrikte, gebracht wurden. Alle diese Richter erhielten ihre amtliche Befugnis und ihren Unterhalt von der Krone, die sie nach Belieben einsetzte oder auch entließ. Sie mußten jeden Rechtsfall binnen fünf Tagen entscheiden; bei einem höheren Gerichtshof Berufung einzulegen war nicht möglich. Doch waren wichtige Vorkehrungen zur Sicherung der Rechtspflege getroffen. Eine Untersuchungskommission durchreiste von Zeit zu Zeit das Königreich, um Charakter und Amtsführung der Richter zu prüfen, und jede Nachlässigkeit oder Pflichtverletzung wurde auf die abschreckendste Weise bestraft. Die unteren Gerichtshöfe waren auch verpflichtet, allmonatlich den höheren über ihre Tätigkeit Bericht zu erstatten; diese wiederum gaben auf gleiche Weise den Vizekönigen Rechenschaft, so daß der Herrscher im Mittelpunkt des Reiches gewissermaßen bis an die fernsten Grenzen schauen und jeden Mißbrauch in der Handhabung des Gesetzes prüfen und berichtigen konnte.

Es gab nur wenige Gesetze, aber sie waren außerordentlich streng. Sie bezogen sich fast alle auf Straftaten. Anderer Gesetze bedurfte es kaum bei einem Volk, das kein Geld, nur wenig Handel und kaum etwas wie festes Eigentum kannte. Auf Diebstahl,

Ehebruch und Mord stand Todesstrafe; doch konnte bei mildernden Umständen das Strafmaß herabgesetzt werden. Lästerung der Sonne und Verunglimpfung des Inka – in der Tat Verbrechen von gleicher Tragweite – wurden ebenfalls mit dem Tode bestraft. Verrücken von Grenzsteinen, Ableiten von Wasser aus des Nachbars Land in das eigene, Anzünden eines Hauses: alles wurde streng bestraft. Auf das Beschädigen von Brücken stand der Tod. Der Inka duldete keine Unterbrechung der für die Aufrechterhaltung der öffentlichen Ordnung so wichtigen Verbindungswege. Eine aufrührerische Stadt oder Landschaft wurde verwüstet und die Bewohner ausgerottet. Auflehnung gegen das ›Kind der Sonne‹ war das größte aller Verbrechen.

Aus der Einfachheit und Strenge der peruanischen Gesetzgebung könnte man vielleicht schließen, es handle sich um eine wenig entwickelte Gesellschaftsordnung, in der es noch kaum jene komplexen Interessen und Beziehungen gab, wie sie zu einem zivilisierten Gemeinwesen gehören, und die in der Rechtspflege noch nicht weit genug gediehen war, um menschliches Leiden durch das richtige Verhältnis von Vergehen und Strafe einzuschränken. Aber die peruanischen Gesetze können nicht unter demselben Gesichtspunkt wie die anderer Völker beurteilt werden. Sie gingen vom Herrscher aus, und dieser bekleidete ein göttliches Amt und war überhaupt göttlicher Natur. Das Gesetz übertreten hieß nicht nur die Erhabenheit des Thrones beleidigen, es war Gotteslästerung. In diesem Licht besehen, verdiente schon das geringste Vergehen den Tod, und das schwerste konnte keine härtere Strafe nach sich ziehen. Bei der Vollziehung ihrer Strafen zeigten die Peruaner jedoch keine unnötige Grausamkeit, und die Leiden des Verurteilten wurden nicht, wie wir es bei barbarischen Völkern so häufig finden, durch ausgeklügelte Qualen verlängert.

Das Gesetz war einfach, seine Anwendung leicht, und die Entscheidung fiel schnell, zumal es keine Berufung gab. Doch boten die Untersuchungskommission und die monatlichen Berichte der Gerichtshöfe ausreichende Gewähr für die Rechtlichkeit der Urteile. Bei den einfachen Fällen, die vor einen peruanischen Richter kamen, wäre ein Hinausschieben des Urteils unnütz gewesen, und die Spanier, vertraut mit den aus langwierigen Prozessen erwachsenden Übeln, wobei die gewinnende Partei nicht selten zugrunde gerichtet wird, sind des Lobes voll über eine so rasche und wohlfeile Rechtsprechung.

Das bemerkenswerteste in der peruanischen Gesetzgebung sind die Anordnungen, die sich auf Staatsvermögen und Grundbesitz beziehen. Sämtliche Ländereien des Reiches waren in drei Teile geteilt: einer für die Sonne, einer für den Inka und einer für das Volk. Welcher von den dreien der größte war, ist zweifelhaft. Die Verhältnisse wichen in den verschiedenen Landschaften erheblich voneinander ab. Zwar wurde jedesmal, wenn ein neuerobertes Gebiet dem Reich einverleibt war, nach demselben Teilungsgrundsatz verfahren; aber das Verhältnis der Teile zueinander richtete sich nach der Zahl der Einwohner und der zu ihrem Unterhalt benötigten Menge Land.

Aus den Erträgen der für die Sonne bestimmten Ländereien wurden die Tempel versorgt, das aufwendige Zeremoniell des peruanischen Gottesdienstes bestritten und die zahlreiche Priesterschaft unterhalten. Das dem Inka vorbehaltene Land versorgte den königlichen Hofstaat sowie die zahlreichen Mitglieder seiner Familie und Verwandtschaft und diente den mannigfaltigen Erfordernissen der Regierung. Die übrigen Ländereien waren je nach Kopfzahl gleichmäßig unter das Volk verteilt. Wie wir noch sehen werden, forderte ein Gesetz, daß jeder Peruaner sich in einem bestimmten Alter verheiratete. Wenn dieser Fall eintrat, versorgte ihn die Dorfgemeinschaft oder der Distrikt, in dem er lebte, mit einer Wohnung, die, aus einfachstem Material errichtet, nicht viel Aufwand erforderte. Dann wurde ihm ein Stück Land zugewiesen, das zum Unterhalt des Paares hinreichte. Für jedes Kind bewilligte man ihm ein weiteres Stück Land, für einen Sohn doppelt soviel wie für eine Tochter. Jedes Jahr wurde der Boden neu aufgeteilt und die Parzellen der Inhaber je nach der Kopfzahl ihrer Familien vergrößert oder vermindert. Die gleiche Anordnung galt auch für die Curaca, nur daß ihr Nutzland, der Würde ihrer Stellung entsprechend, etwas größer war.

Ein entschiedeneres und wirksameres Landverteilungsgesetz läßt sich nicht denken. In anderen Ländern mit ähnlichen Gesetzen ist deren Wirksamkeit nach einer gewissen Zeit am natürlichen Lauf der Dinge gescheitert, und unter dem Einfluß von höherer Intelligenz und Sparsamkeit auf der einen und Verschwendung auf der anderen Seite haben die üblichen Wechselfälle des

Schicksals schließlich wieder die ursprüngliche Ungleichheit herbeigeführt. Selbst Lykurgs ehernes Gesetz verlor nach einiger Zeit seine Wirksamkeit und wurde von Luxus und Habsucht aufgeweicht. Der peruanischen Verfassung steht wohl die von Judäa am nächsten, wo alle halben Jahrhunderte bei der Wiederkehr des Jubeljahrs die Güter wieder ihren ursprünglichen Besitzern zufielen. In Peru bestand das Besondere darin, daß nicht nur das Pachtverhältnis, wenn wir es so nennen wollen, nach einem Jahr endete, sondern daß während dieses Zeitraums der Pächter weder etwas von seinem Grund und Boden veräußern noch etwas dazugewinnen durfte. Am Ende der kurzen Zeit befand er sich in genau derselben Lage wie am Anfang. Man sollte meinen, ein solcher Zustand müsse jede Anhänglichkeit an den Boden zunichte machen, ebenso jedes Bedürfnis, ihn zu verbessern, wie es dem ständigen Eigentümer und nicht weniger dem langfristigen Pächter natürlich ist. Aber die praktische Wirkung des Gesetzes scheint eine andere gewesen zu sein, und es ist anzunehmen, daß unter dem Einfluß jener Ordnungsliebe und Veränderungsscheu, die für die peruanischen Einrichtungen bezeichnend sind, jede neue Aufteilung des Bodens den Inhaber gewöhnlich in seinem Besitz bestätigte und so aus dem Pächter für ein Jahr in der Regel ein Besitzer auf Lebenszeit wurde.

Das ganze Land wurde vom Volk bearbeitet. Für die Ländereien, die der Sonne gehörten, wurde zuerst gesorgt. Dann bestellte man die Äcker der Greise, der Kranken, der Witwen und Waisen und der abwesenden Krieger, kurz, all derer, die wegen körperlicher Schwäche oder aus irgendeinem anderen Grund nicht imstande waren, selbst für ihre Angelegenheiten zu sorgen. Dann erst durfte jeder seinen eigenen Boden bearbeiten, doch war jedermann verpflichtet, seinem Nachbarn zu helfen, wenn irgendein Umstand – wie etwa die Bürde einer jungen und zahlreichen Familie – es erforderte. Zuletzt bestellten sie die Ländereien des Inka. Dabei ging die ganze Bevölkerung gemeinsam mit großer Feierlichkeit zu Werke. Bei Tagesanbruch wurden sie von einem benachbarten Turm oder einer Anhöhe aus zusammengerufen, und alle Bewohner des Distrikts, Männer, Frauen und Kinder, erschienen in bunter Festkleidung wie zu einem großen Freudentag, aufgeputzt mit allem, was sie an Schmuck und Zierat besaßen. Sie verrichteten ihr Tagewerk in gehobener Stimmung, sangen dabei ihre Balladen, welche die Heldentaten der Inka verherrlichten, bewegten sich im Takt des Gesanges und stimmten alle in den Kehrreim ein, der gewöhnlich auf das Wort hailli, Triumph, ausging. Diese Volksweisen hatten etwas Sanftes und Gefälliges, was sie den Spaniern angenehm machte; so manches peruanische Lied wurde nach der Eroberung von ihnen übernommen, und die unseligen Eingeborenen hörten es mit trauriger Genugtuung, beschwor es doch Erinnerungen an die Vergangenheit herauf, wo ihre Tage noch friedlich unter dem Zepter der Inka dahinglitten.

Ähnliche Bestimmungen wie für die Bodenbebauung gab es auch für die verschiedenen Gewerbe. Die Herden der Lamas, der peruanischen Schafe, gehörten ausschließlich der Sonne und dem Inka. Ihre Anzahl war ungeheuer groß. Sie waren über alle Landschaften, besonders die kälteren Regionen, verbreitet und der Obhut erfahrener Hirten anvertraut, die sie, dem Wechsel der Jahreszeiten entsprechend, auf verschiedene Weideplätze führten. Eine große Anzahl wurde jährlich für den Verbrauch des Hofes und für religiöse Feste und Opfer nach der Hauptstadt gebracht. Aber dazu wählte man nur die männlichen Tiere aus; die weiblichen durften nicht getötet werden. Für die Wartung und Aufzucht der Herden gab es die genausten und sachkundigsten Vorschriften, welche die Bewunderung der Spanier erregten; war ihnen doch aus ihrem eignen Vaterland die Behandlung der großen Merinoschafherden vertraut.

Zu bestimmten Zeiten wurden alle Tiere geschoren und die Wolle in die öffentlichen Vorratshäuser eingebracht. Dann wurde jeder Familie so viel zugeteilt, wie ihren Bedürfnissen entsprach, und den weiblichen Mitgliedern des Haushalts, die im Spinnen und Weben wohlbewandert waren, zur Verarbeitung übergeben. War die ganze Familie mit grober, aber warmer, dem kalten Gebirgsklima angemessener Kleidung versorgt – im Tiefland nahm die ebenfalls von der Krone verteilte Baumwolle bis zu einem gewissen Grade die Stelle der Wolle ein –, so mußte das Volk für den Inka arbeiten. Zuerst wurde in Cuzco die Menge des benötigten Stoffes sowie die besondere Art und Beschaffenheit des Gewebes bestimmt. Dann wurde die Arbeit den verschiedenen Distrikten zugewiesen. Eigens dafür angestellte Beamte überwachten die Verteilung der Wolle und sahen darauf, daß die

Abb. 2 Das Fest des Umgrabens der Felder

Herstellung der verschiedenen Gegenstände den geschicktesten Händen übertragen wurde. Dabei ließen sie es aber nicht bewenden, sondern begaben sich von Zeit zu Zeit selbst in die Wohnungen und kontrollierten, ob die Arbeit auch gewissenhaft ausgeführt wurde. Die häusliche Überwachung beschränkte sich nicht auf die Dienstleistungen für den Inka, sondern betraf auch die Arbeiten für die einzelnen Familien selbst; es wurde darauf geachtet, daß jeder Haushalt die ihm für seinen eignen Bedarf zugeteilten Rohstoffe in der vorgesehenen Weise verwendete, damit es keinem an der notwendigen Bekleidung fehle. Von jedem weiblichen Familienmitglied wurde erwartet, daß es sich an der Arbeit beteiligte. Beschäftigung fand sich für alle, vom fünfjährigen Kind bis zur alten Frau, sofern sie nicht zu schwach war, den Spinnrokken zu halten. Niemand außer den Hinfälligen und Kranken durfte in Peru das Brot des Müßiggangs essen. Müßiggang war vor dem Auge des Gesetzes ein Verbrechen und wurde als solches streng bestraft, Fleiß dagegen öffentlich gelobt und durch Belohnung angespornt.

In gleicher Weise entsprach man den anderen Erfordernissen der Regierung. Alle Minen im Königreich gehörten dem Inka. Sie wurden ausschließlich zu seinem Nutzen ausgebeutet, und zwar durch ausgesuchte, mit dieser Arbeit vertraute Leute aus den Distrikten, in denen die Bergwerke lagen. Im allgemeinen war jeder Peruaner der unteren Klasse ein Landmann, und abgesehen von den bereits erwähnten Ausnahmen erwartete man von allen, daß sie ihren Acker zu ihrem eignen Unterhalt bestellten. Ein kleiner Teil des Gemeinwesens wurde indes in Handwerken unterwiesen, einige in feineren Künsten, die zu Schmuck und Luxus dienten und hauptsächlich dem Herrscher und seinem Hof zugute kamen. Eine beträchtliche Zahl von Arbeitskräften wurde jedoch zur Ausführung der großen öffentlichen Bauten gebraucht, die das Land überzogen. Art und Menge der geforderten Dienstleistungen wurde in Cuzco durch Beamte bestimmt, die über die Hilfsquellen des Landes und die Eignung der Bewohner der verschiedenen Distrikte genau unterrichtet waren.

Diese Kenntnis verschaffte man sich durch eine bewundernswerte Einrichtung, die in der Geschichte eines halbzivilisierten Volkes schwerlich ihresgleichen hat. Sämtliche Geburten und Todesfälle im ganzen Land wurden registriert und der Regierung alljährlich über den Stand der Bevölkerung Bericht erstattet, und zwar mit Hilfe der Quipu, einer merkwürdigen Erfindung, die später erklärt werden soll. In bestimmten Zeitabständen wurde auch eine allgemeine Übersicht über das ganze Land angefertigt: die Beschaffenheit des Bodens, seine Ergiebigkeit, die Art seiner Erzeugnisse – sowohl der Landwirtschaft wie des Bergbaus –, kurz, über alles, was die natürlichen Hilfsquellen des Reichs ausmachte. Mittels einer solchen Statistik war es der Regierung, nachdem sie das Ausmaß der benötigten Dienstleistungen festgesetzt hatte, ein leichtes, die Arbeit unter diejenigen Distrikte zu verteilen, die sich am besten dafür eigneten. Die Zuteilung der Arbeit war den örtlichen Instanzen übertragen, die sich große Mühe gaben, die geeignetsten Leute auszuwählen, ohne dabei den einzelnen über Gebühr zu belasten.

Die verschiedenen Distrikte stellten für die jeweiligen Aufgaben besonders geschickte Fachkräfte, deren Handwerk, wie wir später sehen werden, gewöhnlich vom Vater auf den Sohn überging. So lieferte der eine Distrikt die tüchtigsten Bergarbeiter, ein andrer die sorgfältigsten Metall- oder Holzarbeiter und so fort. Der Handwerker wurde von der Regierung mit Rohstoffen versorgt, und keiner brauchte mehr als einen festgesetzten Teil seiner Zeit dem öffentlichen Dienst zu widmen; dann folgte ihm ein andrer für die gleiche Frist. Auch sei noch bemerkt, daß alle, die eine Arbeit für die Regierung zu verrichten hatten – und das galt auch für die Feldbestellung –, während dieser Zeit auf öffentliche Kosten unterhalten wurden. Durch die beständige Verlagerung der Arbeit sollte erreicht werden, daß keiner überlastet wurde und jeder Zeit genug behielt, um den Anforderungen seines eigenen Hausstands gerecht zu werden. Nach dem Urteil eines bedeutenden spanischen Gewährsmannes war das ganze Verteilungssystem unübertrefflich, so sorgsam trug es den Möglichkeiten und dem Wohlbefinden des einzelnen Rechnung. Die Regierung scheint stets auf die Sicherheit der arbeitenden Klasse bedacht gewesen zu sein, und die Anordnungen waren so verständig, daß auch die mühsamste und ungesundeste Tätigkeit, wie zum Beispiel in den Minen, dem Arbeiter nicht schadete – ein auffallender Gegensatz zu den Verhältnissen unter spanischer Herrschaft.

Ein Teil der landwirtschaftlichen und gewerblichen Erzeugnisse wurde nach Cuzco gebracht und kam unmittelbar dem Inka und seinem Hof zugute. Der weitaus größere Teil aber gelangte in die Vorratshäuser der einzelnen Distrikte. Die geräumigen steinernen Gebäude gehörten teils der Sonne, teils dem Inka, doch scheint sein Anteil der größere gewesen zu sein. Einer klugen Anordnung gemäß konnte alles, was an den Einkünften des Inka fehlte, aus den Speichern der Sonne ergänzt werden. Aber ein solcher Fall ist wohl selten eingetreten, und die vorsorgliche Regierung ließ gewöhnlich einen großen Überschuß in den königlichen Magazinen, der dann in eine dritte Klasse von Vorratshäusern übernommen wurde und in schlechten Zeiten dem Volk und mitunter auch einzelnen zugute kam, die durch Krankheit oder Unglück in Not geraten waren. Das rechtfertigt gewissermaßen die Behauptung einer kastilischen Quelle, die Einnahmen des Inka flössen zum großen Teil auf die eine oder andere Weise in die Hände des Volkes zurück. Die Vorratshäuser waren bei der Ankunft der Spanier mit den verschiedensten Naturprodukten und gewerblichen Erzeugnissen des Landes gefüllt: mit Mais, Koka, Quinua, feinsten Woll- und Baumwollstoffen, Gefäßen und Geräten aus Gold, Silber und Kupfer, kurz, mit allen erdenklichen Gebrauchs- und Luxusgegenständen, die im Bereich peruanischer Fertigkeiten lagen. Insbesondere die Kornvorräte hätten oft mehrere Jahre für den Bedarf des jeweiligen Distrikts ausgereicht. Jedes Jahr machten die königlichen Beamten eine genaue Bestandsaufnahme, und die verschiedenen Erzeugnisse des Landes und die Gegenden, wo sie zu finden waren, wurden von den Quipucamayoc mit erstaunlicher Regelmäßigkeit und Exaktheit registriert. Die Inventare wurden nach der Hauptstadt gesandt und dem Inka vorgelegt, der auf diese Weise die Ergebnisse peruanischen Fleißes sozusagen mit einem Blick in sich aufnehmen und sehen konnte, wieweit sie den Erfordernissen der Regierung entsprachen.

Dies sind einige der bemerkenswertesten peruanischen Einrichtungen in bezug auf das Eigentum. Sie sind in der Tat so erstaunlich, daß man kaum glauben möchte, sie hätten sich jemals in einem solchen Riesenreich durchsetzen lassen, noch dazu über eine lange Reihe von Jahren. Dennoch haben wir das eindeutigste Zeugnis darüber von den Spaniern, die zeitig genug in Peru landeten, um noch die Wirksamkeit dieser Einrichtungen mitzuerleben, und von denen einige, Männer von hohem richterlichem

Rang und Ansehen, von der spanischen Regierung beauftragt wurden, den Zustand des Landes unter seinen früheren Herrschern zu untersuchen.

Die Abgaben, die dem peruanischen Volk auferlegt waren, scheinen ziemlich drückend gewesen zu sein. Auf der untersten Klasse allein ruhte die Last, nicht nur sich selbst, sondern alle andern Klassen im Staat zu unterhalten. Die Mitglieder des königlichen Hauses, der hohe Adel, selbst die Beamten und die zahlreiche Priesterschaft waren frei von Besteuerung. Das Volk allein bestritt die Ausgaben der Regierung. Dies wich indes nicht wesentlich von den ehemaligen Zuständen in den meisten Ländern Europas ab, wo dic privilegierten Stände, allerdings nicht immer mit Erfolg, den Anspruch erhoben, vom Mittragen der öffentlichen Lasten befreit zu werden. Das Übel für den Peruaner war, daß er seine Lage nicht verbessern konnte. Er arbeitete mehr für andere als für sich selbst. Wie fleißig er auch sein mochte, er konnte seinem Besitz nicht eine Rute hinzufügen oder auch nur um Haaresbreite auf der sozialen Stufenleiter aufrücken. Der mächtige allgemeine Antrieb zu redlichem Fleiß, nämlich die Aussicht, sein eigenes Los zu verbessern, war für ihn ohne Bedeutung. Das große Gesetz menschlichen Fortschritts galt nicht für ihn. Wie er geboren war, so sollte er sterben. Nicht einmal seine Zeit konnte er sein eigen nennen. Ohne Geld, fast ohne Besitz irgendwelcher Art, entrichtete er seine Steuern durch Arbeit. Kein Wunder, daß die Regierung Trägheit als ein Verbrechen ahndete. Sie war ein Verbrechen gegen den Staat, und Zeit vergeuden hieß gewissermaßen die Staatskasse berauben. Man könnte den Peruaner, der sein Leben lang für andere arbeitete, mit dem Sträfling in einer Tretmühle vergleichen: eingespannt in den einförmigen Kreislauf unaufhörlicher Plackerei, wußte er, daß seine Arbeit, wie ertragreich auch immer für den Staat, ihm selber doch nicht das geringste einbrachte.

Doch das ist die Schattenseite des Bildes. Konnte in Peru kein Mensch reich werden, so konnte andererseits auch keiner verarmen. Kein Verschwender konnte sein Vermögen in üppigem Luxus vergeuden. Kein waghalsiger Spekulant konnte seine Familie durch Gewinnsucht an den Bettelstab bringen. Das Gesetz war unablässig darauf gerichtet, jeden zu stetigem Fleiß und besonnener Pflichterfüllung zu zwingen. Bettler wurden in Peru nicht geduldet. War jemand durch Unglück heruntergekommen – durch eigenes Verschulden war es kaum möglich –, so bot der Arm des Gesetzes ihm Hilfe: nicht den kargen Beistand privater Wohltätigkeit noch die Almosen, die gleichsam Tropfen für Tropfen aus dem zugefrorenen Gemeindebrunnen sickern, sondern eine großzügige Hilfe, die den Empfänger nicht demütigte, sondern ihn wieder auf eine Stufe mit seinen Landsleuten stellte.

In Peru konnte kein Mensch reich, keiner arm sein, aber alle konnten ihr gutes Auskommen haben und hatten es auch. Ehrgeiz, Habgier, Veränderungssucht, krankhafte Unzufriedenheit – all diese Leidenschaften, die sonst die Gemüter der Menschen beunruhigen, hatten keinen Platz in der Brust des Peruaners. Seine ganze Daseinsform scheint jeder Veränderung widerstrebt zu haben. Er bewegte sich in demselben geschlossenen Kreis, in dem seine Väter sich vor ihm bewegt hatten, in dem seine Kinder ihm nachfolgen würden. Die Inka waren bestrebt, ihre Untertanen mit dem Geist duldenden Gehorsams und gelassener Ruhe zu durchdringen – einer vollkommenen Ergebung in die bestehende Ordnung der Dinge. Das ist ihnen ganz und gar gelungen. Die Spanier, die zuerst ins Land kamen, bezeugen übereinstimmend, keine Regierung hätte dem Volkscharakter angemessener sein, kein Volk zufriedener mit seinem Los, seiner Regierung ergebener erscheinen können.

Wer den Berichten über den Fleiß des Peruaners mißtrauen sollte, der wird bei einem Besuch im Lande eines Besseren belehrt werden. Noch jetzt findet der Reisende, besonders in den zentralen Regionen des Tafellandes, Denkmäler der Vergangenheit: Überreste von Tempeln, Palästen, Festungen, Bergterrassen, großen Heerstraßen, Wasserleitungen und anderen öffentlichen Bauwerken, die, welchen Grad von Sachkenntnis ihre Ausführung auch immer bekunden mag, ihn allein schon durch ihre Menge, Festigkeit und gewaltigen Ausmaße in Erstaunen setzen werden. Am bemerkenswertesten sind vielleicht die großen Landstraßen, deren halbverfallene Reste noch immer die frühere Pracht erkennen lassen. Viele Straßen durchzogen die verschiedenen Teile des Königreichs, aber die bedeutendsten waren die beiden, die von Quito nach Cuzco und von dort aus, sich wieder trennend, in südlicher Richtung nach Chile führten.

Eine dieser beiden Landstraßen führte über das Hochland, die andere durch die Küstenniederungen. Erstere war wegen der Beschaffenheit des Geländes das weitaus schwierigere Werk. Sie lief über unwegsame, in Schnee begrabene Gebirgsketten; über Meilen hin waren Gänge durch den Fels gehauen; schwankende Hängebrücken spannten sich über Flüsse; Felstreppen, in den rohhen Stein gehauen, erklommen steile Klippen; unergründliche Schluchten wurden mit festem Mauerwerk ausgefüllt; kurz, alle Schwierigkeiten, die eine wilde Gebirgsgegend nur zu bieten hat und die den beherztesten Baumeister neuerer Zeit abschrecken könnten, wurden angegangen und überwunden. Die Länge der Straße, von der nur noch vereinzelte Bruchstücke übrig sind, wird auf fünfzehnhundert bis zweitausend Meilen geschätzt. In regelmäßigen Abständen von etwas mehr als drei Meilen waren längs der ganzen Straße steinerne Pfeiler in der Art der europäischen Meilensteine aufgestellt. Die Breite der Straße überstieg kaum zwanzig Fuß. Sie war mit schweren Steinplatten gepflastert und, wenigstens stellenweise, mit einem pechhaltigen Mörtel bedeckt, der mit der Zeit härter geworden war als der Stein selbst. An einigen Stellen, wo man die Schluchten mit Mauerwerk ausgefüllt hatte, haben sich die Gebirgsbäche im Lauf der Jahrhunderte allmählich durch die unterste Schicht einen Weg gebahnt, und doch überspannt die darüberliegende Masse – so fest sind die Baustoffe zusammengeschlossen – die Tiefe noch immer gleich einem Gewölbe.

Über die wildesten Wasserläufe mußten Hängebrücken aus den außerordentlich festen und haltbaren Fasern der Agave gespannt werden, die zu mannsdicken Kabeln zusammengedreht wurden. Die gewaltigen Taue wurden durch Ringe oder Öffnungen geführt, die in ungeheure, zu beiden Seiten des Flusses errichtete Steinpfeiler gehauen waren, und dort an schweren Balken verankert. Mehrere dieser mächtigen Taue bildeten, miteinander verbunden, eine Brücke, die, mit Bohlen belegt und an den Seiten durch Handläufe aus demselben Material wohlgesichert, dem Reisenden einen zuverlässigen Übergang bot. Die luftigen Brücken, mitunter über zweihundert Fuß lang und nur an den beiden Enden fest aufliegend, hingen natürlich nach der Mitte zu in beängstigendem Maße durch, während die Bewegung des Gehenden ein noch erschreckenderes Schwanken verursachte, wobei sein Auge denn über den finsteren Wasserschlund schweifte, der tief unter ihm schäumte und brodelte. Die breiteren und ruhigeren Gewässer wurden auf Balsas – einer noch jetzt bei den Eingeborenen gebräuchlichen Art von Flößen – überquert, an denen Segel befestigt waren, das einzige Beispiel eines höherentwickelten Wasserfahrzeugs bei den amerikanischen Indianern.

Die andere große Inkastraße durchschnitt das Tiefland zwischen den Anden und dem Ozean. Sie war auf eine andere Weise gebaut, wie es dem zumeist ebenen und großenteils sandigen Gelände entsprach. Die Straße führte auf einem hohen Erddamm entlang und war auf beiden Seiten durch eine Brüstung oder Mauer aus Lehm geschützt. Bäume und wohlriechende Sträucher wuchsen an den Rändern, erquickten den Reisenden mit ihren Düften und gewährten ihm den unter der brennenden Tropensonne so willkommenen Schatten. In den sandigen Wüstenstrichen, wo der leichte, flüchtige Grund keine Straße zu tragen vermochte, waren mächtige Pfähle, von denen einige noch heute zu sehen sind, in den Boden getrieben, um dem Reisenden den Weg zu zeigen.

Auf der ganzen Länge dieser Landstraßen waren in Abständen von zehn bis zwölf Meilen Herbergen oder sogenannte Tambu errichtet, Unterkünfte für den Inka und sein Gefolge und alle diejenigen, die in öffentlichen Diensten unterwegs waren. Andere Reisende gab es kaum in Peru. Manche dieser Herbergen waren außerordentlich weitläufig; sie bestanden aus einer Festung, Soldatenquartieren und anderen Kriegsbauten und waren von einer steinernen Brustwehr umgeben. Offensichtlich dienten sie der Unterbringung der königlichen Truppen auf ihren Märschen durchs Land. Die Erhaltung der großen Straßen war den Distrikten übertragen, durch die sie führten, und unter den Inka war ständig eine große Menge von Arbeitskräften mit ihrer Instandhaltung beschäftigt.

Auf ähnliche Weise wie die Azteken haben die peruanischen Herrscher die Verbindung in ihren Ländern durch die Einführung eines Postsystems erleichtert. Doch hatte das peruanische Kuriersystem, das sich auf alle großen, zur Hauptstadt führenden Landstraßen erstreckte, eine viel größere Ausdehnung als das mexikanische. Auf all diesen Straßen waren, keine fünf Meilen voneinander entfernt, kleine Gebäude errichtet, in denen jeweils eine Anzahl Läufer oder sogenannte Chasqui stationiert waren,

Abb. 3 Hängebrücke

um die Botschaften der Regierung zu befördern. Die Nachrichten wurden entweder mündlich oder mit Hilfe der Quipu übermittelt; zuweilen war ihnen ein Faden aus der scharlachroten Stirnfranse des Inka beigefügt, was mit derselben stillschweigenden Ehrfurcht betrachtet wurde wie etwa der Siegelring eines orientalischen Despoten.

Die Chasqui trugen eine besondere Dienstkleidung als Kennzeichen ihres Berufs. Sie wurden für ihr Läuferamt trainiert und nach Schnelligkeit und Zuverlässigkeit ausgesucht. Da das Wegstück, das der einzelne Kurier zurückzulegen hatte, nur klein war und er sich auf den Stationen beliebig lange erholen konnte, lief jeder mit größter Schnelligkeit seine Strecke, und die Botschaften gelangten mit einer Geschwindigkeit von etwa hundertfünfzig Meilen am Tag durch das ganze ausgedehnte Land. Der Dienst der Chasqui beschränkte sich nicht auf die Übermittlung von Nachrichten, sondern sie beförderten auch oft verschiedene Gegenstände für den Bedarf des Hofes. So kamen Fische aus dem fernen Meer, Früchte, Wild und andere Lebensmittel aus den heißen Küstenregionen in gutem Zustand in der Hauptstadt an und gelangten frisch auf die königliche Tafel. Es ist merkwürdig, daß diese wichtige Einrichtung sowohl den Mexikanern wie den Peruanern bekannt war, ohne daß sie miteinander in irgendeiner Verbindung gestanden hätten, und daß zwei barbarische Völker der Neuen Welt sich ihrer bedienten, lange ehe sie in den zivilisierten Ländern Europas eingeführt wurde.

Durch die weise Erfindung der Inka wurden die entlegensten Teile des weit ausgedehnten Reiches eng zusammengeschlossen. Und während die Hauptstädte der Christenheit, nur wenige hundert Meilen voneinander entfernt, wie durch Meere getrennt blieben, waren die großen Hauptstädte Cuzco und Quito durch die Straßen der Inka unmittelbar miteinander verbunden. Aus den zahlreichen Distrikten wurden Nachrichten wie auf Windesflügeln nach der peruanischen Hauptstadt befördert, dem großen Brennpunkt, in dem alle Verbindungslinien zusammenliefen. Kaum zeigte sich eine aufrührerische Bewegung, ein Feind an der entlegensten Grenze, so war die Kunde davon auch schon nach der Hauptstadt gelangt, und die königlichen Heere befanden sich auf dem Marsch über die großartigen Landstraßen, um die Gefahr zu bannen. So vortrefflich arbeitete das große Getriebe, das die peruanischen Herrscher ersonnen hatten, um die Ruhe in ihrem Riesenreich aufrechtzuerhalten! Es erinnert uns an ähnliche Einrichtungen im alten Rom, als es unter den Cäsaren noch Herrin der halben Welt war.

Vor allem dienten die großen Straßen der Inka kriegerischen Zwecken. Das Verbindungsnetz war ein wichtiger Bestandteil ihrer Kriegspolitik, die unsere Aufmerksamkeit ebenso verdient wie ihre zivilen Einrichtungen.

Ungeachtet der Friedensbeteuerungen der Inka und der wirklich friedlichen Zielsetzung ihrer inneren Ordnung führten sie doch fortwährend Krieg. Nur durch Kriege war ihr armseliges Stammland allmählich zu einem mächtigen Reich angewachsen. Als das geschehen war, wurde die Hauptstadt, gesichert im Mittelpunkt des Reiches gelegen, nicht mehr durch jeden Kriegszug erschüttert, und das Land erfreute sich in hohem Maße der Segnungen von Ruhe und Ordnung. Aber bei aller Ruhe im Innern hat es doch, soweit belegbar, unter den Inka keine Zeit gegeben, wo das Volk nicht mit den wilden Grenzvölkern in Krieg verwickelt gewesen wäre. Die Religion lieferte zu unaufhörlichen Angriffen einen willkommenen Vorwand, mit dem die Herrscher ihre Eroberungssucht vermutlich sowohl vor sich selbst wie vor ihren Untertanen verbrämten. Gleich den Anhängern Mohammeds, die das Schwert in der einen und den Koran in der anderen Hand hielten, ließen die Inka nur die Wahl zwischen Anbetung der Sonne und Krieg.

Allerdings äußerte sich ihr Glaubenseifer – oder vielmehr ihre Staatsklugheit – in einer milderen Form als bei den Nachfolgern des Propheten. Gleich dem großen Lichtspender, den sie anbeteten, wirkten sie mehr durch Milde als durch Gewalt. Sie suchten die Gemüter der wilden Nachbarstämme zu besänftigen, sie durch Wohlwollen und Güter gefügig zu machen und das heilsame Beispiel ihrer eigenen Staatseinrichtungen auf sie wirken zu lassen. Wenn das nicht zum Erfolg führte, versuchten sie es mit anderen, noch immer friedlichen Mitteln und bemühten sich, die Völkerschaften durch Verhandlungen, versöhnende Maßnahmen und Geschenke an die führenden Männer für ihre Herrschaft zu gewinnen. Kurz, sie ließen, um ihren Herrschaftsbereich auszudehnen, alle Künste spielen, wie sie dem gewiegtesten Staatsmann eines zivilisierten Landes vertraut sind. Erst wenn alle diese Mittel versagten, rüsteten sie zum Krieg.

Ihre Truppen hoben sie in allen Distrikten aus, jedoch vorwiegend dort, wo die Bewohner sich durch besondere Ausdauer und Kühnheit auszeichneten. Vermutlich konnte jeder Peruaner, wenn er ein gewisses Alter erreicht hatte, zu den Waffen gerufen werden. Da die Wehrfähigen sich im Kriegsdienst abwechselten und in jeder Ortschaft zwei- bis dreimal monatlich regelmäßige Waffenübungen stattfanden, waren die Krieger im allgemeinen einer ungeübten Landwehr überlegen. Das anfangs unbedeutende peruanische Heer vergrößerte sich mit dem Anwachsen der Bevölkerung in der letzten Zeit des Inkareiches beträchtlich, so daß die Herrscher, wie uns Zeitgenossen versichern, schließlich eine Streitmacht von zweimal hunderttausend Mann ins Feld stellen konnten. In militärischen Dingen zeigten sie dasselbe Geschick und Ordnungsvermögen wie auf anderen Gebieten. Die Truppen waren in Körperschaften eingeteilt, ähnlich unseren Bataillonen und Kompanien, und von Offizieren angeführt, deren feste Rangordnung vom niedrigsten Unterführer bis zum Inkaedelmann reichte, der mit dem Oberbefehl betraut war.

Sie verwendeten die bei allen Völkern – ob zivilisiert oder unzivilisiert – vor Erfindung des Pulvers gebräuchlichen Waffen: Lanzen, Wurfspeere, eine Art kurzer Schwerter, Streitäxte oder -keulen und Schleudern, die sie sehr geschickt zu handhaben wußten. Ihre Speere hatten Spitzen aus Kupfer oder häufiger aus Knochen, und die Waffen der Inkaedelleute waren oft mit Gold und Silber beschlagen. Ihre Köpfe waren durch Helme aus Holz oder Leder geschützt, diese mitunter reich verziert mit Metall und Edelsteinen und gekrönt vom leuchtenden Gefieder tropischer Vögel. Solche Helme dienten natürlich nur den höheren Klassen als Schmuck. Die große Masse der Krieger trug die jeweils übliche Stammestracht, und ihre Köpfe umwand eine Art Turban aus verschiedenen Stoffstreifen in lebhaften, heiteren Farben. Zum Schutz dienten ihnen runde oder viereckige Schilde und dichte Panzer aus durchsteppter Baumwolle, ähnlich wie sie die Mexikaner verwendeten. Jeder Trupp führte sein eigenes Banner mit sich, und hoch über allen entfaltete sich die königliche Fahne mit dem schimmernden Regenbogen, dem Wahrzeichen der Inka, das ihren Anspruch, Kinder des Himmels zu sein, versinnbildlichte.

Mit Hilfe des großangelegten Verbindungsnetzes konnte man in kurzer Zeit Truppen aus den entferntesten Gegenden zusammenziehen. Das Heer wurde dem Kommando eines erfahrenen Befehlshabers aus königlichem Geblüt unterstellt, häufiger aber vom Inka selbst angeführt. Die Truppen kamen rasch und ohne Anstrengungen vorwärts; denn auf der ganzen Länge der großen Verbindungswege waren in regelmäßigen Abständen Stationen eingerichtet, wo sie geräumige Unterkünfte fanden. Noch immer sieht man vielerorts im Lande die Überreste solcher militärischen Bauten aus Porphyr oder Granit, die, wie die Überlieferung versichert, einst den Inka und sein Heer beherbergten.

In bestimmten Abständen waren auch Lagerhäuser angelegt, gefüllt mit Getreide, Waffen und anderen Kriegsvorräten, mit denen das Heer auf seinem Marsch versorgt wurde. Die Regierung achtete streng darauf, daß die Magazine, die aus den Beständen des Inka beliefert wurden, immer wohlgefüllt waren. Als die Spanier ins Land einfielen, versorgten sie ihre eigenen Truppen lange Zeit mit den dort vorgefundenen Vorräten. Den peruanischen Soldaten war es verboten, sich auf irgendeine Weise am Eigentum der Einwohner zu vergreifen, durch deren Gebiet sie zogen. Jede Übertretung dieses Verbots wurde mit dem Tode bestraft. Der Krieger wurde durch den Fleiß des Volkes gekleidet und ernährt, und die Inka verurteilten es mit Recht, das mit Gewalttätigkeit zu vergelten. Weit davon entfernt, dem Landmann zusätzliche Arbeit aufzubürden oder auch nur seine Gastfreundschaft in Anspruch zu nehmen, durchzogen die königlichen Heere das Land von einem Ende zum andern, ohne die Bewohner mehr zu belästigen als etwa ein Zug friedlicher Bürger oder eine Parade von Feiertagssoldaten.

Sobald Krieg erklärt war, zog der peruanische Herrscher so schnell wie möglich seine Truppen zusammen, um den Bewegungen seiner Feinde zuvorzukommen und einen Zusammenschluß mit ihren Verbündeten zu verhindern. Und eben weil die verschiedenen Völkerschaften des Landes nicht gemeinsam vorzugehen vermochten, gerieten sie, die sich vielleicht mit vereinten Kräften hätten behaupten können, eine nach der anderen unter das Joch des Inka. Doch einmal im Krieg begriffen, war dieser in der Regel keineswegs darauf aus, seinen Vorteil um jeden Preis zu verfolgen und den Feind bis zum Äußersten zu treiben. In jedem

Stadium des Krieges war er Friedensvorschlägen zugänglich, und obschon er seine Feinde zu schwächen suchte, indem er sie ihrer Ernten beraubte und Hungersnot über sie brachte, verbot er seinen Truppen doch alle unnötigen Ausschreitungen gegen Personen und Eigentum. ›Wir müssen unsere Feinde schonen‹, soll einer der peruanischen Herrscher gesagt haben, ›oder es ist unser eigener Schaden, da sie samt allem, was ihnen gehört, bald unser sein werden.‹ Das war ein weiser Grundsatz, in dem sich wie bei den meisten weisen Grundsätzen Wohlwollen und Klugheit verbanden. Die Inka betrieben eine Politik, wie sie Livius für seine römischen Landsleute in Anspruch nimmt, wenn er uns berichtet, sie hätten durch Milde gegen die Besiegten mehr als durch ihre Siege erreicht.

Mit der gleichen Sorgfalt waren die Inka um die Sicherheit und das Wohlbefinden ihrer eigenen Truppen bemüht, und wenn sich ein Krieg lange hinzog oder das Klima sich als unzuträglich erwies, suchten sie ihre Leute regelmäßig durch neue Aushebungen abzulösen und erlaubten den früher Angeworbenen, in ihre Heimat zurückzukehren. Aber so schonend sie auch mit dem Leben ihrer eigenen Leute wie dem ihrer Feinde umgingen, schreckten sie doch andererseits nicht vor härteren Maßnahmen zurück, wenn sie durch erbitterten oder beharrlichen Widerstand dazu herausgefordert wurden, und die peruanische Geschichte enthält mehr als eines jener blutigen Kapitel, an die man heute nur mit Schaudern denken kann. Auch sei hinzugesetzt, daß die wohlwollende Politik, die ich den Inka nachgesagt habe, nicht alle Herrscher auszeichnete und daß mehr als einer in der Reihe der Könige in hohem Grade die kühne Bedenkenlosigkeit des landläufigen Eroberers gezeigt hat.

Der erste Schritt der Regierung nach der Unterwerfung eines Landes war die Einführung des Sonnenkults. Tempel wurden errichtet und der Obhut einer zahlreichen Priesterschaft übergeben, die dem besiegten Volk die Geheimnisse des neuen Glaubens enthüllte und es durch die Schaustellung eines reichen und prunkenden Zeremoniells blendete. Doch wurde die Religion der Besiegten nicht verächtlich abgetan. Vor allem mußte die Sonne angebetet werden, die Bildnisse ihrer eignen Gottheiten aber wurden nach Cuzco gebracht und in einem der Tempel aufgestellt, um unter den geringeren Gottheiten des peruanischen Pantheons ihren Platz einzunehmen. Hier blieben sie gewissermaßen als Geiseln für das besiegte Volk, das um so weniger geneigt war, seine Untertanenpflicht zu verweigern, als es in diesem Fall seine Götter in den Händen seiner Feinde hätte lassen müssen.

Ferner sorgten die Inka für die Eingliederung ihrer Neuerwerbungen, indem sie eine Volkszählung vornehmen ließen und sich eine genaue Übersicht über die Erzeugnisse des Landes und die Beschaffenheit und Ertragfähigkeit des Bodens verschafften. Dann wurden nach demselben Grundsatz, der im ganzen Königreich galt, die Ländereien aufgeteilt und der Sonne, dem Landesherrn und dem Volk ihr Anteil zugemessen. Letzterer richtete sich nach der Bevölkerungszahl; die Anteile der einzelnen Bewohner waren alle gleich groß. Es mag seltsam anmuten, daß ein Volk sich geduldig einer Neuordnung fügte, welche die völlige Preisgabe allen Besitzes in sich schloß, aber schließlich handelte es sich um ein besiegtes Volk, das bei dem leisesten Verdacht der Widersetzlichkeit durch bewaffnete Besatzungen von verschiedenen das Land beherrschenden Punkten aus in Schach gehalten werden konnte. Überdies ist anzunehmen, daß die Inka keine größeren Veränderungen vornahmen, als die Neuordnung unbedingt erforderte, und die Landstücke nach Möglichkeit ihren früheren Besitzern zuwiesen. Insbesondere wurden die Curaca in ihrem alten Amt bestätigt; falls es sich aber empfahl, den bisherigen Curaca abzusetzen, durfte sein rechtmäßiger Erbe an seine Stelle treten. Die alten Gebräuche und Gesetze des Landes respektierte man, soweit sie sich mit den grundlegenden Gesetzen der Inka vertrugen. Auch muß man bedenken, daß viele der besiegten Stämme noch zuwenig in der Gesittung vorgeschritten waren, um in demselben Maße wie ein höherentwickeltes Volk dem Boden verbunden zu sein. Was auch immer die Ursachen gewesen sein mögen, es ist anzunehmen, daß die ungewöhnlichen Maßnahmen der Inka in den eroberten Gebieten kaum auf Widerstand gestoßen sind.

Dennoch trauten die peruanischen Herrscher dem augenscheinlichen Gehorsam ihrer neuen Untertanen nicht völlig, und um ganz sicher zu gehen, bedienten sie sich einiger Mittel, die zu merkwürdig sind, um hier mit Stillschweigen übergangen zu werden. Unmittelbar nachdem ein neues Land erobert war, mußten die Curaca und ihre Familien sich für einige Zeit nach Cuzco begeben. Hier lernten sie die Sprache der Hauptstadt, wurden vertraut mit den Sitten und Gebräuchen des Hofes sowie mit den allgemeinen Regierungsmethoden und erfuhren von ihrem Landesherrn allerlei Gunstbezeigungen, die darauf abzielten, ihren Gefühlen zu schmeicheln und sie fest an seine Person zu binden. In dieser Weise beeinflußt, wurden sie dann wieder zurückgesandt, um über ihre Untertanen zu herrschen, mußten aber ihre ältesten Söhne als Bürgen ihrer eigenen Treue sowie zur Zierde des königlichen Hofes in der Hauptstadt lassen.

Eine andere Maßnahme war noch kühner und eigentümlicher. Sie bestand in nichts Geringerem als in einer gänzlichen Umgestaltung der Landessprache. In Südamerika wie in Nordamerika gab es eine große Menge verschiedenartiger Dialekte oder vielmehr Sprachen, die wenig Verwandtschaft miteinander hatten. Dieser Umstand bereitete der Regierung bei der Verwaltung der verschiedenen Distrikte, deren Mundarten ihr fremd waren, große Schwierigkeiten. Daher wurde beschlossen, als allgemein verbindliches Verständigungsmittel das Ketschua einzuführen – die Sprache des Hofes, der Hauptstadt und des umliegenden Landes und zugleich die reichste und ausdrucksfähigste der südamerikanischen Sprachen. In den Städten und Dörfern des ganzen Landes wurden Lehrer eingesetzt, um allen, auch den geringsten Klassen, darin Unterricht zu erteilen; zugleich wurde angekündigt, daß niemand zu Amt und Würden aufsteigen könne, der des Ketschua nicht mächtig sei. Die Curaca und andere Häuptlinge, die sich in der Hauptstadt aufhielten, wurden bei Hofe mit der Sprache vertraut, und wenn sie in ihre Heimat zurückkehrten, gingen sie mit gutem Beispiel voran, indem sie sich im Umgang miteinander des neuen Idioms bedienten. Ihre Umgebung ahmte sie nach, und das Ketschua wurde allmählich die gehobene Modesprache. Auf diese Weise wurde, während jeder Stamm außerdem seinen eigenen Dialekt beibehielt, ein ausgezeichnetes Verständigungsmittel eingeführt, das es den Bewohnern eines jeden Landesteils ermöglichte, mit allen übrigen in Verbindung zu treten, und dem Inka und seinen Beamten, sich überall im Lande verständlich zu machen. So lagen die Dinge bei der Ankunft der Spanier. Man muß zugeben, daß die Geschichte nur wenige Beispiele so unumschränkter Macht aufzuweisen hat wie diese sprachliche Umerziehung eines ganzen Reiches auf Befehl eines Herrschers.

Nicht weniger merkwürdig war eine andere Maßnahme der Inka, sich die Treue ihrer Untertanen zu sichern. Wenn irgendein Teil der neueroberten Gebiete halsstarrige Unzufriedenheit an den Tag legte, war es nichts Ungewöhnliches, große Bevölkerungsgruppen, an die zehntausend Einwohner oder mehr, in eine entlegene Gegend des Königreichs umzusiedeln, die von bewährten, unbedingt regierungstreuen Untertanen bewohnt war. Von diesen wurde dann eine gleiche Anzahl in das von den Umgesiedelten verlassene Gebiet verpflanzt. Nach solchem Austausch setzte sich die Bevölkerung nunmehr aus zwei verschiedenen Stämmen zusammen, die einander eifersüchtig überwachten, wodurch denn jede aufrührerische Bewegung verhindert wurde. Mit der Zeit gewann der Einfluß der Wohlgesinnten die Oberhand, sahen sie sich doch unterstützt durch die königliche Macht und die unmerkliche Wirkung der öffentlichen Einrichtungen, an die sich die fremden Stämme allmählich gewöhnten. Nach und nach entwickelte sich bei ihnen ein Geist der Untertanentreue, und kaum ein Menschenalter später waren die verschiedenen Stämme zu einträchtigen Gliedern desselben Gemeinwesens geworden. Sie unterschieden sich jedoch weiterhin durch ihre Stammestrachten; denn das Gesetz schrieb vor, daß jeder Bürger die Kleidung seines Stammlandes beibehalte. Auch durfte der Umgesiedelte, der so kurzerhand verpflanzt worden war, nicht in seinen heimatlichen Bezirk zurückkehren. Denn ein anderes Gesetz verbot jedem, seinen Wohnsitz ohne Erlaubnis zu verändern. Man war auf Lebenszeit an einen Ort gebannt. Die peruanische Regierung schrieb jedem Menschen seinen Wohnort, seinen Wirkungskreis, ja selbst Art und Beschaffenheit seiner Tätigkeit vor. Er hörte auf, nach seinem freien Willen zu handeln; fast könnte man sagen, daß er von jeder persönlichen Verantwortung entbunden war.

Die peruanischen Staatseinrichtungen, wenn sie auch wohl unter den verschiedenen aufeinanderfolgenden Herrschern abgewandelt und verbessert worden sind, tragen alle das gleiche Gepräge, sind alle in derselben Form gegossen. In jedem Abschnitt seiner Geschichte erstarkend und sich ausweitend, war das Inkareich in seinen letzten Tagen doch nur die Weiterentwicklung dessen, was es anfangs im kleinen gewesen. Jeder Inka schien nur danach zu trachten, in die Fußstapfen seines Vorgängers zu treten und dessen Pläne auszuführen. Große Unternehmungen, unter dem einen begonnen, wurden von einem zweiten fortgesetzt und von einem dritten vollendet. Da alle nach einem gleichbleibenden Plan handelten, ohne daß irgendwelche Überspanntheiten oder rückläufige Bewegungen die Tätigkeit verschiedener Personen verraten, war es, als werde der Staat von einer einzigen Hand geleitet, als verfolge ein und derselbe Herrscher während einer langen Regierungszeit beharrlich das große Werk der Zivilisierung und Eroberung.

Das letzte Ziel der peruanischen Einrichtungen war Befriedung im Innern. Aber es hat den Anschein, als sei diese nur durch auswärtige Kriege zu erlangen gewesen. Ruhe im Innern des Reichs und Krieg an seinen Grenzen: das war Dauerzustand in Peru. Durch Kriege gaben die Inka einem Teil des Volkes Beschäftigung, und durch Unterwerfung und Sittigung ihrer rohen Nachbarn gaben sie allen Sicherheit. Jeder Inkaherrscher, wie milde und wohlwollend er auch im Innern regierte, war ein Krieger und stand selbst an der Spitze seiner Heere. Jede Regierung dehnte die Grenzen des Reiches weiter aus. Ein Jahr nach dem andern sah den siegreichen Herrscher beutebeladen, eine Schar tributpflichtiger Häuptlinge in seinem Gefolge, in die Hauptstadt zurückkehren. Sein Empfang glich einem römischen Triumphzug. In den bunten, malerischen Trachten der verschiedenen Landschaften, Banner schwenkend und den Weg des Siegers mit Zweigen und Blumen bestreuend, strömte die ganze zahlreiche Bevölkerung herbei, ihn zu bewillkommnen. Von seinen Edelleuten in goldener Sänfte getragen, bewegte sich der Inka in feierlichem Zug unter den Triumphbogen, die den Weg überspannten, nach dem Tempel der Sonne. Ohne Gefolge – denn außer dem Herrscher durfte niemand die geweihte Stätte betreten – näherte sich der siegreiche Fürst, nachdem er die äußeren Zeichen seiner Königswürde abgelegt hatte, barfuß und mit aller Demut dem Heiligtum und brachte der glorreichen Gottheit, die das Schicksal der Inka lenkte, Opfer und Dankgebete dar. Nach dieser Zeremonie überließ sich die ganze Bevölkerung der Festfreude; Musik, Tanz und Lustbarkeit erschollen in allen Teilen der Hauptstadt, Illuminationen und Freudenfeuer feierten den siegreichen Feldzug des Inka und die Erweiterung seines Reiches um ein neues Gebiet.

Das Siegesfest trug in vielem kultischen Charakter, und in der Tat hatten alle peruanischen Kriege ein religiöses Gepräge. Das

Leben eines Inka war ein einziger langer Kreuzzug gegen die Ungläubigen; er führte Kriege, um den Sonnenkult weithin zu verbreiten, um die in Finsternis wandelnden Völker von ihrem rohen Aberglauben abzubringen und ihnen die Segnungen einer wohlgeordneten Verwaltung zuteil werden zu lassen. Das war, wie wir heute sagen würden, die ›Mission‹ des Inka. Das war auch die Mission des christlichen Eroberers, der in das Reich ebendieses indianischen Potentaten eindrang. Welcher von beiden seine Mission am treusten erfüllt hat, muß die Geschichte entscheiden.

3

Es ist eine merkwürdige Tatsache, daß viele, wo nicht die meisten rohen Stämme, die das große amerikanische Festland bewohnten, wie entstellt auch ihr Glaube in mancher Hinsicht durch kindischen Aberglauben gewesen sein mag, doch zu der sublimen Vorstellung von einem großen übernatürlichen Wesen gelangt waren, eines Welterschaffers, der, seiner Natur noch unkörperlich, nicht durch den Versuch, ihn sichtbar darzustellen, beleidigt werden durfte und der sich, allen Raum durchdringend, nicht von den Mauern eines Tempels umgrenzen ließ. Doch scheinen diese erhabenen, so weit über die üblichen Grenzen des ungeschulten Verstandes hinausgehenden Vorstellungen nicht zu den praktischen Folgen geführt zu haben, die man davon hätte erwarten sollen, und nur wenige der amerikanischen Völkerschaften haben sich ernsthaft der Pflege ihres Gottesdienstes gewidmet oder in ihrem Glauben einen mächtigen Antrieb zur Tat gefunden.

Doch entwickelten sich mit fortschreitender Gesittung nach und nach Vorstellungen, die denen zivilisierter Gemeinwesen eher entsprachen. Für den religiösen Dienst wurden reichliche Mittel ausgesetzt und ein besonderer Stand geschaffen, und das ausgeklügelte, prunkvolle Zeremoniell ließ sich in mancher Hinsicht mit dem Ritus der verfeinertsten Völker der Christenheit vergleichen. Das galt für die Völkerschaften, die das Tafelland Nordamerikas bewohnten, und für die Eingeborenen Bogotás, Quitos, Perus und der andern Gebirgsregionen des großen südlichen Festlandes. Das galt vor allem für die Peruaner, die für die Gründer ihres Reiches einen göttlichen Ursprung, für ihre Gesetze eine göttliche Urheberschaft in Anspruch nahmen und deren innere Einrichtungen wie auswärtige Kriege in gleicher Weise darauf abzielten, ihren Glauben zu bewahren und auszubreiten. Religion war die Grundlage ihrer Politik, sozusagen die eigentliche Voraussetzung ihrer gesellschaftlichen Existenz. Die Regierung der Inka war in ihren Grundzügen eine Theokratie.

Doch obwohl die Religion Gefüge und Wirksamkeit ihrer politischen Einrichtungen in so hohem Maße durchdrang, war ihre Mythologie, das heißt das überlieferte Sagengut, durch das sie die Geheimnisse des Weltalls zu enthüllen suchten, außerordentlich primitiv und kindlich. Außer der schönen Legende von den Gründern ihres königlichen Herrschergeschlechts ist kaum eine einzige ihrer Überlieferungen beachtenswert oder wirft viel Licht auf ihre eigene Vorzeit oder die Urgeschichte der Menschheit. Zu den wichtigeren Überlieferungen gehört die von der Sintflut, die sie mit vielen Völkern in allen Teilen der Welt gemein hatten.

Ihre Vorstellungen von einem Leben nach dem Tode verdienen mehr Aufmerksamkeit. Sie glaubten an das Fortleben der Seele und verbanden damit den Glauben an die Auferstehung des Leibes. Sie wiesen den Guten und den Bösen zwei verschiedene Orte zum Aufenthalt an; letztere verwiesen sie in den Mittelpunkt der Erde. Die Guten, meinten sie, führten dereinst ein üppiges Leben in Ruhe und Behagen, worin ihre Vorstellungen von Glückseligkeit gipfelten. Die Bösen aber müßten ihre Verfehlungen mit nicht endender mühseliger Arbeit abbüßen. Mit diesen Gedanken verbanden sie den Glauben an ein böses Prinzip oder einen bösen Geist namens Supay, den sie aber nicht durch Opfer zu versöhnen trachteten; er scheint nur eine schattenhafte Verkörperung der Sünde gewesen zu sein und nicht viel Einfluß auf ihr Verhalten ausgeübt zu haben.

Es war der Glaube an die Auferstehung des Leibes, der sie veranlaßte, den Leichnam mit großer Sorgfalt zu erhalten – allerdings durch ein einfaches Verfahren, das im Unterschied zu dem kunstvollen Einbalsamieren der Ägypter lediglich darin bestand, daß man den Toten der kalten, außerordentlich trockenen und dünnen Bergluft aussetzte. Da sie annahmen, das Leben in der künftigen Welt werde große Ähnlichkeit mit dem gegenwärtigen haben, gaben sie dem verstorbenen Edelmann einen Teil seiner

Kleidung, seines Hausrats und häufig auch seiner Schätze bei und beschlossen, die düstere Zeremonie, indem sie seine Weiber und Lieblingsdiener opferten, damit sie ihm in den glückseligen Gefilden jenseits der Wolken Gesellschaft leisteten und ihn bedienten. Große unregelmäßige, meist längliche Erdhügel, von rechtwinklig aufeinanderstoßenden Gängen durchzogen, wurden über den Toten errichtet, deren eingetrocknete Leichname oder Mumien man in beträchtlicher Menge gefunden hat, zuweilen aufrecht stehend, häufiger in sitzender Stellung, wie es bei den Indianerstämmen beider Kontinente gebräuchlich war. Auch Schätze von großem Wert wurden mitunter aus diesen gewaltigen Grabstätten ans Licht gezogen, wodurch sich mancher Spekulant in der Hoffnung auf ähnlichen Fang immer wieder zu Ausgrabungen veranlaßt sah. Es war ein Glücksspiel wie das Suchen nach Goldgruben, nur daß die Aussicht auf Erfolg sich hierbei als noch geringer erwiesen hat.

Die Peruaner bekannten sich wie viele andere indianische Stämme zu einem höchsten Wesen, dem Schöpfer und Beherrscher des Weltalls, den sie unter dem Namen Pachacamac oder Huiracocha anbeteten. Kein Tempel war dieser unsichtbaren Gottheit errichtet, mit Ausnahme eines einzigen in einem nach ihr benannten Tal nicht weit von der spanischen Stadt Lima. Doch hatte dieser Tempel schon dort gestanden, ehe das Land unter die Herrschaft der Inka geriet, und war das große Wallfahrtsziel indianischer Pilger aus den entlegensten Teilen des Landes gewesen, ein Umstand, der den Gedanken nahelegt, daß die Anbetung dieses großen übernatürlichen Wesens nicht von den peruanischen Fürsten ausging, wenn sie vielleicht auch von ihrer ausgleichenden Politik begünstigt wurde.

Die Gottheit, zu deren Dienst sie vor allem aufriefen, der sie Altäre errichteten, wohin auch immer ihre Banner vordrangen, war die Sonne. Sie war es, die in ganz besonderem Maße über die Schicksale der Menschen gebot, den Völkern Licht und Wärme, der Pflanzenwelt Leben gab, der sie Verehrung zollten als dem Stammvater ihres königlichen Herrschergeschlechts, dem Begründer ihres Reiches, deren Tempel in jeder Stadt und fast jedem Dorf im ganzen Lande emporragten, deren Altäre von Brandopfern rauchten – eine unter den halbzivilisierten Völkern der Neuen Welt nur den Peruanern eigentümliche Form des Opfers.

Außer der Sonne gab es für die Inka noch verschiedene andere Gegenstände der Anbetung, die auf die eine oder andere Art mit der Hauptgottheit in Zusammenhang standen. Zu ihnen gehörten der Mond, der Sonne Schwestergemahlin, und die Sterne, die sie als Teil seines himmlischen Gefolges verehrten; dem strahlenden Stern Venus, bei den Peruanern unter dem Namen Chasca, ›Jüngling mit den langen Ringellocken‹, bekannt, wurde als dem Edelknaben der Sonne gehuldigt, als ihrem unmittelbaren Begleiter bei Aufgang und Untergang. Auch dem Donner und dem Blitz, in denen sie die gefürchteten Diener der Sonne sahen, weihten sie Tempel, ebenso dem Regenbogen, den sie als wunderbare Ausstrahlung ihrer erhabenen Gottheit anbeteten.

Außerdem zählten die Untertanen der Inka zu ihren niederen Gottheiten viele Naturkräfte wie Winde, Erde, Luft, große Berge und Flüsse, die für sie Erhabenheit und Macht verkörperten oder von denen sie annahmen, daß sie einen geheimnisvollen Einfluß auf das Schicksal der Menschen ausübten. Auch vertraten sie eine ähnliche Ansicht wie einige Philosophenschulen der Antike,[1] daß nämlich jedes Ding auf Erden seine Urform oder seine Idee habe – seine ›Mutter‹, wie sie es ausdrucksvoll nannten –, die sie gewissermaßen als seine geistige Substanz heilighielten.

Dem Sonnenkult aber galt die ganz besondere Sorgfalt der Inka, und hier waren sie verschwenderisch in ihrem Aufwand. Der älteste der vielen Tempel, die der Sonne geweiht waren, befand sich auf der Insel Titicaca, dem Ursprungsort des peruanischen Herrschergeschlechts, wie die Überlieferung behauptet. Deshalb genoß dieses Heiligtum ganz besondere Verehrung. Alles, was dazugehörte, sogar die großen Maisfelder, die den Tempel umgaben, hatte etwas von seiner Heiligkeit aufgesogen. Die jährlichen Erträge dieser Felder wurden in jeweils kleinen Mengen auf die verschiedenen öffentlichen Lagerhäuser verteilt, um die übrigen darin aufbewahrten Vorräte zu heiligen. Wer auch nur einen Maiskolben von der heiligen Ernte für seine eigene Kornkammer erlangen konnte, schätzte sich glücklich.

Aber der berühmteste der peruanischen Tempel, der Stolz der Hauptstadt und das Wunder des Reiches, befand sich in Cuzco und war durch die Freigebigkeit der verschiedenen Herrscher so

[1] besonders die ›Akademie‹.

reich ausgeschmückt worden, daß er den Namen Curicancha, d.h. Goldort, erhielt. Aus einem Hauptbau sowie mehreren Kapellen und Nebengebäuden bestehend, nahm er eine große Fläche in der Mitte der Stadt ein; eine Mauer, gleich allen übrigen Gebäuden aus Stein, umschloß den ganzen Tempelbezirk. Das Bauwerk war in der Art aufgeführt, wie sie schon bei anderen öffentlichen Gebäuden des Landes beschrieben worden ist, und so kunstreich war die Arbeit, daß ein Spanier, der den Tempel noch in seinem Glanz gesehen hat, uns versichert, er könne sich nur zweier Gebäude in Spanien erinnern, die sich an sorgfältiger Ausführung damit vergleichen ließen. Und doch war dieses feste und in vieler Hinsicht prächtige Bauwerk mit Stroh gedeckt!

Am erstaunlichsten war das Tempelinnere, das von Gold nur so strotzte. Auf der westlichen Wand prangte ein Abbild der Gottheit, ein menschliches Antlitz inmitten zahlloser, in alle Richtungen radial von ihm ausgehender Lichtstrahlen, wie auch bei uns die Sonne häufig dargestellt wird. Das Bildnis war auf einer riesigen, dicht mit Smaragden und anderen Edelsteinen übersäten Platte von gediegenem Gold eingegraben. Es war genau gegenüber dem großen östlichen Eingangstor angebracht, so daß die Strahlen der aufgehenden Sonne darauf fielen und den ganzen Raum mit übernatürlich anmutendem Glanz erfüllten, der von dem goldenen Zierat widerstrahlte, mit dem Wände und Decke überall verkleidet waren. Gold hieß in der bilderreichen Sprache des Volkes ›von der Sonne geweinte Tränen‹, und jeder Teil des Tempelinnern war besetzt mit schimmernden Platten und Beschlägen aus dem kostbaren Metall. Golden war das Gesims, das rings um die Wände des Heiligtums lief, und ein ins Mauerwerk eingelassener breiter Goldstreifen oder Fries führte um die ganze Außenseite des Tempels.

Dem Hauptgebäude schlossen sich mehrere kleinere Kapellen an. Eine war dem Mond geweiht, der Gottheit, die als Mutter der Inka an nächster Stelle verehrt wurde. Ihr Bildnis war auf gleiche Weise wie das der Sonne auf einer riesigen Platte eingraviert, die fast eine ganze Wand des Raumes ausfüllte. Diese Platte aber wie sämtlicher Zierat des Gebäudes bestand aus Silber, wie es dem blassen silbrigen Licht des schönen Gestirns entspricht. Es gab noch drei andere Kapellen; eine war dem Sternenheer geweiht, das den glänzenden Hofstaat der Schwester der Sonne bildete, eine andere den gefürchteten Dienern ihrer Rache, Donner und Blitz, und eine dritte dem Regenbogen, dessen vielfarbiges Band sich fast so leuchtend wie sein Urbild über die Mauern des Gebäudes spannte. Außerdem gab es noch verschiedene andre Häuser oder abgesonderte Gemächer, Unterkünfte für die zahlreichen Priester, die den Tempeldienst versahen.

Sämtlicher Zierat wie auch alles zu kultischen Zwecken bestimmte Geschirr und Gerät war von Gold oder Silber. Zwölf riesige Silbergefäße standen, mit Maiskörnern gefüllt, auf dem Fußboden der großen Halle; die Weihrauchfässer, die Kannen, die das Wasser für die Opfer enthielten, die Röhren, die es durch unterirdische Gänge in die Gebäude leiteten, die Behälter, die es aufnahmen, selbst die Geräte, deren man sich in den Gärten bediente, alles war aus dem gleichen kostbaren Material gefertigt. Ebenso wie die Gärten der königlichen Paläste funkelten die Tempelgärten von goldenen und silbernen Blumen und Nutzpflanzen. Auch kunstreiche Tiernachbildungen waren da zu finden, unter denen das Lama mit seinem goldenen Vlies besonders ins Auge fiel; doch mochte die Geschicklichkeit der Ausführung in diesem Fall hinter der Köstlichkeit des Materials zurückbleiben.

Wenn der Leser in dem zauberischen Gemälde nur die romantische Färbung eines erdichteten El Dorados sieht, so mag er sich ins Gedächtnis rufen, was vorher über die Paläste der Inka gesagt wurde, und bedenken, daß die sogenannten ›Häuser der Sonne‹ das Sammelbecken waren, in dem alle Ströme öffentlicher und privater Gebefreudigkeit aus dem ganzen Reich zusammenflossen. Einige Angaben mögen aus Leichtgläubigkeit, andere aus dem Bedürfnis, Bewunderung zu erregen, stark übertrieben sein; da aber die zeitgenössischen Zeugnisse übereinstimmen, läßt sich schwerlich genau angeben, wie weit unser Zweifel gehen darf. Jedenfalls stützt sich das glänzende Bild, das ich entworfen habe, auf das Zeugnis derjenigen, welche die Gebäude noch in ihrer ganzen Pracht gesehen haben oder gleich nachdem sie durch die Habgier ihrer Landsleute geplündert waren. Viele der kostbaren Gegenstände wurden von den Eingeborenen vergraben oder in die Flüsse und Seen geworfen; aber es blieb genug übrig, um den beispiellosen Reichtum der heiligen Stätten zu bezeugen. Was sich nur von der Stelle bewegen ließ, wurde, die Gier der Eroberer zu befriedigen, eilig fortgeschafft; sogar die festen goldenen Gesimse und Friese rissen sie aus dem großen Tempel und füllten die leeren Stellen mit dem wohlfeilen, aber – weil er die Habsucht nicht weckt – dauerhafteren Gips aus. Doch selbst allen Glanzes beraubt, hatten die ehrwürdigen Gebäude noch Reiz für den Plünderer, der die verfallenden Mauern zum unerschöpflichen Steinbruch für seine eigenen Bauten machte. An ebender Stelle, die einst von der prunkvollen Curicancha gekrönt war, erstand die stattliche Kirche des heiligen Dominikus, eins der herrlichsten Gebäude der Neuen Welt. Mais- und Luzernefelder blühen jetzt da, wo ehemals die goldenen Tempelgärten schimmerten, und der Mönch singt seine Litanei in den heiligen Bezirken, die einst die Kinder der Sonne innehatten.

Außer dem großen Sonnentempel gab es in der peruanischen Hauptstadt und deren Umgebung noch eine stattliche Menge untergeordneter Tempel und Andachtsstätten – wie behauptet wird, drei- bis vierhundert an der Zahl; denn Cuzco war ein geweihter Ort, verehrt nicht nur als der Wohnsitz der Inka, sondern auch all jener Gottheiten, die über den verschiedenen Völkerschaften des Reiches walteten. Es war die von der Sonne geliebte Stadt, wo ihr Gottesdienst mit allem Prunk gefeiert wurde, wo nach den Worten eines alten Chronisten ›jede Quelle, jeder Weg und jede Mauer als heiliges Geheimnis betrachtet wurde‹. Und jeder indianische Edelmann war zu bedauern, der nicht wenigstens einmal im Leben nach dem peruanischen Mekka gewallfahrtet war.

Andere Tempel und Kultstätten waren im ganzen Land verstreut, und einige konnten an Pracht fast mit denen der Hauptstadt wetteifern. Ein ganzes Heer von Menschen stand im Dienste der Heiligtümer. In Cuzco belief sich die Zahl der Religionsdiener einschließlich der Priesterkaste, die nur in der Curicancha ihres Amtes waltete, auf nicht weniger als viertausend.

Das Haupt aller, sowohl in Cuzco wie im ganzen Reich, war der große Hohepriester oder Huillac Umu, wie er genannt wurde. Er stand an Würde nur dem Inka nach und wurde gewöhnlich unter dessen Brüdern oder nächsten Verwandten ausgewählt. Er wurde vom Herrscher selbst ernannt und bekleidete sein Amt auf Lebenszeit; er seinerseits besetzte die untergeordneten Stellen des Priesterstandes. Dieser Stand war sehr zahlreich. Alle, die den Dienst im Haus der Sonne zu Cuzco versahen, wurden aus dem heiligen Stamm der Inka ausgesucht. Die Priester draußen im

Lande kamen aus den Familien der Curaca; nur das Amt des Oberpriesters in jedem Distrikt war einem Edelmann königlichen Geblüts vorbehalten. Durch diese Anordnung wollte man den Glauben in seiner Reinheit erhalten und sich vor jeder Abweichung von dem prunkvollen, genau vorgeschriebenen Zeremoniell schützen.

Der Priesterstand, so zahlreich er war, unterschied sich durch keinerlei Amtszeichen oder besondere Kleidung vom übrigen Volk. Weder war er der alleinige Bewahrer des spärlichen Wissensgutes seines Landes, noch war er mit Unterweisung oder Seelsorge, wenn wir es so nennen wollen, betraut, die den Priester mit der großen Masse des Volkes in Berührung bringen. Die Ursache dafür ist wohl in der Existenz eines übergeordneten Standes, des Inkaadels, zu suchen, dessen angeborene Heiligkeit alle erworbene Amtswürde so weit überragte, daß er gewissermaßen alles aufsog, was es im Volk an religiöser Verehrung gab. Er war der eigentliche heilige Stand im Staate.

Die Pflichten des Priesters beschränkten sich auf den Tempeldienst. Doch war er auch hier nicht ständig beschäftigt, sondern wurde in bestimmten Zeitabständen von anderen abgelöst, die in regelmäßigem Wechsel aufeinanderfolgten. Seine Kenntnisse beschränkten sich auf die Fast- und Festtage seiner Religion und die einem jeden Fest zugeordneten Zeremonien. Wie gehaltlos diese Kenntnis auch ihrer Natur nach sein mochte, so war sie doch nicht leicht zu erlangen; denn das Ritual der Inka umfaßte eine lange Reihe verwickelter und ausgeklügelter Gebräuche, wie sie nur je ein Volk, ob heidnisch oder christlich, aufzuweisen hatte. Jeder Monat hatte sein bestimmtes Fest, das oft mehrere Tage währte. Die vier Hauptfeste bezogen sich auf die Sonne und galten den großen Einschnitten im Jahresablauf: den Sonnenwenden und den Tag- und Nachtgleichen. Die glänzendste aller Feiern war wohl Inti Raymi zur Zeit der Sommersonnenwende, wo die Sonne, nachdem sie den südlichsten Punkt auf ihrer Bahn erreicht hat, wieder umkehrt, als wolle sie die Herzen ihres auserwählten Volkes durch ihre Gegenwart erfreuen. Bei dieser Gelegenheit strömten die indianischen Edelleute aus allen Teilen des Landes nach der Hauptstadt, um an der großen kultischen Feier teilzunehmen.

Ein dreitägiges Fasten ging dem Fest voraus, und in dieser Zeit durfte in den Wohnstätten kein Feuer angezündet werden. Wenn der Tag gekommen war, versammelten sich der Inka und sein Hofstaat sowie die ganze Bevölkerung in der Morgendämmerung auf dem großen Platz, um die aufgehende Sonne zu begrüßen. Sie waren aufs festlichste gekleidet, und die vornehmen Indianer wetteiferten miteinander in der Schaustellung des kostbarsten Schmucks und Geschmeides, während sich von der Dienerschaft getragene Baldachine aus buntem Federwerk und farbenprächtigen Stoffen über ihren Köpfen spannten, so daß es aussah, als sei über den großen Platz und die auf ihn mündenden Straßen eine riesige prachtvolle Decke gebreitet. Begierig erwarteten alle die Ankunft der Gottheit, und kaum trafen ihre ersten goldenen Strahlen die Türme und höchsten Gebäude der Stadt, da brach ein Willkommensruf aus der versammelten Menge, begleitet von Triumphgesängen und der wilden Musik roher Instrumente, die lauter und lauter anschwoll, während die glänzende Scheibe über der östlichen Bergkette emportauchte und in aller Herrlichkeit auf ihre Verehrer herniederstrahlte. Nach herrschendem Brauch wurde der großen Gottheit vom Inka aus einem mächtigen, mit gegorenem Mais- oder Agavensaft gefüllten Gefäß ein Trankopfer dargebracht, das der Herrscher, nachdem er selbst davon gekostet, unter seine königliche Verwandtschaft verteilte. Nach dieser Zeremonie ordnete sich die riesige Menge zu einem Zug und setzte sich nach der Curicancha in Bewegung.

Sobald sie die Straße des heiligen Gebäudes erreichten, legten alle ihre Sandalen ab; nur der Inka und seine Familie taten das erst, wenn sie durch die Tore des Tempels schritten, den außer diesen erlauchten Personen niemand betreten durfte. Nach einer geziemenden Zeit der Andacht kamen sie wieder zum Vorschein, und die Opferhandlung wurde vorbereitet. Bei den Peruanern dienten Tiere, Korn, Blumen und wohlriechende Harze als Opfergaben; mitunter wurden auch Menschen dazu ausersehen, ein Kind oder ein schönes Mädchen. Doch waren solche Opfer selten und blieben großen öffentlichen Ereignissen vorbehalten, etwa einer Krönung, der Geburt eines königlichen Erben oder einem großen Sieg. Niemals folgten darauf jene kannibalischen Mähler, wie sie bei den Mexikanern und vielen der von den Inka unterworfenen wilden Stämme gebräuchlich waren. Wirklich können die Eroberungen der Inka allein schon deshalb als ein Segen für die indianischen Völkerschaften betrachtet werden, weil die neuen Machthaber den Kannibalismus abschafften und die Menschenopfer einschränkten.

Beim Sonnenfest Inti Raymi war das dargebrachte Opfer gewöhnlich ein Lama, und der Priester suchte, nachdem er den Leib des Opfertiers aufgeschnitten, die verhüllte Zukunft daraus abzulesen. Waren die Prophezeiungen ungünstig, so schlachtete man ein zweites Tier in der Hoffnung, eine ermutigendere Zusicherung zu empfangen.

Dann wurde ein Feuer angezündet, und zwar mit Hilfe eines Hohlspiegels aus blankem Metall, der die Sonnenstrahlen in einem Brennpunkt auf etwas getrockneter Baumwolle sammelte und diese schnell auflodern ließ. War der Himmel bedeckt und das Antlitz der wohltätigen Gottheit ihren Anbetern verborgen, was als böses Vorzeichen gewertet wurde, so machte man Feuer durch Reibung. Die heilige Flamme wurde der Obhut der Sonnenjungfrauen anvertraut, und wenn sie im Laufe des Jahres durch irgendeine Nachlässigkeit erlosch, so sah man darin ein Mißgeschick, das dem Reich großes Unheil verhieß. Die Tiere wurden auf den Altären als Brandopfer der Gottheit dargebracht. Das Opfer war das Vorspiel zum Abschlachten einer großen Menge Lamas aus den Herden der Sonne, die nicht nur dem Inka und seinem Hof ein Festmahl lieferten, sondern auch dem Volk, das sich bei solchen Gelegenheiten für die schmale Kost entschädigte, zu der es gewöhnlich verurteilt war. Ebenso zierte feines Brot oder Kuchen aus Maismehl, von den schönen Händen der Sonnenjungfrauen geknetet, die königliche Tafel, wo der Inka den Vorsitz führte und seinen Edelleuten in vollen Zügen mit dem landesüblichen Chicha zutrank. Die lange Lustbarkeit des Tages wurde des Nachts mit Musik und Tanz beschlossen. Tanzen und Trinken waren der liebste Zeitvertreib der Peruaner. Die Vergnügungen dauerten mehrere Tage lang, doch waren die Opfer auf den ersten Tag beschränkt. – So feierte man das große Sonnenfest Inti Raymi, und die regelmäßige Wiederkehr dieser und ähnlicher Festlichkeiten hellte das mühselige Einerlei auf, das den niederen Ständen des Gemeinwesens auferlegt war.

In der Verteilung von Brot und Wein sahen die Spanier, die zuerst ins Land kamen, eine Ähnlichkeit mit dem christlichen Abendmahl, und in der Institution von Beichte und Buße, welche

Abb. 4 Der Inka beim Fest der Sommersonnenwende

die Peruaner, wenn auch nur in höchst unklarer Form, wirklich gekannt zu haben scheinen, erblickten sie eine weitere Übereinstimmung mit den Sakramenten der Kirche. Manche glaubten sogar, irgendein früher Verkünder des Evangeliums sei einst in diese entlegene Gegend gereist, um den christlichen Glauben auszusäen. Doch ist es weit vernünftiger, solch zufällige Ähnlichkeiten der allgemeinen Gemütsbeschaffenheit des Menschen und den Bedürfnissen seiner moralischen Natur zuzuschreiben.

Weitere auffallende Anklänge an Einrichtungen der römisch-katholischen Kirche finden sich bei den Sonnenjungfrauen, den sogenannten ›Auserwählten‹, von denen bereits die Rede war. Es waren dem Dienst der Gottheit geweihte junge Mädchen, die in zartem Alter aus ihren Familien entfernt und in Klöster gebracht wurden, wo sie unter der Obhut älterer, hinter ihren Mauern ergrauter Frauen, der Mamacuna, lebten. Von den ehrwürdigen Führerinnen wurden die heiligen Jungfrauen in ihren religiösen Pflichten unterwiesen. Sie wurden mit Spinnen und Sticken beschäftigt und webten aus feiner Vikunjawolle Wandbehänge für die Tempel und Gewänder für den Inka und seinen Hofstaat. Vor allem hatten sie über die beim Sonnenfest entzündete heilige Flamme zu wachen. Mit ihrem Eintritt ins Kloster waren sie von der Welt abgeschnitten, selbst von ihren nächsten Angehörigen und Freunden. Niemand außer dem Inka und der Cuya oder Königin durfte die heiligen Räume betreten. Größter Wert wurde auf die Tugendhaftigkeit der Jungfrauen gelegt, und jedes Jahr überprüften königliche Aufseher die Anstalten und erstatteten Bericht über die dort waltende Zucht und Sitte. Wehe dem unglücklichen Mädchen, das bei einem Liebesverhältnis ertappt wurde! Nach dem strengen Gesetz der Inka wurde sie lebendig begraben, ihr Liebhaber erdrosselt und die Stadt oder das Dorf, dem er angehörte, dem Erdboden gleichgemacht und ›mit Steinen besät‹, um gleichsam jede Erinnerung an sein Dasein auszulöschen. Es erstaunt uns, in den Einrichtungen des amerikanischen Indianers, des alten Römers und des neuzeitlichen Katholiken so viel Übereinstimmung zu finden. Keuschheit und Sittenstrenge sind weibliche Tugenden, die offenbar bei den wilden wie bei den zivilisierten Völkern gleichermaßen geschätzt worden sind. Und doch war die eigentliche Bestimmung der Insassen jener religiösen Häuser voneinander grundverschieden.

Die große Anstalt in Cuzco beherbergte ausschließlich Mädchen königlichen Geblüts, deren Zahl sich auf nicht weniger als fünfzehnhundert belaufen haben soll. Die Klöster draußen im Lande nahmen die Töchter der Curaca und des niederen Adels auf, zuweilen auch Mädchen aus den untersten Volksklassen, wenn sie sich durch große persönliche Reize auszeichneten. Die ›Häuser der Sonnenjungfrauen‹ bestanden aus niedrigen Reihen steinerner Gebäude, nahmen eine große Grundfläche ein und waren von hohen Mauern umschlossen, welche die Bewohnerinnen gänzlich den Blicken der Außenwelt entzogen. Die Häuser waren mit allen Bequemlichkeiten für die schönen Insassinnen versehen und mit gleicher Pracht und Üppigkeit ausgeschmückt wie die Paläste der Inka und die Tempel; denn als einem wichtigen Teil der religiösen Einrichtungen galt ihnen die besondere Aufmerksamkeit der Regierung.

Doch nicht alle Bewohnerinnen der Klöster waren zeitlebens auf den Umkreis ihrer engen Mauern beschränkt. Obwohl Sonnenjungfrauen, waren sie doch auch Bräute des Inka, und im heiratsfähigen Alter wurden die schönsten unter ihnen ausgewählt und in den königlichen Harem übernommen. Dieser zählte mit der Zeit nicht nur Hunderte, sondern Tausende, die alle in den verschiedenen übers ganze Land verstreuten Palästen Platz fanden. Wenn es dem Herrscher beliebte, die Zahl seiner Beischläferinnen zu verringern, wurden diejenigen, auf deren Gesellschaft er keinen Wert mehr legte, nicht in ihre frühere klösterliche Umgebung, sondern in ihre Familien zurückgeschickt, wo sie, wie gering auch immer ihre Herkunft, mit großem Aufwand unterhalten wurden. Keineswegs entehrt durch die Stellung, die sie bekleidet hatten, genossen sie vielmehr als Bräute des Inka allgemeine Achtung.

Wie dem Inka, wurde auch dem hohen Adel Vielweiberei zugebilligt. Der einfache Mann begnügte sich, dem Gesetz oder der strengeren Notwendigkeit gehorchend, im allgemeinen mit einer Frau. Ebenso eigentümlich wie alle anderen Einrichtungen des Landes war auch die Art der Eheschließung. An einem bestimmten Tag des Jahres wurden im ganzen Land die heiratsfähigen jungen Leute – deren Alter im Hinblick auf die Tauglichkeit, für eine Familie zu sorgen, bei den Männern auf nicht weniger als vierundzwanzig, bei den Frauen auf achtzehn oder zwanzig Jahre festgelegt war – auf den großen Plätzen ihrer Städte und Dörfer versammelt. Bei der Zusammenkunft seiner eigenen Verwandten führte der Inka persönlich den Vorsitz, legte die Hände der zu vermählenden Paare ineinander und erklärte sie für Mann und Weib. Ebenso verfuhren die Curaca in den verschiedenen Distrikten mit allen Personen ihres eignen oder eines geringeren Standes. Das war die einfache Form der Eheschließung in Peru. Keiner durfte eine Frau außerhalb des Gemeinwesens wählen, dem er und gewöhnlich auch seine ganze Verwandtschaft angehörte, und niemand außer dem Herrscher durfte sich über das Naturgesetz – oder zumindest den bei den meisten Völkern herrschenden Brauch – hinwegsetzen und seine eigene Schwester heiraten. Nur mit Einwilligung der Eltern war eine Ehe gültig, doch auch die Wahl der Beteiligten soll dabei berücksichtigt worden sein, wiewohl in Anbetracht der Schranken, die durch das vorgeschriebene Heiratsalter gesetzt waren, gewiß nur sehr bedingt von Wahl die Rede sein konnte. Auf Kosten ihres Heimatdistrikts wurde den Neuvermählten eine Behausung hergerichtet und das vorgeschriebene Stück Land zu ihrem Unterhalt zugewiesen. Das peruanische Gesetz sorgte für die Zukunft wie für die Gegenwart. Es überließ nichts dem Zufall. – Auf die einfache Hochzeitszeremonie folgten mehrtägige Festlichkeiten mit den Freunden und Verwandten des Paares, und da sämtliche Hochzeiten am gleichen Tag stattfanden und es kaum eine Familie gab, in der nicht ein Angehöriger persönlich beteiligt war, herrschte im ganzen Lande ein großes allgemeines Vermählungsfest.

Die außergewöhnlichen Bestimmungen über die Ehe sind sehr bezeichnend für den Geist der Inkaregierung. Weit entfernt, sich auf öffentliche Angelegenheiten zu beschränken, drang sie in die geheimsten Winkel des Privatlebens selbst des geringsten Untertanen ein und unterband jedes selbständige Handeln, auch in jenen persönlichen Fragen, die, so sollte man meinen, niemanden als den Beteiligten selbst oder höchstens seine Familie etwas angingen. Kein Peruaner war zu gering für die bevormundende Wachsamkeit der Regierung. Keiner stand zu hoch, als daß er nicht seine Abhängigkeit in allen Lebenslagen zu fühlen bekommen hätte. Das Leben eines jeden Einzelwesens wurde aufgesaugt vom Leben der Gesamtheit. Seine Hoffnungen und Ängste, seine Freuden und Sorgen, die zartesten Schwingungen seiner Natur, die sich der Beobachtung gern entzogen hätten, alles war durch das Gesetz geregelt. Es war ihm nicht einmal erlaubt, auf seine eigene Weise glücklich zu sein. Die Regierung der Inka war die mildeste, aber zugleich die umfassendste aller Despotien.

4

›Wissen ist nicht für das Volk bestimmt, sondern für die aus edlem Blut Entsprossenen. Personen niederen Standes werden dadurch nur aufgeblasen, eitel und anmaßend. Auch sollten sich diese nicht in die Regierungsgeschäfte mischen; das würde die hohen Ämter um ihr Ansehen und dem Staate Schaden bringen.‹ So lautete die oft wiederholte Lieblingsthese des Inka Tupac Yupanqui, eines der berühmtesten peruanischen Herrscher. Dieser Grundsatz war dem Geiste des peruanischen Königtums genau angemessen und kann uns als Schlüssel zu seiner Politik dienen; denn während es mit unermüdlicher Sorgfalt über seine Untertanen wachte, für deren körperliche Bedürfnisse sorgte, auf ihre Sitten achtgab und in allen Stücken die liebevolle Teilnahme eines Vaters für seine Kinder zeigte, betrachtete es diese doch eben nur als Kinder, die niemals der Vormundschaft entwachsen, niemals selbständig denken und handeln durften, sondern deren einzige Pflicht in unbedingtem Gehorsam bestand.

In einer so demütigenden Lage befand sich das Volk unter den Inka, während den zahlreichen Familien königlichen Geblüts alles Wissensgut zuteil wurde, das ihr Land zu bieten hatte, und noch lange nach der Eroberung wurden die Stellen gezeigt, wo einst die Unterrichtsanstalten für die Bevorzugten gestanden hatten. Sie waren der Obhut der Amauta oder ›weisen Männer‹ anvertraut, die den dürftigen Vorrat an peruanischer Wissenschaft – wenn man es so nennen will – verwalteten und die einzigen Lehrer der Jugend waren. Es war natürlich, daß der Herrscher an der Unterweisung der jungen Adligen, seiner Verwandten, lebhaften Anteil nahm. Mehrere peruanische Fürsten sollen ihre Paläste in der Nähe der Schulen erbaut haben, damit sie diese um so leichter besuchen und dem Unterricht der Amauta beiwohnen konnten, dem sie zuweilen durch einen eignen Beitrag Nachdruck verliehen. In den Schulen wurden die königlichen Zöglinge in allen Wissenszweigen unterrichtet, in denen die Lehrer selbst bewandert waren, wobei besonders die Stellungen berücksichtigt wurden, die sie später einzunehmen hatten. Sie studierten die Gesetze und die Grundzüge der Regierungsgeschäfte, an denen viele von ihnen später teilnehmen sollten. Sie wurden eingeweiht in die Riten ihrer Religion, was besonders für diejenigen notwendig war, die einmal ein Priesteramt bekleiden würden. Sie hörten die von den Amauta gesammelten Berichte über ihre königlichen Vorfahren und lernten, deren Taten nachzueifern. Man lehrte sie, ihre eigene Sprache rein und gewandt zu sprechen, und machte sie bekannt mit der geheimnisvollen Wissenschaft der Quipu, die es den Peruanern ermöglichte, sich räumlich Entfernten mitzuteilen und Wissenswertes an künftige Generationen weiterzugeben.

Der Quipu war eine ungefähr zwei Fuß lange Schnur aus verschiedenfarbigen, fest zusammengedrehten Fäden, von der eine Anzahl kleinerer Fäden wie Fransen herabhingen. Die Fäden hatten verschiedene Farben und waren zu Knoten geschürzt – das Wort Quipu bedeutet Knoten. Die Farben bezeichneten wahrnehmbare Gegenstände, weiß zum Beispiel Silber, gelb Gold. Zuweilen standen sie auch für abstrakte Begriffe; so bedeutete weiß Frieden und rot Krieg. Doch hauptsächlich wurden die Quipu zur Übermittlung von Zahlen verwendet. Die Knoten dienten als Ziffern und ließen sich derart kombinieren, daß sie Zahlen beliebiger Höhe darstellen konnten. Mit Hilfe der Quipu führten die Peruaner mit großer Schnelligkeit ihre Berechnungen aus, und die Spanier, die zuerst ins Land kamen, bezeugen deren Genauigkeit.

In jedem Distrikt waren Beamte angestellt, die unter dem Titel Quipucamayoc oder ›Quipubewahrer‹ der Regierung über verschiedene wichtige Fragen Rechenschaft zu geben hatten. Einer war für die Staatseinkünfte zuständig, berichtete über die Menge der unter die Arbeiter verteilten Rohstoffe, die Art und Anzahl der daraus angefertigten Gegenstände und die Menge der in die königlichen Magazine abgelieferten Vorräte. Ein andrer führte die Register über Geburten, Todesfälle, Heiraten, die Anzahl der wehrfähigen Männer und ähnliche die Bevölkerung betreffende Einzelheiten. Die Berichte wurden alljährlich nach der Hauptstadt gesandt und zur Durchsicht wiederum bestimmten Beamten vorgelegt, die sich auf die Entzifferung der geheimnisvollen Zeugnisse verstanden. So war die Regierung stets mit umfassenden

Abb. 5 Zählen mit dem Quipu

wertvollen Informationen versehen, und die Stränge vielfarbiger Fäden, gesammelt und sorgfältig aufbewahrt, bildeten eine Art von Nationalarchiv.

Obwohl die Quipu für alle erforderlichen Zählungen und Erhebungen der Peruaner ausreichten, vermochten sie doch nicht die mannigfaltigen Begriffe und Vorstellungen wiederzugeben, welche die Schrift ausdrücken kann. Aber auch hierfür war die Erfindung nicht ohne Nutzen. Denn abgesehen von der Darstellung einfacher Gegenstände und, wie oben erwähnt, in sehr begrenztem Ausmaß auch abstrakter Begriffe, konnten die Quipu als Gedächtnisstützen gute Dienste leisten. So deutete der einzelne Knoten oder die Farbe auf etwas hin, was der Quipu nicht unmittelbar ausdrücken konnte, ebenso – um mich des schlichten Vergleichs eines alten Autors zu bedienen – wie die Zahl des Gebots uns an das Gebot selbst erinnert. So angewendet, könnte man die peruanischen Quipu als ein System der Gedächtniskunst ansehen.

In allen größeren Gemeinden waren Chronisten angestellt, deren Aufgabe es war, die wichtigsten Geschehnisse festzuhalten. Andere Beamte höheren Ranges, gewöhnlich die Amauta, waren mit der Geschichte des Reiches betraut und dazu ausersehen, die großen Taten des regierenden Inka oder seiner Vorfahren zu bewahren. Die so zusammengebraute Geschichte konnte nur mündlich überliefert werden; doch diente der Quipu dem Chronisten zum methodischen Ordnen der Geschehnisse und kam seinem Gedächtnis zu Hilfe. Das vom Geist einmal Aufgenommene prägte sich ihm durch häufige Wiederholung unauslöschlich ein. Es wurde vom Amauta an seine Schüler weitergegeben, und auf diese Weise pflanzte sich die teils mündlich, teils durch vereinbarte Zeichen überlieferte Geschichte von einer Generation zur andern fort, zwar mit manchen Abweichungen im einzelnen, aber doch im großen ganzen mit der Wahrheit übereinstimmend.

Die peruanischen Quipu waren gewiß ein schlechter Ersatz für die schöne Erfindung des Alphabets, das mit einfachen Schriftzeichen, Vertretern von Lauten und nicht von Begriffen, die feinsten Nuancen menschlichen Denkens wiederzugeben vermag. Die peruanische Erfindung stand in der Tat weit unter den Hieroglyphen, selbst unter der rohen Bilderschrift der Azteken; konnte diese doch, wie unzureichend sie auch für abstrakte Begriffe war, die Dinge der sichtbaren Welt mit leidlicher Genauigkeit wiedergeben. Daß wir bei den Peruanern keinerlei Anklänge an die Bilderschrift der Mexikaner finden, obgleich die südamerikanische Agave ihnen dasselbe Material hätte liefern können, wie es die Azteken für ihre Darstellungen benutzten, ist ein Beweis dafür, daß die beiden Völker nicht das geringste voneinander gewußt haben.

Indes müssen wir uns hüten, den Wert der peruanischen Erfindung zu unterschätzen, und dürfen nicht etwa glauben, die Quipu seien für einen geübten Eingeborenen ein ebensoschwer zu handhabendes Werkzeug gewesen, wie sie es für uns sein würden. Wir kennen die Macht der Gewohnheit bei allen derartigen Verrichtungen, und die Spanier bezeugen immer wieder die Gewandtheit und Genauigkeit der Peruaner beim Umgang mit den Quipu. Ihre Geschicklichkeit darin ist nicht überraschender als unsere durch Gewohnheit erworbene Fertigkeit, den Inhalt einer gedruckten Seite mit Hunderten von einzelnen Schriftzeichen gleichsam auf einen Blick zu erfassen, wobei die Fülle der Buchstaben vom Auge aufgenommen werden muß, ohne daß dadurch die Gedankenreihe im Geiste des Lesers unterbrochen werden darf. Auch werden wir die Erfindung der Quipu nicht zu gering anschlagen, wenn wir bedenken, daß sie umfangreiche Berechnungen ermöglichten, wie sie die Geschäfte eines großen Staatswesens erforderten, und, wenn auch noch so unzureichend, doch nicht wenig dazu beitrugen, eine Art literarischer Tätigkeit zu fördern.

Die Aufgabe, die Geschichte des Volkes zu bewahren, war nicht allein den Amauta vorbehalten. Auch die Yarabicu oder Dichter hatten Teil daran, indem sie die glänzendsten Ereignisse für ihre Lieder oder Balladen auswählten, die sie bei den königlichen Festen und an der Tafel des Inka vortrugen. Auf diese Weise entstand eine Sammlung mündlich überlieferter Spielmannsdichtung, ähnlich der britischen und spanischen Balladendichtung, und der Name so manches rohen Häuptlings, der wohl sonst in Ermanglung eines Chronisten untergegangen wäre, ist, von solch einfachen Volksweisen weitergetragen, auf spätere Generationen gekommen.

Freilich ist nicht anzunehmen, daß die Geschichte durch diesen Bund mit der Dichtung viel gewonnen hat; denn die Herrschaft des Dichters erstreckt sich über ein ideales Reich, das bevölkert ist mit den nebelhaften Gestalten der Phantasie, die wenig Ähnlichkeit mit der rauhen Wirklichkeit des Lebens haben. Die peruanische Geschichte, so will uns scheinen, trägt manche Spuren dieser Verbindung an sich; breitet sich doch bis in die allerjüngste Zeit hinein ein Hauch des Wunderbaren über sie, der es uns, gleich einem Schleier vor dem Auge des Lesers, schwer macht, zwischen Wahrheit und Dichtung zu unterscheiden.

Der Dichter fand ein passendes Werkzeug für seine Zwecke in der schönen Ketschuasprache. Wir haben schon gesehen, welch ungewöhnliche Maßnahmen die Inka ergriffen haben, um ihre Sprache im ganzen Reich zu verbreiten. Auf diese Weise in den entferntesten Landschaften eingebürgert, wurde sie duch eine Menge fremder Wörter und Dialekte bereichert, was alles unter dem Einfluß des Hofes und einer poetischen Verfeinerung, wenn ich so sagen darf, allmählich zu einem harmonischen Ganzen verschmolz, so wie aus grobem und zusammenhanglosem Material ein vollkommenes Mosaik werden kann. Das Ketschua wurde sowohl die umfassendste und vielfältigste als auch die gefälligste der südamerikanischen Sprachen.

Von den bereits erwähnten Geisteserzeugnissen abgesehen, sollen die Peruaner auch ein gewisses Talent für schauspielerische Darbietungen gezeigt haben, doch nicht für jene leeren, allein das Auge ansprechenden Pantomimen, die mehr als einem primitiven Volk zur Unterhaltung gedient haben. Die peruanischen Stücke erhoben sich zum Rang von dramatischen Dichtungen, stützten sich auf agierende Personen und Dialoge und behandelten teils tragische Gegenstände, teils solche, die ihrer leichten und geselligen Natur nach dem Lustspiel angehörten. Wie diese Stücke aufgeführt wurden, entzieht sich unserer Kenntnis, wahrscheinlich auf ziemlich primitive Weise; doch welcher Art die Aufführung auch gewesen sein mag, allein das Ersinnen einer solchen Unterhaltung ist schon ein Beweis von Verfeinerung und unterscheidet den Peruaner ehrenvoll von den anderen amerikanischen Stämmen, deren Zeitvertreib der Krieg oder die wilden, sein Bild widerspiegelnden Belustigungen waren.

Die geistige Natur der Peruaner scheint sich in der Tat mehr durch ein Streben nach Verfeinerung ausgezeichnet zu haben als durch jene härteren Eigenschaften, die auf den ernsten Bahnen der Wissenschaft Erfolg verbürgen. Hierin waren sie hinter verschiedenen halbzivilisierten Völkern der Neuen Welt zurückge-

Abb. 6 Kartoffelernte

blieben. Sie besaßen einige Kenntnisse in der Geographie, soweit sie ihr eigenes Reich betraf, das allerdings sehr groß war, und sie verfertigten Landkarten – ähnlich denen für Blinde – mit plastisch erhöhten Linien für die Grenzen und Örtlichkeiten. In der Astronomie scheinen sie nur mäßig bewandert gewesen zu sein. Sie teilten das Jahr in zwölf Mondmonate, von denen jeder seinen eigenen Namen und seinen besonderen Festtag hatte. Sie kannten auch Wochen; aber wie lang diese waren, ob sieben, neun oder zehn Tage, ist ungewiß. Da ihr Mondjahr notwendigerweise hinter der wirklichen Zeit zurückbleiben mußte, berichtigten sie ihren Kalender durch Sonnenbeobachtungen mit Hilfe einiger runder Säulen, die auf dem Hochland rings um Cuzco aufgerichtet waren; durch das Messen ihrer Schatten ermittelten sie die genauen Zeitpunkte der Sonnenwenden. Die Tag- und Nachtgleichen bestimmten sie mit Hilfe eines einzelnen Pfeilers oder Gnomons. Dieser stand im Gebiet des großen Tempels im Mittelpunkt eines Kreises, durch den ein Halbmesser von Osten nach Westen lief. Waren die Schatten zur Mittagszeit kaum sichtbar, so sagten sie, die Gottheit sitze mit ihrem ganzen Licht auf der Säule. Quito, unmittelbar im Äquator gelegen, wo die senkrecht einfallenden Sonnenstrahlen zu Mittag gar keinen Schatten werfen, genoß als Lieblingswohnsitz der großen Gottheit besondere Verehrung. Die Zeit der Tag- und Nachtgleichen wurde durch öffentliche Lustbarkeiten gefeiert. Man krönte den Pfeiler im Tempelbezirk mit dem goldenen Thron der Sonne, und wie auch zur Zeit der Sonnenwenden wurden die Säulen mit Girlanden geschmückt, Blumen- und Fruchtopfer dargebracht und im ganzen Land Feste gefeiert. Nach diesen vier Zeitpunkten richteten die Peruaner ihre religiösen Gebräuche und Zeremonien und alle landwirtschaftlichen Arbeiten aus. Das Jahr endete mit der Wintersonnenwende.

Dieser dürftige Bericht umfaßt beinahe alles, was von peruanischer Astronomie auf uns gekommen ist. Es mag seltsam anmuten, daß ein Volk, in seinen Beobachtungen einmal so weit gediehen, es dabei bewenden ließ und ungeachtet seines hohen Kulturstandes gerade in dieser Wissenschaft so sehr hinter den Mexikanern zurückblieb.

Die Peruaner kannten nur wenige Konstellationen; insbesondere beobachteten sie die Bahn des Planeten Venus, dem sie Altäre weihten. Daß ihnen die Grundbegriffe astronomischen Wissens fehlten, bezeugt ihre Auffassung von Sonnen- und Mondfinsternissen, die ihrer Meinung nach auf irgendeine unheilvolle Störung der Gestirne deuteten, und wenn der Mond an einem dieser geheimnisvollen Übel litt, ließen sie ihre rohen Instrumente erschallen und erfüllten die Luft mit Geschrei und Wehklagen, um ihn aus seinem Todesschlaf zu erwecken.

Sind die Inka auch weniger erfolgreich in der Erforschung des Himmels gewesen, muß man ihnen andererseits zugestehen, daß sie in der Beherrschung der Erde jeden anderen amerikanischen Stamm übertroffen haben. Der Ackerbau wurde von ihnen nach Grundsätzen betrieben, die man mit Fug und Recht wissenschaftlich nennen könnte. Er war die Grundlage ihrer staatlichen Einrichtungen. Da sie keinen auswärtigen Handel trieben, war es der Ackerbau, der ihnen die Mittel zum Tauschhandel im Innern und zum Unterhalt bot und ihnen Einkünfte verschaffte. Wir haben ihre bemerkenswerten Maßnahmen zur gleichmäßigen Verteilung des Landes unter das Volk kennengelernt, wobei sie von jedermann mit Ausnahme der privilegierten Stände verlangten, daß er bei der Bebauung des Bodens mithalf. Der Inka selbst verschmähte es nicht, mit gutem Beispiel voranzugehen. An einem der großen jährlichen Feste begab er sich, von seinem Hofstaat begleitet, in die Umgebung von Cuzco, brach in Gegenwart des ganzen Volkes mit einem goldenen Grabstock das Erdreich auf und gab damit der Arbeit des Landmanns eine höhere Weihe.

Ein großer Teil des Landes längs der Meeresküste litt an Wassermangel, da dort wenig oder gar kein Regen fiel und die spärlichen Wasserläufe auf ihrem kurzen und eiligen Weg von den Bergen herab dem langgestreckten Gebiet nur wenig Feuchtigkeit spendeten. Zum Teil war der Boden freilich sandig und unfruchtbar, doch manche Stellen ließen sich kultivieren und bedurften nur einer zweckmäßigen Bewässerung, um sich als außerordentlich fruchtbar zu erweisen. Diesen Orten wurde durch ein umfangreiches System von Kanälen und unterirdischen Leitungen Wasser zugeführt. Sie bestanden aus großen, ohne Mörtel sorgfältig zusammengefügten Steinplatten und beförderten genügend Wasser, um mittels verdeckter Rinnen und Schleusen das Land in den tiefergelegenen Gegenden, das sie durchschnitten, mit Feuchtigkeit zu versorgen. Manche dieser Wasserleitungen waren sehr lang; eine, die den Distrikt von Contesuyo durchquerte, maß vier- bis fünfhundert Meilen. Sie wurden aus einem hochgelegenen See oder natürlichen Wasserbehälter im Gebirge hergeleitet und erhielten hier und da Zufluß aus anderen Wasserbecken, die längs der Abhänge der Sierra auf ihrem Wege lagen. Mitunter mußte ein Durchgang durch Felsen gebahnt werden – und dies ohne Hilfe eiserner Werkzeuge; unwegsame Berge mußten umgangen, Flüsse und Sümpfe überquert, kurz, die gleichen Hindernisse überwunden werden wie beim Bau der mächtigen Landstraßen. Aber die Peruaner schienen Vergnügen daran zu finden, Naturschwierigkeiten zu besiegen. Unweit von Cajamarca ist noch ein Schacht zu sehen, den sie in den Berg höhlten, um dem Wasser eines Sees einen Ausweg zu schaffen, wenn dieser in der Regenzeit anschwoll und das Land zu überschwemmen drohte.

Es war gründlich dafür gesorgt, daß jeder Bewohner des Landstrichs, durch den die Wasserleitungen führten, Nutzen daraus zog. Die einem jeden zukommende Wassermenge war durch Gesetz bestimmt, und königliche Aufseher überwachten die Verteilung und sahen darauf, daß es gewissenhaft zur Bodenbewässerung verwendet wurde. Doch sind die meisten Bewässerungsbauten der Inka unter den spanischen Eroberern verfallen und von Schutt und dichtem Pflanzenwuchs überdeckt.

Einen ähnlichen Unternehmungsgeist zeigten die Peruaner in ihren Projekten zur Kultivierung der Gebirgsgegenden. Viele Berghänge waren, wiewohl mit kräftigem Erdreich bedeckt, zu steil, um bestellt zu werden. Deshalb unterteilten sie diese in Terrassen, die, mit unbehauenen Steinen befestigt, nach dem Gipfel zu immer schmaler wurden. So mochte der unterste Streifen oder Andén, wie ihn die Spanier nannten, der sich um den ganzen Fuß des Berges herumzog, Hunderte von Morgen messen, während der obere nur eben breit genug war, um Raum für ein paar Reihen Mais zu bieten. Manche Anhöhen bestanden weitgehend aus massivem Fels, so daß man Stufen hineinhauen und sie erst mit einer dicken Erdschicht bedecken mußte, ehe sie den Zwecken des Landmanns dienen konnten. Mit so viel Geduld und Mühe kämpften die Peruaner gegen die furchtbaren Hindernisse an, die ihnen die Oberfläche ihres Landes entgegenstellte! Bar aller Werkzeuge oder technischen Hilfsmittel, die dem Europäer bekannt waren, hätte der einzelne nur wenig ausrichten können; da sie aber in großen Massen und unter einer gemeinsamen Leitung arbeiteten, vermochten sie durch unermüdliche Beharrlichkeit Aufgaben zu bewältigen, vor denen der Europäer zurückgeschreckt wäre.

Mit demselben haushälterischen Eifer, mit dem sie die felsige Sierra vom Fluch der Unfruchtbarkeit erlösten, trugen sie den dürren Boden der Täler ab und suchten nach Schichten, die vielleicht etwas natürliche Feuchtigkeit bergen mochten. Diese Ausschachtungen, von den Spaniern Hoyas, ›Gruben‹, genannt, waren sehr umfangreich, oft mehr als einen Morgen groß, fünfzehn bis zwanzig Fuß tief und innen mit einer Mauer von Adobes, sonnengetrockneten Ziegeln, verkleidet. Der Boden des Schachtes, wohlvorbereitet durch eine reichliche Düngerschicht aus Sardinen – kleinen Fischen, die es in riesigen Mengen längs der Küste gab –, wurde dann mit Mais oder Gemüse bestellt.

Die peruanischen Bauern kannten verschiedene Arten von Dünger und machten ausgiebig Gebrauch davon, ein seltener Umstand in den fruchtbaren Ländern der Tropen, der uns wohl nirgends sonst bei den rohen Stämmen Amerikas begegnet. Vor allem verwendeten sie Guano, den hochwertigen Mist von Seevögeln, dessen wachstumfördernde und nährende Eigenschaften sie wohl zu schätzen wußten. Diese Ablagerungen nahmen auf vielen kleinen Inseln vor der Küste solche Ausmaße an, daß sie wie stattliche Hügel aussahen; mit einer weißen Salzkruste bedeckt, verleiteten sie die Eroberer, ihnen den Namen Sierra Nevada, Schneeberge, zu geben.

Die Inka trafen die üblichen Vorkehrungen, um dem Landmann diesen wichtigen Stoff nutzbar zu machen. Sie teilten die kleinen Inseln an der Küste den jeweils angrenzenden Distrikten zu. War die Insel groß, so wurde sie unter mehrere Distrikte verteilt und die einzelnen Stücke deutlich gegeneinander abgegrenzt. Jeder Eingriff in die Rechte eines andern wurde streng bestraft. Auch sorgte man mit größter Umsicht für die Erhaltung der Vögel; so war es bei Todesstrafe verboten, sie zu töten oder während der Brutzeit die Insel zu betreten.

Bei einer so hohen Entwicklungsstufe des Ackerbaus sollte man annehmen, die Peruaner hätten den Pflug kennen müssen, der bei den primitiven Völkern des östlichen Kontinents so allgemein verbreitet war. Aber sie hatten weder die eiserne Pflugschar der

Alten Welt noch Zugtiere, die allerdings nirgends in der Neuen Welt anzutreffen waren. Das Werkzeug, dessen sie sich bedienten, war ein starker, spitz zulaufender Stock, zehn bis zwölf Zoll über der Spitze gekreuzt von einer waagerechten Trittsprosse, auf die der Landmann den Fuß setzte, um den Grabstock in die Erde zu treiben. Meist arbeitete eine lange Reihe von Männern gemeinsam zum Takt ihrer Volksweisen; die ihnen folgenden Frauen stimmten ein und zerkleinerten das aufgebrochene Erdreich mit ihren Hacken. Der weiche Boden bot nur geringen Widerstand, und durch lange Übung erwarb der Peruaner große Fertigkeit darin, ihn bis zu der erforderlichen Tiefe mit staunenswerter Leichtigkeit umzuwenden. Dieser Ersatz für den Pflug war gewiß ein recht primitives Werkzeug, aber es verdient Beachtung als das einzige derartige Gerät bei der amerikanischen Urbevölkerung und stand vielleicht nicht viel unter dem an seiner Stelle von den europäischen Eroberern eingeführten hölzernen Werkzeug.

Nach der Vorbereitung und Bewässerung des Bodens wurde meist eine Gruppe von Mitimaes in das neuerschlossene Land verpflanzt, um es mit der jeweils geeigneten Frucht zu bestellen. Da Natur und Ertragfähigkeit bei der Vielgestalt des Landes innerhalb enger Grenzen die mannigfaltigsten Bodenfrüchte zeitigten, wurden in den volkreichsten Städten dreimal monatlich Märkte abgehalten, die Abwechslung in das Leben brachten. Das mochte wohl, da Geld unbekannt war, eine primitive Art von Tauschhandel gewesen sein, aber jeder dieser Markttage war ein Feiertag und diente der Erholung des fleißigen Arbeiters.

Waren die Mittel, welche die Inka zur Verbesserung ihres Landes anwendeten, auch unvollkommen, so muß man ihnen angesichts ihrer Kenntnisse von den Grundsätzen der Ackerkunde doch den Rang eines zivilisierten Volkes zubilligen. Ihre Geduld und Umsicht entlockte jedem Zoll guten Bodens die höchsten Erträge, und selbst die unergiebigsten Stellen wurden genötigt, etwas zum Unterhalt des Volkes beizutragen. Überall trug der Boden die Zeichen landwirtschaftlichen Reichtums, von den lachenden Tälern längs der Küste bis zu den terrassierten Hängen der Sierra, die sich wie grünende Stufenpyramiden erhoben und in der ganzen Pracht tropischer Vegetation erglänzten.

Die Beschaffenheit des Landes war, wie schon bemerkt, einer unendlichen Vielfalt von Erzeugnissen günstig, nicht so sehr we-

Abb. 7 Maispflanzung mit Feldhüter

gen seiner Ausdehnung als wegen seiner verschiedenen Höhenlagen, die alle Breiten vom Äquator bis zu den Polargegenden in sich schließen. Doch bleibt die Temperatur, während sie sich mit der Höhenlage verändert, an ein und demselben Ort das ganze Jahr hindurch fast gleich, und der Bewohner kennt nicht den angenehmen Wechsel der Jahreszeiten, der den gemäßigten Breiten der Erde eigen ist. Während über den glühenden Regionen der Palme und des Kakaobaums, welche die Ufer des Meeres säumen, unablässig der Sommer brütet, prangt die weite Fläche des Tafellandes in der Frische immerwährenden Frühlings, sind die hohen Gipfel der Kordilleren in das Weiß eines ewigen Winters gehüllt.

Die Peruaner zogen aus den Klimaunterschieden den größtmöglichen Nutzen, indem sie die einem jeden Landstrich angemessenen Erzeugnisse anbauten, wobei sie den für den Menschen ergiebigsten Nahrungsmitteln besondere Aufmerksamkeit widmeten. So waren in den Küstenniederungen der Maniokstrauch und die Mehlbanane zu finden, jene freigebige Pflanze, die den Menschen von dem uralten Fluch – wenn es nicht vielleicht doch ein Segen war – erlöst zu haben scheint, sich für seinen Unterhalt abzumühen. Wo die Mehlbanane aus der Landschaft verschwand, trat an ihre Stelle der Mais, das Haupterzeugnis der nördlichen wie der südlichen Teile des amerikanischen Festlands, das sich nach seiner Überführung in die Alte Welt auch dort rasch ausgebreitet hat, so daß man fälschlich annahm, es sei von jeher dort heimisch gewesen. Die Peruaner verstanden sich gut auf die verschiedenartige Zubereitung des vielseitigen Getreides, doch scheinen sie es nur an Feiertagen zu Brot verwendet zu haben. Aus seinem Halm gewannen sie eine Art von Honig und aus den gegorenen Körnern ein berauschendes Getränk, dem sie gleich den Azteken unmäßig ergeben waren.

Das milde Klima des Tafellandes lieferte ihnen die Agave americana, von deren vortrefflichen Eigenschaften sie viele kannten, wenn auch nicht die wichtigste: einen Beschreibstoff zu liefern. Auch Tabak gehörte zu den Erzeugnissen des Hochlands. Doch verwendeten ihn die Peruaner im Unterschied zu allen andern indianischen Völkern, denen er bekannt war, nur zu Heilzwecken, und zwar in Form von Schnupftabak. Einen Ersatz für seine narkotischen Eigenschaften mögen sie wohl in der Kokapflanze (Erythroxylum peruvianum) gefunden haben. Das ist ein Strauch, der etwa Mannshöhe erreicht; die Blätter werden abgeerntet und ergeben, mit ein wenig Kalk vermischt, eine Masse zum Kauen, ähnlich dem Betel des Ostens. Mit einem kleinen Vorrat von Koka und einer Handvoll gerösteter Maiskörner macht der peruanische Indianer noch heute seine beschwerlichen Reisen, Tag für Tag, ohne zu ermüden oder wenigstens ohne sich zu beklagen. Selbst die kräftigste Nahrung ist ihm nicht so willkommen wie sein geliebtes Rauschmittel. Unter den Inka soll es ausschließlich den vornehmen Ständen vorbehalten gewesen sein. Wenn das zutrifft, dann wäre das Volk durch die Eroberung wenigstens um einen Genuß reicher geworden. Seitdem war der Gebrauch der Koka in Peru so allgemein verbreitet, daß sie für die Spanier eine der wichtigsten kolonialen Einnahmequellen bildete. Doch soll dieses von den Eingeborenen so gerühmte Kraut nicht nur die beruhigende Wirkung eines Betäubungsmittels haben, sondern, im Übermaß genossen, alle unglückseligen Auswirkungen eines schweren Rauschgifts nach sich ziehen.

An den höheren Hängen der Kordilleren, oberhalb der Grenze, wo Mais und Quinua, eine dem Reis ähnliche und bei den Indianern weitverbreitete Getreideart, nicht mehr gediehen, wuchs die Kartoffel, mit deren Einführung in Europa ein neuer Abschnitt in der Geschichte des Ackerbaus beginnt. Entweder heimisch in Peru oder aus dem benachbarten Chile stammend, war sie unter den Inka das Haupterzeugnis der höheren Gebirgsregionen, und nahe am Äquator wurde sie noch in einer Höhe angebaut, die in den gemäßigten Breiten Europas viele tausend Fuß über die Grenzen des ewigen Schnees hinausreichen würde. Wildwachsende Arten konnte man sogar in noch größerer Höhe finden, mitten unter den verkrüppelten Sträuchern, welche die steilen Hänge der Kordilleren bekleiden, bis sie allmählich dem Moos und dem kurzen gelben Gras, Pajonal, weichen, das sich wie ein goldner Teppich um den Fuß der mächtigen Kegel breitet, die, bedeckt mit dem Schnee von Jahrhunderten, in die Regionen ewiger Stille emporragen.

5

Von einem Volk, das im Ackerbau eine solche Höhe erreicht hat, darf man mit Recht erwarten, daß es auch einige Fertigkeit in den mechanischen Künsten aufweist, zumal wenn die Landwirtschaft selbst einen hohen Grad von Geschicklichkeit erfordert. Bei den meisten Völkern hat man gefunden, daß der Fortschritt in einzelnen Gewerben aufs engste zusammenhängt mit dem Fortschritt in der Bodenbearbeitung. Beide Tätigkeiten sind auf denselben großen Zweck gerichtet, für die Bedürfnisse, die Annehmlichkeiten oder, bei größerer Verfeinerung der Gesellschaft, für die Luxusgüter des Lebens zu sorgen, und wenn die eine zu einer Vollkommenheit gediehen ist, die einen höheren Stand der Kultur bezeugt, kann die andere bei dem zunehmenden Bedarf und Verbrauch eines solchen Gemeinwesens natürlich nicht zurückbleiben. Die Untertanen der Inka hatten in ihrer geduldigen und ruhigen Hingabe an die anspruchsloseren Beschäftigungen, die sie an den heimischen Boden banden, mehr Ähnlichkeit mit den Völkern des fernen Ostens, den Hindus und Chinesen, als mit den Mitgliedern der großen angelsächsischen Völkerfamilie, die ihr kühner Geist antrieb, ihr Glück auf dem stürmischen Meer zu versuchen und Handel mit den entferntesten Gegenden des Erdballs zu treiben. Die Peruaner hatten trotz ihrer Lage an einer langgestreckten Küste keinerlei auswärtigen Handel.

Dem heimischen Gewerbefleiß stand Material zur Verfügung, das unvergleichlich besser war als alles, was andere Stämme des westlichen Festlandes besaßen. Gleich den Azteken verstanden es die Peruaner, aus den zähen Fasern der Agave ein der Leinwand ähnliches Zeug zu weben. Baumwolle gedieh üppig in den heißen Küstenniederungen und lieferte ihnen eine für die milderen Breiten des Landes passende Kleidung. Vom Lama aber und den anderen Arten des peruanischen Schafes erhielten sie eine dem rauheren Klima des Tafellandes angemessene Wolle.

Die bekannteste der peruanischen Schafarten, das Lama, liefert die gröbste Wolle. Hauptsächlich wird es als Lasttier benutzt, wozu es sich, obwohl ein wenig größer als die anderen Arten, wegen seiner Kleinheit und geringen Stärke gar nicht zu eignen scheint. Es trägt eine Last von etwa hundert Pfund und kann damit am Tag nicht mehr als zehn bis zwölf Meilen zurücklegen.

Abb. 8 Lamahirtin

Aber diese Nachteile werden wettgemacht durch den geringen Aufwand, dessen es zu seiner Pflege und Erhaltung bedarf. Leicht rafft es sich aus dem Moos und den verkümmerten Gräsern an den trocknen Hängen der Kordilleren seinen Unterhalt zusammen. Wie das Kamel ist es so beschaffen, daß es wochen-, ja monatelang ohne Wasser auskommt. Sein poröser Huf, in zwei Klauen auslaufend, braucht nicht beschlagen zu werden und gibt ihm auch auf dem Eise festen Halt, und die ihm auferlegte Last ruht ohne Gurt oder Sattel sicher in ihrem Wollbett. Die bepackten Lamas ziehen zu fünfhundert oder gar tausend durchs Land, und obgleich jedes einzelne nur wenig fortschafft, ist die Gesamtmasse doch beträchtlich. Die ganze Karawane bewegt sich in gleichmäßigem Tempo und vollkommener Ordnung, bringt die Nacht unter freiem Himmel zu, ohne unter der grimmigsten Kälte zu leiden, und gehorcht der Stimme des Treibers. Nur wenn es überladen wird, weigert sich das kleine Tier energisch, von der Stelle zu gehen, und weder Schläge noch Liebkosungen können es bewegen, sich vom Boden zu erheben. Es besteht dann ebenso halsstarrig auf seinem Recht, wie es sonst folgsam und nachgiebig ist.

Durch die Haltung von Haustieren unterscheiden sich die Peruaner von den anderen Stämmen der Neuen Welt. Die Erleichterung der menschlichen Arbeit durch den Einsatz von Tieren ist ein wesentlicher Bestandteil der Zivilisation und wird nur übertroffen durch die Anwendung mechanischer Hilfsmittel als Ersatz für beide, Mensch und Tier. Doch scheinen die alten Peruaner das Lama in viel geringerem Ausmaß als die spanischen Eroberer als Lasttier benutzt und es vielmehr wie die anderen Tiere dieser Art vor allem wegen seiner Wolle geschätzt zu haben. Ungeheure Herden dieses ›Großviehs‹, wie man sie nannte, und des ›Kleinviehs‹, der Alpakas, wurden, wie schon berichtet, von der Regierung gehalten und waren der Obhut von Hirten anvertraut, die sie je nach dem Wechsel der Jahreszeiten aus einer Gegend des Landes in die andre trieben. Die Wanderungen waren genau geregelt, ebenso wie das Gesetz der Mesta die Wanderungen der großen Merinoherden in Spanien vorschrieb; und als die Eroberer in Peru landeten, waren sie erstaunt, eine Gattung von Tieren zu finden, die den Schafen ihres Landes an Eigenschaften und Gewohnheiten so ähnlich waren, dazu ein System von Vorschriften für ihre Wartung, das aus ihrem Geburtsland hätte stammen können.

Aber die größte Menge Wolle gewann man nicht von den gezähmten Tieren, sondern von den beiden anderen Arten, den Guanakos und Vikunjen, die in angeborener Freiheit über die eisige Bergkette der Kordilleren strichen, wo man sie nicht selten die schneebedeckten Gipfel erklimmen sah, die kein lebendes Wesen bewohnt außer dem Kondor, dem riesigen Vogel der Anden, den seine breiten Schwingen in Höhen von mehr als zwanzigtausend Fuß über dem Meeresspiegel emportragen. Auf diesen zerklüfteten Weiden findet die ›Herde ohne Hürde‹ Nahrung genug im Ichu, einer Grasart, die man überall auf dem großen Kamm der Kordilleren vom Äquator bis zum südlichsten Patagonien antrifft. Gejagt werden durften diese wildlebenden Tiere nicht, sie waren als Eigentum der Regierung durch strenge Gesetze ebenso geschützt wie die gehegten Herden, die an den bebauten Abhängen der Hochebene grasten. Nur einmal jährlich fand unter persönlicher Leitung des Inka oder seiner obersten Beamten eine große Jagd statt, auf der Wild eingefangen oder erlegt werden durfte. Alle Einwohner des betreffenden Distriktes, wohl fünfzig- bis sechzigtausend an der Zahl, verteilten sich dabei so, daß sie ein ganzes Heer von Treibern bildeten, deren Ring sich allmählich um das eingekreiste Wild schloß. Hirschböcke und auch einige Guanakos wurden geschlachtet, die Felle zur weiteren Verarbeitung aufbewahrt und das Fleisch, in dünne Streifen geschnitten, an die Bevölkerung verteilt, die das landesübliche Trockenfleisch, Charqui, daraus bereitete, die hauptsächliche tierische Nahrung des niederen Volkes. Doch wurden die meisten Tiere, gewöhnlich dreißig- bis vierzigtausend oder mehr, nachdem man sie geschoren hatte, wieder ins Gebirge entlasssen; die Wolle kam in die königlichen Vorratshäuser und wurde zu gegebener Zeit an das Volk verteilt. Die gröbere diente seinem eignen Bedarf, die feinere war für den Inka und den Inkaadel bestimmt; denn niemand sonst durfte das erlesene Gewebe aus Vikunjawolle tragen.

Die Peruaner verfertigten aus dem zarten Material, das sich unter dem Namen Vigognewolle auch auf den Webstühlen Europas eingebürgert hat, die verschiedensten Textilien für den königlichen Hofstaat: Umhänge, Gewänder und andere Kleidungsstücke für den Herrscher, Teppiche, Decken und Wandbehänge für die königlichen Paläste und Tempel. Das Gewebe war auf beiden Seiten gleichermaßen vollkommen und so fein, daß es den Glanz der

Seide hatte; die Leuchtkraft der Farben erregte die Bewunderung und den Neid des europäischen Handwerkers. Die Peruaner erzeugten auch einen sehr festen und dauerhaften Stoff durch Vermischung von Tierhaar und Wolle; zudem verstanden sie sich auf prachtvolle Federarbeiten, auf die sie indes weniger Wert legten als die Mexikaner, weil ihnen genügend beste Rohstoffe für andere Gewebe zur Verfügung standen.

Die gleiche Geschicklichkeit wie in der Webkunst zeigten sie in anderen Handwerkszweigen. Man setzte in Peru bei jedermann voraus, daß er mit den verschiedenen Handfertigkeiten vertraut war, die zum täglichen Leben gehörten. Wo die Bedürfnisse so gering waren wie bei dem einfachen peruanischen Bauernstand, bedurfte es dazu keiner langen Lernzeit. Doch hätte es damit sein Bewenden gehabt, so wären die Künste auf einer niedrigen Stufe stehengeblieben. Es wurden jedoch einzelne Personen sorgfältig in jenen Fertigkeiten ausgebildet, die den Bedürfnissen der wohlhabenderen Klassen dienten. Diese Gewerbe gingen stets, wie jeder andere Beruf und Stand in Peru, vom Vater auf den Sohn über. Die Einteilung in Kasten war in dieser Hinsicht genauso streng wie in Ägypten oder Hindustan. Erschwert eine solche Einrichtung es auch dem einzelnen, sich auf seine Weise auszuzeichnen oder eine besondere Begabung zu entfalten, so führt sie doch wenigstens zu einer leichten und vollkommenen Beherrschung der Mittel, indem sie den Künstler von Kindheit an mit der Ausübung seiner Kunst vertraut macht.

In den königlichen Vorratshäusern, den Heiligtümern und Grabstätten der Inka hat man viele Proben bemerkenswerter und sorgfältiger Handwerkskunst gefunden: goldene und silberne Gefäße, Arm- und Halsbänder und andere Schmucksachen; Gerätschaften aller Art, zum Teil aus feinem Ton, oft auch aus Kupfer; Spiegel aus einem harten, geglätteten Stein oder poliertem Silber und eine große Menge anderer Gegenstände, deren oft wunderliche Muster und Formen von ebensoviel Geschicklichkeit wie Geschmack und Erfindungsgabe zeugen. Im Grunde war dem Peruaner Nachahmung gemäßer als Erfindung, Feinheit und Genauigkeit der Ausführung wichtiger als Kühnheit oder Schönheit der Formgebung.

Daß sie diese schwierigen Arbeiten mit den ihnen zur Verfügung stehenden Werkzeugen auszuführen vermochten, ist wahr-

Abb. 9 Indianerin am Webrahmen

lich bewundernswert. Verhältnismäßig leicht war es noch, Metalle zu formen und zu bearbeiten, was sie mit größtem Geschick zuwege brachten. Aber daß sie mit gleicher Vollkommenheit die härtesten Stoffe wie Smaragde und andere Edelsteine geschnitten haben, ist kaum zu begreifen. Smaragde gewannen sie in beträchtlicher Menge aus dem dürren Distrikt von Atacames, und dieses feste Material scheint in den Händen des peruanischen Künstlers kaum weniger gefügig als Ton gewesen zu sein. Doch kannten die Eingeborenen kein Eisen, trotz großer Erzvorkommen in ihrem Lande. Ihre Werkzeuge waren aus Stein oder aus Kupfer. Zur Ausführung der schwierigsten Arbeiten bedienten sie sich einer Legierung aus Kupfer und einem kleinen Teil Zinn. Diese Verbindung gab dem Metall eine Härte, die offenbar der des Stahls kaum nachgestanden hat. Mit ihrer Hilfe bearbeitete der peruanische Steinmetz Porphyr und Granit, ja er vollbrachte durch beharrlichen Fleiß Werke, an die der Europäer sich nicht herangewagt hätte. Unter den Überresten der Skulpturen von Cañar finden sich bewegliche Ringe in Tiermäulern, alles sorgfältig aus einem einzigen Granitblock geschnitten. Es ist bemerkenswert, daß die Ägypter wie die Mexikaner und Peruaner bei allem Fortschritt niemals die Verwendbarkeit des Eisens entdeckten, obwohl es doch in Menge um sie her lag, daß indes jedes Volk für sich und ohne Kenntnis von den anderen einen Ersatz dafür in einer seltsamen Metallegierung gefunden hat, die ihren Werkzeugen fast die Härte des Stahls verlieh – ein Geheimnis, das dem zivilisierten Europäer verlorengegangen oder, genauer gesagt, niemals von ihm entdeckt worden ist.

Ich habe schon von der großen Menge Gold und Silber gesprochen, die zu verschiedenen Luxus- und Gebrauchsgegenständen für die Inka verarbeitet wurde; doch war die Menge unbeträchtlich im Vergleich zu dem, was bei dem Metallreichtum des Landes hätte gewonnen werden können und was seither durch die betriebsame und rücksichtslose Habgier des weißen Mannes erlangt worden ist. Die Peruaner wuschen Gold aus den Ablagerungen der Flüsse; auch gewannen sie es in beträchtlichen Mengen aus dem Tal von Curimayo nordöstlich von Cajamarca sowie aus anderen Gegenden, und insbesondere die Silbergruben von Porco lieferten reiche Erträge. Sie versuchten aber nicht, Schächte zu graben, um ins Innere der Erde vorzudringen, sondern gruben einfach Höhlen in die steilen Gebirgshänge oder öffneten höchstens waagerechte Adern von mäßiger Tiefe. Auch wußten sie nicht, wie man das Edelmetall am besten von den Schlacken trennt, mit denen es verbunden ist, und hatten keine Ahnung von den Eigenschaften des in Peru nicht seltenen Quecksilbers, das diese Trennung zu bewirken vermag. Um das Erz zu schmelzen, errichteten sie Schmelzöfen an hochgelegenen freien Stellen, wo das Feuer durch die starken Gebirgswinde angeblasen wurde. Kurz, die Untertanen der Inka unternahmen in ihrer geduldigen Beharrlichkeit kaum mehr, als daß sie sozusagen die Kruste, die äußere Rinde durchdrangen, die sich über den goldenen, in den dunklen Tiefen der Anden verborgenen Schatzkammern gebildet hatte. Aber schon was sie von der Oberfläche zusammenlasen, war mehr als ausreichend für alle ihre Bedürfnisse. Denn sie waren kein handeltreibendes Volk und kannten kein Geld. Hierin unterschieden sie sich von den alten Mexikanern, die eine feststehende Währung hatten. In einer Hinsicht aber waren sie ihren amerikanischen Nebenbuhlern überlegen: sie verwendeten Gewichte, um die Menge ihrer Waren zu bestimmen, was den Azteken gänzlich unbekannt war. Diese Tatsache wird durch die in einigen Grabstellen der Inka aufgefundenen silbernen Waagen bestätigt, die mit größter Genauigkeit arbeiteten.

Aber das zuverlässigste Zeugnis für die Kultur eines Volkes, das handwerkliche Geschicklichkeit zu geben vermag, findet man in seiner Architektur. Deutlicher als in allen anderen Künsten prägt sich in ihr der Geist eines Volkes aus.

Die peruanische Baukunst hatte bei gewissen Unvollkommenheiten ihren eigentümlichen Charakter, und dieser blieb sich durchgehend gleich, so daß die Gebäude im ganzen Land alle wie in derselben Form gegossen erscheinen. Gewöhnlich waren sie aus Porphyr oder Granit gebaut, nicht selten aus Ziegeln. Letztere, Blöcke oder viereckige Platten von weit größerem Ausmaß als unsere Ziegelsteine, bestanden aus einer zähen, mit Schilf oder hartem Gras vermischten Lehmerde und erlangten mit der Zeit solche Härte, daß sie sowohl den Stürmen wie der noch erbarmungsloseren Sonne der Tropen widerstanden. Die Mauern waren sehr dick, aber niedrig, selten über zwölf bis vierzehn Fuß hoch. Nur vereinzelt findet man Beschreibungen von Gebäuden mit mehr als einem Stockwerk.

Die Gemächer hatten keine Verbindung untereinander, sondern führten gewöhnlich auf einen Hof, und da sie keine Fenster oder fensterähnlichen Öffnungen besaßen, muß das Licht einzig und allein durch die Türöffnungen eingefallen sein. Die Türgewände näherten sich einander nach oben zu, so daß der Sturz schmaler war als die Schwelle, eine Eigentümlichkeit auch der ägyptischen Baukunst. Die Dächer sind größtenteils mit der Zeit verschwunden. Einige wenige, die sich auf anspruchsloseren Gebäuden erhalten haben, zeigen eine sonderbare Glockenform und bestehen aus einem Gemisch von Erde und Kies. Doch waren sie wohl in der Regel aus vergänglicheren Stoffen wie Holz oder Stroh. Gewiß ist, daß einige der ansehnlichsten Gebäude Strohdächer hatten. Viele scheinen ohne Mörtel gebaut worden zu sein, und man hat sogar behauptet, die Peruaner hätten Mörtel oder ein ähnliches Bindemittel überhaupt nicht gekannt. Doch findet man bei einigen Bauten eine zähe kalkhaltige Masse, welche die Spalten im Granit ausfüllt; in anderen, wo die sorgfältig aneinandergefügten Blöcke keinen Raum für diesen gröberen Stoff übriglassen, hat das Auge des Forschers einen feinen pechhaltigen Leim entdeckt, so hart wie der Stein selbst.

Die Bauten zeichnen sich durch größte Einfachheit aus und sind gewöhnlich frei von allem äußeren Zierat, doch bei einigen sind die ungeheuren Steine außen sehr regelmäßig zu gewölbten Flächen behauen und mit solcher Genauigkeit aneinandergefügt, daß man, wären die Rinnen nicht, unmöglich die Verbindungslinien erkennen könnte. Bei anderen Gebäuden sind die Blöcke rauh und uneben, wie sie aus dem Steinbruch kamen, und weisen die unregelmäßigsten Formen auf, sind aber an den Kanten sorgfältig bearbeitet und aneinandergepaßt. Man findet weder Säulen noch Bogen, wiewohl letztere Behauptung nicht unwidersprochen geblieben ist. Doch läßt sich nicht bezweifeln, daß den peruanischen Baumeistern, wenn sie sich dieser Bauart durch die stärkere oder geringere Neigung der Mauern auch angenähert haben, das Prinzip des auf seinem Schlußstein ruhenden Rundbogens völlig unbekannt war.

Die Baukunst der Inka zeichnet sich durch Einfachheit, Ebenmaß und Dauerhaftigkeit aus. Doch weichen, der Eigenart des Volkscharakters entsprechend, ihre Geschmacksgrundsätze naturgemäß erheblich von den unsern ab. Allerdings zeigen sich in den peruanischen Bauwerken gewisse Unstimmigkeiten, die eine nur sehr unvollkommene Kenntnis von den Grundbegriffen der Architektur verraten. Während die Peruaner ihre umfangreichen Porphyr- und Granitblöcke auf das kunstvollste zusammenfügten, waren sie nicht imstande, ihre Balken einzuzapfen, und da sie Eisen nicht kannten, wußten sie kein besseres Mittel, die Hölzer zusammenzuhalten, als sie mit Agavesträngen aneinanderzubinden. Auf dieselbe beziehungslose Weise war das strohgedeckte und durch kein Fenster erhellte Gebäude mit funkelndem Gold und Silber ausgekleidet. Das sind Ungereimtheiten eines primitiven Volkes, bei dem die Künste nur teilweise entwickelt sind.

Doch waren die Gebäude der Inka dem Klima angemessen und vermochten den schrecklichen Erschütterungen standzuhalten, denen ein vulkanisches Land ausgesetzt ist. Wie weise ihr Verfahren war, bekunden allein schon die vielen noch erhaltenen Gebäude, während die neueren Bauten der Eroberer in Trümmer gesunken sind. Freilich hat die Hand der Spanier jenen ehrwürdigen Denkmälern übel mitgespielt, und ihr blindes und verbohrtes Suchen nach verborgenen Schätzen hat weitaus mehr Schaden angerichtet als Zeit und Erdbeben.

Ich kann diesen Exkurs über die peruanischen Einrichtungen nicht abschließen, ohne einige Betrachtungen über ihr Wesen und ihre Ziele hinzuzufügen, und wenn ich mich dabei hier und da wiederhole, wird man mir hoffentlich zugute halten, daß ich beim Leser ein richtiges und zusammenhängendes Bild hinterlassen möchte. Bei diesem Abriß muß uns auffallen, wie grundverschieden die peruanischen Institutionen von denen der Azteken waren – jenes anderen großen, in seiner Kultur weit vorgeschrittenen Volkes auf dem amerikanischen Festland, dessen Reich im Norden ebenso bemerkenswert war wie das der Inka im Süden. Zu Zeitpunkten, die vermutlich nicht weit auseinanderliegen, kamen beide Völker auf ihre Hochebene und begannen ihre Eroberungslaufbahn. Und es ist merkwürdig, daß in Amerika auf beiden Hemisphären gerade die hohen Regionen längs der großen Gebirgsketten der auserwählte Sitz der Kultur waren.

Sehr verschieden war die Politik, welche die Mexikaner und die Inka bei ihrer kriegerischen Laufbahn verfolgten. Die von wildestem Kampfgeist beseelten Azteken führten Vernichtungskriege und feierten ihre Siege durch die Opferung Hunderter von Gefangenen, während die Inka ihre Eroberungen zwar mit gleicher Beharrlichkeit betrieben, jedoch einer milderen Politik den Vorzug gaben, Diplomatie und List an die Stelle von Gewalt setzten und mit den Gegnern so verfuhren, daß ihre künftigen Hilfsquellen nicht versiegten und jene als Freunde, nicht als Feinde ihrem Reich einverleibt wurden.

Ihre Politik den neueingegliederten Stämmen gegenüber steht in nicht minder auffallendem Gegensatz zu dem Verfahren der Azteken. Die von den Mexikanern Unterworfenen wurden durch übermäßige Abgaben und Zwangsaushebungen ausgesaugt. Auf ihre Wohlfahrt wurde keinerlei Rücksicht genommen, und die Unterdrückung ging bis an die Grenze des Ertragbaren. Sie wurden durch Festungen und bewaffnete Garnisonen in Schach gehalten, und unablässig ließ man sie fühlen, daß sie nicht einen festen Bestandteil des Volkes bildeten, sondern nur als Besiegte ins Joch gespannt wurden. Die Inka dagegen gestanden ihren neuen Untertanen sogleich alle Rechte zu, deren sich die übrige Bevölkerung erfreute; zwar mußten sie sich den bestehenden Gesetzen und Gebräuchen des Reiches anpassen, doch war die Regierung mit geradezu väterlicher Sorge auf ihre persönliche Sicherheit und Wohlfahrt bedacht. So war die buntgemischte Bevölkerung, auf diese Weise durch gemeinsamen Vorteil verbunden, auch von einem gemeinsamen Gefühl der Untertanentreue beseelt, das dem Reich immer größere Stärke und Festigkeit gab, je mehr es sich ausdehnte. Dagegen wurden die verschiedenen Stämme, die nach und nach unter das mexikanische Zepter gerieten, nur durch Druck und äußere Gewalt zusammengehalten und drohten in dem Augenblick auseinanderzufallen, wo jene Gewalt aufhörte.

Nicht minder gegensätzlich waren die Grundzüge ihrer Religionen. Das ganze aztekische Pantheon hatte mehr oder weniger teil an dem blutdürstigen Geist des schrecklichen Kriegsgottes, der darin den Vorsitz führte, und ihre Zeremonien endeten fast immer mit Menschenopfern und kannibalischen Orgien. Dagegen waren die religiösen Bräuche der Peruaner unschuldiger, da sie auf einen geistigeren Gottesdienst gerichtet waren. Denn der Anbetung des Schöpfers steht am nächsten die der Himmelskörper; scheinen sie doch, wenn sie ihre glänzenden Bahnen durchlaufen, die herrlichsten Zeichen seiner Güte und Allmacht zu sein.

In den kleineren Handwerkszweigen zeigten beide Völker beachtliche Geschicklichkeit; aber im Ausführen wichtiger öffentlicher Bauten wie Landstraßen, Wasserleitungen, Kanälen, auch auf allen Gebieten des Ackerbaus, waren die Peruaner weit überlegen. Sonderbar ist, daß sie im Streben nach höherer geistiger Bildung, vor allem in der Sternkunde und der Kunst, Gedanken durch sichtbare Zeichen mitzuteilen, hinter ihren Nebenbuhlern so weit zurückblieben. Angesichts der höheren Gesittung der Inka können wir uns ihre Unterlegenheit auf diesen Gebieten nur so erklären, daß die Azteken ihre Kenntnisse sehr wahrscheinlich dem Volk verdankten, das ihnen im Lande vorangegangen war, jenem geheimnisvollen Stamm, dessen Ursprung und Ende sich gleichermaßen dem Auge des Forschers entziehen, der aber möglicherweise vor den wilden Eindringlingen in jenen Gegenden Mittelamerikas Schutz gesucht hat, wo uns noch jetzt die schönsten Denkmäler indianischer Kultur in Erstaunen setzen. Mit diesem verfeinerten Stamm, mit dem die Peruaner in bezug auf Bildung und Gesittung manche Ähnlichkeit zu haben scheinen, sollte man sie vergleichen. Wäre es dem Reich der Inka beschieden gewesen, sich mit ebenso raschen Schritten weiter auszubreiten wie bis zur Zeit der spanischen Eroberung, dann wären die beiden Völker vielleicht eines Tages feindlich aneinandergeraten, oder aber sie hätten sich womöglich miteinander verbündet.

Die Mexikaner und Peruaner, so verschieden nach Art und Wesen ihrer Kultur, wußten wahrscheinlich nichts voneinander, und es mag seltsam anmuten, daß zu der Zeit, wo ihre Reiche bestanden, der Same der Kunst und Wissenschaft, der so unmerklich von einem Volk auf das andere übergeht, nicht seinen Weg über den Zwischenraum gefunden hat, der beide Völker trennte. Sie bieten ein interessantes Beispiel dafür, welch entgegengesetzte Richtungen der menschliche Geist einschlagen kann in seinem Bemühen, sich aus der Finsternis zum Licht der Bildung zu erheben.

Wiewohl sich zwischen den peruanischen Einrichtungen und denen einiger unumschränkter Regierungen Ostasiens gewisse Ähnlichkeiten finden insofern, als auch dort die Willkür in einer gemilderten Form auftrat und das ganze Volk unter der väterlichen Zucht seines Herrschers wie eine große Familie lebte, unterschied sich das Dasein unter der Inkaherrschaft doch wesentlich von der chinesischen oder hindustanischen Lebens- und Staatsform. Denn nirgends im fernen Osten läßt sich eine Herrschergewalt entdecken, die mit der grenzenlosen Macht der Inka über ihre Untertanen vergleichbar wäre. Deren Herrschaft war die weltliche und die geistliche zugleich. Sie war eine Theokratie; der Inka war nicht nur Stellvertreter oder Statthalter der Gottheit, er war die Gottheit selbst, und jede Übertretung seines Befehls war Gotteslästerung.

Die Kaste erblichen Adels, göttlichen Ursprungs wie der Inka selbst und privilegierte Kinder der Sonne, war der ausschließliche Wahrer seiner Macht. Durch althergebrachte Gewöhnung und Vertrautheit mit den Verwaltungsaufgaben waren die Inkaedelleute die erfahrensten Vollstrecker der Regierungsmaßnahmen und genossen bei der Menge unbedingte Achtung. Durch sie kam alles, was im ganzen weiten Reich geschah, über vorzüglich ausgebaute Mitteilungswege in kürzester Frist dem Inka selbst vor Augen, und tausend mit aller Vollmacht ausgestattete Hände waren bereit, seine Befehle unverzüglich zu vollziehen. Die Sicherung des Volkswohls stand im Vordergrund aller Inkapolitik, und so verband sich das private mit dem öffentlichen Interesse zu einer allseits erträglichen und förderlichen Einheit des großen Gemeinwesens.

War dies nicht die unumschränkteste und doch zugleich mildeste aller Despotien? Die mildeste war sie, weil der erhabene Rang des Herrschers und die demütige, abergläubische Ergebung in seinen Willen es unnötig machten, diesen Willen mit Gewalt und Strenge durchzusetzen. Wohl stand das Volk in seinen Augen kaum höher als das Tier und war nur geschaffen, seiner Willkür zu dienen. Aber eben wegen dieser Hilflosigkeit betrachtete er es mit einem Gefühl des Mitleids wie ein guter Hirt seine Herde oder wie ein Vater seine Kinder, und seine Gesetze waren sorgsam auf die Erhaltung und das Wohlbefinden des Volkes bedacht. Ihrer Form nach war die Regierung der Inka willkürlich, aber ihrem Geist nach wahrhaft väterlich. Wohl füllte harte Arbeit das Leben der Peruaner aus, aber dafür litt niemand Mangel an Nahrung und Kleidung, und durch gesetzliche Vorsorge waren Armut und Hungersnot – die häufigsten Übel im gesitteten Europa jener Zeit – im Gebiet der Inka unbekannt.

Doch läßt sich die mehrfach geäußerte Meinung von der sittlichen Überlegenheit des Peruaners kaum mit den Regierungsgrundsätzen in Einklang bringen, die ich darzustellen versucht habe. Wo keine Handlungsfreiheit besteht, da kann es auch keine Sittlichkeit geben; wo es keine Versuchung gibt, da kann es kaum einen Anspruch auf Tugend geben; wo der gesamte Lebensablauf unerbittlich durch das Gesetz vorgeschrieben ist, da gebührt dem Gesetz und nicht dem Menschen die Ehre. Wenn diejenige Regierung die beste ist, die am wenigsten empfunden wird und die natürliche Freiheit der Untertanen nur soweit antastet, wie es die öffentliche Ordnung unbedingt erfordert, dann hat von allen Regierungen, welche die Menschen je ersonnen haben, die peruanische den geringsten wahren Anspruch auf unsere Bewunderung.

ENTDECKUNG PERUS

I

Es ist in unseren Tagen nicht leicht, den gewaltigen Anstoß zu begreifen, den Europa durch die Entdeckung Amerikas empfangen hat. Hier war kein neues Grenzland erworben, sondern eine neue Welt erschlossen. Die Berichte von phantastischen Tieren, seltsamen Pflanzen, wilden Menschen der verschiedensten Kulturstufen, die Erzählungen von Amazonen und patagonischen Riesen und nicht zuletzt die flammenden Schilderungen eines Dorados, in dem Gold und Edelsteine wie Kies herumlägen, erfüllten den Geist mit ganz neuen Vorstellungen und regten zu uferlosen Vermutungen an. Die Begierde, diese neue Erdhalbkugel zu erforschen, wurde so heftig, daß sich die großen Städte fast entvölkerten; denn ein Strom von Auswanderern drängte sich danach, sein Glück auf dem Meere zu versuchen. Welcher Erfolg solchen Abenteurern auch beschieden sein mochte, stets gaben nach der Rückkehr ihre märchenhaften Berichte der Phantasie eines Ritterzeitalters reiche Nahrung.

Doch waren die Abenteurer Opfer ihrer leichtgläubigen Einbildungskraft, wie man aus der wunderlichen Art ihrer Unternehmungen ersieht. Von ihren grenzenlosen Erwartungen zeugt schon der Name Castilla del Oro, Gold-Kastilien, wie man gerade die ungesundeste und unergiebigste Gegend der Landenge nannte, wo viele von ihnen statt des Goldes nur ihr Grab fanden.

In diesem Zauberreich diente jede Einzelheit dazu, die Täuschung aufrechtzuerhalten. Die Eingeborenen mit ihren unbewehrten Leibern und primitiven Waffen konnten sich mit den bis an die Zähne gepanzerten Europäern nicht messen. Die Ungleichheit war so groß wie in alten Rittersagen, wo die Lanze des guten Ritters Hunderte durch die bloße Berührung fällte. Die Gefahren und Leiden, die der Entdecker zu bestehen hatte, waren kaum geringer als die Hindernisse, die sich dem fahrenden Ritter entgegenstellten. Hunger, Durst und Erschöpfung, die tödlichen Ausdünstungen der Moräste mit ihren Schwärmen giftiger Insekten, die Kälte der Schneeberge und die sengende Sonne der Tropen: darunter hatte jeder Ritter, der sein Glück in der Neuen Welt versuchen wollte, zu leiden. Es war die Wirklichkeit der Fabel. Das Leben des spanischen Abenteurers war ein weiteres und wohl eines der merkwürdigsten Kapitel in der Geschichte des fahrendes Ritters.

Der Charakter des Kriegers nahm etwas von der grellen Färbung seiner Heldentaten an. Stolz und ruhmredig, geschwellt von dem hohen Bewußtsein seiner Bestimmung und einem unbegrenzten Vertrauen zu seinen eignen Möglichkeiten, ließ er sich von keiner Gefahr schrecken, von keiner Mühsal entmutigen. Vielmehr erhöhte sich der Reiz, je größer die Gefahr; denn seine Seele schwelgte im prickelnd Erregenden des Romanhaften, das nötig war, um seine Kräfte in Tätigkeit zu setzen. Doch war in seinen Beweggründen gemeine Habgier mit hohen Zielen, Weltliches mit Geistlichem vermischt. Gold war der Antrieb und der Lohn, und seine unbeugsame Natur kannte keine Skrupel hinsichtlich der Mittel, in den Besitz des edlen Metalls zu kommen. Sein Mut war mit Grausamkeit befleckt, die ebenso seiner Habsucht wie seiner Religion entsprang, der Religion des Kreuzfahrers. Diese war der Mantel, unter dem er alle Sünden vor sich selbst verbarg. Der Kastilier, zu stolz, um zu heucheln, beging mehr Grausamkeiten im Namen der Religion, als selbst von den Götzendienern Altamerikas und den glaubenswütigen Mohammedanern verübt worden sind. Das Verbrennen der Ungläubigen war ein dem Himmel willkommenes Opfer, und die Bekehrung der Überlebenden wog selbst die schwärzesten Verbrechen reichlich auf. Es ist eine traurige und demütigende Feststellung, daß die starrste Unduldsamkeit – des Inquisitors in der Heimat wie des Kreuzfahrers in der Fremde – einer Religion entspringen konnte, die Frieden auf Erden und den Menschen ein Wohlgefallen verheißt.

Unter dem Einfluß jenes Unternehmungsgeistes, der die seefahrenden Staaten Europas im 16. Jahrhundert erfüllte, wurde der mächtige Kontinent in seiner ganzen Ausdehnung von Labrador bis Feuerland in weniger als dreißig Jahren erforscht, und im Jahre 1520 löste der Portugiese Magalhães, der unter spanischer Flagge segelte, das Problem einer Durchfahrt und fand einen westlichen Weg nach den lange gesuchten Gewürzinseln Indiens, zum großen Erstaunen der Portugiesen, die aus der entgegengesetzten Richtung kamen und auf der anderen Erdhälfte mit ihren Nebenbuhlern zusammentrafen. Aber während die ganze östliche Küste des amerikanischen Festlands erforscht und sein mittlerer Teil besiedelt war, hatte man – selbst nach der Glanzleistung der mexikanischen Eroberung – den Schleier noch nicht gelüftet, der über den Goldküsten des Stillen Ozeans hing.

Von Zeit zu Zeit waren unbestimmte Gerüchte zu den Spaniern gedrungen: von Ländern im fernen Westen, strotzend von dem Metall, nach dem es sie so sehr gelüstete; aber die erste deutlichere Kunde von Peru erhielt man um das Jahr 1511, als Vasco Núñez de Balboa, der Entdecker des Pazifiks, etwas Gold abwog, das er von den Eingeborenen zusammengebracht hatte. Ein junger Häuptling, der zugegen war, schlug mit der Faust auf die Waagschale, daß das funkelnde Metall umherflog, und rief: »Wenn euch so sehr danach dürstet, daß ihr deshalb eure ferne Heimat verlassen habt und sogar euer Leben daransetzt, so kann ich euch ein Land sagen, wo man aus goldenen Gefäßen ißt und trinkt und wo das Gold ebenso wohlfeil ist wie bei euch das Eisen.« Nicht lange nach dieser erregenden Auskunft vollbrachte Balboa das gewaltige Abenteuer, das Gebirgsbollwerk der Landenge zu übersteigen, das die beiden mächtigen Meere voneinander trennt. Mit Schwert und Schild bewaffnet, stürmte er ins Wasser des Stillen Ozeans und rief in wahrhaft ritterlicher Hochstimmung aus, er beanspruche dieses unbekannte Meer mit allem, was es enthalte, für den König von Kastilien und werde diesen Anspruch gegen jeden, ob Christ oder Heide, der ihn zu bestreiten wage, verteidigen. Das ganze ausgedehnte Festland und die sonnigen Inseln, die das Wasser des Stillen Ozeans bespült! Der kühne Ritter ahnte wohl kaum den ganzen Umfang seiner großartigen Anmaßung.

Hier erhielt er genauere Nachrichten über das peruanische Reich. Aber obgleich er sein leichtes Fahrzeug dem goldenen Lande zusteuerte, war ihm das Abenteuer doch nicht beschieden. Der große Entdecker wurde das Opfer der erbärmlichen Eifersucht, mit der ein kleiner Geist die Taten eines bedeutenden beobachtet.

Das spanische Pflanzstaatgebiet war in eine Anzahl kleinerer Verwaltungsbezirke eingeteilt, deren Gouverneure eine Art von vizeköniglicher Gewalt ausübten und diese, weit entfernt vom Mutterland, häufig auf die drückendste und grausamste Weise zum Nachteil der Eingeborenen wie der eignen Anhänger mißbrauchten, was die natürliche Folge ist, wenn Menschen von ursprünglich niederem Stand, nicht durch Erziehung für hohe Staatsämter vorgebildet, plötzlich zu selbstherrlicher Macht erhoben werden. Erst nach traurigen Erfahrungen vermochten staatliche Gerichtshöfe, königliche Audiencias, gegen die Willkür der kleinen Tyrannen zum Schutz der Eingeborenen wie der Ansiedler handelnd einzugreifen.

Zu den Gouverneuren, die ihre Stellung draußen ihrem Rang in der spanischen Heimat verdankten, gehörte Don Pedro Arias de Ávila, gewöhnlich Pedrarias genannt, ein Mann von bösartiger Gemütsart, dessen plötzliche Erhebung zur Macht die üblen Anlagen seines Charakters zum Ausbruch brachte. Ihm wurde der Befehl über Castilla del Oro übertragen, das Núñez de Balboa zum Schauplatz seiner Entdeckungen ausgewählt hatte. Neidisch auf Balboas Verdienste, plante er, dessen ruhmvoller Laufbahn ein Ende zu setzen, obwohl er für die wichtigen Folgen von Balboas Entdeckungen die richtige Witterung hatte. Er sah sogleich, wie ungeeignet die Lage von Darién für weitere Unternehmungen im Stillen Ozean war, und ließ, dem ursprünglichen Vorschlag Balboas vom Jahre 1519 folgend, seine aufblühende Hauptstadt von den Küsten des Atlantiks nach dem ehemaligen Panamá verlegen, etwas östlich von der jetzigen Stadt dieses Namens. Diese ungesunde Stelle, der Friedhof manch unglücklichen Ansiedlers, war dem großen Zweck von Seeunternehmungen günstig, und durch seine zentrale Lage bot der Hafen den besten Ausgangspunkt für Erkundungsfahrten sowohl nach Norden wie nach Süden längs der unermeßlichen Kette unentdeckter Küsten, die den Pazifik umschlossen. Doch in dieser neuen und günstigeren Stellung ließ man mehrere Jahre verstreichen, ehe der Lauf der Entdeckungen seine Richtung nach Peru nahm. Man hatte sich ausschließlich nach Norden oder vielmehr Westen gewendet, gehorsam den Weisungen der Regierung, der vor allem an der Entdeckung einer

Meerenge lag, die, so vermutete man, irgendwo die langgestreckte Landenge durchschneiden müsse. Eine Flotte nach der andern wurde um dieses trügerischen Zieles willen ausgerüstet, und Pedrarias sah sein Gebiet mit jedem Jahr weiter anschwellen, ohne aus seinen Erwerbungen irgendeinen beträchtlichen Nutzen zu ziehen. Veragua, Kostarika, Nikaragua wurden nacheinander besetzt, und seine tapferen Ritter erzwangen sich einen Weg durch Wald und Gebirge und kriegerische Eingeborenenstämme, bis sie in Honduras mit Cortez' Gefährten, den Eroberern Mexikos, zusammenstießen, die von der großen nördlichen Hochebene in die zentralamerikanischen Gebiete hinabgestiegen waren. Damit war die Erforschung dieses wilden und geheimnisvollen Landes vollendet.

Erst im Jahre 1522 wurde unter der Leitung von Pascual de Andagoya, einem im Pflanzstaat sehr angesehenen Ritter, eine Erkundungsfahrt in südlicher Richtung unternommen. Aber dieser drang nur bis Puerto de Piñas, der Grenze von Balboas Entdekkungen, vor, wo sein schlechter Gesundheitszustand ihn nötigte, sich wieder einzuschiffen und sein Unternehmen, kaum begonnen, aufzugeben.

Doch die unbestimmten Gerüchte über den Reichtum und die hohe Kultur eines mächtigen Volkes im Süden erreichten immer wieder das Ohr der Ansiedler und belebten ihre verschwommenen Vorstellungen; so nimmt es uns wunder, daß eine Unternehmung in dieser Richtung so lange hat auf sich warten lassen. Aber über die genaue Lage und Entfernung jenes Märchenreiches gab es nur Mutmaßungen. Der ausgedehnte Landstrich dazwischen war von primitiven, kriegerischen Stämmen bewohnt, und die wenigen Erfahrungen, welche die spanischen Seefahrer bisher mit den benachbarten Küsten und deren Bewohnern gemacht hatten, noch mehr aber das stürmische Gebaren des Meeres – denn ihre Unternehmungen hatten zu den ungünstigsten Jahreszeiten stattgefunden – vermehrten die offensichtlichen Schwierigkeiten des Unternehmens und ließen selbst ihre mutigen Herzen davor zurückbeben.

Gefühle solcher Art beherrschten das kleine Gemeinwesen von Panamá in den ersten Jahren nach seiner Gründung. Mittlerweile gab die glänzende Eroberung Mexikos dem Entdeckungseifer neuen Antrieb, und im Jahre 1524 fanden sich in der Ansiedlung drei Männer, deren Abenteurergeist sich über alle hinderlichen Bedenken, Schwierigkeiten und Gefahren hinwegsetzte. Einer dieser Männer, nach Art und Charakter besonders zu dem Werk geeignet, war ausersehen, das Unternehmen zu einem glücklichen Ende zu führen. Es war Francisco Pizarro, und da er bei der Eroberung Perus die gleiche hervorragende Stelle einnimmt wie Cortez bei der Eroberung Mexikos, empfiehlt es sich, einen kurzen Überlick über sein früheres Leben zu geben.

2

Francisco Pizarro wurde in der spanischen Stadt Trujillo in Estremadura geboren, zu welchem Zeitpunkt, ist ungewiß, wahrscheinlich aber um das Jahr 1471.[1] Er war ein uneheliches Kind. Sein Vater Gonzalo Pizarro war Oberst beim Fußvolk und erwarb sich gewisse Verdienste in den italienischen Feldzügen unter dem Großen Kapitän[2] und später in den Kriegen von Navarra. Seine Mutter Francisca Gonzales war niederen Standes und lebte in Trujillo.

Es ist mit einiger Sicherheit anzunehmen, daß beide Eltern sich wenig um den jungen Pizarro kümmerten und sein Gedeihen der Natur überließen. Man lehrte ihn weder lesen noch schreiben, und seine Hauptbeschäftigung war Schweinehüten. Aber die einförmige Lebensweise war dem beweglichen Geiste Pizarros nicht angemessen; ihn fesselten, als er älter wurde, die Erzählungen von der Neuen Welt. Und so benutzte er einen günstigen Augenblick, seine unwürdige Tätigkeit aufzugeben und nach Sevilla zu entkommen, dem Hafen, in dem sich die spanischen Abenteurer einschifften, um ihr Glück im Westen zu versuchen.

In welchem Jahr diese wichtige Wendung seines Geschicks eintrat, wissen wir nicht. Das erste, was wir in der Neuen Welt von ihm hören, ist, daß er von der Insel Española aus im Jahre 1510 an der Fahrt nach Uraba auf dem südamerikanischen Festland teilnahm, unter Alonso de Ojeda, einem Ritter, dessen Charakter und Taten höchstens im Werk Cervantes' ihresgleichen finden.

Dann schloß er sich dem Gouverneur Pedrarias an und wurde

[1] nach heutiger Kenntnis 1478.

[2] Córdoba.

von diesem zu verschiedenen kriegerischen Unternehmungen verwendet, die ihn, wenn sie auch sonst nichts einbrachten, doch wenigstens auf die Gefahren und Entbehrungen, die dem künftigen Eroberer Perus bevorstanden, gebührend vorbereiteten.

Im Jahr 1515 wurde er mit einem anderen Ritter namens Morales ausersehen, die Landenge zu überqueren und mit den Eingeborenen an den Küsten des Stillen Ozeans Handel zu treiben. Und wenn er dort seine Beute an Gold und Perlen auf den benachbarten Inseln einheimste und sein Auge über die dunkle Küstenlinie schweifen ließ, bis sie sich in die Ferne verlor, dann mag in seiner Phantasie wohl zum ersten Mal der Gedanke aufgeblitzt sein, eines Tages die Eroberung der geheimnisvollen Regionen jenseits der Berge zu wagen. Bei der Verlegung des Regierungssitzes über die Landenge nach Panamá begleitete Pizarro den Gouverneur Pedrarias, und er tat sich unter den Rittern hervor, welche die Eroberungen nach Norden gegen die kriegerischen Stämme von Veragua ausdehnten. Aber all diese Unternehmungen, wie ruhmreich auch immer, brachten wenig Gold ein, und im Alter von fünfzig Jahren sah sich der Hauptmann Pizarro nur im Besitz eines unwirtlichen Landstrichs in der Nähe der Hauptstadt und einer Zuteilung von Eingeborenen, wie sie seinen militärischen Verdiensten angemessen schien.

In solcher Lage befand sich Pizarro, als im Jahre 1522 Andagoya nach seinem unvollendeten Unternehmen aus dem Süden von Panamá zurückkehrte und ausführlichere Nachrichten, als man bisher je erhalten hatte, von der Größe und dem Reichtum der jenseits gelegenen Länder mitbrachte. Auch war es gerade die Zeit, wo Cortez' glänzende Taten die Öffentlichkeit beeindruckten und dem Abenteurergeist neuen Anstoß gaben. Die südlichen Unternehmungen wurden zum Gegenstand allgemeiner Spekulation bei den Ansiedlern von Panamá. Aber das Goldland, das hinter dem mächtigen Vorhang der Kordilleren lag, war noch immer in Dunkel gehüllt. Man konnte sich keinen Begriff von seiner tatsächlichen Entfernung machen, und die Leiden und Schwierigkeiten, welche die wenigen Seefahrer betroffen hatten, die in jener Richtung gesegelt waren, gaben dem Unternehmen einen düsteren Charakter, der bisher selbst die Kühnsten abgeschreckt hatte. Es ist nicht erwiesen, daß Pizarro eine besonders lebhafte Neigung dafür gezeigt hätte. Auch waren seine eigenen Mittel viel zu gering, um ohne die wirksame Hilfe anderer irgendeine Hoffnung auf Erfolg zu rechtfertigen. Er fand indes Beistand bei zwei Männern der Niederlassung, die eine zu wichtige Rolle bei den späteren Ereignissen spielten, um nicht besonders erwähnt zu werden.

Einer von ihnen, Diego de Almagro, war ein emporgekommener Soldat, wahrscheinlich etwas älter als Pizarro; doch weiß man wenig von seiner Herkunft, und selbst sein Geburtsort ist umstritten. Man nimmt an, daß es die Stadt Almagro in Neukastilien ist, von der man in Ermangelung einer besseren Quelle seinen Namen herleitet, denn er war ein Findelkind. In seiner kriegerischen Laufbahn hatte sich Almagro den Ruf eines tapferen Soldaten erworben. Er war von offenem, freimütigem Wesen, etwas hitzig und ungebärdig in seinen Leidenschaften, leicht erregbar, aber wie viele heißblütige Menschen auch leicht zu besänftigen, wenn die ersten Aufwallungen vorüber waren. Kurz, er besaß die Vorzüge und Mängel einer nicht durch Erziehung oder Selbstzucht gebändigten Natur.

Der dritte im Bunde war Hernando de Luque, ein spanischer Geistlicher, der in Panamá das Amt eines Vikars bekleidete und vorher als Schulmeister an der Stiftskirche von Darién gewirkt hatte. Er scheint ein Mann von besonderer Umsicht und Weltkenntnis gewesen zu sein, und dank seiner achtungswerten Eigenschaften hatte er sich großen Einfluß in seinem kleinen Gemeinwesen erworben und war mit der Aufsicht über die öffentlichen Gelder betraut worden, so daß seine Teilnahme wesentlich zum Erfolg des Unternehmens beitrug.

Die drei Verbündeten waren übereingekommen, daß die beiden Ritter ihr kleines Vermögen zur Ausrüstung der Flotte beisteuern sollten, doch den weitaus größten Teil der Geldmittel wollte Luque liefern. Pizarro sollte den Befehl übernehmen; die Beschaffung von Lebensmitteln wie die Ausrüstung der Schiffe wurde Almagro übertragen. Die Verbündeten konnten mühelos die Erlaubnis des Gouverneurs für ihr Vorhaben erlangen. Diesem war es nicht unlieb, daß andere die Lasten des Unternehmens trugen, wenn nur ein guter Teil des Gewinns in seine eigene Tasche floß. Das übersah er nicht bei seinen Abmachungen.

Almagro beschaffte zwei kleine Schiffe und ließ sie, so gut es die Umstände erlaubten, instand setzen und segelfertig machen, während Schiffsbedarf und Lebensmittel mit einer Hast an Bord

Abb. 10 Die Eroberer vor ihrem Aufbruch nach Peru

gebracht wurden, die, wie sich später herausstellte, Almagros Eifer mehr Ehre machte als seiner Voraussicht. Als Besatzung wurden etwa hundert Mann angeworben, und als alles bereit war, übernahm Pizarro den Befehl, lichtete die Anker und lief Mitte November 1524 aus dem kleinen Hafen von Panamá aus. Almagro sollte auf dem zweiten, etwas kleineren Schiffe nachfolgen, sobald es ausgerüstet wäre.

Die Jahreszeit war die ungünstigste, die man zur Reise wählen konnte; denn es war Regenzeit, wo die Schiffahrt nach dem Süden, durch widrige Winde ohnehin erschwert, doppelt gefährlich wird durch die über die Küste brausenden Stürme. Aber das wußten die Abenteurer nicht. Nachdem sie die nur wenige Meilen von Panamá entfernte Perleninsel, einen häufig angesteuerten Zufluchtsort der Seefahrer, berührt hatten, nahm Pizarro seinen Weg durch die Bucht von San Miguel und fast südlichen Kurs auf Puerto de Piñas, ein Vorgebirge in der Landschaft Piruquete. Nach dessen Umseglung lief das kleine Fahrzeug in den Fluß Piru ein. Nachdem Pizarro einige Meilen flußaufwärts gefahren war, ankerte er, schiffte seine ganze Streitmacht mit Ausnahme der Matrosen aus und machte sich an der Spitze seiner Leute auf, um die Gegend zu erkunden. Das Land war ein einziger Morast, gesäumt von Wäldern mit dichtverfilztem Unterholz. Nachdem sie diese mit größter Mühe durchquert hatten, kamen sie in eine gebirgige Gegend, so rauh und steinig, daß sie sich die Füße bis auf die Knochen zerschnitten. Von den schweren Panzern oder dickgepolsterten baumwollenen Wämsern belästigt, von brütender Hitze gequält, vor Anstrengung fast ohnmächtig und halb verhungert, sanken sie erschöpft zu Boden. Das war der verhängnisvolle Anfang des Zuges nach Peru.

Es war klar, daß durch ein Verbleiben in dieser trostlosen Gegend nichts zu gewinnen war; deshalb kehrten sie zum Schiff zurück, glitten stromabwärts ins Meer und nahmen weiter Kurs nach Süden. Da brachen schwere Stürme über sie herein, begleitet von den furchtbaren Donnerschlägen und Regengüssen tropischer Gewitter. Berghohe Wellen drohten jeden Augenblick das gebrechliche Fahrzeug zu zertrümmern, das schon in jeder Fuge undicht war. Zehn Tage lang wurden sie von den unbarmherzigen Elementen umhergeschleudert, und nur mit verzweifelter Anstrengung gelang es ihnen, das Schiff vorm Sinken zu bewahren. Zu allem Unglück gingen auch ihre Lebensmittel zur Neige, und an Trinkwasser hatten sie nur wenige Tonnen mitgenommen; denn Almagro hatte damit gerechnet, daß sie ihre dürftigen Vorräte von Zeit zu Zeit an der Küste ergänzen könnten. Schließlich mußten sie ihre täglichen Rationen auf zwei Maiskolben für einen jeden herabsetzen.

Durch Hunger und Sturm tief ermattet, gingen sie aufs neue an der Küste vor Anker. Wiederum war das Land, so weit das Auge reichte, sumpfig und dicht mit ungeheuren Urwaldbäumen bewachsen; ein wirres Geflecht von Schlingpflanzen machte das Vorwärtskommen nur mit der Axt möglich, und unablässig rauschten Regenströme hernieder. Kein Laut war zu hören außer dem Prasseln des Regens, kein Tier schien diese düsteren Wälder zu beleben außer Millionen schwirrender Insekten. Und keine Nahrung war zu finden außer giftigen Beeren im Gebüsch.

Gänzlich entmutigt durch den Anblick dieser Einöde, beklagten die Abenteurer ihr hartes Los und schalten ihren Befehlshaber den Urheber ihrer Leiden, der sie mit dem Versprechen eines Feenlandes getäuscht habe. Sie verlangten, zu ihrem Schiff zurückzukehren und wieder den Hafen von Panamá anzusteuern, bevor sie hier vor Hunger umkämen.

Aber Pizarro war eher bereit, noch weitaus größere Übel auf sich zu nehmen, als nach Panamá zurückzukehren, seines Ansehens beraubt, verspottet als ruhmrediger Träumer, der andere verleitet habe, sich auf ein Abenteuer einzulassen, das durchzustehen er selbst nicht den Mut habe. Nur von der Gegenwart konnte er etwas hoffen. Umkehr wäre sein Verderben gewesen. Er führte daher alle Gründe an, die gekränkter Stolz oder Habsucht ihm eingaben, um seine Leute von ihrem Vorsatz abzubringen; er stellte ihnen vor, dies seien nun einmal die Unbilden, denen der Entdecker sich aussetzen müsse, und erinnerte sie an die glänzenden Erfolge ihrer Landsleute in anderen Gegenden und an die vielfachen Berichte, die sie selbst über die reichen Landstriche längs der Küste erhalten hätten; diese zu gewinnen bedürfe es ihrerseits nur des Mutes und der Ausdauer. Da jedoch ihre gegenwärtigen Entbehrungen groß seien, wolle er das Schiff nach der Perleninsel zurücksenden, um frische Vorräte einzunehmen, die es seinen Leuten gewiß ermöglichen würden, mit neuem Vertrauen vorwärts zu gehen. Die Entfernung sei nicht groß, und in wenigen Tagen würden sie alle aus ihrer gefahrvollen Lage erlöst sein. Der zu diesem Zweck abgesandte Offizier hieß Montenegro; er nahm ungefähr die Hälfte der Mannschaft mit, lichtete, nachdem er Pizarros Befehle erhalten, sogleich die Anker und nahm Kurs auf die Perleninsel.

Nach der Abfahrt des Schiffes machte der spanische Befehlshaber einen Versuch, das Land zu durchforschen, um vielleicht eine indianische Niederlassung zu finden, wo er seinen Leuten Speise und Trank verschaffen könnte. Aber seine Mühe war vergeblich und im dichten, undurchdringlichen Tropenwald keine Spur einer menschlichen Behausung zu entdecken. Als einzige Nahrungsmittel boten sich den unglücklichen Abenteurern Schalentiere, die sie hier und da an der Küste auflasen, oder die bitteren Knospen des Palmbaums, wilde Beeren und schlecht schmeckende Kräuter, eine so unzuträgliche Nahrung, daß viele von den heftigsten Schmerzen gequält wurden. Andere, die den Hunger dieser elenden Kost vorzogen, wurden ohnmächtig vor Schwäche und starben an Entkräftung. Doch ihr entschlossener Führer war bestrebt, seine Zuversicht zu behaupten und den sinkenden Mut seiner Leute aufzurichten. Bereitwillig teilte er den dürftigen Vorrat an Lebensmitteln mit ihnen und bemühte sich unablässig, ihnen Nahrung zu verschaffen, pflegte die Kranken und ließ ihnen Hütten bauen, um sie vor den Regenstürmen zu schützen. Durch die tätige Teilnahme an den Leiden seiner Gefährten stärkte er seinen Einfluß auf ihre rauhen Gemüter.

Wochen waren vergangen, und noch immer hatte man keine Nachricht von dem Schiff erhalten, das Hilfe bringen sollte. Mehr als zwanzig von dem kleinen Häuflein waren schon gestorben, und die Überlebenden schienen ihnen bald nachfolgen zu wollen. In diesem Augenblick völliger Mutlosigkeit wurde Pizarro gemeldet, man habe durch eine entfernte Öffnung im Wald einen Lichtschein gesehen, der auf eine Ansiedlung schließen lasse. Sofort machte er sich an der Spitze einer kleinen Abteilung auf, und tatsächlich gelangte er an eine Lichtung, auf der ein indianisches Dorf stand. Die scheuen Eingeborenen flüchteten beim Anblick der Fremden in den Wald, und die ausgehungerten Spanier stürzten sich auf die Hütten, wo sie einige Nahrungsmittel, Mais und Kakaobohnen, fanden. Als die Indianer merkten, daß ihnen selbst kein Leid geschah, wurden sie zutraulicher und kamen zurück.

Sie trugen ziemlich große, grob gearbeitete goldene Schmuckstücke. Das war für die Spanier die funkelnde Verlockung, um derentwillen sie ihre Heimat verlassen und sich den Unbilden der Wildnis ausgesetzt hatten. Die Eingeborenen bestätigten Pizarro die Berichte von einem reichen, weit im Süden gelegenen Land. Zehn Tagereisen entfernt jenseits der Berge, sagten sie, wohne ein mächtiger Herrscher, dessen Gebiet von einem andern, noch mächtigeren, dem Kind der Sonne, angegriffen worden sei. Es mag wohl der Angriff auf Quito durch den tapferen Inka Huayna Capac gemeint gewesen sein, der einige Jahre vor Pizarros Unternehmung stattgefunden hatte.

Endlich, nach mehr als sechs Wochen, kehrte Montenegro mit reichen Vorräten zu ihnen zurück. Fortwährende heftige Stürme erklärten sein langes Ausbleiben. Groß war sein Schreck über die von Hunger und den Leiden der Wildnis entstellten Gesichter und die ausgemergelten Gestalten seiner Landsleute.

Durch die langentbehrte kräftige Nahrung neu belebt, vergaßen die Abenteurer schnell die überstandene Pein und waren begierig, die beuteverheißende Unternehmung fortzusetzen. So schiffte sich Pizarro mit seinen Leuten wiederum ein und setzte die Segel vor einem günstigen Winde, der ihn vorwärts nach Süden trieb.

Wäre er kühn ins offene Meer gesteuert, statt an der unwirtlichen Küste entlangzufahren, so hätte er sich die Wiederholung beschwerlicher und nutzloser Abenteuer ersparen können und seinen Bestimmungsort eher erreicht. Aber ohne Karte, ohne Kenntnis der Gewässer und der Küstenbeschaffenheit mußte er Zoll für Zoll seinen Weg ertasten nach einem Land, von dem er nichts wußte, als daß es irgendwo im Süden lag und von Gold strotzte.

Nach kurzer Fahrt landete er an einem weniger dicht bewaldeten Küstenstrich und ging mit einem kleinen Teil seiner Leute landeinwärts. Bald stieß er auf ein indianisches Dörfchen. Beim Nahen der Ankömmlinge waren die Bewohner ins Gebirge geflohen, und die Abenteurer fanden in den verlassenen Wohnungen Mais und roh gearbeitete goldene Schmuckstücke von beträchtlichem Wert. Doch ein ungewohnter Anblick ließ ihr Blut vor Grauen erstarren: Menschenfleisch röstete am Feuer, so wie es die Wilden bei der Zubereitung ihres scheußlichen Mahles verlassen hatten. Daraus ließ sich schließen, daß es sich um eine Horde Karaiben handelte, den einzigen Stamm in diesem Teil der Neuen Welt, der als Menschenfresser bekannt ist. Pizarros Leute waren noch nicht wie die Eroberer Mexikos durch Gewöhnung an das traurige Schauspiel abgestumpft und wollten sich lieber den Tropenstürmen des Meeres aussetzen, als länger den Anblick solch viehischer Scheußlichkeit ertragen. Sie kehrten zur Küste zurück, und da der Sturm sich jetzt ein wenig gelegt hatte, setzte ihr Schiff die Fahrt am Ufer fort, bis Pizarro vor einer steilen Landspitze, die er Punta Quemada benannte, vor Anker ging. Der Strand war von einem dunklen Gürtel von Mangrovenbäumen eingefaßt, deren Wurzeln unterm Wasserspiegel ein verschlungenes Gitterwerk bildeten, das eine Landung erschwerte. Doch aus mehreren künstlichen Zugängen, die durch das Dickicht führten, schloß Pizarro auf bewohntes Gebiet und ging mit dem größeren Teil seiner Mannschaft an Land, um das Innere zu erforschen.

Er war kaum drei Meilen vorgedrungen, als er seine Vermutung durch den Anblick einer indianischen Ortschaft bestätigt fand. Sie war größer als die bisher gesehenen, lag auf einer Anhöhe und war durch Pfahlwerk gut geschützt. Wiederum waren die Einwohner geflohen und hatten außer einem großen Vorrat an Lebensmitteln auch einige goldene Schmuckstücke zurückgelassen, die sich die Spanier ohne Bedenken aneigneten. Pizarro blieb einstweilen in der für eine Verteidigung günstigen Palisadenstadt, wies aber sogleich einen kleinen Trupp unter Montenegro an, das Land zu erkunden und sich wenn möglich mit den Eingeborenen zu verständigen.

Es war ein kriegerischer Stamm. Als sie sahen, daß sich die spanischen Streitkräfte getrennt hatten, stürzten sie aus dem Hinterhalt auf Montenegros Abteilung, die durch die hohen Gebirgspässe gedrungen war, überschütteten sie mit einem die Luft verfinsternden Hagel von Wurfgeschossen und ließen ihr schrilles Kriegsgeschrei durch den Wald gellen. Die Spanier, überrascht vom Überfall der buntbemalten nackten Wilden, gerieten einen Augenblick in Verwirrung, sammelten sich jedoch schnell und antworteten mit ihren Armbrüsten; denn Musketen scheinen sie bei dieser Unternehmung nicht gehabt zu haben. Drei von ihnen wurden getötet, mehrere verwundet. Doch gelang es ihnen, die Angreifer ins unwegsame Gebirge zurückzutreiben. Vorsichtshalber strebte jetzt Montenegros Trupp wieder auf das befestigte Lager zu, aber die Indianer, mit den Pässen vertraut, erreichten die von Pizarro besetzte Palisadenstadt lange vor Montenegro und begrüßten die Besatzung mit ihren Wurfspeeren, von denen viele durch die Fugen der Rüstungen und durch die Polsterwämser der Ritter drangen. Pizarro blieb als erfahrener Kriegsmann nicht länger hinter der Verschanzung, sondern machte einen Ausfall ins offene Gelände. Vornehmlich auf ihn stürzten sich die Eingeborenen, da sie in ihm den Anführer erkannten, und im Nahkampf wurde der Feldherr nicht weniger als siebenmal verwundet. Dennoch hielt er mit seinen Leuten der Übermacht heldenhaft stand, bis endlich Montenegro im Rücken der Indianer erschien, die nun eiligst in die Bergschluchten flüchteten. Der Boden war mit Erschlagenen bedeckt, doch der Sieg war teuer erkauft; denn auch die Spanier hatten fünf Tote und eine große Zahl Verwundeter zu beklagen.

Jetzt galt es zuerst, die Verletzten an einem sicheren Ort zu pflegen. Daher verließen die Abenteurer den gefährlichen Platz und hielten Kriegsrat. Der gebrechliche Zustand des Schiffes ließ es nicht ratsam erscheinen, die Entdeckungsfahrt fortzusetzen. Man beschloß also, zurückzukehren und dem Gouverneur Bericht zu erstatten. Wenn auch die glänzenden Hoffnungen noch nicht in Erfüllung gegangen waren, glaubte man doch genug erreicht zu haben, um die Wichtigkeit des Unternehmens zu beweisen und sich damit Pedrarias' Unterstützung bei einer Fortsetzung des Entdeckungszuges zu sichern. Pizarro jedoch wollte sich bei dem gegenwärtigen Stand der Dinge nicht vor dem Gouverneur zeigen. Daher ging er mit dem größten Teil seiner Mannschaft in Chicamá, einem Ort westlich von Panamá, an Land und wies seinen Schatzmeister Nicolás de Ribera an, mit dem zusammengerafften Gold den Gouverneur aufzusuchen und ihm ausführlich über seine Entdeckungen und den Erfolg der Unternehmung zu berichten.

Inzwischen war Pizarros Verbündeter Almagro eifrig bemüht gewesen, ein zweites Schiff auszurüsten, war aber erst lange nach seines Freundes Abreise damit fertig geworden. Mit sechzig oder siebzig Abenteurern segelte er in derselben Richtung ab, um ihn einzuholen. Einkerbungen an Bäumen – ein vorher verabredetes Zeichen – verrieten ihm die Orte, an denen Pizarro angelegt hatte. Bei einer solchen Landung wurde er von einer indianischen

Ortschaft feindlich empfangen, stürmte wütend die Ansiedlung mit dem Schwert und brannte sie nieder. Bei diesem Kampf erlitt er eine Kopfwunde und verlor ein Auge, setzte aber trotzdem seine Reise fort und erbeutete eine ansehnliche Menge Gold. Da er jedoch seinen Gefährten nicht fand, nahm er an, dieser habe entweder Schiffbruch erlitten oder sei umgekehrt und des Nachts oder im Nebel an ihm vorbeigefahren. So kehrte er zurück und erfuhr auf der Perleninsel vom bisherigen Erfolg seines Freundes. Sofort segelte er nach Chicamá, wo die beiden Ritter einander bald freudig umarmten und von ihren Taten und den bestandenen Gefahren erzählten. Almagro kam reicher mit Gold beladen zurück als sein Gefährte; bei jedem Schritt vorwärts hatte man ihm aufs neue die Kunde von jenem großen und reichen Land im Süden bestätigt. Das stärkte beider Zuversicht, und sie gaben sich das Versprechen, lieber zu sterben, als das Unternehmen aufzugeben.

Nach langer, ernster Beratung kamen sie überein, Pizarro solle an seinem gegenwärtigen Standort verbleiben, sei dieser auch noch so ungesund durch Feuchtigkeit und giftige Insektenschwärme. Almagro aber solle nach Panamá übersetzen, dem Gouverneur den Fall vortragen und ihn für die Fortsetzung des Unternehmens zu gewinnen suchen. Stellte sich ihnen von dieser Seite kein Hindernis in den Weg, so würde es ein leichtes sein, mit Hilfe von Luques Geld die nötigen Verstärkungen anzuwerben; sah doch das Gemeinwesen in seinem brennenden Verlangen nach Abwechslung selbst in der Gefahr einen Reiz und achtete Gold höher als das Leben.

3

Bei seiner Ankunft in Panamá fand Almagro, daß die Dinge für seine Zwecke eine weniger günstige Wendung genommen, als er gedacht hatte. Der Gouverneur Pedrarias, ungehalten über die von Pizarro nutzlos geopferten Menschenleben, lehnte es entschieden ab, die unüberlegten Pläne der beiden Abenteurer länger zu unterstützen, und die Eroberung von Peru wäre im Keim erstickt worden, wenn nicht der dritte Verbündete, Hernando de Luque, wirksam eingegriffen hätte. Auf den scharfblickenden

Geistlichen machte Almagros Bericht einen ganz anderen Eindruck als auf den reizbaren Gouverneur. Er glaubte fest an das reiche Land im Süden, das ihm Pizarros Reise bestätigte, und war überzeugt, daß ein Eroberungszug nach Peru die Mühe ebenso lohnen würde wie der Feldzug Cortez' nach Mexiko. So benutzte er seinen ganzen Einfluß auf den Gouverneur, um ihn dem Ansinnen Almagros geneigter zu machen. Pedrarias stimmte zu, wenn auch widerstrebend, unterließ es aber nicht, seinem Mißvergnügen über Pizarro Ausdruck zu geben, indem er Almagro den Rang eines Oberbefehlshabers verlieh, wie ihn auch Pizarro bekleidete. Das kränkte diesen aufs tiefste, denn er glaubte, Almagro habe sich die Gunst erbeten. Eine Zeitlang herrschte Kühle zwischen den beiden, die Saat ständigen Mißtrauens keimte in Pizarros Seele, um zur gegebenen Zeit zum offnen Zerwürfnis zu reifen.

Pedrarias war ursprünglich an dem Unternehmen insofern beteiligt gewesen, als er sich einen Anteil am möglichen Gewinn ausbedungen, obwohl er, wie es scheint, nicht das mindeste zu den Kosten beigetragen hatte. Jetzt ließ er sich dazu bewegen, sein Recht auf einen Anteil aufzugeben, verlangte jedoch in seiner kleinlichen Geldgier, die eher zu einem Krämer als zu einem hohen Beamten der Krone gepaßt hätte, daß ihm die Summe von tausend Pesos de oro als Entgelt für seine Bereitwilligkeit zugesichert werde, worauf Pizarro und Almagro sofort eingingen. Für eine so unbedeutende Summe trat er seinen Anteil am Reichtum der Inka ab! Kurz danach, im folgenden Jahre, wurde er von Don Pedro de los Ríos als Gouverneur abgelöst; denn es lag in der Politik der kastilischen Krone, die hohen Pflanzstaatbeamten nicht allzulange auf ihren Posten zu belassen, damit ihre Macht nicht gefährlich werden konnte.

Nachdem nun die Verbündeten die Schwierigkeiten mit dem Gouverneur beigelegt und seine Zustimmung zu ihrem Unternehmen erlangt hatten, trafen sie unverzüglich die nötigen Anstalten. Als erstes schlossen sie den berühmten Vertrag, der allen künftigen Schritten als Grundlage diente; und da Pizarros Name darin erscheint, ist anzunehmen, daß er doch nach Panamá hinübergefahren ist, sobald er der günstigen Stimmung Pedrarias' gewiß war. Die Urkunde, in der zunächst aufs feierlichste die Heilige Dreifaltigkeit und die Muttergottes angerufen werden, setzt fest, daß die Beteiligten Vollmacht haben, alle südlich vom Meerbusen gelegenen Länder und Landschaften, die zum peruanischen Reich gehören, zu unterwerfen, und da Hernando de Luque die zu dem Unternehmen erforderlichen Mittel in Goldbarren im Werte von zwanzigtausend Pesos vorgeschossen hat, verpflichten sie sich, das gesamte eroberte Gebiet gleichmäßig unter sich zu teilen. Diese Klausel wird immer wieder angeführt, besonders im Hinblick auf Luque, der, wie ausdrücklich erklärt wird, Anspruch haben soll auf ein Drittel aller Ländereien, Repartimientos, Schätze aller Art an Gold, Silber und Edelsteinen, sogar auf ein Drittel von allen Untertanen, Einkünften und Bezügen, wie sie aus Verleihungen entspringen mochten, welche die Krone etwa einem seiner Kriegsgefährten zum eigenen Gebrauch oder dem seiner Erben, Rechtsnachfolger oder rechtmäßigen Stellvertreter bewilligen würde.

Die beiden Anführer versprechen feierlich, sich ausschließlich dem geplanten Unternehmen zu widmen, bis es ausgeführt ist, und, falls sie ihrerseits dem Vertrag untreu würden, Luque seine Vorschüsse zu erstatten, wofür ihr gesamtes Eigentum haften soll. Diese Erklärung soll als hinreichende Ermächtigung für die Vollstreckung eines Urteils gegen sie gelten, ganz als wäre es aus dem Beschluß eines Gerichtshofes hervorgegangen.

Die Befehlshaber Pizarro und Almagro legten im Namen Gottes und der heiligen Apostel einen feierlichen Eid ab, diesen Vertrag zu halten; sie schworen ihn auf das Meßbuch, indem sie mit den Händen das heilige Kreuzeszeichen nachzogen. Um dem Vertrag noch mehr Gewicht zu geben, reichte Pater Luque den Beteiligten das Abendmahl, brach die geweihte Hostie in drei Teile und gab jedem einen. So besiegelten sie im Namen des Friedensfürsten einen Vertrag, der Plündern und Blutvergießen zum Ziel hatte.

Die Urkunde, am 10. März 1526 ausgestellt, wurde von Luque unterzeichnet und von drei angesehenen Bürgern Panamás beglaubigt, von denen einer für Pizarro, ein andrer für Almagro unterschrieb; denn laut einer in der Schrift enthaltenen Erklärung waren beide außerstande, ihren Namen zu schreiben.

Dies also war der merkwürdige Pakt, in dem drei fragwürdige Abenteurer kaltblütig ein Reich zerlegten und unter sich aufteilten, von dessen Umfang, Macht und Hilfsquellen, von dessen

Lage, ja von dessen Existenz sie keine sichere und genaue Kenntnis hatten.

Nachdem die grundlegenden Vereinbarungen getroffen waren, bereiteten die drei Verbündeten unverzüglich die Reise vor. Zwei Schiffe wurden beschafft, größer und in jeder Hinsicht besser als die früheren, Vorräte eingenommen, und zwar nach den schlimmen Erfahrungen in viel größerem Umfang als vorher, und ›ein Eroberungszug nach Peru‹ öffentlich angekündigt. So gelang es den beiden Anführern, ungefähr hundertsechzig Mann zusammenzubringen, was freilich für die Unterwerfung eines mächtigen Reiches eine recht unzulängliche Streitmacht war. Auch einige Pferde und bessere Waffen wurden beschafft, obgleich noch immer in sehr geringer Zahl. Angesichts ihrer Geldmittel läßt sich dies nur aus der Schwierigkeit erklären, Zufuhren in das neugegründete Panamá zu bringen; konnte man doch nur über die rauhe Gebirgskette dorthin gelangen, was den Transport von großen Gegenständen wie etwa Geschützen außerordentlich erschwerte.

Auf diese Weise nur mäßig ausgerüstet, reisten die beiden Befehlshaber wiederum von Panamá ab, jeder auf seinem eigenen Schiff und unter der Führung von Bartholomé Ruíz, einem gescheiten, entschlossenen und in den Gewässern des Stillen Ozeans erprobten Lotsen. Ohne irgendwo anzulegen, fuhren sie weit aufs Meer hinaus und steuerten geradewegs nach dem Río de San Juan, dem äußersten von Almagro erreichten Punkt. Von den Winden der günstigen Jahreszeit getrieben, erreichten sie diese Stelle ohne Zwischenfall und fuhren in die Mündung des Flusses ein. Schon dort entdeckten sie ein kleines Indianerdorf; Pizarro überrumpelte es, erbeutete eine ansehnliche Menge an goldenem Schmuck und nahm einige Eingeborene gefangen.

Doch je weiter sie fuhren, desto dichter besiedelt waren die Ufer, und die Spanier erkannten bald, daß sie eine stärkere Streitmacht brauchten. Deshalb beschloß man, Almagro sollte mit dem errafften Goldschatz zurückkehren und Verstärkungen anwerben, der Lotse Ruíz aber das Land im Süden weiter auskundschaften. Pizarro wollte mit der übrigen Mannschaft in der Nähe des Flusses bleiben, da ihnen, wie ihm die indianischen Gefangenen versichert hatten, ein offener Landstrich nicht weit im Innern einen bequemen Lagerplatz bieten würde.

Ruíz fuhr unter günstigem Winde die Küste entlang nach Süden. Das Land zeugte bei weiterem Vordringen von immer besserer Bodenbearbeitung und immer dichterer Besiedlung; längs der Küste wimmelte es von Neugierigen, die weder Furcht noch Feindseligkeit verrieten. Sie bestaunten das Schiff der weißen Männer, wie es sanft im klaren Wasser der Bucht dahinglitt, und hielten es wohl für ein geheimnisvolles, vom Himmel herabgestiegenes Wesen. Jetzt verließ Ruíz das Ufer und steuerte in die offene See hinaus; doch er war noch nicht weit gekommen, als er vom Anblick eines Fahrzeugs überrascht wurde, das von fern wie eine ansehnliche Karavelle aussah, die sich unter einem großen Segel träge fortbewegte. Der alte Seemann wunderte sich nicht wenig über diese Erscheinung, denn er war überzeugt, daß kein europäisches Fahrzeug vor ihm in diesen Breiten gewesen sein konnte, und kein bis dahin entdecktes indianisches Volk, nicht einmal die hochentwickelten Mexikaner, verwendeten Segel bei der Schiffahrt. Als er näher kam, sah er, daß es ein großes Schiff oder vielmehr Floß war, von den Eingeborenen Balsa genannt. Es bestand aus einer Anzahl großer, dicht miteinander verbundener Balken aus leichtem, porösem Holz, mit einer schwachen Rohrauflage als Deck. Zwei Mastbäume oder starke Pfähle in der Mitte des Fahrzeugs aufgerichtet, trugen ein großes viereckiges Baumwollsegel, und eine primitive Art von Steuerruder sowie ein beweglicher Kiel – ein zwischen den Balken befestigtes Brett – ermöglichten es dem Seefahrenden, dem ohne Riemen oder Paddel dahingleitenden Gebilde einen bestimmten Kurs zu geben.

Als Ruíz längsseits kam, fand er an Bord mehrere Indianer, sowohl Männer wie Frauen, einige mit kostbaren Schmucksachen angetan; außerdem führten sie kunstvoll aus Gold und Silber gearbeitete Gegenstände mit, die als Handelsgüter für verschiedene Orte an der Küste bestimmt waren. Am meisten aber fesselten seine Aufmerksamkeit die wollenen Stoffe, in die sich einige gekleidet hatten. Es waren feine Gewebe in leuchtenden Farben, zierlich mit Mustern aus Vögeln und Blumen bestickt. Auch bemerkte er auf dem Fahrzeug ein Paar Waagschalen zum Abwiegen der Edelmetalle. Sein Erstaunen über diese Beweise von Erfindungskraft und Bildung, die alles bisher Gesehene übertrafen, wurde noch durch die Auskünfte gesteigert, die er von den Indianern erhielt. Zwei von ihnen kamen aus Túmbez, einem perua-

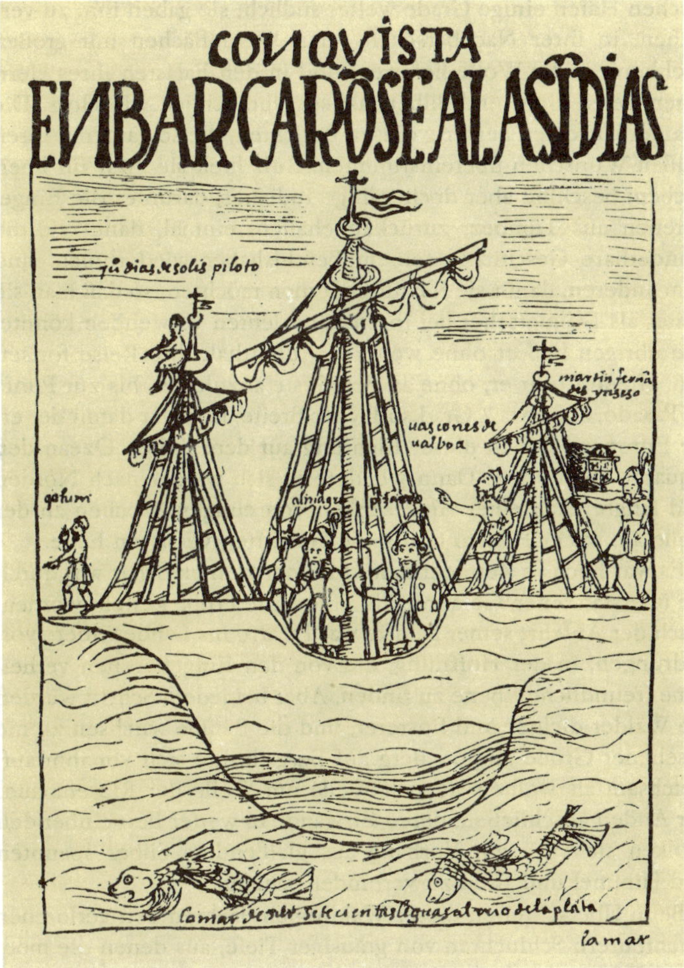

Abb. 11 Die Eroberer auf der Fahrt nach Peru

nischen Hafen einige Grade weiter südlich; sie gaben ihm zu verstehen, in ihrer Nachbarschaft seien Weideflächen mit großen Viehherden, die Wolle lieferten, und in den Palästen ihres Herrschers seien Gold und Silber fast so gebräuchlich wie Holz. Die Spanier lauschten begierig diesen Berichten, die so ganz mit ihren heißen Wünschen übereinstimmten. Ruíz hielt sie zwar für übertrieben, beschloß aber doch, einige Indianer, darunter die Eingeborenen aus Túmbez, zurückzubehalten, einmal, damit sie die wunderbare Geschichte seinem Befehlshaber wiederholen, und zum anderen, damit sie Kastilisch lernen möchten, so daß man sie später als Dolmetscher bei ihren Landsleuten verwenden könnte. Die übrigen ließ er ohne weiteren Aufenthalt ihre Reise fortsetzen. Hierauf fuhr er, ohne an der Küste anzulegen, bis zur Punta de Pasado, auf etwa ½ Grad südlicher Breite, und war damit der erste Europäer, der in dieser Richtung auf dem Stillen Ozean den Äquator überquerte. Dann wendete er sich wieder nach Norden und langte nach einer Abwesenheit von einigen Wochen an der Stelle an, wo er Pizarro und seine Gefährten verlassen hatte.

Es war höchste Zeit; denn der Mut der kleinen Schar war durch die überstandenen Gefahren auf eine harte Probe gestellt worden. Nach der Abfahrt seiner Schiffe war Pizarro ins Landesinnere vorgedrungen, in der Hoffnung, die von den Eingeborenen verheißene freundliche Ebene zu finden. Aber bei jedem Schritt wurden die Wälder dichter und finsterer, und die Bäume wuchsen zu nie gesehener Größe empor. Berg auf Berg türmte sich vor ihm auf, gleichsam als wollten sie sich Welle um Welle der Riesenmauer der Anden anschließen, deren Eiswände in weiter Ferne über den Wolken sich wie ein Vorhang aus gleißendem Silber spannten und Himmel und Erde zu verbinden schienen.

Beim Überschreiten dieser Waldhöhen drohten den verlorenen Abenteurern Schluchten von grausiger Tiefe, aus denen die modrigen Dünste eines feuchten Bodens und zugleich betäubender Blumenduft empordrangen. Vögel, vor allem Papageien, erglänzten in den buntesten Farben, Affen kreischten rudelweise über ihren Köpfen, während giftiges Gewürm aus den schlammigen Tiefen der Wasserlöcher um ihre Schritte wimmelte. Hier sahen sie die riesige Boa, kaum von den Baumstämmen zu unterscheiden, um die sie sich wand, lauernd bereit, sich auf ihre Beute zu stürzen; Krokodile sonnten sich an den Flußufern oder glitten unter Wasser dahin und bemächtigten sich ihres unvorsichtigen Opfers, ehe es sich dessen versah. Mehrere Spanier fanden auf solche Weise den Tod, andere fielen in die Hände der Eingeborenen, die ihre Bewegungen mit mißtrauischen Blicken verfolgten und jede Gelegenheit nutzten, sich ihrer zu bemächtigen. Vierzehn von Pizarros Leuten wurden mit einem Male in einem Kanu am Ufer eines Wasserlaufs niedergemacht.

Zu allen Übeln gesellte sich der Hunger; die Nahrung bestand nur aus dürftiger Waldkost, zuweilen aus wildwachsenden Kartoffeln und Kokosnüssen. Überdies wurden die Spanier von dichten Moskitoschwärmen gepeinigt, die sie zwangen, sich bis zum Kopf in den Sand einzugraben. Bei solch unerträglichen Leiden vergaßen sie, Pizarro ausgenommen, alle ehrgeizigen und habsüchtigen Pläne und wünschten nur sehnlich, nach Panamá zurückzukehren.

In diesem entscheidenden Augenblick erschien der Lotse Ruíz mit der Nachricht von seinen glänzenden Entdeckungen, und nicht lange darauf traf auch Almagros Schiff ein, beladen mit Lebensmitteln und einer ansehnlichen Schar Neuangeworbener. Seine Fahrt war glücklich verlaufen. Als er in Panamá ankam, lag die Statthalterschaft bereits in den Händen des neuen Gouverneurs Don Pedro de los Ríos; so ging er im Hafen vor Anker; denn er wagte sich nicht eher an Land, als bis ihm Pater Luque über die Absichten des neuen Machthabers Nachricht gegeben hätte. Diese lautete ziemlich günstig, denn der neue Gouverneur hatte den ausdrücklichen Befehl, die Vereinbarungen einzuhalten, die sein Vorgänger mit den Verbündeten getroffen hatte. Als er von Almagros Ankunft erfuhr, bewillkommnete er ihn im Hafen und versicherte ihm, er wolle seine Pläne in jeder Weise unterstützen. Von Almagros goldener Verlockung betört, stellten sich etwa achtzig Abenteurer und Herumtreiber unter seine Fahne, und nachdem er frische Vorräte eingenommen hatte, ging er wieder nach dem Río de San Juan unter Segel.

Die Ankunft der Neuangeworbenen, die reichlichen Lebensmittelvorräte und die Schilderungen von dem Reichtum im Süden ließen die Stimmung bei Pizarros Leuten sofort umschlagen, und sie drängten nun auf eine Fortsetzung des Unternehmens. So gingen die beiden Anführer sogleich an Bord ihrer Schiffe und segelten unter Ruíz' Leitung in derselben Richtung, die er zuvor eingeschlagen hatte.

Bei ihrer Fahrt längs der Küste fielen ihnen Anzeichen einer höheren Kultur ins Auge; Felder mit Mais und Kartoffeln wechselten ab mit blühenden Kakaopflanzungen. Die Dörfer wurden immer zahlreicher, und als die Spanier auf der Höhe von Atacames vor Anker gingen, hatten sie eine Stadt mit zweitausend Häusern und einer großen Bevölkerung vor sich. Die Einwohner, Männer wie Frauen, trugen vielerlei Schmucksachen aus Gold und Edelsteinen. Man war jetzt an der äußersten Nordgrenze des peruanischen Reiches angelangt, aber noch nicht in Peru, sondern in Quito, das erst vor kurzem unter die Inkaherrschaft gefallen war.

Doch der kriegerische Geist der Eingeborenen machte die Hoffnungen der Abenteurer zunichte. Ein furchtbarer Haufe von etwa zehntausend Mann strömte an der Küste zusammen und suchte mit den Eindringlingen ins Handgemenge zu kommen. Nur mit Mühe konnte Pizarro, der mit einem Teil seiner Leute an Land gegangen war, zu den Schiffen zurückkehren.

Jetzt wurde Kriegsrat gehalten. Daß bei der großen Übermacht der indianischen Streitkräfte dem Unternehmen kein Erfolg beschieden sein konnte, stand außer Zweifel. Almagro schlug daher vor, ein Teil der Mannschaft solle an einem sicheren Ort bleiben, während er selbst nach Panamá zurückkehren wolle, um Verstärkung zu holen. Aber Pizarro, der wiederum in Sümpfen und Wäldern warten und darben sollte, behagte dieser Vorschlag keineswegs. Zwischen den beiden Anführern brach ein Streit aus, der fast zum Zweikampf geführt hätte, wären nicht der Lotse Ruíz und der Schatzmeister Ribera mahnend und besänftigend dazwischengetreten. So fand, wenigstens äußerlich, eine Versöhnung statt. Almagros Plan wurde angenommen, und man segelte zurück.

Überall an der Küste waren die Eingeborenen in Aufruhr und zeigten eine drohende und bei ihrer Überzahl furchterregende Haltung gegen die Fremden. Als geeigneten Ort wählte man daher die von der gefährlichen Küste weit genug entfernte kleine Insel Gallo. Aber kaum war dieser Beschluß der beiden Anführer bekannt geworden, da machte sich unter der Mannschaft das Gefühl, preisgegeben zu sein, in lautem Mißmut Luft: Sollten sie, nachdem das wenige erbeutete Gold nach Panamá gesandt worden war, an diesem elenden Ort Hungers sterben? Die ganze Unternehmung sei von Anfang an ein einziger Betrug, ein einziger Fehlschlag gewesen. In ihrer Empörung schrieben die Soldaten

Briefe nach Hause an ihre Freunde, jammerten darin über ihre trostlose Lage und beklagten sich über die Hartherzigkeit der Führer, die sie ihrer Habgier aufopfern wollten. Aber Almagro sah die Folgen voraus, bemächtigte sich aller Briefe und schnitt damit, wie er glaubte, jede Verbindung mit der Heimat ab.

Ein Soldat namens Sarabia steckte jedoch einen Brief in einen Baumwollballen, der in Panamá als Muster der Erzeugnisse des Landes dienen und der Gemahlin des Gouverneurs zugestellt werden sollte. Der Brief, der noch von mehreren andern Unzufriedenen unterzeichnet war, schilderte in trüben Farben ihr Elend, schmähte die beiden Befehlshaber und forderte die Behörden in Panamá auf, ein Schiff zu senden, um sie abzuholen, solange noch einige von ihnen am Leben wären.

4

Nicht lange nach Almagros Abreise sandte Pizarro auch das andere Schiff ab, unter dem Vorwand, es in Panamá ausbessern zu lassen. Wahrscheinlich befreite er sich gern von einem Teil seiner Gefährten, die wegen ihres aufrührerischen Geistes mehr ein Hindernis als eine Hilfe in seiner elenden Lage waren und von denen er sich um so lieber trennte, als der öde Ort, wo er sich jetzt befand, kaum Nahrung bot.

Die Rückkehr Almagros und seiner Gefährten versetzte die kleine Gemeinde von Panamá in große Bestürzung; denn der heimlich in dem Baumwollballen eingeschmuggelte Brief war in die Hände gelangt, für die er bestimmt gewesen, und sein Inhalt hatte sich, um die üblichen Übertreibungen vermehrt, bald herumgesprochen. Schon aus den abgezehrten und niedergeschlagenen Gesichtern der Abenteurer war nichts Ermutigendes abzulesen, und bald glaubte man allgemein, die wenigen unglücklichen Überlebenden des Unternehmens würden gegen ihren Willen von Pizarro zurückgehalten, um ihre Tage mit dem enttäuschten Anführer auf der gottverlassenen Insel zu beschließen.

Der Gouverneur Pedro de los Ríos war so aufgebracht über den Mißerfolg der Unternehmung und die Vergeudung von Menschenleben, daß er für alle Bitten Luques und Almagros um weitere Unterstützung taube Ohren hatte. Er verspottete ihre hochgespannten Erwartungen von der Zukunft und beschloß am Ende, einen Boten nach der Insel Gallo zu entsenden mit dem Auftrag, alle Spanier, die er an jenem trostlosen Ort noch am Leben finden sollte, nach Panamá zurückzubringen. Sogleich wurden zu diesem Zweck zwei Schiffe ausgerüstet und unter den Befehl eines Ritters aus Córdoba namens Tafor gestellt.

Unterdessen waren Pizarro und seine Gefährten all den Leiden ausgesetzt, die von jenem öden Fleck Erde, der sie gefangenhielt, zu erwarten gewesen waren. Zwar brauchten sie die Eingeborenen nicht zu fürchten, denn diese hatten die Insel nach der Ankunft der weißen Männer verlassen; aber die Qualen des Hungers waren noch ärger als vorher in den wilden Wäldern des benachbarten Festlandes. Ihre Nahrung bestand fast nur aus den wenigen Krabben und Muscheln, die sie an der Küste auflesen konnten. Unablässige Gewitterstürme – denn es war Regenzeit – tobten über der Unglücksinsel und überschwemmten sie mit Wassergüssen. So gab es in der halbnackten und vom Hunger gepeinigten kleinen Schar nur wenige, in denen noch ein Funken des alten Unternehmungsgeistes glomm oder die sich ein glücklicheres Ende ihrer Leiden vorstellen konnten als die Rückkehr nach Panamá. Das Erscheinen Tafors mit seinen beiden Schiffen und reichen Lebensmittelvorräten wurde daher mit dem gleichen Entzücken begrüßt, das die Mannschaft eines sinkenden Schiffes bei der Ankunft unerwarteter Hilfe empfinden mag, und nachdem sie den ärgsten Hunger gestillt hatten, war ihr einziger Gedanke, sich einzuschiffen und die verhaßte Insel für immer zu verlassen.

Aber mit demselben Schiff erhielt Pizarro Briefe von den beiden Verbündeten Luque und Almagro, die ihn beschworen, in seiner Not nicht zu verzweifeln, sondern das ursprüngliche Ziel fest im Auge zu behalten. Unter den jetzigen Umständen zurückkehren hieße der Unternehmung den Todesstoß versetzen; wolle er aber fest auf seinem Posten ausharren, so verpflichteten sie sich feierlichst, ihn in kurzer Zeit mit allen nötigen Mitteln zu weiterem Vordringen zu versorgen.

Ein Hoffnungsstrahl genügte dem mutigen Sinn Pizarros. Er gab seinen Entschluß auf eine kurze, aber entschiedene Weise kund, die einen Mann verriet, dem Handeln gemäßer ist als Sprechen, und wohl darauf berechnet war, auf seine rauhen Gefährten Eindruck zu machen.

Er zog sein Schwert und zeichnete damit eine Linie von Osten nach Westen in den Sand. Dann wendete er sich nach Süden und sagte: »Freunde und Gefährten! Auf dieser Seite sind Mühsal, Hunger, Nacktheit, Regen und Sturm, Verlassenheit und Tod, auf jener Lust und Wohlbehagen: dort liegt Peru mit seinen Schätzen, hier Panamá mit seiner Armut. Ein jeder von euch prüfe, was einem tapferen Kastilier am besten ansteht. Ich für meinen Teil gehe nach Süden.« Mit diesen Worten überschritt er die Linie. Ihm folgte der tapfere Lotse Ruíz, dann der Ritter Pedro de Candia, der, wie schon sein Name verrät, von einer griechischen Insel stammte. Noch elf andere überschritten nacheinander die Linie und taten damit ihre Bereitschaft kund, das Schicksal ihres Anführers auf Gedeih und Verderb zu teilen. Die Geschichte hat die Namen dieser wenigen Männer überliefert, die – um die begeisterten Worte eines alten Chronisten zu zitieren – ›angesichts beispielloser Schwierigkeiten, eher den Tod als Reichtümer vor Augen, doch alles dies hinnahmen, nur um ihre Ehre nicht aufzugeben, und die fest zu ihrem Befehlshaber standen, künftigen Geschlechtern ein Beispiel von Treue‹.

Aber ihr Entschluß fand keine solche Bewunderung bei Tafor, der nur groben Ungehorsam gegen die Befehle des Gouverneurs darin sah, die reinste Tollheit, die allen Beteiligten Verderben bringen mußte. Er verweigerte jede Unterstützung des Vorhabens und lehnte es ab, den Abenteurern eins seiner Schiffe zur Fortsetzung ihrer Reise zu überlassen; nur mit großer Mühe konnte man ihn bewegen, ihnen wenigstens einen Teil der Vorräte zuzubilligen, die er zu ihrem Unterhalt mitgebracht hatte. Doch nichts machte die Männer in ihrem Entschluß wankend. Die kleine Schar nahm Abschied von den zurückkehrenden Gefährten und blieb unerschüttert bei ihrem Vorsatz, das Schicksal des Befehlshabers zu teilen.

Mit dem Schiff, das Tafor und die Abtrünnigen entführte, durfte auch der Lotse Ruíz heimkehren, um sich gemeinsam mit Luque und Almagro um weitere Hilfe zu bemühen.

Nicht lange nach der Abfahrt der Schiffe beschloß Pizarro, seinen gegenwärtigen Standort zu verlassen, der in der Tat wenig Verlockendes hatte. Auch fürchtete er, jetzt von den Eingeborenen belästigt zu werden, die bei der Kunde vom Abzug so vieler weißer Männer vielleicht neuen Mut fassen und zurückkehren würden. Die Spanier bauten daher ein rohes Boot oder Floß, mit dem es ihnen gelang, die kleine Insel Gorgona, fünfundsiebzig Meilen nördlich von ihrem jetzigen Aufenthalt, zu erreichen. Sie war ungefähr fünfzehn Meilen vom Festland entfernt und unbewohnt. Der Insel Gallo hatte sie manches voraus, denn sie erhob sich höher über den Meeresspiegel und war zum Teil mit Wald bedeckt, der einer Fasanenart und Hasen Schutz gewährte, so daß sich die Spanier mit Hilfe ihrer Armbrüste leidlich mit Wildbret versorgen konnten. Kühle Bäche entquollen dem Gestein und lieferten reichlich Wasser, wiewohl auch der unablässig herabströmende Regen sie vor dem Verdursten bewahrt hätte. Vor den Regengüssen fanden sie einigen Schutz in den rohen Hütten, die sie sich bauten; doch eine unerträgliche Plage waren, wie schon an ihrem früheren Aufenthaltsort, die giftigen Insekten, die massenhaft in den Ausdünstungen des üppig feuchten Bodens umherschwärmten. An diesem traurigen Zufluchtsort ließ Pizarro kein Mittel unversucht, um den sinkenden Mut seiner Leute aufzurichten. Morgengebete wurden pflichtschuldig hergesagt und abends das Loblied auf die Heilige Jungfrau angestimmt; die Kirchenfeste wurden sorgfältig eingehalten, und der Befehlshaber gab sich alle Mühe, dem Unternehmen einen religiösen Anstrich zu geben und seinen rauhen Gefährten Vertrauen zum Schutz des Himmels einzuflößen, das sie in ihrer gefährlichen Lage stärken sollte.

An diesem unbehaglichen Ort war ihre Hauptbeschäftigung, auf das düstere Meer hinauszuspähen, um das erste Zeichen der erhofften Hilfe begrüßen zu können. Aber so mancher lange Monat verstrich, ohne daß sich irgend etwas zeigte. Ringsum breitete sich die immer gleiche Wasserwüste, nur im Osten glühte, von der brennenden Äquatorsonne beschienen, der eisige Kamm der Anden und zog sich gleich einer Feuerkette über den ganzen großen Kontinent. Jedes Fleckchen am fernen Horizont wurde aufmerksam beobachtet; Treibholz oder Tangmassen, die sich mit den Wellen hoben und senkten, nahmen in ihrer Einbildungskraft die Gestalt des verheißenen Schiffes an, bis nach wiederholten Enttäuschungen die Hoffnung allmählich dem Zweifel wich und dieser sich zur Verzweiflung steigerte.

Unterdessen hatte Tafors Schiff den Hafen von Panamá erreicht. Der Gouverneur war entrüstet über die Nachricht von dem unbelehrbaren Starrsinn Pizarros und seiner Anhänger. Er konnte nichts anderes darin sehen als eine selbstmörderische Handlung und weigerte sich entschieden, Männern, die halsstarrig in ihr Verderben rannten, weiterhin Hilfe zu leisten. Aber Luque und Almagro blieben ihren Verpflichtungen treu. Sie stellten dem Gouverneur vor Augen, daß ihr Bundesgenosse, wenn sein Verhalten auch unbesonnen sei, doch nur im Interesse der Krone gehandelt habe, allein bedacht auf die Fortsetzung des großen Entdeckungswerkes. Ríos habe bei der Übernahme der Statthalterschaft die Weisung erhalten, Pizarro bei dem Unternehmen behilflich zu sein; ihn jetzt verlassen hieße die noch verbliebene Hoffnung auf Erfolg zunichte machen und für seinen und seiner Gefährten Tod die Verantwortung auf sich laden. Diese Einwände wirkten doch endlich insoweit auf den Gouverneur, daß er widerstrebend erlaubte, ein Schiff nach der Insel Gorgona zu senden, jedoch nur mit so vielen Leuten bemannt, wie zur Bedienung desselben nötig seien, und mit dem ausdrücklichen Befehl an Pizarro, binnen sechs Monaten zurückzukehren und persönlich in Panamá Bericht zu erstatten, was auch immer die weiteren Ergebnisse seines Unternehmens sein mochten.

Nachdem die beiden Verbündeten sich auf diese Weise die Einwilligung des Gouverneurs gesichert hatten, rüsteten sie unverzüglich ein kleines Schiff mit Lebensmitteln, Waffen und Munition aus und sandten es nach der Insel. Die unglücklichen Bewohner der kleinen Wildnis, die nun sieben Monate lang dort gelebt hatten, trauten ihren Augen kaum, als sie die weißen Segel des freundlichen Fahrzeugs auf dem Meer entdeckten. Und obgleich Pizarro, nachdem das Schiff an der Küste geankert hatte, enttäuscht war, daß es keine neuen Mannschaften für sein Unternehmen mitbrachte, begrüßte er es doch freudig, da es ihm die Möglichkeit bot, das große Rätsel vom reichen Wunderland im Süden zu lösen und damit den Weg zu seiner künftigen Eroberung zu bahnen. Zwei seiner Leute waren so krank, daß er beschloß, sie bis zu seiner Rückkehr der Pflege einiger freundlich gesinnter Indianer zu überlassen, die während der ganzen Zeit bei ihm ausgeharrt hatten. Mit dem Rest seiner kühnen Gefährten und den Eingeborenen aus Túmbez schiffte er sich ein, lichtete eilig die Anker und nahm Abschied von der ›Hölle‹, wie die Spanier diese Insel nannten, dem Schauplatz so vieler Leiden und so unbeirrbarer Entschlossenheit.

Jedes Herz war von neuer Hoffnung erfüllt, als sie sich nun endlich wieder auf dem Meer befanden, unter der Leitung des tüchtigen Lotsen Ruíz, der nach Weisung der Indianer Kurs auf Túmbez zu nehmen gedachte, wo sie sogleich das goldene Land der Inka, das langersehnte El Dorado, betreten würden. An der öden Insel Gallo vorbei, die bei ihnen noch in frischem Andenken stand, fuhren sie weiter aufs Meer hinaus, bis sie das Vorgebirge Atacames sichteten, in dessen Nähe sie auf ihrer früheren Reise gelandet waren. Sie legten nirgends an der Küste an, sondern verfolgten stetig ihren Kurs, obgleich Strömungen und Winde, die fast unablässig aus Süden wehten, sie stark behinderten. Glücklicherweise war der Wind nicht heftig und das Wetter im ganzen günstig, so daß ihre Fahrt zwar langsam vonstatten ging, aber nicht eigentlich beschwerlich war. Nach wenigen Tagen kam die Punta de Pasado in Sicht, der südlichste Punkt, den der Lotse auf seiner vorigen Reise erreicht hatte, und indem es den Äquator passierte, gelangte das kleine Fahrzeug in die unbekannten Meere, die noch nie ein europäischer Kiel durchpflügt hatte. Die Küste verlor allmählich ihre bisherige Steilheit und Schroffheit; sanft fiel sie zum Ufer ab und breitete sich in sandige Ebenen aus, hier und da belebt durch ungewöhnlich fruchtbare und anmutige Landstriche. Überall längs der Küste schimmerten die weißen Hütten der Eingeborenen, und der in den fernen Hügeln aufsteigende Rauch zeugte von der zunehmenden Bevölkerungsdichte.

Zwanzig Tage nach seiner Abfahrt von der Insel segelte das Abenteurerschiff schließlich um die Landspitze von Santa Elena und glitt sanft in die schöne Bucht von Guayaquil. Das Land war hier längs der Küste mit Städten und Dörfern besetzt, obgleich die mächtige Bergkette der Kordilleren, die jäh von der Küste aufstieg, nur einen schmalen smaragdgrünen Streifen frei ließ, durch den viele Wasserläufe ihren Weg zum Meer suchten und ringsum Fruchtbarkeit verbreiteten.

Die Reisenden hatten jetzt einige der gewaltigsten Erhebungen der großartigen Gebirgskette vor Augen, den Chimborazo mit seinem breiten, runden Gipfel, der sich wie eine Kuppel über den Anden auftürmt, und den Cotopaxi mit seinem blendend silberweißen Kegel, dessen Schneekrone keinem Wandel unterworfen ist, es sei denn durch das vulkanische Feuer in seinem Innern; war doch dieser Berg, der schrecklichste aller feuerspeienden Berge

Amerikas, noch kurz vor der Zeit unserer Erzählung in furchtbarer Tätigkeit. Hocherfreut über die Zeichen von Gesittung, die sich ihnen auf jeder Meile ihres Weges offenbarten, gingen die Spanier endlich auf der Höhe der Insel Santa Clara am Eingang der Bucht von Túmbez vor Anker.

Die Stelle war unbewohnt, doch wußten die Indianer an Bord, daß das kriegerische Volk der benachbarten Insel Puná zuweilen zu Opferfesten und Gottesdiensten dorthin kam. Die Spanier fanden hier kleine, roh bearbeitete Stückchen Gold in verschiedenen Formen, die der indianischen Gottheit wahrscheinlich als Geschenke zugedacht waren. Sie frohlockten, als die Eingeborenen versicherten, sie würden eine große Menge des Edelmetalls in der Stadt Túmbez vorfinden.

Am nächsten Morgen fuhren sie über die Bucht nach diesem Ort. Als sie näher kamen, erblickten sie eine ansehnliche Stadt, deren Häuser offensichtlich meist aus Stein und Mörtel gebaut waren. Sie lag inmitten einer fruchtbaren Niederung, die von der Dürre der umliegenden Gegend durch sorgfältige und gründliche Bewässerung erlöst zu sein schien. Als Pizarro noch ein Stück vom Ufer entfernt war, kamen mehrere große Balsas auf ihn zu, besetzt mit Kriegern, die, wie sich herausstellte, einen Kriegszug gegen die Insel Puná unternehmen wollten. Als er sich längsseits der kleinen indianischen Flotte befand, forderte er einige Häuptlinge auf, an Bord seines Schiffes zu kommen. Die Peruaner bestaunten alles, was ihnen da begegnete, besonders aber ihre Landsleute, die sie gewiß nicht hier vermutet hatten. Diese erklärten ihnen, auf welche Weise sie den Fremden in die Hände gefallen seien, schilderten die Spanier als wunderbare Wesen, die nicht in böser Absicht hergekommen seien, sondern nur, um das Land und seine Bewohner kennenzulernen. Der spanische Befehlshaber bestätigte das und bewog die Indianer, mit ihren Balsas umzukehren und alles, was sie erfahren, ihren Mitbürgern zu berichten; auch bat er sie, sein Schiff mit Lebensmitteln zu versorgen, denn er wünsche mit den Eingeborenen in freundschaftlichen Handelsverkehr zu treten.

Die Einwohner von Túmbez hatten sich am Ufer versammelt und starrten in größter Verwunderung auf die schwimmende Burg, die nun ruhig in ihrer Bucht vor Anker lag. Begierig lauschten sie den Erzählungen ihrer Landsleute und berichteten die Sache sogleich ihrem Curaca, dem Regenten dieses Gebiets, der die Fremden für Wesen höherer Art hielt und sich sogleich anschickte, ihren Wünschen nachzukommen. Nicht lange, und mehrere Balsas steuerten auf das Schiff zu, beladen mit Mehlbananen, Yuca, Mais, Bataten, Ananas, Kokosnüssen und anderen nahrhaften Erzeugnissen des fruchtbaren Tales von Túmbez. Auch Wildbret und Fische sowie einige Lamas waren dabei, die Pizarro bisher nur von den rohen Abbildungen Balboas kannte, ohne je ein lebendes Exemplar gesehen zu haben. Aufmerksam betrachtete er dieses merkwürdige Tier, das peruanische Schaf oder, wie es die Spanier nannten, das ›kleine Kamel‹ der Indianer, und er bewunderte den wolligen Haarpelz, der den Eingeborenen den Rohstoff für ihre Gewebe lieferte.

Zufällig befand sich zu der Zeit in Túmbez ein peruanischer Edelmann oder Orejón, wie Leute seines Ranges wegen des ungeheuren goldenen Ohrschmucks von den Spaniern genannt wurden. Begierig, die wunderbaren Fremden zu sehen, war er mit den Balsas herausgefahren. An der Erlesenheit seiner Kleidung sowie an der Ehrerbietung, die ihm von den anderen erwiesen wurde, konnte man leicht erkennen, daß er eine gewichtige Persönlichkeit war, und Pizarro empfing ihn mit ausgesuchter Höflichkeit. Er zeigte ihm das ganze Schiff, erklärte ihm die Bestimmung aller Gegenstände, die seine Aufmerksamkeit erregten, und beantwortete seine vielen Fragen, so gut er konnte, mit Hilfe der indianischen Dolmetscher. Der peruanische Edelmann wollte vor allem wissen, woher und weshalb Pizarro und seine Gefährten an diese Küsten gekommen seien. Der spanische Befehlshaber erwiderte, er sei der Untertan eines großes Fürsten, des größten und mächtigsten in der Welt, und komme, um seines Gebieters rechtmäßigen Herrschaftsanspruch auf dieses Land geltend zu machen. Außerdem habe er die Absicht, die Bewohner aus der Finsternis des Unglaubens zu befreien, in der sie jetzt lebten. Sie beteten einen bösen Geist an, der ihre Seelen in ewige Verdammnis stürzen werde; er aber wolle sie den wahren und einzigen Gott, Jesus Christus, erkennen lehren; denn allein der Glaube an Ihn schenke ewige Seligkeit.

Der indianische Edelmann hörte mit großer Aufmerksamkeit und offensichtlichem Erstaunen zu, erwiderte aber nichts. Vielleicht hatten weder er noch seine Dolmetscher sehr deutliche Vorstellungen von den so plötzlich offenbarten Lehren; vielleicht glaubte er auch, es könne auf Erden keinen mächtigeren Herrscher als den Inka geben, wenigstens keinen, der größeren Anspruch darauf habe, über dessen Länder zu regieren, und wahrscheinlich war er keineswegs geneigt, zuzugeben, daß die große Himmelsleuchte, die er anbetete, dem Gott der Spanier untergeordnet sei. Doch was auch in dem ungeschulten Geiste des Wilden vorgegangen sein mochte, er ließ es nicht laut werden, sondern bewahrte ein besonnenes Schweigen, ohne auch nur den Versuch zu machen, die Behauptungen seines christlichen Gegners zu bestreiten oder zu widerlegen.

Er blieb an Bord bis zum Mittagsmahl, das er mit den Spaniern teilte; er äußerte seine Zufriedenheit mit den fremden Gerichten, und besonders behagte ihm der Wein, den er weit über die gegorenen Getränke seines eigenen Landes stellte. Beim Abschied lud er die Spanier höflich nach Túmbez ein, und Pizarro entließ ihn mit Geschenken, unter anderem einem eisernen Beil, das seine höchste Bewunderung erregt hatte; war doch das Eisen den Peruanern ebenso unbekannt wie den Mexikanern.

Am nächsten Tag sandte der spanische Befehlshaber einen Gefährten, Alonso de Molina, an Land, dazu einen Neger, der mit dem Schiff aus Panamá gekommen war, und ließ dem Curaca ein paar Schweine und Hühner, die beide in der Neuen Welt nicht heimisch waren, als Geschenk überbringen. Gegen Abend kehrte sein Bote mit einem neuen Vorrat an Früchten und Gemüse zurück, den das freundliche Volk dem Schiff übersandte. Molina hatte Wunderdinge zu erzählen. Bei seiner Landung wurde er von den Eingeborenen umringt, die größtes Erstaunen über seine Kleidung, seine helle Hautfarbe und seinen langen Bart an den Tag legten. Besonders die Frauen waren voller Neugier, und Molina schien ganz bezaubert von ihren Reizen und ihrem gewinnenden Wesen. Wahrscheinlich verriet sein Benehmen ihnen deutlich seine Zufriedenheit; denn sie bestürmten ihn, er möchte doch bei ihnen bleiben, und versprachen ihm für diesen Fall eine schöne Frau.

Nicht minder groß war ihre Verwunderung über die Schwärze seines Begleiters. Sie wollten nicht glauben, daß sie echt sei, und versuchten die vermeintliche Farbe mit den Händen abzureiben. Daß der Afrikaner alles mit der ihm eigenen Gutmütigkeit über sich ergehen ließ und dabei noch seine blitzenden Zahnreihen zeigte, entzückte sie über alle Maßen. Auch die Tiere überstiegen ihre Begriffe, und als der Hahn krähte, klatschten die einfältigen Leute in die Hände und fragten, was er denn sage. Ihr Verstand war durch die neuen Eindrücke so verwirrt, daß sie unfähig schienen, zwischen Mensch und Tier zu unterscheiden.

Dann wurde Molina zur Wohnung des Curaca begleitet, der in großer Pracht lebte: Türsteher an den Pforten und eine Menge goldenen und silbernen Geschirrs für den täglichen Gebrauch. Auch zeigte man ihm verschiedene Teile der indianischen Stadt, unter anderem eine aus unbehauenem Stein erbaute Festung, die zwar niedrig war, aber eine große Fläche einnahm. Nahe dabei stand ein Tempel, der nach Molinas Bericht von Gold und Silber nur so funkelte; die Beschreibung schien so übertrieben, daß Pizarro der ganzen Erzählung nicht traute und beschloß, am nächsten Tag einen verständigeren und glaubwürdigeren Mann hinzuschicken.

Dazu erwählte er Pedro de Candia, den griechischen Edelmann, der nun in vollständiger Rüstung an Land ging, wie es sich für einen rechten Ritter geziemte, das Schwert an der Seite und die Hakenbüchse über der Schulter. Er erregte bei den Indianern noch größeres Aufsehen als Molina, denn die Sonne schien hell auf seine glänzende Rüstung und strahlte von seinen Waffen wider. Sie hatten durch ihre Mitbürger, die mit dem Schiff gekommen waren, viel von der furchtbaren Hakenbüchse gehört und baten Candia, ›sie zu ihnen sprechen zu lassen‹. Er stellte also ein hölzernes Brett als Zielscheibe auf, nahm es bedächtig aufs Korn und feuerte die Büchse ab. Der Pulverblitz, der erschreckende Knall und das beim Aufprall der Kugel zersplitternde Brett erfüllten die Eingeborenen mit Entsetzen. Einige fielen zu Boden und bedeckten das Gesicht mit den Händen, andere nahten sich dem Ritter mit ehrfürchtiger Scheu, die aber allmählich dem Zutrauen wich, das ihnen sein Lächeln einflößte.

Dann erwiesen sie ihm dieselbe Gastfreundschaft wie vorher Molina, und bei seiner Rückkehr stand seine Beschreibung von den Wundern der Stadt dem Bericht seines Vorgängers nicht nach. Die von einem dreifachen Schutzwall umgebene Festung hatte eine starke Besatzung. Den Tempel beschrieb er als buchstäblich ausgekleidet mit goldenen und silbernen Platten. An diesen Bau schloß sich eine Art von Kloster für die dem Inka bestimmten Bräute an, die große Neugier bekundeten, ihn zu sehen. Ob er dieser genugtat, ist nicht sicher; doch berichtete Candia von den Klostergärten, in die man ihn einließ, daß sie nur so funkelten von künstlichen Früchten und Pflanzen aus purem Gold und Silber. Er sah eine Anzahl Handwerker bei der Arbeit, deren einzige Bestimmung die Verfertigung solch prächtigen Schmucks für die heiligen Orte zu sein schien.

Die Berichte des Ritters waren vielleicht etwas zu stark ausgeschmückt. Es war nur natürlich, daß Männer, die sieben Monate lang in trostloser Wildnis gefangengesessen hatten, nun lebhaft beeindruckt werden mußten von allen Zeichen der Gesittung, die ihnen an der peruanischen Küste begegneten. Immerhin war Túmbez eine Lieblingsstadt der peruanischen Herrscher. Es war der wichtigste Ort an der nördlichen Grenze des Reichs, benachbart dem neuerworbenen Quito. Der große Tupac Yupanqui hatte eine starke Festung in der Stadt errichtet und sie mit Mitimaes bevölkert. Der Tempel und das Haus der Sonnenjungfrauen waren unter Huayna Capac erbaut und wie alle heiligen Stätten in Peru verschwenderisch ausgestattet worden. Viele Aquädukte versorgten die Stadt mit Wasser, und das fruchtbare Tal, in dessen Mitte sie lag, wie auch das Meer, das ihre Ufer bespülte, lieferten reichliche Mittel zum Unterhalt einer ansehnlichen Bevölkerung. Doch nach der Eroberung säumte die Habgier der Spanier nicht, die Stadt ihrer Herrlichkeiten zu berauben, und kaum ein halbes Jahrhundert nach diesem verhängnisvollen Überfall bezeichneten nur ungeheure Trümmermassen die Stellen, wo einst ihre stolzen Türme und Tempel gestanden hatten.

Die Spanier, so berichtet ein alter Chronist, waren fast toll vor Freude, als sie die glänzenden Nachrichten über die peruanische Stadt empfingen. Alle ihre kühnen Träume sollten nun in Erfüllung gehen; endlich waren sie in dem Reich, das ihnen so lange in phantastischem Glanz vorgeschwebt hatte. Pizarro dankte dem Himmel, daß er seine Mühen mit so herrlichem Erfolg gekrönt habe; aber zugleich beklagte er bitterlich das harte Schicksal, das ihm seine Gefährten entrissen hatte und ihm in einem solchen Augenblick die Mittel versagte, aus seinem Glück den rechten Nutzen zu ziehen. Dennoch hatte er keinen Grund zu jammern, und der gläubige Katholik sah schließlich gerade in diesem mißlichen Umstand eine gnädige Fügung, die den Versuch einer Eroberung verhinderte, solange solche Bemühungen verfrüht gewesen wären. Peru war noch nicht durch die Zwistigkeiten rivalisierender Thronanwärter entzweit; einig und stark unter dem Zepter eines kriegerischen Herrschers, würde es allen Streitkräften, die Pizarro zusammengebracht hätte, Trotz geboten haben. »Es war augenscheinlich das Werk des Himmels«, ruft ein frommer Sohn der Kirche aus, »daß die Eingeborenen ihn so freundlich und wohlwollend aufnahmen und damit der Eroberung des Landes erst recht Vorschub leisteten; denn es war die Hand des Herrn, die ihn und seine Gefährten in diese ferne Gegend führte, damit sie den wahren Glauben ausbreiteten und die Seelen von ewiger Verdammnis erretteten.«

Nachdem Pizarro alle für ihn wichtigen Erkundungen eingezogen hatte, nahm er Abschied von den Eingeborenen in Túmbez, versprach ihnen aber, bald zurückzukehren; dann lichtete er die Anker und lenkte sein Schiff wieder gen Süden. Indem er sich so nahe wie möglich an der Küste hielt, damit kein wichtiger Ort seiner Beobachtung entgehe, passierte er Cabo Blanco und lief etwa anderthalb Breitengrade südlich von Túmbez in den Hafen von Paita ein. Die Bewohner hatten Kunde von seinem Herannahen erhalten und kamen mit ihren Balsas, um die wunderbaren Fremden zu sehen. Sie zeigten sich ebenso gastfreundlich wie ihre Landsleute in Túmbez und brachten Früchte, Fisch und Gemüse mit.

Nach kurzem Aufenthalt und dem Austausch kleiner Geschenke setzte Pizarro seine Fahrt fort, segelte an den sandigen Ebenen von Sechura vorüber, die sich fast hundert Meilen weit hinziehen, umschiffte die Punta de Aguja und folgte der nach Osten zurückweichenden Küste, noch immer begünstigt durch mäßige, kaum wechselnde Winde. Nun wurde das Wetter aber schlecht, und die Reisenden hatten mehrere heftige Stürme zu bestehen, die sie weit in die See hinaustrieben und viele Tage lang umherschleuderten. Doch verloren sie die mächtige Andenkette nicht aus den Augen; auch beim weiteren Vordringen nach Süden stand sie vor ihnen, immer in etwa gleicher Entfernung von der Küste; Gipfel an Gipfel gereiht, wälzte sie sich dahin mit ihren ungeheuren Wogenkämmen aus Eis, ein gewaltiges, mitten in wildem, stürmischem Aufruhr erstarrtes und gefrorenes Meer. Diese

Landmarke stets vor Augen, brauchte der Seefahrer weder Stern noch Kompaß, um sein Fahrzeug auf dem rechten Kurs zu halten.

Sobald der Sturm sich gelegt hatte, wendete Pizarro sich wieder zum Festland und machte im Vorüberfahren an den größeren Orten halt. Überall empfingen ihn die Eingeborenen mit der gleichen freigebigen Gastfreundschaft; mit ihren Balsas kamen sie zu seiner Begrüßung, beladen mit Früchten und Gemüse, wie sie die Tierra caliente in reicher Vielfalt hervorbringt. Alle waren begierig, die Fremden zu sehen, ›die Kinder der Sonne‹, wie man sie inzwischen wegen ihrer hellen Hautfarbe, der glänzenden Rüstung und der Blitze nannte, die sie in den Händen trugen. Auch waren ihnen die vorteilhaftesten Berichte über ihr höfliches und freundliches Benehmen vorausgeeilt, was ihnen die Herzen der arglosen Eingeborenen öffnete und Vertrauen und Wohlwollen weckte. Der bedenkenlose Soldat hatte noch nicht die dunklere Seite seines Charakters enthüllt. Vorläufig fühlte er sich nicht stark genug. Noch hatte die Stunde der Eroberung nicht geschlagen.

An jedem Ort empfing Pizarro die gleiche Kunde von einem mächtigen Herrscher, der über das Land regiere und auf der Hochebene im Innern hofhalte; nach allen Schilderungen strotzte seine Hauptstadt von Gold und Silber und offenbarte den ganzen verschwenderischen Aufwand eines morgenländischen Satrapen. Die Spanier scheinen, außer in Túmbez, bei den Eingeborenen an der Küste nur wenig Edelmetall gefunden zu haben. Mehr als ein Chronist behauptet, sie hätten nicht danach getrachtet oder wenigstens auf Pizarros Befehl so getan, als trachteten sie nicht danach. Er habe nicht gewollt, daß sie ihre Gier nach Gold verrieten, und tatsächlich Geschenke zurückgewiesen, wenn sie ihm angeboten wurden! Wahrscheinlicher ist, daß sie wenig Reichtum zu Gesicht bekamen, abgesehen von dem Schmuck in Tempeln und anderen Heiligtümern, die sie nicht zu entweihen wagten. Die religiösen Zwecken und Personen hohen Ranges vorbehaltenen Edelmetalle gab es in den entlegenen Städten und Dörfern an der Küste sicherlich nicht im Überfluß.

Doch begegneten den Spaniern genügend Beweise von Kultur und Macht, um sie zu überzeugen, daß die Berichte der Eingeborenen auf Wahrheit beruhten. Häufig sahen sie Gebäude aus Stein und Mörtel, die zuweilen von baumeisterlichem Geschick, wo nicht von feinem Geschmack zeugten. Überall, wo sie vor Anker gingen, erblickten sie grüne Streifen bebauten Landes, die dem unfruchtbaren Boden abgewonnen waren und nun in der üppigen Vielfalt tropischer Vegetation prangten, während ein ausgeklügeltes System von Aquädukten und Kanälen wie ein Netz über das Land gebreitet war und selbst die Wüste zum Garten umschuf. An vielen Stellen, wo sie landeten, sahen sie die große Straße der Inka, die sich an der Küste entlangzog, oft freilich im flüchtigen Sand verloren, wo kein Weg sich halten konnte, doch ein breiter, dauerhafter Damm, sobald der Untergrund fester war. Allein schon eine solche Anlage für den Verkehr innerhalb des Landes war ein beredtes Zeugnis für Macht und Kultur.

Immer weiter nach Süden segelnd, kam Pizarro an der Stelle vorüber, wo später die von ihm gegründete blühende Stadt Trujillo stehen sollte; er drängte vorwärts, bis er auf der Höhe des Hafens von Santa vor Anker ging. Santa lag an den Ufern eines breiten, schönen Flusses; aber das umliegende Land war so außerordentlich dürr, daß die Peruaner es häufig zum Begräbnisplatz wählten, da sich der Boden als höchst vorteilhaft für die Erhaltung ihrer Mumien erwies. Es gab dort so viele indianische Grabstätten, daß man den Ort eher einen Wohnsitz der Toten als der Lebenden nennen konnte.

Als Pizarro diesen Punkt erreicht hatte, der sich etwa auf dem 9. Grad südlicher Breite befindet, beschworen ihn seine Gefährten, die Reise nicht weiter fortzusetzen. Genug und mehr als genug sei getan, sagten sie, um sie von der Existenz und genauen Lage des großen indianischen Reichs, das sie so lange gesucht hatten, zu überzeugen. Mit ihrer armseligen Streitmacht seien sie aber nicht imstande, Nutzen aus der Entdeckung zu ziehen. So bleibe ihnen nichts anderes übrig, als umzukehren und dem Gouverneur von Panamá vom Erfolg ihres Unternehmens zu berichten. Pizarro mußte die Vernünftigkeit dieser Forderung anerkennen. Er war nun in diesen südlichen Gewässern neun Breitengrade weiter vorgedrungen als irgendein Seefahrer vor ihm, und nachdem so lange ein Unstern über seinem Geschick gestanden, konnte er jetzt im Triumph zu seinen Landsleuten zurückkehren. So traf er unverzüglich Anstalten zur Heimkehr und wendete sich wieder nach Norden.

Unterwegs legte er an verschiedenen Stellen an, wo er auch auf der Hinfahrt haltgemacht hatte. An einem Ort, von den Spaniern Santa Cruz genannt, war er von einer vornehmen indianischen Frau eingeladen worden, an Land zu kommen, und hatte versprochen, sie bei seiner Rückkehr zu besuchen. Kaum hatte sein Schiff vor dem Dorf, in dem sie wohnte, geankert, kam sie, von einem großen Gefolge begleitet, an Bord. Pizarro empfing sie mit allen Zeichen der Ehrerbietung und beschenkte sie beim Abschied mit allerlei Flitterkram, der aber in den Augen einer indianischen Prinzessin wirklichen Wert hatte. Sie drängte den spanischen Befehlshaber und seine Gefährten, den Besuch zu erwidern, und versprach, als Bürgen ihrer guten Absichten eine Anzahl Geiseln an Bord zu senden. Pizarro versicherte, das offene Vertrauen, das sie ihnen entgegengebracht habe, mache solche Vorkehrungen unnötig. Aber kaum hatte er sich am nächsten Tag in seinem Boot aufgemacht, um an Land zu gehen, kamen mehrere vornehme Personen des Ortes längsseits seines Schiffes, um während der Abwesenheit der Spanier als Geiseln zu dienen – ein außerordentlicher Beweis von Rücksicht auf die vermeintlichen Besorgnisse der Gäste.

Pizarro stellte fest, daß man sich auf schlichte, gastfreundliche Art und nicht ohne Geschmack zu seinem Empfang gerüstet hatte. Da waren Lauben hergerichtet aus üppigen, weitausladenden Zweigen, durchflochten mit Blumen und Gesträuch, die köstlichen Wohlgeruch verbreiteten. Ein reichliches Gastmahl war vorbereitet, lauter Proben peruanischer Kochkunst, dazu Obst und Gemüse in verführerischen Farben und sehr delikat im Geschmack, wiewohl Namen und Beschaffenheit den Spaniern fremd waren. Als das Mahl beendet war, wurden die Gäste von einer Schar einfach gekleideter junger Männer und Mädchen mit Musik und Tanz erfreut. Die Darbietenden zeigten bei dieser volkstümlichen Lieblingsunterhaltung die ganze Gewandtheit und Anmut, die den peruanischen Indianern mit ihren geschmeidigen Gliedern im Blute lag. Vor seinem Abschied setzte Pizarro der freundlichen Gastgeberin die Beweggründe seiner Reise auseinander, wie er es schon bei früheren Gelegenheiten getan hatte, ließ zum Schluß das königlich kastilische Banner entfalten, das er mit an Land gebracht hatte, und forderte sie und ihr Gefolge auf, es zum Zeichen der Treue zu seinem Landesherrn aufzurichten. Das taten sie denn auch mit großer Bereitwilligkeit und fortwährendem Lachen, wie der Chronist berichtet, woraus man ersehen kann, daß sie eine nur sehr unvollkommene Vorstellung von dem ernsten Inhalt der Feierlichkeit hatten. Pizarro ließ es bei diesem äußerlichen Zeichen von Untertanentreue bewenden und kehrte recht befriedigt von dem ihm bereiteten Fest zum Schiff zurück; vielleicht sann er bereits darüber nach, wie er die Gastfreundschaft später durch Unterjochung und Bekehrung des Landes am besten erwidern konnte.

Der spanische Befehlshaber versäumte nicht, auf der Rückreise auch in Túmbez haltzumachen. Eingenommen von dem lieblichen Anblick der Stadt und der Freundlichkeit der Bewohner, äußerten einige seiner Gefährten den Wunsch zu bleiben; zweifellos lockte es sie mehr, als angesehene Leute hier zu leben, als in ihre beschränkten Verhältnisse nach Panamá zurückzukehren. Einer dieser Männer war Alonso de Molina, der als erster hier an Land gegangen und von den Reizen der indianischen Schönheiten bezaubert worden war. Pizarro willigte in ihre Wünsche, da er es nur für vorteilhaft hielt, bei seiner Rückkehr einige Landsleute vorzufinden, die inzwischen mit der Sprache und den Sitten der Eingeborenen vertraut sein würden. Auch billigte man ihm zu, daß er ein paar Peruaner auf seinem Schiff mitnahm, damit sie ihrerseits Kastilisch lernten. Einer von ihnen, ein junger Mensch, den die Spanier Felipillo nannten, spielt eine nicht unwichtige Rolle bei den späteren Ereignissen.

Nachdem sie Túmbez verlassen hatten, hielten die Abenteurer direkten Kurs auf Panamá und legten unterwegs nur an der Unglücksinsel Gorgona an, um die beiden Gefährten an Bord zu nehmen, die man dort krank zurückgelassen hatte. Einer war unterdessen gestorben, mit dem anderen setzte die tapfere kleine Schar ihre Reise fort und ging schließlich nach einer Abwesenheit von mindestens achtzehn Monaten im Hafen von Panamá glücklich vor Anker.

Ihre Ankunft erregte natürlich großes Aufsehen; denn selbst unter ihren zuversichtlichsten Freunden gab es kaum einen, der nicht glaubte, sie hätten ihre Kühnheit längst mit dem Leben bezahlt, seien dem Klima oder den Eingeborenen zum Opfer gefallen oder in den Wellen elend umgekommen. Um so größer war ihre Freude, als sie die Reisenden nun wohlbehalten vor sich sahen, nicht nur heil und gesund, sondern auch mit sicherer Kunde über die schönen Länder, die sich ihrem Zugriff so lange entzogen hatten. Es war ein Augenblick stolzer Genugtuung für die drei Verbündeten, die trotz Tadel, Spott und allen Hindernissen, die das Mißtrauen von Freunden oder die Gleichgültigkeit der Regierung ihnen in den Weg gelegt, beharrlich ihrem großen Vorhaben treu geblieben waren, bis sie als Wahrheit bewiesen hatten, was allgemein für ein Hirngespinst gehalten worden war. Es ist das Los kühner Geister, die einen für die Begriffe ihres Zeitalters zu großen Gedanken fassen, als verstiegene Schwärmer zu gelten. Das war auch das Schicksal Luques und seiner Verbündeten gewesen. Die Vorstellung von einem mächtigen indianischen Reich im Süden, lange genährt und durch vielerlei Beweise bestätigt, bis sie sich zur Gewißheit verfestigt hatte, war von ihren Landsleuten als leerer Wahn verlacht worden, der bei näherem Hinsehen in Luft zerrinnen würde; und wer sein Vermögen an das Abenteuer wagte, war für verrückt erklärt worden. Nun war die Stunde ihres Sieges, des langsam und schwer errungenen Sieges gekommen.

Doch der Statthalter Pedro de los Ríos schien selbst jetzt noch nicht vom Ausmaß der Entdeckung überzeugt zu sein – oder vielleicht war es gerade das Ausmaß, das ihn entmutigte. Als die Bundesgenossen ihn nun mit größerem Selbstvertrauen um seine Gönnerschaft bei einem Unternehmen baten, das ihre eigenen Mittel übersteige, erwiderte er kühl, er wünsche nicht andere Staatswesen auf Kosten seines eigenen aufzubauen; auch werde er sich durch die armselige Schaustellung goldener und silberner Spielereien und einiger indianischer Schafe nicht verleiten lassen, noch mehr Menschenleben als bisher aufs Spiel zu setzen.

Bitter entmutigt durch die Zurückweisung von der einzigen Seite, von der wirksame Hilfe zu erwarten war, ohne Geldmittel und nach ihren bisherigen Anstrengungen fast ohne Kredit, gerieten die Verbündeten in die äußerste Verlegenheit. Aber jetzt aufgeben – hieße das nicht die reiche Goldgrube, die nur ihr Fleiß und ihre Beharrlichkeit aufgetan hatten, anderen zur beliebigen Ausbeutung überlassen? In dieser Not verfiel Luques findiger Geist auf den einzigen Ausweg, von dem sie sich Erfolg versprechen durften: nämlich sich an die Krone selbst zu wenden. Kein andrer konnte stärker am Erfolg der Unternehmung interessiert sein, für niemand anderen als die Regierung sollte das Land entdeckt und erobert werden. Die Krone allein war imstande, die nötigen Mittel aufzubringen, und betrachtete die Sache gewiß von höherer und freierer Warte als ein kleiner Pflanzstaatbeamter.

Wer aber war geeignet, die heikle Mission zu übernehmen? Luque war durch seine Berufspflichten an Panamá gefesselt, und seine Bundesgenossen, ungebildete Haudegen, taugten weitaus besser für kriegerische als für höfische Geschäfte. Unbeholfen, wiewohl etwas schwülstig und prahlerisch in seiner Rede, von kleinem Wuchs und unschönen, jetzt durch den Verlust eines Auges entstellten Zügen, eignete sich Almagro für den Auftrag noch weniger als sein Waffengefährte, der mit seinem guten Aussehen und achtunggebietenden Auftreten durchaus für sich einnahm und bei allen Erziehungsmängeln eine überzeugende Beredsamkeit an den Tag legen konnte, wenn er von einer Sache wirklich erfüllt war. Der Geistliche schlug indes vor, die Unterhandlung dem Lizentiaten Corral zu übertragen, einem angesehenen Beamten, der gerade im Begriff war, wegen einer öffentlichen Angelegenheit nach dem Mutterland zurückzukehren. Gegen diesen Vorschlag erhob Almagro entschieden Einspruch. Niemand, sagte er, könne die Sache so gut führen wie ein unmittelbar Beteiligter. Er hatte eine hohe Meinung von Pizarros Besonnenheit, seinem Scharfblick und seiner ruhigen, überlegenen Weltklugheit. Er kannte seinen Gefährten hinreichend, um darauf zu vertrauen, daß seine Geistesgegenwart ihn selbst unter den neuen und daher verwirrenden Umständen am Hofe nicht verlassen würde. Niemand, so meinte er, könne ihre Abenteuer so wirkungsvoll schildern wie der Mann, der die Hauptrolle dabei gespielt habe, niemand ihre beispiellosen Leiden und Opfer so eindringlich wiedergeben, niemand so überzeugend darlegen, was getan sei, was noch zu tun bleibe und welche Hilfe nötig sein würde, um es auszuführen. In seiner freimütigen Art schloß er mit der dringenden Bitte an seinen Gefährten, die Mission zu übernehmen.

Pizarro fühlte die Stärke von Almagros Argumenten und schickte sich, wenn auch mit unverhohlenem Widerstreben, in einen Auftrag, der viel weniger nach seinem Geschmack war als etwa eine Reise in die Wildnis. Luque jedoch fand sich schwerer in die Vereinbarung. »Gott gebe, Kinder«, rief der Geistliche aus, »daß nicht einer von euch den andern um seinen Segen bringe!« Pizarro versprach, den Vorteil seiner Gefährten ebenso wahrzunehmen wie den eigenen. Aber offensichtlich mißtraute Luque seinem Bundesgenossen.

Einige Schwierigkeiten bereitete es noch, die nötigen Gelder zu beschaffen, um den Abgesandten für sein Auftreten bei Hofe geziemend auszustatten, so sehr war der Kredit der Verbündeten erschöpft, und so wenig Vertrauen setzte man noch in den Erfolg ihrer glänzenden Entdeckungen. Endlich waren fünfzehnhundert Dukaten zusammengebracht, und im Frühjahr 1528 nahm Pizarro in Begleitung Pedro de Candias Abschied von Panamá. Er führte auch einige Eingeborene sowie ein paar Lamas mit sich, außerdem verschiedene feine Stoffe und allerlei Schmucksachen und Gefäße aus Gold und Silber – lauter Belege für die hohe Kultur des Landes und die Wahrheit seiner wunderbaren Geschichte.

EROBERUNG PERUS

I

Nach Überquerung der Landenge schifften sich Pizarro und sein Begleiter in Nombre de Dios nach dem Mutterland ein, und nach guter Überfahrt erreichten sie Sevilla im Frühsommer 1528. Im Hafen befand sich zufällig ein in der spanischen Abenteurergeschichte wohlbekannter Mann, der Bakkalaureus Enciso. Er hatte bei der Besiedlung der Tierra firme eine Rolle gespielt und Geldforderungen an die ersten Kolonisten von Darién, zu denen auch Pizarro gehörte. Sobald dieser gelandet war, verhaftete man ihn auf Encisos Verlangen und brachte ihn ins Schuldgefängnis. So wurde Pizarro, der aus seinem Vaterland als unbekannter, heimatloser Abenteurer entflohen war, nun nach einer Abwesenheit von mehr als zwanzig, größtenteils unter beispiellosen Anstrengungen und Entbehrungen zugebrachten Jahren bei seiner Rückkehr der Insasse eines Gefängnisses. Das war der Anfang des glücklichen Geschicks, das, wie er zuversichtlich gehofft hatte, ihn in der Heimat erwartete. Das Ereignis erregte allgemeine Entrüstung, und kaum hatte der Hof von seiner Ankunft im Lande und dem großen Ziel seiner Mission erfahren, kam denn auch die Order, ihn freizulassen, damit er seine Reise unverzüglich fortsetzen könne.

Pizarro traf den Kaiser in Toledo, das dieser aber bald wieder verlassen wollte, um sich nach Italien einzuschiffen. Spanien war durchaus nicht der Lieblingsaufenthalt Karls V. in der ersten Zeit seiner Regierung. Er befand sich jetzt auf der Höhe des Triumphs über seinen tapferen französischen Rivalen, den er geschlagen und in der großen Schlacht von Pavia zum Gefangenen gemacht hatte; der Sieger schickte sich nun an, nach Italien zu gehen, um dort die Kaiserkrone aus den Händen des Papstes in Empfang zu nehmen. Geschwellt durch seine Erfolge und die Erhebung auf den deutschen Thron, kümmerte sich Karl nur wenig um sein Erbkönigreich, da sich seinem Ehrgeiz eine so glänzende Laufbahn auf dem weiten Felde europäischer Politik auftat. Seine überseeischen Besitzungen hatten ihm bisher zu unbedeutende Erträge geliefert, als daß er ihnen die Aufmerksamkeit hätte schenken mögen, die sie verdienten. Aber da man sein Interesse nun so dringlich auf das jüngst erworbene Mexiko und den vielversprechenden südlichen Kontinent lenkte, ahnte er ihre Wichtigkeit; schienen sich doch hier die Mittel zur Fortsetzung seiner ehrgeizigen und höchst kostspieligen Unternehmungen zu bieten.

Pizarro, der gekommen war, um den Kaiser durch sichtbare Beweise von der Wahrheit der goldenen Gerüchte zu überzeugen, die von Zeit zu Zeit nach Kastilien gedrungen waren, wurde daher gnädig aufgenommen. Karl betrachtete die verschiedenen Gegenstände, die sein Offizier ihm vorlegte, mit großer Aufmerksamkeit. Sein besonderes Interesse galt dem Lama als dem einzigen Lasttier, das man bisher in der Neuen Welt kannte; doch die feinen wollenen Stoffe, die aus seinem zottigen Pelz gemacht waren, gaben ihm in den Augen des scharfsichtigen Herrschers einen viel höheren Wert als die Eigenschaften, die es als arbeitsames Haustier kennzeichneten. Die Proben von Gold- und Silberarbeit aber und die wunderbaren Geschichten, die Pizarro vom Überfluß an Edelmetallen zu erzählen wußte, müssen selbst die kühnsten Träume königlicher Habgier befriedigt haben.

Weit entfernt, durch die ungewohnte Umgebung in Verlegenheit zu geraten, behauptete Pizarro das ihm eigene Selbstvertrauen und zeigte in seinem Benehmen den Anstand und auch die Würde des echten Kastiliers. Er sprach in schlichtem und ehrerbietigem Ton, aber mit dem Ernst und der natürlichen Beredsamkeit eines Mannes, der alles, was er schilderte, handelnd miterlebt hatte und genau wußte, daß der Eindruck, den er auf seine Zuhörer machte, über sein künftiges Schicksal entscheiden mußte. Alles lauschte begierig seinem Bericht von den seltsamen Abenteuern zu Lande und zu Wasser, von seinen Märschen durch die Wälder und die schrecklichen verpesteten Sümpfe an der Meeresküste, ohne Nahrung, ja nahezu ohne Kleidung, die Füße aufgerissen und blutend bei jedem Schritt, die kleine Schar der Gefährten ständig zusammenschmelzend durch Krankheit und Tod. Und dennoch waren sie mit unbeugsamem Mut vorwärts gedrungen, um das kastilische Reich sowie Ruhm und Macht seines Herrschers zu vergrößern. Als Pizarro aber seine Verlassenheit auf der öden Insel schilderte, wie er preisgegeben war von der Regierung in Panamá, im Stich gelassen von allen bis auf eine Handvoll treuer Anhänger, da wurde sein königlicher Zuhörer, der sonst nicht leicht zu rühren war, zu Tränen bewegt. Bei seiner Abreise von Toledo empfahl Karl Pizarros Sache auf die wohlwollendste Weise dem Indienrat zur weiteren Bearbeitung.

Zur gleichen Zeit befand sich ein anderer Mann am Hofe, der mit einem ähnlichen Anliegen aus der Neuen Welt gekommen war; doch hatten seine glänzenden Taten ihm schon einen Namen gemacht, der den aufsteigenden Ruhm Pizarros etwas in den Schatten stellte. Dieser Mann war Hernando Cortez, der Eroberer Mexikos. Er war in die Heimat gekommen, um seinem Landesherrn ein Reich zu Füßen zu legen und dafür die Wiedergutmachung erlittenen Unrechts und den Lohn für seine großen Dienste zu fordern. Er stand am Ende seiner Laufbahn wie Pizarro am Anfang der seinen: die Eroberer des Nordens und des Südens, beide vom Schicksal auserwählt, die mächtigsten indianischen Dynastien zu stürzen und die goldenen Pforten zu öffnen, durch welche die Reichtümer der Neuen Welt in die Schatzkammern Spaniens strömen sollten.

Trotz der kaiserlichen Empfehlung ging es mit Pizarros Angelegenheiten nur schleppend vorwärts, wie es am kastilischen Hofe üblich war. Er sah seine beschränkten Mittel allmählich zusammenschmelzen durch die Ausgaben, die seine gegenwärtige Lage ihm aufnötigte, und gab zu bedenken, wenn nicht baldigst in seiner Sache etwas geschehe, werde er, wie vorteilhaft sich die Dinge am Ende auch entwickeln mochten, kaum imstande sein, Nutzen daraus zu ziehen. Deshalb half die Königin,[1] der bei der Abreise ihres Gemahls die Angelegenheit übertragen worden war, der Sache nach, und am 26. Juli 1529 fertigte sie den denkwürdigen Vertrag aus, der Pizarros Befugnisse und Vorrechte festlegte.

Die Urkunde sicherte ihm das Recht zu, das Land Peru – oder Neukastilien, wie es damals hieß, ebenso wie Mexiko Neuspanien genannt wurde – in einer Ausdehnung von sechshundert Meilen südlich von Santiago zu erkunden und zu erobern. Er sollte Rang

[1] Isabella von Portugal.

und Titel eines Gouverneurs und Oberbefehlshabers dieses Gebietes sowie eines Adelantado und Alguacil mayor auf Lebenszeit erhalten und ein Einkommen von 725 000 Maravedís beziehen mit der Verpflichtung, bestimmte Beamte und ein kriegerisches Gefolge zu unterhalten, wie es der Würde seines Standes angemessen sei. Ihm wurde das Recht zugestanden, Festungen zu errichten, die seiner unumschränkten Befehlsgewalt unterstehen sollten; ferner, innerhalb der gesetzlich vorgeschriebenen Begrenzungen Encomiendas von Indianern zu verteilen, kurzum, er sollte fast alle Vorrechte genießen, die mit der Stellung eines Vizekönigs verbunden sind.

Sein Bundesgenosse Almagro wurde zum Befehlshaber der Festung Túmbez ernannt mit einem jährlichen Einkommen von 300 000 Maravedís sowie Rang und Rechten eines Hidalgo. Der ehrwürdige Pater Luque erhielt zum Lohn für seine Dienste das Bistum Túmbez und wurde außerdem zum Protektor der peruanischen Indianer ernannt. Er sollte ein Jahresgehalt von tausend Dukaten bekommen, das gleich den anderen in der Urkunde aufgeführten Bezügen und Zuwendungen aus den Einkünften des eroberten Gebiets genommen werden sollte.

Auch die untergeordneten Teilhaber an der Unternehmung waren nicht vergessen. Ruíz erhielt den Titel Großlotse des Südmeeres mit einer ansehnlichen Vergütung; Candia wurde an die Spitze des Geschützwesens gestellt, und die übrigen elf Gefährten von der öden Insel wurden zu Hidalgos und Cavalleros ernannt und für bestimmte Verwaltungsposten vorgesehen.

Ferner wurden verschiedene großzügige Bestimmungen erlassen, um Einwanderer ins Land zu ziehen. Die neuen Ansiedler sollten von einigen der drückendsten Abgaben wie der Alcabada ganz oder teilweise befreit sein. Die Steuer auf Edelmetalle, sofern sie in Bergwerken gewonnen wurden, sollte fürs erste nur ein Zehntel betragen; falls sie durch Tausch oder Raub erworben wurden, blieb es bei dem üblichen Fünftel.

Es wurde Pizarro ausdrücklich zur Pflicht gemacht, alle bestehenden Anordnungen zur rechten Leitung und zum Schutz der Eingeborenen zu befolgen; auch verlangte man, daß er eine bestimmte Anzahl von Geistlichen mitnehme, mit denen er sich bei der Eroberung des Landes beraten sollte und deren Bemühungen der Unterweisung und Bekehrung der Indianer zu gelten hatten;

wogegen Rechtsgelehrten und Anwälten, in deren Anwesenheit man eine Gefahr für die Eintracht der neuen Ansiedlungen erblickte, der Zutritt streng verboten wurde.

Pizarro war seinerseits verpflichtet, binnen sechs Monaten nach Ausstellung der Urkunde eine gut ausgerüstete Streitmacht von zweihundertfünfzig Mann aufzubringen, von denen hundert aus den Pflanzstaaten gewonnen werden konnten, und die Regierung versprach, ihm bei der Beschaffung von Geschützen und Kriegsvorräten eine geringfügige Unterstützung zu gewähren. Endlich sollte er sechs Monate nach seiner Ankunft in Panamá bereit sein, diesen Hafen zu verlassen und sein Unternehmen zu beginnen.

Das sind einige Hauptpunkte des Vertrags, durch den die kastilische Regierung, klug wie immer bei solchen Gelegenheiten, die ehrgeizigen Hoffnungen des Abenteurers mit hochtönenden Titeln und freigebigen Versprechungen anfachte, ohne selbst etwas für den Ausgang des Unternehmens aufs Spiel zu setzen. Sie wollte die Früchte seiner Arbeit ernten, aber nicht die Kosten dafür tragen.

Was bei dem Vertrag auffallen mußte, war der Umstand, daß alle hohen und einträglichen Ämter auf Pizarro gehäuft wurden, unter Ausschluß Almagros, der zwar nicht so sichtbaren Anteil an den Mühen und Gefahren gehabt, aber doch die eigentlichen Lasten des Unternehmens mit ihm geteilt und durch seinen Einsatz einen ebenso wesentlichen Beitrag zum Erfolg geleistet hatte. Almagro hatte seinem Bundesgenossen den Ehrenposten bereitwillig überlassen; aber bei Pizarros Abreise nach Spanien war vereinbart worden, er solle nur das Amt eines Gouverneurs und Oberbefehlshabers für sich in Anspruch nehmen, den Posten eines Adelantado indessen seinem Gefährten verschaffen. Ebenso hatte er sich verpflichtet, den Bischofsstuhl von Túmbez für Luque und das Amt eines Alguacil mayor für den Lotsen Ruíz zu erbitten. Wie verabredet, wurde die Bischofswürde an den Pater vergeben, denn der Krieger konnte schwerlich auf die Mitra des Prälaten Anspruch erheben; die anderen Ämter aber waren nicht angemessen verteilt, sondern alle auf seine Person vereinigt worden. Und doch hatte Pizarro bei der Abreise versprochen, sich für seine Freunde einzusetzen und gerecht und ehrlich an ihnen zu handeln.

Der glückliche Eroberer wurde obendrein mit dem Ordenskleid

der Santiago-Ritter ausgezeichnet; auch erhielt er die Erlaubnis, in seinem Familienwappen eine wichtige Neuerung vorzunehmen: Der schwarze Adler und die beiden Säulen, die das königliche Wappen schmückten, wurden dem der Pizarros eingefügt, und eine indianische Stadt, im Hintergrund ein Schiff auf dem Meer, sowie das peruanische Lama bezeichneten Art und Schauplatz seiner Taten, während die Inschrift verkündete, daß ›unter dem Schutze Karls durch die Energie, die Geisteskraft und die Hilfsquellen Pizarros das Land entdeckt und befriedet worden sei‹, wodurch bescheiden sowohl die vergangenen wie die zu erwartenden Dienste des Eroberers angedeutet wurden.

Nachdem alle Vorkehrungen zur Zufriedenheit Pizarros getroffen waren, ging er von Toledo nach Trujillo, seinem Geburtsort in Estremadura, wo er am ehesten Anhänger für sein neues Unternehmen zu gewinnen hoffte. Hier fand er denn auch Freunde und Gefährten, und manche beriefen sich eifrig auf ihre Verwandtschaft mit ihm und brannten darauf, seine künftigen Geschicke zu teilen. Auch vier seiner Brüder stellten sich ein. Drei von ihnen waren wie er selbst unehelich, und zwar hatte der eine, Francisco Martin de Alcántara mit Namen, die gleiche Mutter wie er; die beiden anderen, Gonzalo und Juan Pizarro, stammten vom Vater ab. ›Sie waren alle arm und ebenso stolz wie arm‹, sagt Oviedo, der sie gekannt hat, ›und ihrer Armut entsprach ihre Gewinnsucht.‹

Der älteste Bruder Hernando war ein legitimer Sohn, ›legitimiert‹, fährt dieselbe Quelle beißend fort, ›durch seinen Stolz nicht minder als durch seine Geburt‹. Er hatte unschöne, ja unangenehme Züge, doch eine ansehnliche Gestalt. Groß und stattlich, war er wie sein Bruder Francisco im ganzen eine achtunggebietende Erscheinung. Sein Charakter vereinigte in sich einige der ärgsten Fehler des Kastiliers. Er war im höchsten Grade eifersüchtig, empfindlich nicht nur gegen eine handfeste Beleidigung, sondern gegen die leiseste Geringschätzung, dazu unversöhnlich in seinem Haß. Er war entschieden in seinen Entschlüssen und gewissenlos in deren Ausführung. Kein Anflug von Mitleid vermochte ihn dabei zu hemmen. Seine Anmaßung war so groß, daß er fortwährend die Eigenliebe derer verletzte, mit denen er zu tun hatte. Auf diese Weise erzeugte er eine Mißstimmung gegen sich, die ihm unnötigerweise viele Hindernisse in den Weg stellte.

Hierin unterschied er sich von seinem Bruder Francisco, dessen umgängliches Wesen alle Schwierigkeiten glättete und ihm bei seinen Unternehmungen Vertrauen und Hilfe erwarb. Leider übten die schlechten Ratschläge Hernandos auf seinen Bruder einen nachteiligen Einfluß aus, der schwerer wog als die Vorteile, die sich aus seiner ungewöhnlichen Tüchtigkeit ergaben.

Trotz der allgemeinen Teilnahme, die Pizarros Abenteuer in seiner Heimat erregten, war es nicht leicht, so viele Leute zusammenzubringen, wie der Vertrag es vorschrieb. Diejenigen, die sein Bericht am stärksten beeindruckte, waren nicht immer am begierigsten, sein Schicksal zu teilen. Sie schreckten vor den beispiellosen Strapazen zurück, die der Abenteurer auf sich nehmen mußte, und mit sichtlichem Mißtrauen lauschten sie den prunkenden Schilderungen der goldenen Tempel und Gärten von Túmbez, die nach ihrer Meinung wenigstens zum Teil Pizarros blühender Phantasie zuzuschreiben waren und offensichtlich den Zweck verfolgten, Anhänger unter seine Fahne zu ziehen. Es heißt sogar, daß er schwerlich die nötigen Geldmittel aufgebracht hätte, wenn er nicht zur rechten Zeit von Cortez unterstützt worden wäre, der ebenfalls aus Estremadura stammte, dazu sein ehemaliger Waffengefährte und wahrscheinlich sein Verwandter war. Niemand war besser geeignet, einem Bruderabenteurer hilfreich beizustehen, niemand empfand wohl größere Teilnahme für Pizarros Schicksal oder glaubte zuversichtlicher an seinen Erfolg als der Mann, der selber vor so kurzer Zeit die gleiche Laufbahn ruhmvoll durchmessen hatte.

Die vertraglich gesetzte Frist von sechs Monaten war inzwischen abgelaufen, und Pizarro schiffte sich unverzüglich in Sevilla ein, verließ den Hafen von San Lucar im Januar 1530 und nahm zunächst Kurs auf die Insel Gomera – eine der Kanarischen Inseln –, wo sein Bruder Hernando, der die übrigen Schiffe befehligte, mit ihm zusammentreffen sollte.

Nach einer glücklichen Überfahrt erreichten die Abenteurer die Nordküste des großen südlichen Kontinents und gingen auf der Höhe von Nombre de Dios vor Anker.

Bald nach ihrer Ankunft trafen die beiden Bundesgenossen Luque und Almagro dort ein, die über das Gebirge gekommen waren, um aus Pizarros eigenem Munde den genauen Inhalt des Vertrags mit der Krone zu hören. Almagros Mißvergnügen war freilich groß, als er das Ergebnis erfuhr, das, wie er meinte, die hinterlistigen Machenschaften seines Verbündeten gezeitigt hatten. »So also«, rief er aus, »verfährst du mit deinem Freunde, der alle Mühen, Gefahren und Kosten des Unternehmens brüderlich mit dir geteilt hat, und dies trotz deiner feierlichen Versprechungen bei der Abreise, seinen Vorteil ebenso wie deinen eignen zu wahren! Wie konntest du mich durch eine so armselige Entschädigung, die meine Dienste im Vergleich zu den deinigen für nichts zu achten scheint, in den Augen der Welt so herabsetzen lassen?«

Pizarro versicherte seinem Gefährten, er habe seine Sache gewiß treulich betrieben, doch die Regierung habe sich geweigert, Gewalten, die so fest ineinandergriffen, in verschiedene Hände zu legen. Es sei ihm keine andere Wahl geblieben, als alles selbst anzunehmen oder aber alles abzulehnen. Er suchte Almagros Ärger zu beschwichtigen, indem er ihm vorstellte, das Land sei doch groß genug für ihrer beider Ehrgeiz, und die ihm selbst erteilte Vollmacht gelte in der Tat ebenso für Almagro, da alles, was er habe, stets seinem Freunde zur Verfügung stehen werde, als sei es dessen Eigentum. Aber die honigsüßen Worte befriedigten den Gekränkten nicht, und mit Gefühlen der Entfremdung, wo nicht der Feindseligkeit – was für ihr Unternehmen von keiner guten Vorbedeutung war – kehrten die beiden Befehlshaber bald darauf nach Panamá zurück.

Durch die Vermittlung Luques und des Lizentiaten Espinosa wurde schließlich eine Art von Versöhnung zwischen den Parteien herbeigeführt, nachdem Pizarro versichert hatte, er wolle auf den Rang eines Adelantado zugunsten seines Nebenbuhlers verzichten und den Kaiser bitten, Almagro in dieser Würde zu bestätigen. Überdies wolle er für seinen Bundesgenossen eine eigene Statthalterschaft beantragen, sobald er selbst Herr des ihm zugestandenen Gebietes sein werde, jedoch kein Amt für einen seiner Brüder beanspruchen, bis für Almagro gesorgt sei. Schließlich wurde der frühere Kontrakt, nach dem die Beute zu drei gleichen Teilen an die drei Verbündeten fallen sollte, auf das nachdrücklichste bestätigt. Die auf diese Weise herbeigeführte Versöhnung entsprach dem augenblicklichen Zweck, gemeinsam das Unternehmen voranzutreiben. Aber nur oberflächlich verschorft war die Wunde; sie schwärte im Innern weiter und wartete bloß auf einen neuen Anlaß, um gefährlicher denn je wieder aufzubrechen.

Ohne Zeit zu verlieren, traf man nun die Vorbereitungen zur Reise. Doch fand das Unternehmen bei den Siedlern von Panamá wenig Anklang; nur einige von der alten Mannschaft waren geneigt, das Abenteuer bis zum Ende durchzustehen, und in der Landschaft Nikaragua, die von Panamá aus besiedelt worden war, brachte man noch ein paar Herumtreiber zusammen. So vermehrte Pizarro die aus Spanien mitgeführte Mannschaft nur um ein Geringes; doch war seine Truppe in besserem Zustand und mit Waffen, Munition und sonstiger Ausrüstung im ganzen viel besser versehen als seine früheren Anwerbungen. Insgesamt waren es nicht mehr als hundertachtzig Mann, dazu siebenundzwanzig Pferde. Er hatte sich drei Schiffe beschafft, darunter zwei ziemlich große, als Ersatz für die Fahrzeuge, die er auf der anderen Seite der Landenge in Nombre de Dios hatte zurücklassen müssen. Für die Eroberung eines Riesenreiches war es freilich eine kleine Streitmacht, bei weitem nicht so groß, wie der Vertrag mit der Krone es vorschrieb; und mit diesem Häuflein wollte der unerschrockene Abenteurer das Unternehmen beginnen, im Vertrauen auf sein Glück und die Bemühungen Almagros, der fürs erste zurückbleiben sollte, um Verstärkungen anzuwerben.

Am 27. Dezember, dem Tag des Evangelisten Johannes, wurden die Fahnen der kleinen Heeresmacht und die königliche Standarte in der Stiftskirche von Panamá geweiht; Pater Juan de Vargas, ein von der Regierung für die Bekehrung der Peruaner ausgewählter Dominikanermönch, hielt eine Predigt, eine Messe wurde gelesen und jedem Soldaten die Kommunion gespendet, ehe er den Kreuzzug gegen die Ungläubigen antrat. Nachdem sie feierlich den himmlischen Segen für das Unternehmen erfleht hatten, begaben sich Pizarro und seine Gefährten an Bord der Schiffe, die in der Bucht von Panamá vor Anker lagen, und Anfang Januar 1531 begann die dritte und letzte Unternehmung zur Eroberung Perus.

Es war seine Absicht, geradewegs nach Túmbez zu segeln, das ihm auf seiner früheren Reise so glänzende Schätze gezeigt hatte. Aber widrige Winde und Strömungen vereitelten seinen Vorsatz, und nach einer Fahrt von dreizehn Tagen ging sein kleines Geschwader in der Bucht von San Mateo ungefähr auf 1 Grad nördlicher Breite vor Anker. Nach einer Beratung mit seinen Offizieren entschloß sich Pizarro, die Mannschaft auszuladen und mit ihr längs der Küste vorzudringen, während die Schiffe ihre Fahrt in mäßiger Entfernung vom Ufer fortsetzen sollten.

Der Marsch war für die Truppen äußerst mühsam und beschwerlich; denn der Weg war immer wieder von Wasserläufen durchschnitten, die sich, durch Regengüsse angeschwollen, an der Küste zu breiten Trichtermündungen ausweiteten. Pizarro, der bereits einige Kenntnis vom Lande hatte, war sowohl Führer wie Befehlshaber der Unternehmung. Stets war er bereit zu helfen, wo es not tat; er spornte seine Leute an, die reißenden Wildbäche zu durchwaten oder zu durchschwimmen, so gut es ging, und ermutigte die Verzagten durch eigene Zuversicht und Beherztheit.

Endlich erreichten sie einen dichtbesiedelten Flecken, oder vielmehr eine Stadt in der Landschaft Coaque. Die Spanier fielen über die Ortschaft her, und die Einwohner flohen, ohne Widerstand zu leisten, schreckerfüllt in die nahen Wälder und ließen ihre Habe – viel wertvoller, als man geahnt hatte – in den Händen der Angreifer. ›Wir überfielen sie mit dem Schwert in der Hand‹, sagt einer der Eroberer mit großer Unverblümtheit; ›denn hätten wir den Indianern unser Kommen erst angekündigt, so hätten wir dort niemals eine solche Menge Gold und Edelsteine gefunden.‹

Die Angreifer stürmten in die verlassenen Wohnungen, wo sie außer verschiedenen Stoffen und Nahrungsmitteln, die ihnen in ihrem ausgehungerten Zustand höchst willkommen waren, auch eine Fülle grob gearbeiteten Gold- und Silberschmucks und viele Edelsteine fanden, vor allem Smaragde, die es in dieser Gegend im Überfluß gab. Einer davon, der Pizarro in die Hände fiel, war so groß wie ein Taubenei. Bedauerlicherweise kannten seine ahnungslosen Gefährten nicht den Wert ihrer Beute und brachen viele der kostbaren Steine durch Hammerschläge in Stücke. Zu diesem sonderbaren Verfahren, heißt es, wurden sie durch einen der Dominikanermönche, Pater Reginaldo de Pedraza, verleitet, der ihnen versicherte, nur so könne man sich von der Echtheit des Smaragds überzeugen; denn dieser sei unzerbrechlich. Jedoch will man bemerkt haben, daß der gute Pater seine eigenen Edelsteine solch weiser Probe nicht unterwarf; vielmehr brachte er, als die Steine nun im Werte sanken und nur noch für buntes Glas genommen wurden, eine ansehnliche Menge davon nach Panamá.

Die aus den Wohnungen geraubten goldenen und silbernen Schmuckgegenstände wurden auf einen großen Haufen zusammengetragen; ein Fünftel wurde für die Krone beiseite gelegt, das übrige aber verteilte Pizarro in angemessenem Verhältnis unter die Offiziere und Gemeinen. So wurde es bei derartigen Gelegenheiten während des ganzen Eroberungszuges gehalten. Die Krieger hatten sich auf ein gemeinsames Abenteuer eingelassen, und ein gemeinsames Interesse verband sie. Hätte man jedem einzelnen erlaubt, auf eigene Rechnung zu plündern, so hätte dies nur zu Ungehorsam und ständigen Streitigkeiten geführt. Deshalb wurde allen unter Todesandrohung befohlen, was immer sie durch Handel oder Raub erlangten, dem allgemeinen Besitz einzuverleiben; und allen lag so viel an der Einhaltung des Gebots, daß es einem unseligen Gesetzesbrecher kaum gelungen wäre, der Strafe zu entgehen.

In kluger Voraussicht sandte Pizarro eine große Menge Gold, nicht weniger als zwanzigtausend Castellanos wert, nach Panamá; denn er glaubte, der Anblick so vieler und in so kurzer Zeit erworbener Schätze werde die Zweifel der Unentschlossenen beheben und sie bestimmen, sich seinem Banner anzuschließen. Seine Annahme war richtig. Wie einer der Eroberer sich gottesfürchtig ausdrückt: ›Es hatte dem Herrn gefallen, uns nach Coaque zu führen, damit der Reichtum des Landes bei unserm Volke Glauben finden und es dorthin strömen möchte.‹

Nachdem Pizarros Leute sich erholt hatten, setzte er seinen Marsch längs der Küste fort, aber nun nicht mehr von den Schiffen begleitet, die inzwischen nach Panamá zurückgekehrt waren, um Verstärkung herbeizubringen. Der Weg war oft unterbrochen von Wüstenstreifen, und der vom Wind aufgewehte Sand blendete die Soldaten und gab einen trügerischen Untergrund ab für Mensch und Tier. Die Blendung war sehr stark, und die Sonnenstrahlen fielen senkrecht auf die eisernen Panzer und die dick mit Baumwolle gepolsterten Wämser, so daß die Männer von der drückenden Hitze fast ohnmächtig wurden. Um das Maß ihrer Leiden voll zu machen, brach eine merkwürdige Seuche unter der kleinen Schar aus. Sie trat in Gestalt von Geschwüren oder vielmehr ekelhaften großen Warzen auf, die den Körper bedeckten und, wenn man sie aufstach, eine so große Menge Blut entließen, daß dies dem Kranken zum Verhängnis wurde. Einige starben an der schrecklichen Krankheit, die so plötzlich ausbrach und mit so rapidem Kräfteverfall einherging, daß der Kranke, der sich am Abend noch gesund niedergelegt hatte, am nächsten Morgen nicht imstande war, die Hand zum Kopf zu heben. Die Seuche trat während dieses Kriegszuges zum ersten Mal auf und war nicht lange danach wieder verschwunden; doch verbreitete sie sich übers ganze Land und verschonte weder Eingeborene noch Weiße. Es war eine jener Plagen aus der Schale des Zorns, die der Engel der Vernichtung, der den Eroberer auf seinem Wege begleitet, über die dem Untergang geweihten Völker ausgießt.

Die Spanier erfuhren auf ihrem Marsch nur selten Widerstand oder Beunruhigung von seiten der Bewohner, die, durch das Beispiel von Coaque belehrt, mit ihren Habseligkeiten in die Wälder und ins nahe Gebirge flohen. Niemand zeigte sich, die Fremden zu bewillkommnen und ihnen die landesübliche Gastfreundschaft zu erweisen wie bei ihrem letzten Besuch im Lande. Denn man sah in den weißen Männern nun nicht mehr gute, vom Himmel herabgestiegene Wesen, sondern grausame Zerstörer, die, gefeit gegen die Angriffe der Indianer, auf dem Rücken wilder Tiere schneller als der Wind dahinstoben, Waffen in den Händen, die Feuer und Verwüstung verbreiteten, wo immer sie hinkamen. Solcherart waren die Berichte, die jetzt über die Eindringlinge umgingen, ihnen überall auf ihrem Marsch vorauseilten und ihnen die Herzen, wenn auch nicht die Türen der Eingeborenen verschlossen. Erschöpft von Strapazen und Krankheit und bitter enttäuscht über die Armut des Landes, das sie jetzt für ihre Mühen nicht entschädigte, verfluchten Pizarros Leute die Stunde, da sie sich unter seine Fahne gereiht hatten, und vor allem die Männer aus Nikaragua erinnerten sich ihres schönen, üppigen Landes und seufzten nur danach, in ihr irdisches Paradies zurückzukehren.

In dieser Lage wurde die Schar durch den Anblick eines Schiffes aus Panamá erquickt, das allerlei Nachschub brachte, außerdem den königlichen Schatzmeister, den Veedor oder Aufseher der Edelmetalle und andere von der Krone für die Begleitung des Kriegszuges bestimmte hohe Beamte.

Die Spanier waren auf ihrem Marsch längs der Küste unterdessen bis Puerto Viejo vorgedrungen. Hier stieß alsbald eine neue Verstärkung von etwa dreißig Mann zu ihnen, befehligt von einem Offizier namens Benalcázar, der später zu hohen Ehren gelangte. Viele von Pizarros Gefährten hätten an diesem Ort gern haltgemacht und eine Niederlassung gegründet. Aber ihr Anführer dachte, wenigstens fürs erste, mehr an Erobern als an Siedeln und wollte zunächst Túmbez in Besitz nehmen, das er als die Pforte zum peruanischen Reich ansah. Er setzte daher seinen Marsch nach den Ufern des heutigen Golfes von Guayaquil fort, bis er auf die Höhe der kleinen Insel Puná gelangte, nicht weit entfernt von der Bucht von Túmbez. Diese Insel, dachte er, werde ihm einen bequemen Lagerplatz gewähren, bis er seine Vorbereitungen getroffen hätte, in die indianische Stadt einzufallen.

Die Haltung der Inselbewohner schien seine Absicht zu begünstigen. Er war noch nicht lange in ihrer Nähe, als eine Abordnung von Eingeborenen, ihr Kazike an der Spitze, mit Balsas auf das Festland herüberkam, um die Spanier auf ihre Insel einzuladen. Doch die indianischen Dolmetscher aus Túmbez, die mit Pizarro aus Spanien zurückgekehrt und seitdem in seinem Lager geblieben waren, warnten ihren Gebieter vor einem beabsichtigten Verrat der Inselbewohner und beschuldigten diese, sie hätten vor, die Taue zu durchschneiden, welche die Flöße zusammenhielten, und die Spanier in den Fluten umkommen zu lassen. Als Pizarro den heimtückischen Plan dem Kaziken vorwarf, wies dieser ihn jedoch mit so überzeugender Unschuldsmiene zurück, daß sich der spanische Befehlshaber mit seinem Gefolge nun ohne Zögern den Fahrzeugen der Insulaner anvertraute und denn auch sicher an die Ufer der Insel Puná gelangte.

Hier wurde er gastfreundlich aufgenommen, und seine Truppen fanden ein bequemes Unterkommen. Zufrieden mit seinem gegenwärtigen Aufenthalt, beschloß Pizarro, zu bleiben, bis die unwirtliche Regenzeit vorüber sein und die Ankunft der erwarteten Verstärkungen ihn vollends in den Stand setzen würde, ins Land der Inka zu marschieren.

Die Insel, an der Mündung des Flusses Guayaquil gelegen und ungefähr vierundzwanzig Meilen lang und zwölf Meilen breit, war zu jener Zeit teils dichtbewaldet, teils kultiviert, und üppige Pflanzungen mit Kakaobäumen, Süßkartoffeln und den verschiedensten Produkten der Tropen zeugten sowohl für die landwirtschaftlichen Kenntnisse wie für den Fleiß der Bewohner. Es war ein kriegerischer Stamm, von den peruanischen Feinden mit dem Beinamen ›die Treulosen‹ gebrandmarkt. Das gleiche Brandmal prägten die römischen Geschichtsschreiber ihren karthagischen Feinden auf und hatten vielleicht nicht mehr Veranlassung dazu. Die kühnen und freiheitsliebenden Insulaner setzten den Waffen der Inka hartnäckigen Widerstand entgegen; und obwohl sie sich schließlich geschlagen geben mußten, lebten sie seither doch stets in Fehde und oft in tödlicher Feindschaft mit ihren Nachbarn von Túmbez.

Letztere hatten von Pizarros Ankunft auf der Insel vernommen und kamen, wahrscheinlich im Vertrauen auf die früheren freundlichen Beziehungen zu ihm, sogleich in großer Zahl ins spanische Lager herüber. Die Gegenwart der verhaßten Nebenbuhler war den eifersüchtigen Bewohnern von Puná keineswegs angenehm, und so konnte ein längerer Aufenthalt der weißen Männer auf ihrer Insel ihnen nur lästig sein. Zwar wahrten sie nach außen hin den freundlichen Schein; doch wurde Pizarro von den Dolmetschern aufs neue vor der sprichwörtlichen Treulosigkeit seiner Gastgeber gewarnt. Nachdem sein Argwohn einmal erwacht war, wurde dem spanischen Befehlshaber hinterbracht, daß mehrere Häuptlinge zusammengekommen seien, um einen Aufruhr vorzubereiten. Da er das Explodieren des Pulverfasses nicht abwarten wollte, ließ er den Versammlungsort von seinen Soldaten umzingeln und die verdächtigen Häuptlinge gefangennehmen. Pizarro war überzeugt vom Bestehen einer Verschwörung und überließ die Unglücklichen, zehn oder zwölf an der Zahl, ohne weitere Bedenken der zarten Rücksicht ihrer Nebenbuhler aus Túmbez, die sie vor seinen Augen niedermetzelten.

Außer sich über diese Gewalttat, eilte die Bevölkerung von Puná zu den Waffen und stürzte sich mit furchtbarem Geheul und den wildesten Drohungen auf das spanische Lager. Der Menge nach waren sie entschieden überlegen, denn sie zählten einige tausend Krieger. Aber Waffen und Kriegszucht gaben der spanischen Seite das entscheidende Übergewicht, und sowie die Indianer in wirren Haufen zum Angriff heranstürmten, empfingen die Kastilier sie kaltblütig mit ihren langen Piken oder streckten sie mit Musketensalven nieder. Die ungeschützten Leiber der Eingeborenen waren eine leichte Beute für die scharfen Schwerter der Spanier, und Hernando Pizarro setzte sich an die Spitze der Reiterei, drang beherzt mitten unter die Feinde und versprengte sie weit und breit über das Schlachtfeld, bis die Flüchtigen, verstört von dem schrecklichen Andrang der stahlbedeckten Reiter und dem betäubenden Knallen und Blitzen der Feuerwaffen, im Dunkel ihrer Wälder Zuflucht suchten. Doch verdankte man den Sieg, wenn wir den Eroberern glauben wollen, wenigstens in gewissem Grade dem Eingreifen des Himmels; denn hoch in der Luft über den Streitenden wollte man den heiligen Michael und seine Heerscharen gesehen haben, wie sie mit dem Erzfeinde der Menschheit kämpften und die Christen durch ihr Beispiel anfeuerten.

Nicht mehr als drei oder vier Spanier fielen in dem Kampf, doch wurden viele verwundet, unter ihnen Hernando Pizarro, der durch einen Wurfspeer eine schwere Verletzung am Bein davontrug. Auch war der Krieg hiermit nicht beendet; denn die unversöhnlichen Insulaner, die Dunkelheit der Nacht und jede Nachlässigkeit der Eindringlinge nutzend, waren stets bereit, sich aus ihren Verstecken zu schleichen und das feindliche Lager zu überfallen. Zudem hielten sie die Spanier in ständiger Unruhe, indem sie versprengte Trupps abschnitten und die Vorräte des Gegners zerstörten.

So lagen die Dinge, als zur Freude des spanischen Befehlshabers zwei Schiffe vor der Insel anlangten. Sie brachten als Verstärkung hundert Freiwillige und außerdem Pferde für die Reiterei. Die Truppe stand unter dem Befehl von Hernando de Soto, dem späteren Entdecker des Mississippi, dessen Wassermassen noch heute majestätisch über die Ruhestätte des Ritters hinwegfluten, ein würdiges Mal für seine sterblichen Reste und zugleich ein Denkmal seines Ruhmes.

Die Verstärkungen waren Pizarro hochwillkommen, denn schon lange verdroß ihn der Aufenthalt auf einer Insel, wo es nichts gab, was ihn für ein Leben voller Feindseligkeiten hätte entschädigen können, das er notgedrungen führen mußte. Mit den Neuangeworbenen fühlte er sich nun stark genug, nach dem Festland überzusetzen und seine kriegerischen Vorhaben auf dem eigentlichen Schauplatz der Entdeckung und Eroberung wieder aufzunehmen. Von den Indianern aus Túmbez erfuhr er, daß in der letzten Zeit ein Bürgerkrieg im Lande gewütet habe, da zwei Söhne des verstorbenen Herrschers einander den Thron streitig machten. Diese Nachricht war ihm äußerst wichtig, denn er erinnerte sich, daß Cortez sich ähnliche Unstimmigkeiten zwischen den Stämmen Anahuacs zunutze gemacht hatte. In der Tat scheint Pizarro bei mehr als einer Gelegenheit das Beispiel seines großen Vorgängers vor Augen gehabt zu haben. Aber er blieb weit hinter seinem Vorbild zurück; denn ungeachtet der Selbstbeherrschung, die er sich zuweilen auferlegte, verleitete ihn seine rohere Natur und sein wilderer Charakter oft zu Handlungen, die jeder klugen Politik zuwiderliefen und die der Eroberer Mexikos niemals gebilligt hätte.

2

Ehe wir Pizarro und seine Gefährten auf ihrem Marsch ins Land der Inka begleiten, ist es nötig, den Leser mit der bedenklichen Lage des peruanischen Königreichs zu jenem Zeitpunkt bekannt zu machen. Denn die Spanier kamen gerade gegen Ende eines bedeutsamen Umsturzes ins Land – einer Krise, die für ihre Pläne überaus günstig war und die Eroberung mit einer Handvoll Leute überhaupt erst ermöglichte.

Gegen Ausgang des 15. Jahrhunderts starb der Inka Tupac Yupanqui, einer der bedeutendsten unter den ›Kindern der Sonne‹, der die peruanische Herrschaft über die glühenden Sandwüsten von Atacama bis zu den fernen Grenzen Chiles ausdehnte, während er in entgegengesetzter Richtung das Inkareich durch die Erwerbung der südlichen Landstriche von Quito erweiterte. Im Norden wurde der Krieg von seinem Sohn Huayna Capac geführt, der dem Vater auf dem Thron nachfolgte und ihm an kriegerischem Mut und an Staatsklugheit durchaus ebenbürtig war.

Unter Huayna Capac wurde der ganze mächtige Staat Quito, der sich an Reichtum und Kultur mit Peru messen konnte, unter das Zepter der Inka gebracht, und diese Erwerbung war der wichtigste Zuwachs des Reiches, seit Manco Capac die Dynastie begründet hatte. Der siegreiche Herrscher verbrachte den Rest seines Lebens damit, die unabhängigen Stämme an den entlegenen Grenzen seines Gebiets zu unterwerfen und vor allem seine Erwerbungen durch die Einführung der peruanischen Regierungsform zu festigen. Auch ließ er es sich angelegen sein, die großen Bauwerke seines Vaters zu vollenden, besonders die Landstraßen, die von Quito nach der Hauptstadt führten. Er vervollkommnete das System von Poststationen, bemühte sich, die Ketschuasprache im ganzen Reich einzuführen, verbesserte die Methoden des Ackerbaus, förderte die verschiedenen Zweige häuslichen Gewerbefleißes und suchte schließlich die vielgestaltigen verständigen Pläne seiner Vorgänger zur Bildung des Volkes zu verwirklichen. Unter seiner Herrschaft erlebte das peruanische Reich die höchste Blüte und machte wie schon unter seinem großen Vater so rasche Fortschritte auf dem Wege der Gesittung, daß es bald die Höhe der alten asiatischen Kulturen erreicht und der Welt vielleicht einen Beweis für die Möglichkeiten des amerikanischen Indianers geliefert hätte, wie er glänzender nirgends auf dem großen westlichen Festland zu finden ist. – Aber den indianischen Stämmen war ein anderes und trüberes Schicksal bestimmt.

Die erste Ankunft der weißen Männer an der Westküste Südamerikas erfolgte ungefähr zehn Jahre vor dem Tode Huayna Capacs, als Balboa die Bucht von San Miguel überquerte und die erste bestimmte Kunde vom Reich der Inka erhielt. Ob der indianische Herrscher etwas von diesen Abenteurern gehört hat, ist zweifelhaft. Doch ist gewiß, daß er von der ersten Unternehmung unter Pizarro und Almagro erfahren hat, als letzterer bis zum Río de San Juan, also etwa bis zum 4. Grad nördlicher Breite, vordrang. Die Berichte, die er darüber empfing, sollen tiefen Eindruck auf Huayna Capac gemacht haben. In der erschreckenden Kühnheit und den Waffen der Eindringlinge erblickte er Zeichen eines Entwicklungsstandes, der den seines eigenen Volkes weit in den Schatten stellte. Besorgnis erfüllte ihn, daß sie zurückkehren möchten und der Thron der Inka vielleicht eines nicht zu fernen Tages durch die mit so unbegreiflichen Kräften ausgestatteten Fremden erschüttert werden könnte. Dem gewöhnlichen Auge zeigte sich nur ein kleiner Fleck am Horizont; der scharfsichtige Herrscher aber meinte darin die finstere Gewitterwolke zu gewahren, die sich immer weiter und weiter ausdehnen und endlich über seinem Volke wütend entladen würde.

Soweit klingen die Berichte überzeugend. Andere Quellen, die allgemeine Geltung erlangt haben, gehen noch weiter und bringen die ersten Nachrichten von den weißen Männern mit alten Prophezeiungen sowie mit außergewöhnlichen Naturerscheinungen in Verbindung, die alle Herzen mit Schrecken erfüllten: Man sah Kometen über den Himmel hinflammen; Erdbeben erschütterten das Land; der Mond war umgürtet mit vielfarbigen Feuerringen; ein Blitz schlug in einen der königlichen Paläste ein und verzehrte ihn zu Asche; und ein Adler, von mehreren Falken gejagt, kreiste schreiend über dem großen Platz von Cuzco, bis der König der Vögel, von Klauen seiner Peiniger durchbohrt, leblos zu Boden fiel – vor den Augen vieler vornehmer Inka, die darin ein Vorzeichen ihres eigenen Untergangs sahen. Huayna Capac selbst – so heißt es – versammelte, als er sein Ende nahen fühlte, seine Würdenträger um sich und prophezeite ihnen die Zerstörung seines Reiches durch das Geschlecht der bärtigen weißen Fremden, wie es die Orakelsprüche für das Ende der Regierungszeit des zwölften Inka voraussagten. Er empfahl seinen Untertanen, sich nicht den Beschlüssen des Himmels zu widersetzen, sondern dessen Sendboten zu willfahren.

Huayna Capac hatte, wie es bei den peruanischen Fürsten üblich war, zahlreiche Nebenfrauen und hinterließ eine große Nachkommenschaft. Der Thronerbe, Sohn seiner rechtmäßigen Gemahlin und Schwester, hieß Huascar. Zu dem Zeitpunkt, an dem unser Bericht jetzt angelangt ist, war er ungefähr dreißig Jahre alt. Ihm folgte im Alter der Sohn einer Nebenfrau, einer Base des Herrschers, der junge Prinz Manco Capac, der noch eine wichtige Rolle in unserer Geschichte spielen wird. Aber der Lieblingssohn des Inka war Atahualpa. Seine Mutter war die Tochter des letzten Scyri von Quito. Die Prinzessin war schön, und der Inka nahm sie unter seine Nebenfrauen auf. Die Chronisten Quitos behaupten, sie sei seine rechtmäßige Gemahlin gewesen; aber diese Würde war nach den Gebräuchen des Landes den Jungfrauen aus Inkageblüt vorbehalten.

Huayna Capac brachte seine letzten Jahre in seinem neuen Königreich Quito zu. So wuchs Atahualpa unter seinen Augen auf, begleitete ihn schon in jungen Jahren auf seinen Feldzügen, schlief im Zelt des königlichen Vaters und speiste an seiner Tafel. Die Lebhaftigkeit des Knaben, seine Kühnheit und Hochherzigkeit gewannen ihm die Zuneigung des alten Herrschers in solchem Maße, daß er beschloß, von dem herkömmlichen Verfahren abzuweichen und das Reich zwischen ihm und seinem älteren Bruder Huascar zu teilen. Auf dem Sterbebett berief er die hohen Würdenträger zu sich und erklärte ihnen, es sei sein Wille, daß das alte Königreich Quito auf Atahualpa übergehe, der darauf gewissermaßen einen natürlichen Anspruch habe, da es das Gebiet seiner Vorfahren sei. Das übrige Reich bestimmte er für Huascar, und er machte es den beiden Brüdern zur Pflicht, sich in diese Anordnung zu fügen und miteinander in Freundschaft zu leben. Das war die letzte Handlung des großen Herrschers, ohne Zweifel die unüberlegteste seines ganzen Lebens. Mit seinem letzten Atemzug stieß er die grundlegenden Gesetze des Reiches um, und während er den Erben seiner Macht Eintracht empfahl, hinterließ er ihnen gerade durch die Teilung der Macht den Samen unvermeidlicher Zwietracht. Er starb wahrscheinlich gegen Ende des Jahres 1525, nicht ganz sieben Jahre vor Pizarros Ankunft auf der Insel Puná.

Nach Huayna Capacs Tod regierten die königlichen Brüder ungefähr fünf Jahre lang ohne Mißtrauen gegeneinander oder doch wenigstens ohne offenen Streit über ihre Herrschaftsbereiche. Doch war bei so mannigfachen Anlässen zu Eifersucht und Mißgunst und den Schwärmen von Hofschmarotzern, die beim Schüren solcher Gefühle zu profitieren hofften, leicht vorauszusehen, daß die Ruhe nicht lange vorhalten würde. Auch wäre sie ohne die Großmut Huascars, der schließlich allein Ursache hatte, sich zu beklagen, von noch kürzerer Dauer gewesen. Atahualpa war anders geartet; kriegerisch, ehrgeizig und verwegen, war er fortwährend von Unternehmungen in Anspruch genommen, die der Vergrößerung seines Gebietes dienten, obwohl er es klug vermied, seinen Besitz nach der Seite des königlichen Bruders hin auszudehnen. Sein unruhiger Geist erregte indes einige Besorgnis am Hofe von Cuzco, und Huascar sandte schließlich einen Boten zu Atahualpa, um ihm wegen seiner ehrgeizigen Pläne Vorhaltungen zu machen und ihn aufzufordern, ihm für sein Königreich Quito den Treueid zu leisten.

Durch sein freimütiges Benehmen hatte der junge Atahualpa die Zuneigung der Krieger gewonnen, mit denen er schon zu Lebzeiten seines Vaters mehr als einmal ins Feld gezogen war. Diese Truppen, die Blüte der großen Streitmacht des Inka, wurden von zwei angesehenen Heerführern befehligt, die beide große Kriegserfahrung besaßen und das höchste Vertrauen des verstorbenen Inka genossen hatten. Einer von ihnen hieß Quisquis, der andere, ein Onkel Atahualpas von der Mutter Seite, Challcuchima.

Mit diesen erfahrenen Kriegern zur Seite stellte sich der junge

Herrscher an die Spitze seiner Streitmacht und marschierte gegen Süden. Er war noch nicht weiter als bis Ambato, ungefähr sechzig Meilen von seiner Hauptstadt, vorgerückt, als er auf eine große Heeresmacht stieß, die von seinem Bruder unter der Führung eines hervorragenden Häuptlings aus Inkageblüt gegen ihn ausgeschickt worden war. Eine blutige Schlacht entbrannte und dauerte fast den ganzen Tag; der Schauplatz des Kampfes war der Saum des mächtigen Chimborazo.

Die Schlacht endete günstig für Atahualpa, und die Peruaner wurden unter großem Gemetzel in die Flucht geschlagen und verloren ihren Anführer. Der Herrscher von Quito machte sich den Vorteil zunutze und setzte seinen Marsch fort, bis er vor die Tore von Tumebamba gelangte, das ebenso wie der ganze Distrikt von Cañaris, obwohl von alters her zu Quito gehörig, die Partei seines Nebenbuhlers ergriffen hatte. Er zog als Eroberer ein, ließ die Einwohner über die Klinge springen und machte die Stadt mit all ihren prachtvollen Gebäuden, die zum Teil von seinem Vater errichtet worden waren, dem Erdboden gleich. Auf dem Marsch durch den abtrünnigen Distrikt von Cañaris setzte er den Vernichtungskrieg fort. Er verwüstete das Land mit Feuer und Schwert, und nicht einer, der irgend imstande war, Waffen zu tragen, wurde verschont. Das Schicksal von Cañaris erfüllte seine Feinde mit Schrecken, und eine Ortschaft nach der anderen öffnete ihre Tore dem Sieger, der seinen Triumphzug nach der peruanischen Hauptstadt unbeirrt fortsetzte. In Cajamarca, ungefähr auf dem 7. Grad südlicher Breite, machte er mit einem Teil der Truppen halt und schickte die Hauptmacht unter dem Befehl der beiden erfahrenen Heerführer nach Cuzco voraus.

Unterdessen war Huascar nicht müßig gewesen. Auf die Nachricht von der Niederlage seiner Streitmacht bei Ambato bot er alles auf, um im ganzen Land neue Truppen auszuheben. Beraten von seinen Priestern – den unzulänglichsten Ratgebern in Zeiten der Gefahr –, entschloß er sich, die Ankunft des Feindes in seiner Hauptstadt zu erwarten, und erst als dieser nur noch wenige Meilen von Cuzco entfernt war, machte er, wiederum auf Anraten der Priester, einen Ausfall, um ihm eine Schlacht zu liefern.

Die Heere trafen auf der Hochebene von Quipaypán in der Nähe der indianischen Hauptstadt aufeinander. Beide fochten mit dem Mut der Verzweiflung, wohl wissend, daß alles auf dem Spiel stand. Es war nicht mehr der Kampf um eine einzelne Landschaft, es ging um den Besitz eines Reiches.

Die Schlacht wütete mit größter Heftigkeit von Sonnenaufgang bis Sonnenuntergang, und der Boden war bedeckt mit Haufen von Sterbenden und Toten, deren Knochen noch lange nach der Eroberung durch die Spanier bleichend auf dem Schlachtfeld lagen. Endlich entschied sich das Glück für Atahualpa, oder richtiger: Es zeigte sich der natürliche Erfolg größerer Zucht und Kriegserfahrung. Die Reihen des Inka gerieten in heillose Verwirrung und wichen überall zurück. Die Sieger folgten den Fliehenden auf den Fersen. Huascar, selbst unter den Flüchtigen, suchte mit etwa tausend Mann, die sich um ihn geschart hatten, zu entkommen. Aber der königliche Flüchtling wurde entdeckt, ehe er noch das Schlachtfeld verlassen hatte; seine kleine Schar wurde von Feindesmassen umringt, und fast alle Getreuen fanden bei der Verteidigung ihres Inka den Tod. Huascar selbst wurde gefangengenommen, und die siegreichen Häuptlinge marschierten unverzüglich nach seiner Hauptstadt, die sie im Namen ihres Herrschers in Besitz nahmen.

Diese Ereignisse trugen sich im Frühjahr 1532 zu, wenige Monate vor der Landung der Spanier. Atahualpa empfing die Nachricht vom Erfolg seiner Waffen und der Gefangennahme seines unglücklichen Bruders in Cajamarca. Er gab sogleich Befehl, Huascar mit der seinem Range gebührenden Achtung zu behandeln, ihn jedoch nach der starken Festung Jauja zu bringen und dort in strengem Gewahrsam zu halten.

Wenn wir den Berichten Garcilaso de la Vegas – von mütterlicher Seite Neffe des großen Huayna Capac – glauben wollen, gingen Atahualpas Befehle sogar noch weiter. Nach dieser Quelle forderte der Sieger den gesamten Inkaadel des Landes auf, sich in Cuzco zu versammeln, um darüber zu beraten, wie das Reich am besten zwischen ihm und seinem Bruder zu teilen sei. Als sie in der Hauptstadt beisammen waren, wurden sie von den Truppen aus Quito umzingelt und ohne Erbarmen niedergemacht. Der Zweck dieser heimtückischen Gewalttat war, die königliche Familie gänzlich auszurotten, denn jedes ihrer Mitglieder konnte einen besser begründeten Anspruch auf die Krone erheben als Atahualpa. Doch war das Gemetzel damit nicht zu Ende. Auch die Nachkommenschaft der Nebenfrauen, Halbbrüder des Ungeheuers, kurz alle, in deren Adern Inkablut floß, wurden mit hineingezogen, ja auch alle Frauen und Mädchen aus königlichem Geblüt, seine Tanten, Nichten und Basen, ließ Atahualpa mit beispielloser Mordlust umbringen, noch dazu unter den ausgeklügeltsten und langwierigsten Martern. Um seiner Rache eine zusätzliche Würze zu geben, ließ er viele Hinrichtungen in Gegenwart Huascars vollziehen, der auf diese Weise gezwungen war, die Abschlachtung seiner Weiber und Schwestern mitanzusehen, die ihn in ihrer Todesangst vergebens um Hilfe anflehten.

Nicht nur im Lager Atahualpas ertönte Siegesjubel, sondern auch in der Stadt Cajamarca und im umliegenden Lande, und alles strömte herbei, um dem Sieger Glück zu wünschen und ihm zu huldigen. Der Herrscher von Quito zögerte nun nicht länger, die scharlachrote Borla, die Krone der Inka, anzulegen. Sein Sieg war vollständig. Er hatte seine Feinde auf ihrem eigenen Grund und Boden geschlagen, ihre Hauptstadt in Besitz genommen, seinem Nebenbuhler den Fuß in den Nacken gesetzt und sich das alte Zepter der Kinder der Sonne errungen. Aber die Siegesstunde war bestimmt, zur Stunde der tiefsten Erniedrigung zu werden.

3

Wir verließen die Spanier auf der Insel Puná, als sie sich zur Landung auf dem nahen Festland anschickten. Die Stadt Túmbez war nur einige Meilen von der Insel entfernt, und Pizarro setzte mit dem größeren Teil seiner Leute zu Schiff über, während der Rest Gepäck und Kriegsvorräte auf indianischen Balsas dorthin schaffen sollten. Eines dieser leichten Fahrzeuge, das als erstes die Küste erreichte, wurde sogleich von den Eingeborenen umringt, und drei Leute wurden vom Floß weg in das nahe gelegene Gehölz geschleppt und dort niedergemacht. Dann bemächtigten sich die Indianer einer zweiten Balsa, auf der Pizarros Kleiderkisten verstaut waren; doch drang das laute Hilfegeschrei der Verteidiger bis zu ihrem Befehlshaber, der mit einer kleinen Reiterschar in einiger Entfernung an der Küste gelandet war. Zwischen ihm und den von den Eingeborenen so hart Bedrängten lag ein großes Stück schlammigen Bodens, das bei Flut überspült wurde. Die Flut war vorüber und der Grund nachgiebig und trügerisch. Ohne Rücksicht auf die Gefahr spornte der kühne Reiter sein Pferd, ritt in die schlammige Tiefe, und seine Leute taten es ihm gleich. Bis zum Sattelgurt im Morast, mühten sie sich vorwärts und erschienen plötzlich mitten unter den Plünderern, die sich vor den sonderbaren Doppelwesen entsetzten und, ohne auch nur den geringsten Widerstand zu versuchen, Hals über Kopf in die nahen Wälder flüchteten.

Das Verhalten der Eingeborenen von Túmbez ist befremdlich, wenn man an die freundlichen Beziehungen denkt, die sie zu den Spaniern bei deren vorigem Besuch unterhalten und erst vor kurzem auf der Insel Puná erneuert hatten. Aber noch überraschter war Pizarro, als er beim Einzug in die Stadt feststellen mußte, daß sie nicht nur entvölkert, sondern mit Ausnahme weniger Gebäude ganz und gar zerstört war. Nur vier oder fünf der stattlichsten Privathäuser, die Festung und der große Tempel – auch diese schwer beschädigt und allen Schmuckes beraubt – waren übriggeblieben, die Lage der Stadt zu bezeichnen und von ihrem ehemaligen Glanz zu zeugen. Der wüste Schauplatz erfüllte die Eroberer mit Schrecken; denn auch die Neuangeworbenen, die noch nie an dieser Küste gewesen waren, hatten die wunderbaren Schilderungen von Túmbez' goldenen Schätzen gehört und diesen Reichtümern als einer leichten Beute nach allen Strapazen erwartungsvoll entgegengesehen. Aber Perus Gold schien nur ein Truggebilde zu sein, das sie erst durch Mühe und Gefahr hindurch angelockt hatte und nun in dem Augenblick verschwand, da sie es greifen wollten.

Pizarro sandte einen kleinen Trupp zur Verfolgung der Flüchtigen aus, und nach einigen leichten Scharmützeln fielen den Spaniern mehrere Eingeborene in die Hände, unter ihnen zufällig auch der Curaca der Stadt. Als er vor den spanischen Befehlshaber geführt wurde, versicherte er, er habe keinerlei Anteil an den Gewalttaten gegen die weißen Männer, sie seien vielmehr von einem gesetzlosen Volkshaufen ohne sein Wissen verübt worden. Er erklärte sich bereit, die Schuldigen, falls man ihrer habhaft werden könne, den Spaniern zur Bestrafung auszuliefern. Die Zerstörung der Stadt aber sei eine Folge der langen Kriege mit den wilden Stämmen von Puná, denen es schließlich gelungen sei, den Ort zu besetzen und die Einwohner in die nahen Wälder und Berge zu treiben. Der Inka, dem sie anhingen, sei zu sehr mit seinen eigenen Fehden beschäftigt, um sie gegen ihre Feinde zu schützen.

Ob Pizarro den Rechtfertigungen des Kaziken Glauben schenkte, mag bezweifelt werden. Jedenfalls ließ er sich seinen Argwohn nicht anmerken, und da der indianische Häuptling für sich und seine Untertanen Gehorsam gelobte, war der spanische General bereit, die Sache auf sich beruhen zu lassen. Offenbar kam ihm hier zum erstenmal zum Bewußtsein, daß es ein Gebot der Klugheit sei, die Zuneigung des an Zahl so ungeheuer überlegenen Volkes zu gewinnen, unter das er sich nun einmal gewagt hatte. Vielleicht war durch die Ausschreitungen, die sich seine Leute zu einem früheren Zeitpunkt hatten zuschulden kommen lassen, das Vertrauen der Bewohner von Túmbez erschüttert und das Volk zu dieser heimtückischen Vergeltung getrieben worden.

Indessen waren etliche Eingeborene, nachdem man ihnen Straffreiheit zugesichert hatte, ins spanische Lager gekommen, und Pizarro fragte sie, was denn aus seinen beiden Gefährten geworden sei, die nach der ersten Unternehmung bei ihnen geblieben waren. Ihre Antworten waren dunkel und widersprüchlich. Einige sagten, sie seien an einer Seuche gestorben, andere, sie seien im Krieg mit Puná umgekommen; wieder andre gaben zu verstehen, gewisse Ausschreitungen gegen indianische Weiber hätten sie das Leben gekostet. Es war unmöglich, die Wahrheit auszumachen, doch war die letzte Angabe nicht die unglaubwürdigste. Was auch die Ursache gewesen sein mochte, es blieb kein Zweifel, daß beide ums Leben gekommen waren.

Pizarro sah ein, daß es unklug wäre, länger an diesem Ort zu verweilen, denn ein Geist des Mißmuts mußte sich bald in die Reihen seiner Anhänger schleichen, wenn ihre Stimmung nicht durch neue Ereignisse oder fortgesetzte Tätigkeit gehoben würde. Doch war er begierig, genauere Kunde über Zustand, Stärke und Hilfsquellen des peruanischen Reiches sowie über den Herrscher und seine derzeitigen Verhältnisse einzuziehen. Auch war ihm daran gelegen, ehe er entscheidende Schritte unternahm und weiter ins Land vordrang, einen für eine Niederlassung geeigneten Ort ausfindig zu machen, der ihm sowohl eine regelmäßige Verbindung mit den Pflanzstaaten gewähren als auch eine sichere Zuflucht für den Notfall bieten sollte.

Er entschloß sich deshalb, einen Teil seiner Leute in Túmbez zu lassen und mit den übrigen einen Streifzug ins Landesinnere zu unternehmen, um die Gegend auszukundschaften, ehe er sich für irgendeinen Kriegsplan entschied. Anfang Mai 1532 rückte er aus; er selbst blieb in den tiefergelegenen Landstrichen, doch sandte er eine kleine Abteilung unter Hernando de Soto aus, die Ausläufer der großen Sierra zu erkunden.

Er hielt auf strenge Kriegszucht während des Marsches, untersagte seinen Leuten jede Gewalttat und bestrafte Ungehorsam auf die schnellste und entschiedenste Weise. Die Eingeborenen leisteten nur selten Widerstand. Wenn sie sich zur Wehr setzten, wurden sie rasch besiegt; doch weit entfernt von nachtragender Rachsucht, zeigte sich Pizarro den ersten Anzeichen von Unterwerfung stets zugänglich. Durch diese milde und großzügige Politik erwarb er sich bald einen guten Ruf bei den Bewohnern, der die ungünstigen früheren Eindrücke verwischte. Auf seinem Marsch durch die dichtbevölkerten Ortschaften, mit denen das ebene Land zwischen Kordilleren und Ozean übersät war, hießen ihn die Eingeborenen mit ländlicher Gastfreundschaft willkommen und versorgten seine Truppen mit gutem Quartier und reichlicher Nahrung, woran in der fruchtbaren Tierra caliente kein Mangel herrschte. Überall ließ Pizarro verkünden, er komme im Namen des Statthalters Gottes auf Erden und des Herrschers von Spanien, um von den Einwohnern als echten Kindern der Kirche und als Untertanen seines Herrn und Gebieters Gehorsam zu fordern. Und da die arglosen Leute nichts gegen eine Formel vorzubringen hatten, von der sie nicht eine Silbe verstanden, ließ man sie kurzerhand als gute Untertanen der kastilischen Krone gelten und ihre Huldigung – oder was man bereitwillig dafür nahm – vom Notar ordnungsgemäß aufzeichnen und beglaubigen.

Nach etwa drei oder vier Wochen der Erkundungen kam Pizarro zu dem Schluß, daß sich das fruchtbare Tal von Tangarara, etwa neunzig Meilen südlich von Túmbez, am besten für seine neue Niederlassung eigne, denn es war durch mehrere Wasserläufe mit dem Meere verbunden. Nach diesem Ort beorderte er denn sogleich die in Túmbez zurückgelassene Mannschaft mit den Schiffen, und kaum waren sie angelangt, ging man emsig daran, die neue Stadt nach den Bedürfnissen der Ansiedler zu erbauen. Holz lieferten die nahen Wälder; Steine bezog man aus den Steinbrüchen, und allmählich erhoben sich Gebäude, von denen einige wo nicht auf Schönheit, so doch auf Festigkeit Anspruch erheben konnten. Zu ihnen gehörten eine Kirche, ein öffentliches Vorratshaus, ein Gerichtsgebäude und eine Festung. Eine städtische Obrigkeit wurde eingesetzt, bestehend aus Regidores, Alkalden und den herkömmlichen Verwaltungsbeamten. Das umliegende Land wurde unter die Bewohner verteilt und jedem Siedler eine bestimmte Anzahl Eingeborener als Hilfskräfte zugewiesen; denn da es, wie Pizarros Sekretär bemerkt, ›auf der Hand lag, daß die Ansiedler nicht ohne die Dienstleistungen der Indianer bestehen konnten, waren sich die Geistlichen und die Führer des Unternehmens sämtlich darin einig, daß die Repartimientos der Sache der Religion nur dienlich sein und zum geistlichen Wohl der Eingeborenen beitragen würden, da sie auf diese Weise Gelegenheit erhielten, sich mit dem wahren Glauben vertraut zu machen‹.

Nachdem Pizarro diese Anordnungen mit so gewissenhafter Rücksicht auf das Seelenheil der in Finsternis befangenen Heiden getroffen hatte, gab er seiner jungen Stadt den Namen San Miguel, eingedenk der Dienste, die ihm dieser Heilige in den Kämpfen mit den Indianern von Puná geleistet hatte. Die Lage der Ansiedlung erwies sich später als so ungesund, daß man die Stadt an die Ufer des schönen Piuraflusses verlegte. Aber ihr Name San Miguel de Piura erinnert noch an die Gründung der ersten europäischen Niederlassung im Reich der Inka.

Ehe Pizarro von der neuen Ansiedlung schied, ließ er die Gold- und Silberarbeiten, die er in verschiedenen Teilen des Landes an sich gebracht hatte, zu Klumpen einschmelzen und ein Fünftel davon für die Krone zurücklegen. Das übrige gehörte eigentlich den Truppen, doch bewog er sie, für diesmal darauf zu verzichten, und versprach ihnen reiche Entschädigung durch die erste ihnen zufallende Beute. Mit den Schätzen und anderen Gegenständen, die er im Laufe des Feldzugs zusammengebracht hatte, sandte er die Schiffe nach Panamá zurück. Das Gold wurde zur Bezahlung der Schiffseigner sowie derjenigen Leute verwendet, welche die zur Unternehmung nötigen Dinge geliefert hatten. Daß sich seine Männer so leicht überreden ließen, ihren gegenwärtigen Besitz einer vagen Zukunftshoffnung zu opfern, beweist, daß der alte Unternehmungsgeist in aller Stärke wieder bei ihnen erwacht war und sie mit unverminderter Zuversicht künftigen Erfolgen entgegensahen.

Bei seinem letzten Erkundungszug hatte der spanische Befehlshaber manch wichtige Kunde über den Zustand des Königreichs erhalten. Er wußte, wie der Streit zwischen den beiden Inkabrüdern ausgegangen war und daß der Sieger jetzt mit seinem Heer nur zehn bis zwölf Tagereisen von San Miguel entfernt sein Lager aufgeschlagen hatte. Was er über Reichtum und Macht dieses Herrschers und über seine große Hauptstadt im Süden erfuhr, stimmte ganz mit den ihm früher zugetragenen Gerüchten überein.

Es ist möglich, daß der spanische General schon während seines Aufenthalts in San Miguel an eine verwegene Überrumpelung, einen wirkungsvollen Coup de main, gedacht hat, der ähnlich dem Handstreich Cortez', als er den aztekischen Herrscher in sein Lager entführte, das Volk mit Schrecken erfüllen und mit einem Schlag eine Entscheidung herbeiführen sollte. Wahrscheinlich ist jedoch, daß er zunächst nur vorhatte, sich dem Inka als der friedliche Stellvertreter eines anderen Herrschers zu präsentieren und durch diese Freundschaftsbekundung jedes feindselige Gefühl, ja jeden Argwohn gegen die Spanier zu verscheuchen. War er erst einmal mit dem indianischen Fürsten in Verbindung getreten, so konnte er ja den künftigen Kurs nach den Umständen einrichten.

Am 24. September 1532, fünf Monate nach seiner Landung in Túmbez, rückte Pizarro mit seiner kleinen Abenteurerschar aus den Toren von San Miguel aus, nachdem er den Ansiedlern eingeschärft hatte, ihre indianischen Untergebenen menschlich zu behandeln und sich so zu verhalten, daß sie das Wohlwollen der benachbarten Stämme gewönnen. Hiervon hänge ihr Leben, die Sicherheit des Heeres und der Erfolg des ganzen Unternehmens ab. Der königliche Schatzmeister, der Veedor oder Aufseher der Edelmetalle und andere Beamte der Krone sollten in der Niederlassung zurückbleiben; der Befehl über die Besatzung wurde dem Contador Antonio Navarro anvertraut. Pizarro aber stellte sich an die Spitze seiner Truppen und machte sich beherzt auf den Weg ins Landesinnere, in der Richtung, wo sich nach seinen Erkundigungen das Lager des Inka befand. Es war ein gewagtes Unternehmen, mit einer Handvoll Leute ins Innere eines mächtigen Reiches einzudringen und dem indianischen Herrscher in seinem eigenen Lager inmitten der Blüte seines siegreichen Heeres entgegenzutreten. Mehr als einmal hatte Pizarro erfahren, wie schwer es war, sich gegen die rohen Stämme des Nordens zu behaupten, die doch an Stärke und Zahl den Kriegsscharen Perus weit unterlegen waren. Aber gerade das Risiko machte, wie wir schon mehrmals zu bemerken Gelegenheit hatten, für den Spanier den eigentlichen Reiz der Sache aus. Die glänzenden Taten, die seine Landsleute bei ähnlichen Gelegenheiten mit so unzureichenden Mitteln vollbracht hatten, flößten ihm Vertrauen zu seinem eigenen Glücksstern ein; und dieser Zuversicht hatte er seinen Erfolg zu danken. Hätte er nur einen Augenblick geschwankt, hätte er sich damit aufgehalten, mögliche Gefahren zu erwägen, so wäre er unfehlbar gescheitert; denn die Übermacht war zu groß, als daß man mit nüchternem Verstand dagegen hätte ankämpfen können. Nur der Wagemut eines fahrenden Ritters konnte ihr siegreich entgegentreten.

Nachdem die kleine Schar das ruhige Wasser des Piuraflusses durchquert hatte, setzte sie ihren Weg durch ebenes Gelände fort, das immer wieder von Wasserläufen aus den nahen Kordilleren durchschnitten wurde. Riesenhafte Wälder bedeckten das Land, und hier und da war die Ebene von kahlen Hügelketten unterbrochen, die wie Schößlinge der benachbarten Anden anmuteten und mitunter liebliche weltabgeschiedene Täler bildeten. Wurde der Boden auch nur selten von Regen benetzt, so war er doch von Natur fruchtbar, und wo ihn Feuchtigkeit erfrischte wie an den Ufern der Wasserläufe, da schmückte ihn das frischeste Grün. Überdies hatte der Fleiß der Bewohner die Flüsse aufs beste nutzbar gemacht; Kanäle und Aquädukte durchzogen die Niederungen in allen Richtungen wie ein riesiges Netz und verbreiteten Fruchtbarkeit und Schönheit ringsumher. Süße Blumendüfte erfüllten die Luft, und überall wurde das Auge erquickt von prangenden Obstgärten voll unbekannter Früchte, von Feldern mit wogendem gelbem Korn und köstlichem Gemüse aller Art, wie es in dem sonnigen Klima dieses Himmelsstrichs üppig gedeiht. Die Spanier befanden sich jetzt unter einem Volk, das den Ackerbau in einer Weise vervollkommnet hatte, wie es ihnen bisher nirgends auf dem amerikanischen Festland begegnet war; und ihre eigene Lage inmitten dieser paradiesischen Fülle stach aufs angenehmste ab von dem traurigen Los, das ihnen vorher in der eintönigen Mangrovenwildnis beschieden gewesen war.

Auch wurden sie von dem einfachen Volk überall mit zutraulicher Gastfreundschaft aufgenommen, was zweifellos zu einem guten Teil ihrem eigenen friedfertigen Benehmen zuzuschreiben war. Jeder Spanier schien zu wissen, daß das einzige Mittel zum Gelingen ihres Vorhabens darin bestand, das Wohlwollen der Bewohner zu gewinnen, unter die sie sich so leichtfertig gewagt hatten. In den meisten Dörfern und in jeder größeren Ortschaft gab es eine Festung oder eine königliche Raststätte für den Inka, deren weitläufige Räume den Spaniern bequemes Unterkommen boten.

Am fünften Tag nach ihrem Aufbruch von San Miguel machte Pizarro in einem lieblichen Tal halt, um seine Truppen ausruhen zu lassen und sie einer gründlicheren Besichtigung zu unterziehen. Es waren insgesamt hundertsiebenundsiebzig Mann, darunter siebenundsechzig Reiter. In seinem ganzen Trupp zählte er nur drei Hakenbüchsen- und einige Armbrustschützen, zusammen nicht über zwanzig. Die Mannschaft war leidlich ausgerüstet und in gutem Gesundheitszustand. Aber der scharfe Blick des Befehlshabers bemerkte mit Unbehagen, daß trotz der Kraft und Frische, die seine Leute im allgemeinen an den Tag legten, doch einige unter ihnen waren, deren Mienen Unzufriedenheit verfinsterte und die, wenn sie ihren Mißmut auch nicht in offnem Murren laut werden ließen, doch von der gewohnten eifrigen Bereitwilligkeit weit entfernt waren. Er wußte wohl: wenn ein solcher Geist um sich griffe, mußte dies dem Unternehmen zum Verderben gereichen, und so hielt er es für besser, den Krebsschaden um jeden Preis sofort auszumerzen, als erst zu warten, bis er den ganzen Organismus befallen hätte. Er griff daher zu einem außergewöhnlichen Mittel.

Er rief seine Leute zusammen und erklärte ihnen, für sie alle sei jetzt ein entscheidender Augenblick gekommen, der ihren ganzen Mut erfordere. Wer nicht mit Leib und Seele bei der Sache sein könne oder auch nur im mindesten an ihrem Erfolg zweifle, der solle sich hüten, an der Unternehmung weiterhin teilzunehmen. Bereue jemand, sich darauf eingelassen zu haben, so sei noch Zeit zur Umkehr. San Miguel sei zu schwach besetzt, und es könne ihm nur angenehm sein, dort eine stärkere Besatzung zu wissen. Wer wolle, möge also nach jenem Ort zurückkehren und solle den gleichen Anspruch auf Ländereien und indianische Hilfskräfte haben wie die bisherige Besatzung. Mit den übrigen aber, seien es nun wenige oder viele, die es vorzögen, sein Schicksal zu teilen, werde er das Abenteuer bis ans Ende durchstehen.

Dies war gewiß ein merkwürdiger Vorschlag aus dem Munde eines Befehlshabers, der das Ausmaß der Unzufriedenheit in seinen Reihen nicht kannte und von der für das Unternehmen ohnehin viel zu schwachen Streitmacht im Grunde nicht einen einzigen entbehren konnte. Doch fanden sich trotz des günstigen Angebots nur wenige, insgesamt neun an der Zahl, die von Pizarros Erlaubnis Gebrauch machten. Vier davon gehörten zum Fußvolk und fünf zur Reiterei. Die übrigen beteuerten laut ihre Bereitwilligkeit, mit ihrem tapferen Anführer vorwärts zu gehen. Die kluge Maßnahme des scharfblickenden Befehlshabers hatte den besten Erfolg. Die wenigen Samenkörner des Mißvergnügens waren nunmehr ausgesondert, die, sich selbst überlassen, leicht im verborgenen hätten keimen und sich zu allgemeiner Rebellion hätten auswachsen können. Cortez hatte seine Leute gezwungen, ihren Kriegszug fortzusetzen, indem er die Schiffe verbrannte und ihnen so den einzigen Weg zum Rückzug abschnitt. Pizarro dagegen öffnete den Unzufriedenen die Tür und erleichterte ihnen den Abzug. Beide trafen unter den jeweiligen Umständen die richtige Entscheidung, und beiden gelang ihr Vorhaben aufs beste.

Pizarro, der sich durch den Verlust eher gestärkt als geschwächt fühlte, trat nun seinen Marsch wieder an und gelangte am zweiten Tag nach einem Ort namens Zaran, der in einem fruchtbaren Tal in den Bergen lag. Einige Bewohner waren fortgeholt worden, um die Truppen Atahualpas zu verstärken. Die Spanier hatten auf ihrem Marsch immer wieder Beweise von dem harten Regiment des Inka erhalten, der manche Täler fast entvölkert hatte, um Verstärkungen für sein Heer zu gewinnen. Der Curaca der indianischen Stadt, in der Pizarro jetzt anlangte, empfing ihn gastfreundlich, und die Truppen wurden wie gewöhnlich in einem der königlichen Rasthäuser oder Tambu untergebracht.

Noch immer deutete nichts darauf hin, daß sie sich dem Feldlager des Inka näherten, obgleich schon mehr Zeit verstrichen war, als man ihnen anfänglich für den Weg angegeben hatte. Kurz vor

Abb. 12 Pizarro empfängt eine Gesandtschaft der Indianer

seiner Ankunft in Zaran hatte Pizarro gehört, eine peruanische Besatzung befinde sich in Cajas, einem Ort in den Bergen nicht weit von seinem jetzigen Aufenthalt. Er hatte sogleich eine kleine Abteilung unter Hernando de Soto in jener Richtung ausgeschickt, mit dem Auftrag, die Gegend zu erkunden und ihm nach Zaran zuverlässige Nachrichten zu bringen.

Ein Tag nach dem andern verstrich; schon war eine Woche vergangen, ohne daß Pizarro etwas von den Gefährten hörte, und er machte sich bereits ernste Sorgen um ihr Schicksal, als am achten Morgen endlich Soto erschien und einen Abgesandten vom Inka selbst mitbrachte. Es war ein vornehmer Mann, den mehrere Personen geringeren Standes begleiteten. Er war mit den Spaniern in Cajas zusammengetroffen und hatte sich ihnen angeschlossen, um eine Botschaft seines Gebieters und ein Geschenk für den spanischen Befehlshaber zu überbringen. Dieses bestand aus zwei steinernen Brunnenbecken in Gestalt von Festungen, einigen feinen, mit Gold und Silber bestickten Wollstoffen und einer Menge getrockneten, auf eigentümliche Weise gewürzten Entenfleischs, das in pulverisiertem Zustand den vornehmen Peruanern als Duftstoff diente. Der indianische Abgesandte überbrachte auch den Gruß seines Herrn, der die Fremden in seinem Lande willkommen heiße und sie einlade, ihn in seinem Lager im Gebirge zu besuchen.

Pizarro begriff sehr wohl, daß der Inka ihm mit diesem diplomatischen Besuch nicht so sehr eine Höflichkeit erweisen als vielmehr Stärke und Beschaffenheit der Eindringlinge ergründen wollte. Doch zeigte sich der Spanier sehr erfreut über die Gesandtschaft und gab nicht zu erkennen, daß er die wahre Absicht durchschaute. Er ließ den Peruaner bewirten, so gut es nur in ihren Kräften stand, und erwies ihm, wie einer der Eroberer bezeugt, alle Ehrerbietung, die dem Abgesandten eines so großen Monarchen gebührte. Pizarro bat ihn, den Besuch auf mehrere Tage auszudehnen, was der Gesandte ablehnte; doch nutzte er seine Zeit aufs beste, indem er sich genau unterrichtete, sowohl über den Gebrauch jedes ihm fremden Gegenstandes, den er zu Gesicht bekam, wie über den Zweck des Besuchs der weißen Männer und über das Land, aus dem sie kamen.

Der spanische Befehlshaber befriedigte die Neugier des Gastes in jeder Hinsicht. Die Unterhaltung mit den Eingeborenen wurde mit Hilfe von zwei jungen Männern geführt, welche die Eroberer bei der Rückkehr von ihrer vorigen Reise begleitet hatten. Sie waren von Pizarro nach Spanien mitgenommen worden, und da man sich viel Mühe gegeben hatte, sie das Kastilische zu lehren, dienten sie nun als Dolmetscher und ermöglichten die Verständigung mit ihren Landsleuten. Das war eine unschätzbare Hilfe, und der spanische Befehlshaber erntete in reichem Maß die Früchte seiner Vorsorge.

Er beschenkte den Peruaner beim Abschied mit einer roten Tuchmütze, einigem wertlosen, aber prunkvollen Glasschmuck und anderen Kleinigkeiten, die er für solche Zwecke aus Kastilien mitgebracht hatte. Er trug dem Gesandten auf, seinem Gebieter zu sagen, die Spanier kämen von einem mächtigen Fürsten, der weit jenseits des Meeres wohne; sie hätten viel von Atahualpas Siegesruhm gehört und seien gekommen, ihm ihre Ehrerbietung zu erweisen und ihre Dienste und Waffenhilfe gegen seine Feinde anzubieten. Er möge versichert sein, daß sie unterwegs nicht säumen und sich so bald wie möglich bei ihm einfinden würden.

Pizarro erhielt nun von Soto einen ausführlichen Bericht über dessen letzte Unternehmung. Als dieser nach Cajas kam, fand er die Einwohner in Schlachtordnung aufgestellt, als wenn sie ihm den Durchzug streitig machen wollten. Doch überzeugte er sie bald von seinen friedlichen Absichten, worauf sie ihre drohende Haltung aufgaben und die Spanier mit derselben Höflichkeit empfingen, die ihnen fast überall auf ihrem Marsche begegnet war.

Hier fand Soto einen der königlichen Beamten bei der Einziehung der Abgaben für die Regierung. Von diesem erfuhr er, der Inka befinde sich mit einem großen Heer in Cajamarca, einer ansehnlichen Stadt im Gebirge, wo er die aus natürlichen Quellen gespeisten warmen Bäder gebrauche, derentwegen der Ort damals berühmt war. Der Ritter zog auch manch wichtige Kunde über die Einnahmen und Verwaltungsmethoden der Inka ein, über den Aufwand bei Hofe und die unerbittliche Strenge, mit der man dem Gesetz überall Geltung verschaffte. Er selbst hatte Gelegenheit, sich davon zu überzeugen, als er bei seinem Eintritt in die Ortschaft einige an den Füßen aufgeknüpfte tote Indianer sah, die man gehenkt hatte, weil sie sich an den Sonnenjungfrauen eines benachbarten Klosters vergangen hatten.

Von Cajas aus hatte sich Soto nach dem nahen, viel größeren, volkreicheren und solider gebauten Huancabamba begeben. Viele Häuser waren statt aus sonnengebranntem Lehm aus festen Steinen errichtet, die man so sorgfältig aneinandergepaßt hatte, daß sich die Fugen nicht entdecken ließen. Den Fluß, der durch die Stadt strömte, überspannte eine Brücke, und die große Landstraße, die durch diese Gegend führte, übertraf bei weitem die Straße, welche die Spanier an der Küste gesehen hatten. Sie war an vielen Stellen zu einem Damm erhöht, mit schweren Steinplatten gepflastert und von Bäumen eingefaßt, die dem Reisenden angenehmen Schatten spendeten, während Aquädukte an den Straßenrändern frisches Wasser für seinen Durst bereithielten. In gewissen Abständen gewahrten die Spanier kleine Häuser, Unterkünfte für die Reisenden, wie man ihnen sagte, die auf diese Weise ohne Beschwerlichkeiten von einem Ende des Königreichs zum andern gelangen konnten. An einer anderen Stelle sahen sie eines der für das Heer bestimmten Vorratshäuser, mit Getreide und Kleidungsstücken angefüllt; und am Eingang der Stadt befand sich ein steinernes Gebäude, wo ein Beamter seinen Dienst versah, indem er auf die verschiedensten ein- oder ausgeführten Waren Zoll erhob. – Sotos Bericht bestätigte nicht nur alles, was die Spanier von dem indianischen Reich bereits gehört hatten, sondern steckte ihnen noch viele neue Lichter über seine Hilfsquellen und Verwaltungsmethoden auf. Solche Kunde hätte das Selbstvertrauen bei weniger beherzten Männern wohl erschüttern können.

Ehe Pizarro sein jetziges Quartier verließ, sandte er einen Boten mit Nachrichten über den Fortgang des Unternehmens nach San Miguel und gab ihm die Geschenke des Inka mit sowie alle sonstigen Gegenstände, die er unterwegs erhalten hatte. Die Kunstfertigkeit, von der manche Stücke zeugten, erregte später in Kastilien große Bewunderung. Vornehmlich die feinen Wollgewebe mit ihrer reichen Stickerei wurden gerühmt und Seidenstoffen gleichgestellt, von denen sie sich kaum unterscheiden ließen. Wahrscheinlich waren sie aus der zarten Vikunjawolle gefertigt, die man in Europa noch nie gesehen hatte.

Nachdem Pizarro sich den kürzesten Weg nach Cajamarca hatte beschreiben lassen, setzte er seinen Marsch in fast südlicher Richtung fort. Die erste größere Ortschaft, in der er haltmachte, war

Motupe, lieblich in einem fruchtbaren Tal zwischen mäßig hohen Bergen gelegen, die sich an den Fuß der Kordilleren schmiegten. Der Ort war von seinem Curaca verlassen worden, der sich mit dreihundert Kriegern unter die Fahne des Inka gestellt hatte. Der General hielt sich trotz seines Vorsatzes, unverzüglich vorwärts zu eilen, vier Tage hier auf. Sein Zögern läßt sich nur damit erklären, daß er wohl noch immer hoffte, Verstärkung zu erhalten, ehe er die Kordilleren überstiege. Indes zeigte sich nichts dergleichen, und so zogen sie denn weiter durch ebenes, sandiges Gelände, das hier und da breite Wiesenflächen belebten, von natürlichen Wasserläufen, häufiger aber von künstlichen Kanälen bewässert. Schließlich gelangten die Spanier ans Ufer eines breiten, tiefen Flusses, und die reißende Strömung machte den Übergang schwieriger als gewöhnlich. Pizarro fürchtete, die Eingeborenen am andern Ufer könnten ihn daran zu hindern suchen und befahl seinem Bruder Hernando, mit einer kleinen Abteilung im Schutz der Nacht überzusetzen und den übrigen Truppen eine sichere Landung zu ermöglichen. Bei Tagesanbruch schickte sich Pizarros Schar zum Übergang an, schlug Baumstämme in den nahen Wäldern und baute eine floßartige Brücke, auf der bis zum Einbruch der Nacht alle glücklich hinübergelangten, die Pferde schwimmend und von ihren Reitern am Zügel geführt. Es war ein hartes Tagwerk; Pizarro nahm wie jeder gemeine Soldat tätigen Anteil daran und hatte stets ein aufmunterndes Wort für seine Leute.

Als sie ans andere Ufer gelangt waren, erfuhren sie von ihren Gefährten, die Eingeborenen hätten, statt Widerstand zu leisten, erschrocken die Flucht ergriffen. Einer von ihnen, als Gefangener vor Hernando Pizarro geführt, hatte sich hartnäckig geweigert, irgendwelche Auskünfte über den Inka und sein Heer zu geben; erst als man ihn durch die Folter erpreßte, verriet er, Atahualpa halte mit seiner gesamten Streitmacht in drei verschiedenen Abteilungen die Höhen und Ebenen von Cajamarca besetzt. Ferner berichtete er, der Inka wisse vom Herannahen der weißen Männer und von ihrer geringen Anzahl und habe sie absichtlich in jene Gegend gelockt, um sie desto besser in seine Gewalt zu bekommen.

Dieser Bericht Hernandos erfüllte seinen Bruder mit großer Besorgnis. Als indes die Furchtsamkeit der Eingeborenen sich allmählich legte, gesellten sich einige zu den spanischen Truppen, unter ihnen auch der Curaca des Dorfes. Er war selbst im königlichen Lager gewesen und berichtete dem General, Atahualpa befinde sich mit einem wenigstens fünfzigtausend Mann starken Heer in der festen Stadt Huamachuco, einige sechzig Meilen südlich von Cajamarca.

Die widersprüchlichen Angaben setzten den Befehlshaber in große Verlegenheit; er machte daher einem der Indianer, die ihn lange Zeit auf seinem Marsch begleitet hatten, den Vorschlag, als Kundschafter ins Lager des Inka zu gehen und den Spaniern Nachricht zu bringen, wo dieser sich tatsächlich befinde und was er gegen die Spanier im Schilde führe. Der Indianer lehnte diesen gefährlichen Dienst entschieden ab, doch erklärte er sich bereit, den Inka als regelrechter Bote des spanischen Befehlshabers aufzusuchen.

Pizarro ging auf den Vorschlag ein und trug seinem Gesandten auf, dem Inka zu versichern, daß er mit gebührender Eile vorrücke, um mit ihm zusammenzutreffen. Auch solle er den Herrscher wissen lassen, die Spanier hätten sich während ihres Zuges durchs Land stets rücksichtsvoll gegen seine Untertanen verhalten und hegten nun das feste Vertrauen, bei ihm die gleiche freundliche Gesinnung zu finden. Überdies solle der Abgesandte sein besonderes Augenmerk darauf richten, ob die Peruaner die Pässe, über die der Weg führte, besetzt hielten oder ob irgendwelche Vorbereitungen im Gange seien, die auf Feindseligkeit deuteten. Darüber solle er dem General durch zwei oder drei schnellfüßige Diener, die ihn auf seiner Mission begleiten würden, Nachricht zukommen lassen.

Nachdem er auf diese Weise Vorsorge getroffen, trat der wachsame Befehlshaber seinen Marsch wieder an und gelangte nach drei Tagen an den Fuß des Gebirgswalles, hinter dem die alte Stadt Cajamarca lag. Vor ihm erhoben sich die ungeheuren Anden, Fels auf Fels getürmt, ihre Säume dunkel von immergrünen Wäldern, belebt hier und da von terrassenförmig angelegten Flekken Gartenland und den Hütten des Landvolks an den rauhen Hängen und bekrönt von den Schneegipfeln, die sich schimmernd in den Himmel reckten – das Ganze ein grandioses Gemenge von Erhabenheit und Schönheit, wie man es wohl in keiner anderen Gebirgsszenerie der Welt wiederfindet. Diesen gewaltigen Schutzwall mit seinem Labyrinth von Pässen, die eine Handvoll Leute leicht gegen ein ganzes Heer verteidigen konnten, sollten die Truppen nun übersteigen. Zu ihrer Rechten zweigte eine breite, ebene, an den Rändern freundlich beschattete Straße ab, auf der zwei Wagen bequem nebeneinander Platz gehabt hätten. Es war eine der großen Landstraßen nach Cuzco, und sie schien durch ihre Zugänglichkeit den müden Krieger einzuladen, ihr vor den gefährlichen Bergpässen den Vorzug zu geben. Daher waren viele der Meinung, man solle diesen Weg einschlagen und den ursprünglichen Vorsatz, nach Cajamarca zu ziehen, aufgeben. Pizarro teilte diese Meinung nicht.

Er sagte, die Spanier hätten überall ihr Vorhaben verkündet, den Inka in seinem Lager aufzusuchen, und diese Absicht sei auch dem Inka selbst übermittelt worden. Wenn sie jetzt eine andere Richtung einschlügen, würde das nur als Feigheit ausgelegt werden und ihnen Atahualpas Verachtung eintragen. Es bleibe ihnen also keine andere Wahl, als geradewegs über die Sierra in sein Hauptquartier zu ziehen. »Ein jeder von euch fasse sich ein Herz«, sagte der tapfere Anführer, »und gehe vorwärts, wie es sich für einen guten Soldaten ziemt; keiner lasse sich einschüchtern, so gering an Zahl wir auch sind. Denn in der größten Not steht Gott immer den Seinen bei. Zweifelt nicht daran, daß Er den Stolz des Heiden demütigen und ihn dem wahren Glauben zuführen wird, was ja der große Sinn unseres Eroberungszuges ist.«

Pizarro besaß wie Cortez in reichem Maße jene offene, männliche Überzeugungskraft, die das Herz des Soldaten stärker anrührt als stolzes Wortgepränge und der glänzendste Redefluß. Er war selbst Soldat und teilte alle Gefühle des Soldaten, seine Freuden, seine Hoffnungen und seine Enttäuschungen. Weder Rang noch Macht hatten ihm den Geringsten seiner Anhänger entfremden können. Jede Saite in ihren Herzen fand Widerklang in dem seinen, und diese Gewißheit gab ihm Gewalt über sie. »Führe uns weiter«, riefen sie laut, als er seine kurze, belebende Rede beendet hatte, »führe uns, wohin du es für richtig hältst! Wir werden dir bereitwillig folgen, und du wirst sehen, daß wir für die Sache Gottes und des Königs unsere Schuldigkeit tun.« Es gab kein Zögern mehr. Alle Gedanken waren nur noch darauf gerichtet, unverzüglich den Gebirgswall zu überschreiten.

4

Am Abend beriet sich Pizarro mit seinen obersten Offizieren, und es wurde beschlossen, er selbst solle die aus vierzig Reitern und sechzig Fußsoldaten bestehende Vorhut anführen und das Gelände erkunden, die übrige Mannschaft aber unter dem Befehl seines Bruders Hernando in der jetzigen Stellung bleiben und weitere Befehle abwarten.

Sobald es tagte, war der spanische General mit seiner Abteilung unter Waffen, bereit, den Schwierigkeiten der Sierra Trotz zu bieten. Es zeigte sich, daß diese weitaus größer waren als erwartet. Der mit viel Bedacht angelegte Weg wand sich um die zerklüfteten, schroffen Bergwände und umging so gut wie möglich die natürlichen Hindernisse des Geländes. Aber mitunter war er so steil, daß die Reiter absitzen und, die Pferde am Zügel, mühsam hinaufklimmen mußten. An manchen Stellen, wo ungeheure Felsvorsprünge über den Weg ragten, zog sich dieser hart am Rande des Abgrunds hin, und sie mußten sich auf dem schmalen Felsgesims, das kaum die Breite eines Pferdes hatte, entlangwinden, wo ein Fehltritt sie einige hundert, ja tausend Fuß in die schreckliche Tiefe hinabstürzen konnte. Die unwirtlichen Paßwege der Sierra, begehbar freilich für den halbnackten Indianer und allenfalls für das verläßliche und vorsichtige Maultier – ein Tier, das für die Wege der Kordilleren wie geschaffen scheint –, waren furchtbar für den schwerbewaffneten und gepanzerten Kriegsmann. Ungeheure Spalten oder Quebradas, für die jene Gebirgskette berüchtigt ist, taten sich klaffend auf, als wären die Anden durch einen gewaltigen Erdstoß auseinandergeborsten, und an ihren Wänden trat in breiter Schicht das Urgestein zutage, soweit es nicht längst wieder von wildem Pflanzenwuchs überdeckt worden war. Die finsteren Tiefen der Spalten bildeten ein Bett für die Gebirgsbäche, die im Innern der Sierra entsprangen, sich allmählich ans Licht arbeiteten und sich dann durch die Savannen und grünen Täler der Tierra caliente ihren Weg zum Ozean bahnten.

Viele Pässe eigneten sich nur zu gut für Verteidigungszwecke, und wenn die Spanier die zerklüfteten Hohlwege betraten, spähten sie besorgt um sich, ob sie nicht einen Feind aus seinem Hinterhalt aufstörten. Ihre Besorgnis wurde noch größer, als sich am Ende einer steilen, engen Schlucht, durch die sie sich aufwärts mühten, ein festungsartiger Bau vor ihnen erhob, der den Eindringlingen mit finsterer Herausforderung entgegenzublicken schien. Das Bauwerk bestand aus massivem Stein und beherrschte eine Wegbiegung; als die Spanier näher kamen, glaubten sie schon die dunklen Gestalten der Krieger über der Brustwehr auftauchen zu sehen und einen Hagel von Wurfgeschossen auf ihren Schilden zu fühlen; denn es war eine so überlegene Position, daß schon wenige entschlossene Männer ein ganzes Heer von dort aus in Schach halten konnten. Doch fanden sie die Stellung zu ihrer Erleichterung unbesetzt, und es beruhigte sie ungemein, daß der indianische Herrscher offensichtlich nicht die Absicht hatte, ihnen den Durchzug zu verwehren, was ihm zweifellos ein leichtes gewesen wäre.

Pizarro schickte nun seinem Bruder den Befehl, ihm unverzüglich zu folgen; dann setzte er, nachdem seine Leute sich etwas erholt hatten, den mühsamen Aufstieg fort und erreichte vor Anbruch der Nacht eine Anhöhe, auf der sich wiederum eine Festung erhob, stärker noch als die vorige. Sie war aus festem Mauerwerk erbaut und der untere Teil aus dem Felsen gehauen; das Ganze zeugte von einer Kunstfertigkeit, die der eines europäischen Baumeisters nicht nachstand.

Hier schlug Pizarro sein Lager für die Nacht auf. Ohne die Ankunft der Nachhut abzuwarten, setzte er am nächsten Morgen seinen Marsch fort, der ihn noch tiefer in die verschlungenen Schluchten der Sierra führte. Das Klima hatte sich allmählich geändert; die Menschen und vor allem die Pferde hatten nach so langer Gewöhnung an die drückende Hitze der Tropen sehr unter der Kälte zu leiden. Auch die Vegetation war nicht mehr die gleiche; die prächtigen Laubwälder, welche die tieferen Regionen des Landes bedeckten, hatten düsteren Nadelwäldern Platz gemacht, diese wiederum wichen in noch höheren Lagen den zahllosen krüppelwüchsigen Hochgebirgspflanzen, deren robuste Natur in der eisigen Höhenluft die ihnen gemäße Temperatur findet. Diese traurigen Einöden schienen von Mensch und Tier gemieden. Nur zuweilen sah man die leichtfüßige Vikunja in angeborener Freiheit umherstreifen und von einer hohen Klippe herablugen, auf die der Fuß des Jägers sich nicht wagen durfte. Aber statt der buntgefiederten Geschöpfe, die das grüne Dunkel der Tropenwälder belebten, zeigte sich dem Wanderer hier nur der verhaßte

Kondor, der große Vogel der Anden, hoch über den Wolken schwebend und mit klagenden Schreien der Spur des Heeres folgend, als witterte er den Weg zu Blut und Gemetzel.

Endlich erreichten die Spanier den Kamm der Kordilleren, der sich hier zu einer kahlen Hochfläche ausweitete, fast ohne eine Spur von Pflanzenleben mit Ausnahme des Pajonal, eines trockenen gelben Grases, das den Fuß der schneebedeckten Gipfel umsäumte; und wenn sein leuchtendes Strohgelb in den Strahlen der brennenden Sonne aufblitzte, wirkte es von unten wie goldene Einfassungen um Zinnen von glänzendem Silber. Das Land war unfruchtbar, wie es in Bergwerksgegenden die Regel ist, denn sie näherten sich nun den einst so berühmten Goldgruben auf dem Wege nach Cajamarca. Pizarro machte halt, um die Nachhut zu erwarten. Die Luft war scharf und eisig, und die Soldaten spannten ihre Planen aus, zündeten Feuer an und versuchten, dicht um die Flammen geschart, nach dem beschwerlichen Marsch etwas Ruhe zu finden.

Sie waren noch nicht lange an diesem Ort, als ein Bote ankam, einer der Eingeborenen, die den indianischen Abgesandten zu Atahualpa begleitet hatten. Er berichtete dem General, der Weg sei frei von Feinden, und eine Gesandtschaft des Inka sei unterwegs nach dem kastilischen Lager. Pizarro schickte sogleich eine Botschaft zu seiner Nachhut, um ihren Marsch zu beschleunigen, denn er wollte nicht, daß der peruanische Gesandte ihn mit einem so kleinen Häuflein vorfände. Die übrige Mannschaft war nicht weit entfernt und erreichte bald das Lager.

Kurz darauf kam auch die indianische Gesandtschaft an – ein Edelmann aus dem Inkaadel und mehrere Diener – und überbrachte dem spanischen Befehlshaber als willkommene Gabe einige Lamas. Der Peruaner übermittelte die Grüße seines Gebieters, der zu wissen wünschte, wann die Spanier in Cajamarca einträfen, damit er für die nötigen Erfrischungen sorgen könne. Pizarro erfuhr, daß der Inka Huamachuco verlassen habe und sich jetzt mit einer kleinen Streitmacht in der Nähe von Cajamarca befinde, an einem Ort, der wegen seiner warmen Quellen berühmt sei. Der Peruaner war ein verständiger Mann, und der spanische Befehlshaber erfuhr von ihm viele Einzelheiten über die Streitigkeiten, die in jüngster Zeit das Reich entzweit hatten.

Da der Gesandte die Kriegstaten und die Hilfsquellen seines

Gebieters in den höchsten Tönen rühmte, hielt es Pizarro für ratsam, zu zeigen, daß er sich dadurch keineswegs einschüchtern lasse. Er äußerte seine Genugtuung über die Siege Atahualpas, der, wie er zugeben müsse, aus der Reihe der indianischen Krieger weit herausrage. Dem Herrscher aber, der über die weißen Männer regiere, fügte er, mehr von Klugheit als von Höflichkeit geleitet, hinzu, sei der Inka ebenso unterlegen wie die kleinen Curaca seines Landes ihm unterlegen seien. Das beweise schon die Leichtigkeit, mit der wenige Spanier das große Festland überrannt und ein Volk nach dem andern, wenn es sich ihren Waffen widersetzte, niedergezwungen hätten. Atahualpas Ruhm habe ihn veranlaßt, sein Land zu besuchen und ihm Waffenhilfe anzubieten, und wenn ihn der Inka mit der gleichen freundlichen Gesinnung aufnehme, die er ihm entgegenbringe, dann sei er gern bereit, ihm Beistand zu leisten und seinen Zug quer durchs Land nach dem jenseitigen Meer einstweilen aufzuschieben. Nach kastilischen Zeugnissen vernahm der Peruaner die Ruhmestiraden des spanischen Befehlshabers mit ehrfürchtiger Scheu. Vielleicht aber war der Gesandte ein besserer Diplomat, als sie ahnten, und begriff sehr wohl, daß er mit seinem zivilisierteren Gegner nur eine Partie Prahlen spielte.

Früh am nächsten Morgen waren die Truppen wieder auf dem Marsch; sie brauchten zwei Tage, um sich durch die hohen Engpässe der Kordilleren zu winden. Bald nachdem sie den Abstieg auf der östlichen Seite begonnen hatten, kam abermals ein Abgesandter des Inka, der eine ähnliche Botschaft wie der vorige und wiederum einige peruanische Schafe als Geschenk überbrachte. Es war derselbe Edelmann, der Pizarro schon im Tal aufgesucht hatte. Jetzt kam er mit größerem Gepränge und trank Unmengen von Chicha – gegorenem Maissaft – aus goldenen Bechern, die seine Diener trugen und die den habgierigen Abenteurern entgegenfunkelten.

Während der Gesandte sich im Lager aufhielt, kehrte der indianische Bote zurück, den Pizarro gleich zu Anfang zum Inka geschickt hatte. Kaum erblickte er den Peruaner und bemerkte die ehrenvolle Aufnahme, die ihm die Spanier bereiteten, so wurde er von Zorn ergriffen und hätte seinem Grimm gewiß in Tätlichkeiten Luft gemacht, wenn die Umstehenden nicht dazwischengetreten wären. Es sei schändlich, sagte er, daß man diesen peruanischen Hund so höflich behandele, während er selbst auf seiner Mission fast ums Leben gekommen wäre. Als er ins Lager des Inka gekommen, sei ihm der Zutritt zu ihm mit der Begründung verweigert worden, der Herrscher halte seine Fasten und könne keinen Besuch empfangen. Man habe seiner Versicherung, er komme als Abgesandter der weißen Männer, keine Beachtung geschenkt und hätte ihn wahrscheinlich nicht mit dem Leben davonkommen lassen, wenn er nicht erklärt hätte, jede ihm angetane Gewalt würde in vollem Maße an den peruanischen Gesandten vergolten werden, die sich jetzt im spanischen Lager befänden. Man dürfe, fuhr er fort, an den feindlichen Absichten Atahualpas nicht zweifeln; denn er sei von einem starken Heer umgeben, das in einem befestigten Lager ungefähr drei Meilen von Cajamarca stehe, während die Stadt von den Einwohnern völlig geräumt sei.

Auf dies alles erwiderte der Gesandte des Inka ruhig, Pizarros Bote hätte auf einen solchen Empfang gefaßt sein müssen, da er ja offenbar keine Beglaubigung für seine Sendung vorzuweisen hatte. Was die Fasten des Inka betreffe, so habe es damit seine Richtigkeit, und obgleich er den Boten ohne Zweifel vorgelassen haben würde, wenn er gewußt hätte, daß er von den Fremden komme, so empfehle es sich doch nicht, ihn bei seinen ernsten Andachtsübungen zu stören. Die Streitmacht, die ihn umgebe, sei durchaus nicht so ungewöhnlich, wenn man bedenke, daß der Inka ja gerade einen wichtigen Krieg führe, und was Cajamarca betreffe, so hätten die Bewohner es nur geräumt, um den weißen Männern Platz zu machen, die bald dort einziehen würden.

So einleuchtend die Erklärung auch sein mochte, sie befriedigte den General doch nicht ganz; denn er war nun einmal überzeugt von Atahualpas Verschlagenheit und mißtraute seiner Gesinnung gegen die Spanier schon lange. Da ihm aber für jetzt daran lag, freundliche Beziehungen zu dem Herrscher zu unterhalten, war es nicht angebracht, Argwohn an den Tag zu legen. Deshalb gab er sich den Anschein, als schenke er der Erklärung des Gesandten vollen Glauben, und entließ ihn mit der erneuten Versicherung, daß er sich eiligst dem Inka vorstellen werde.

Obwohl die Anden auf der östlichen Seite weniger steil sind als auf der westlichen, war der Abstieg doch von kaum geringeren Schwierigkeiten begleitet als der Aufstieg, und die Spanier waren nicht wenig erleichtert, als sie am siebenten Tag endlich das Tal von Cajamarca erblickten, das sich, bunt geschmückt mit allen Reizen wohlbestellten Ackerlandes, gleich einem prächtigen, reichgemusterten Teppich vor ihnen ausbreitete, in lebhaftem Gegensatz zu den düsteren Bergen, die sich ringsumher erhoben. Das Tal hat eine ovale Form und ist ungefähr fünfzehn Meilen lang und neun Meilen breit. Seine Bewohner schienen allen, denen die Spanier jenseits des Gebirges begegnet waren, weit überlegen, was sich schon in der besonderen Art ihrer Kleidung verriet wie auch in der größeren Reinlichkeit und Gepflegtheit in ihrem Äußeren und ihren Wohnungen. So weit das Auge reichte, zeugte der ebene Landstrich von fleißiger und sorgsamer Bodenbearbeitung. Durch die Wiesen strömte ein breiter Fluß, der eine reichliche Bewässerung durch die üblichen Kanäle und unterirdischen Wasserleitungen ermöglichte. Das von grünen Hecken durchzogene Land war wie ein Schachbrett anzusehen mit seinen mannigfach bepflanzten Feldstücken. Der Boden war ergiebig, und bewirkte das Klima hier auch ein weniger üppiges Wachstum als in den heißen Küstengebieten, so war es doch den ausdauernden Pflanzen der gemäßigten Breiten günstiger. Zu Füßen der Abenteurer lag mit ihren weißen, in der Sonne glänzenden Häusern die kleine Stadt Cajamarca wie ein funkelnder Edelstein auf dem dunklen Saum der Sierra. Etwa drei Meilen davon entfernt sah man Dampfsäulen aus dem Tal aufsteigen, welche die berühmten, von den peruanischen Fürsten oft besuchten heißen Bäder anzeigten. Zugleich aber bot sich den Spaniern auch ein weniger angenehmer Anblick; denn längs der Berghänge war der Boden offensichtlich über mehrere Meilen hin bedeckt von einer weißen Wolke von Zelten, wie Schneeflocken so dicht. ›Wir wurden alle von Erstaunen ergriffen‹, sagt einer der Eroberer, ›als wir die Indianer in so stolzer Position erblickten. So viele Zelte, so wohl ausgestattet, wie wir es hierzulande noch nie gesehen hatten! Der Anblick erzeugte eine gewisse Bestürzung, ja Furcht selbst bei den beherztesten Männern. Aber zur Umkehr war es zu spät, und auch nicht das leiseste Zeichen von Schwäche durften wir uns anmerken lassen; sonst wären die Eingeborenen in unsern eigenen Reihen die ersten gewesen, die sich gegen uns erhoben hätten. So schickten wir uns denn, nachdem wir das Gelände ruhig in Augenschein genommen, in möglichst kühner Haltung zum Einzug in Cajamarca an.‹

Pizarro hatte seine kleine Streitmacht in drei Gruppen eingeteilt, und alle bewegten sich jetzt gemessenen Schrittes in Schlachtordnung die Abhänge hinab auf die indianische Stadt zu. Als er sie erreichte, erschien niemand, ihn zu bewillkommnen; er ritt durch die Straßen, ohne einem lebenden Wesen zu begegnen, ohne auch nur einen Laut zu hören außer dem Hall der Marschtritte zwischen den verlassenen Häusern.

Es war eine ansehnliche Stadt von ungefähr zehntausend Einwohnern. Die Häuser waren größtenteils aus sonnengetrocknetem Lehm errichtet, die Dächer mit Stroh oder Holz gedeckt. Einige der stattlichsten Häuser waren aus behauenem Stein erbaut; auch gab es hier ein von den Sonnenjungfrauen bewohntes Kloster und einen der Sonne geweihten Tempel, der sich am Stadtrand in den tiefen Schatten eines Haines barg. In dem Stadtteil, der dem indianischen Feldlager am nächsten lag, befand sich ein ungeheuer großer dreieckiger Platz. Er war von niedrigen Gebäuden umgeben, geräumigen Hallen mit weiten Türen oder Öffnungen, die auf den Platz mündeten. Vermutlich handelte es sich um Kasernen für die Soldaten des Inka. Wo der Platz ans offene Land grenzte, erhob sich eine steinerne Festung, von der Stadt über einen Treppenaufgang und von den Außenbezirken durch einen besonderen Zugang zu erreichen. Auf einer Anhöhe oberhalb der Stadt lag noch eine zweite Festung, aus behauenem Stein errichtet und von drei runden Mauern umschlossen, oder vielmehr von ein und derselben Mauer, die sich schneckenförmig herumwand. Es war ein Bauwerk von außerordentlicher Festigkeit, und die Ausführung zeugte von einem handwerklichen Können und einer baumeisterlichen Erfahrung, wie sie den Spaniern noch nirgends im Lande begegnet waren.

Es war spät am Nachmittag des 15. November 1532, als die Eroberer in die Stadt Cajamarca einzogen. Das Wetter war den Tag über schön gewesen, doch jetzt schien ein Sturm zu drohen, und Regen fiel, untermischt mit Hagel; denn es war ungewöhnlich kalt. Pizarro war indes so begierig, sich über die Gesinnung des Inka Gewißheit zu verschaffen, daß er beschloß, sogleich eine Gesandtschaft in sein Lager zu schicken. Er bestimmte dazu Hernando de Soto mit fünfzehn Reitern; doch kamen ihm nach dessen Aufbruch Bedenken, ob die Anzahl nicht zu gering sei, falls es von seiten der Indianer zu irgendwelchen Mißhelligkeiten käme, und deshalb beauftragte er seinen Bruder Hernando, den andern mit weiteren zwanzig Reitern zu folgen. Hernando und einer seiner Begleiter haben uns einen Bericht über diese Mission hinterlassen.

Zwischen der Stadt und dem königlichen Lager breitete sich Wiesenland, durch das ein fester Dammweg führte. Die Reiter jagten in gestrecktem Galopp darüber hin, und ehe sie noch drei Meilen zurückgelegt hatten, sahen sie vor sich das peruanische Lager, das sich längs der sanften Berghänge erstreckte. Die Lanzen der Krieger steckten vor den Zelten im Boden, und die indianischen Soldaten schlenderten müßig umher und blickten mit stummem Erstaunen auf den christlichen Reiterzug, der da unter Waffengeklirr und Trompetenschall gleich einer furchtbaren Geistererscheinung mit Windeseile heranfegte.

Der Trupp gelangte bald an einen breiten, aber seichten Wasserlauf, der sich durch die Wiese wand und einen Schutz für die Stellung des Inka bildete. Ein hölzerner Steg führte hinüber; doch die Reiter, die seiner Festigkeit mißtrauten, zogen es vor, durchs Wasser zu setzen, und gewannen ohne Schwierigkeit das andere Ufer. Ein Haufen bewaffneter indianischer Krieger war am Ende der Brücke postiert, doch behinderten sie die Spanier nicht, und diese hatten von Pizarro den strikten Befehl – der wohl unter den gegenwärtigen Umständen kaum nötig gewesen wäre –, die Eingeborenen recht freundlich zu behandeln. Ein Indianer zeigte ihnen die Unterkunft des Inka.

Es war ein offener Hof mit einem leichten, von Säulengängen umgebenen Gebäude in der Mitte, einer Art von Lusthaus, dessen Rückseite sich auf einen Garten öffnete. Die Mauern waren mit einem glänzenden, teils weißen, teils bunten Putz überzogen, und vor dem Gebäude stand ein großer steinerner Behälter, den Leitungen mit warmem und kaltem Wasser versorgten. Der Hof wimmelte von prächtig gekleideten indianischen Edelleuten aus dem Gefolge des Herrschers und Frauen des königlichen Hofstaates. Doch war es nicht schwer, in der Versammlung Atahualpa selbst zu erkennen, obgleich er einfacher gekleidet war als sein Gefolge. Aber er trug die rote Borla als Kopfschmuck, deren Fransen über die Stirn bis auf die Augenbrauen herabhingen. Dies war das wohlbekannte Zeichen der peruanischen Herrscherwürde, das der König erst nach der Niederwerfung seines Bruders Huascar angelegt hatte. Er saß auf einem niedrigen Polster oder Kissen, etwa nach der Art der Mauren oder Türken, und seine Edelleute und vornehmsten Offiziere standen in großer Förmlichkeit um ihn her und nahmen die ihrem Range gebührenden Plätze ein.

Die Spanier betrachteten mit großer Aufmerksamkeit den Fürsten, von dessen Grausamkeit und Arglist sie so viel gehört hatten und der sich durch seine Kühnheit in den Besitz des Reiches gesetzt hatte. Aber sein Gesicht verriet weder die wilden Leidenschaften noch die Verschlagenheit, die man ihm zuschrieb, und obgleich seine Haltung Würde und ruhiges Machtbewußtsein ausstrahlte, wie sie einem König anstanden, schien er aus seinen Zügen doch jeden Ausdruck verbannt zu haben und zeigte nur die für die amerikanischen Stämme so charakteristische Maske der Teilnahmslosigkeit.

Hernando Pizarro ritt mit Soto und nur zwei oder drei Begleitern langsam vor dem Inka auf, und indem er sich ehrerbietig verneigte, ohne jedoch vom Pferd zu steigen, teilte er ihm mit, er komme als Abgesandter seines Bruders, des Befehlshabers der weißen Männer, um ihm ihre Ankunft in der Stadt Cajamarca zu melden. Sie seien die Untertanen eines mächtigen Herrschers jenseits des Meeres; angezogen durch die Kunde von seinen großen Siegen, seien sie hergekommen, um ihm ihre Dienste anzubieten und ihm die Lehren ihres eigenen, des wahren Glaubens zu vermitteln. Auch überbringe er die höfliche Bitte des Generals, Atahualpa möge geruhen, die Spanier in ihrem jetzigen Quartier mit seinem Besuch zu beehren.

Auf all dies antwortete der Inka mit keinem Wort; er gab nicht einmal durch irgendein Zeichen zu erkennen, daß er die Botschaft verstehe, obgleich sie ihm durch einen Dolmetscher übersetzt wurde. Er verharrte schweigend mit niedergeschlagenen Augen; nur einer der neben ihm stehenden Edelleute antwortete: »Es ist gut.« Dies setzte die Spanier in Verlegenheit, schienen sie doch ebensoweit davon entfernt, die wirkliche Gesinnung des peruanischen Herrschers zu erkennen, als lägen noch immer Berge zwischen ihnen.

Auf höfliche und ehrerbietige Weise brach Hernando Pizarro wiederum das Schweigen, indem er den Inka bat, selbst zu ihnen zu sprechen und ihnen seinen Willen kundzutun. Darauf geruhte Atahualpa, während ein leises Lächeln über seine Züge glitt, zu antworten: »Sagt eurem Anführer, daß ich Fasttage halte, die morgen früh zu Ende gehen. Dann werde ich ihn mit meinen Häuptlingen besuchen. Unterdessen möge er die öffentlichen Gebäude am großen Platz beziehen, aber keine anderen, bis ich komme und befehlen werde, was weiter geschehen soll.«

Soto, der, wie schon erwähnt, bei dieser Unterredung zugegen war, hatte das beste Pferd und war wohl auch der beste Reiter in Pizarros Schar. Als er bemerkte, daß Atahualpa das feurige Tier, das in der natürlichen Ungeduld eines Streitrosses am Zaumgebiß kaute und den Boden stampfte, mit einem gewissen Interesse betrachtete, ließ er dem Pferde die Zügel schießen, setzte ihm die Sporen in die Seiten und sprengte über die Ebene hin, um dann, immer im Kreis reitend, sowohl die schönen Bewegungen seines Rosses wie auch die eigene Reitkunst zur Schau zu stellen. Schließlich zügelte er es im vollen Galopp, so daß es fast auf der Hinterhand stand, so dicht vor dem Inka, daß etwas von dem Schaum, der das Pferd bedeckte, auf die königlichen Gewänder spritzte. Aber Atahualpa bewahrte die gleiche Marmorruhe wie vorher; nur einige seiner Soldaten, an denen Soto vorüberjagte, waren so bestürzt, daß sie in offenkundigem Entsetzen zurückwichen: eine Feigheit, die sie teuer zu stehen kam; denn wie die Spanier versichern, ließ Atahualpa sie noch am selben Abend hinrichten, weil sie den Fremden gegenüber eine unwürdige Schwäche gezeigt hatten.

Nun wurden den Spaniern von den Dienern Erfrischungen angeboten, die sie aber ablehnten, weil sie nicht absitzen wollten. Nur an dem funkelnden Chicha taten sie sich gütlich, der ihnen in außerordentlich großen goldenen Gefäßen von den schwarzäugigen Schönen des Harems gereicht wurde. Darauf nahmen die Ritter ehrerbietig Abschied vom Inka und kehrten nach Cajamarca zurück, verloren in manch trübe Betrachtungen über das Gesehene. Der Glanz und Reichtum des indianischen Herrschers, die Stärke seiner Kriegsmacht, deren vortreffliche Ausrüstung und die offenkundige Manneszucht in ihren Reihen – all das zeugte von einer höheren Kulturstufe und damit auch von größerer Macht als alles, was ihnen in den tiefergelegenen Landesteilen vor Augen gekommen war. Wenn sie alledem ihre eigne winzige Streitmacht gegenüberstellten, die schon viel zu weit vorgedrungen war, als daß Verstärkung sie noch rechtzeitig hätte einholen können, so wurde ihnen bewußt, wie unbesonnen es war, sich mitten in ein so furchtbares Reich zu wagen, und mit düsteren Ahnungen dachten sie an die Folgen. Die Gefährten im Lager wurden bald von ihrer Verzagtheit angesteckt, die nicht geringer wurde, als die Nacht hereinbrach und sie die Wachtfeuer der Peruaner an den Berghängen aufleuchten und durch das Dunkel schimmern sahen, ›so dicht‹, bezeugt uns ein Spanier, ›wie die Sterne am Himmel‹.

Nur ein einziger in der kleinen Schar empfand weder Furcht noch Niedergeschlagenheit. Das war Pizarro, der insgeheim darüber frohlockte, daß die Dinge endlich so weit gediehen waren, wie er es längst gewünscht hatte. Es schien ihm notwendig, ein ähnliches Gefühl in den Gefährten anzufachen, wenn nicht alles verloren sein sollte. Ohne ihnen seine Pläne zu unterbreiten, suchte er all seine Leute auf und beschwor sie, in diesem entscheidenden Augenblick, wo sie dem lange gesuchten Feind endlich von Angesicht zu Angesicht gegenüberständen, doch ja nicht den Mut zu verlieren. Sie sollten sich selbst und der himmlischen Vorsehung vertrauen, die sie glücklich durch so viele Fährnisse geleitet habe und jetzt gewiß nicht verlassen werde. Seien ihnen die Feinde an Zahl auch noch so überlegen, das bedeute wenig, wenn der Himmel mit ihnen sei. Aus Pizarros Worten sprach sowohl der Wagemut des Glücksritters wie religiöser Eifer. Letzterer erwies sich als besonders wirkungsvoll in der Stunde der Gefahr; und Pizarro, der genau wußte, mit wem er es zu tun hatte, entfachte, indem er das Unternehmen als einen Kreuzzug hinstellte, aufs neue den erlöschenden Funken der Begeisterung in den Herzen seiner Gefährten und erfüllte sie mit frischem Mut.

Dann rief er einen Rat seiner Offiziere zusammen, um mit ihnen einen Kriegsplan zu entwerfen oder vielmehr um ihnen das ungewöhnliche Vorhaben zu unterbreiten, für das er sich entschieden hatte. Er wollte nämlich dem Inka einen Hinterhalt legen und ihn vor den Augen seines ganzen Heeres zum Gefangenen machen. Das war ein höchst gefährlicher Plan, der an verzweifelte Tollheit zu grenzen schien. Aber die Lage der Spanier *war* verzweifelt. Welchen Weg sie auch einschlagen mochten, überall lauerten die schrecklichsten Gefahren; und da es ein Entrinnen nicht gab, war es besser, der Gefahr tapfer entgegenzutreten, als zaghaft vor ihr zurückzubeben.

Es blieb ihnen nur das eine Mittel, die Schlauheit des Inka gegen ihn selbst zu kehren, ihn womöglich in seiner eigenen Schlinge zu fangen. Da war keine Zeit zu verlieren; denn jeder Tag konnte die siegreichen Scharen, die eben erst seine Schlachten im Süden gewonnen hatten, zurückbringen und so die Überlegenheit der Feinde ins Ungemessene steigern.

Atahualpa in offener Feldschlacht entgegenzutreten schien allzu gefährlich; selbst wenn sie den Sieg davontrügen, wäre es doch unwahrscheinlich, daß die Person des Inka, die von so großer Wichtigkeit war, den Siegern in die Hände fiele. Die Einladung in ihr Lager, die er so arglos angenommen, bot die beste Gelegenheit, sich die kostbare Beute zu sichern. Hatte man sich der Person des Inka einmal bemächtigt, dann würde sein Gefolge, ob weniger oder viele, von einem so außerordentlichen Ereignis betäubt, nicht den Mut haben, sich weiter zur Wehr zu setzen; und war der Inka erst in ihrer Gewalt, so konnte Pizarro dem Reich Gesetze vorschreiben.

Bei dem gewagten Plan hatte der spanische Befehlshaber offenbar die glänzende Tat Cortez' vor Augen, als dieser den aztekischen Herrscher[1] in seiner eigenen Hauptstadt entführte. Auch er würde sich mit einem Schlag aus seiner jetzigen bedenklichen Lage befreien und hätte eine unschätzbare Bürgschaft für seine Sicherheit in Händen; und konnte er dem Inka auch nicht sogleich seine Bedingungen aufzwingen, so würde er nach der Ankunft von Verstärkungen aus der Heimat doch bald dazu imstande sein.

Als Pizarro seine Pläne für den nächsten Tag festgelegt hatte, ging man auseinander, und der Befehlshaber traf Vorsorge für die Sicherheit des Lagers während der Nacht. Die Zugänge zur Stadt wurden besetzt und an verschiedenen Stellen, namentlich auf der Festung, Wachen aufgestellt, um das feindliche Lager zu beobachten und jede Bewegung zu melden, welche die Ruhe der Nacht bedrohte. Nach diesen Vorkehrungen zogen sich der Befehlshaber und seine Gefährten in ihre Quartiere zurück – aber nicht, um zu schlafen. Wenigstens wird sich der Schlaf erst spät eingestellt haben bei allen, die von dem entscheidenden Plan für den nächsten Tag wußten; sollte dieser Tag doch über ihr Schicksal entscheiden – entweder ihr ehrgeiziges Vorhaben mit vollem Erfolg krönen oder sie unwiderruflich ins Verderben stürzen.

[1] Montezuma.

5

Die Wolken des vergangenen Abends waren vorübergezogen, und am Morgen, dem denkwürdigsten Tag in der Geschichte Perus, ging strahlend die Sonne auf. Es war ein Sonnabend, der 16. November 1532. Lauter Trompetenschall rief in der ersten Morgendämmerung die Spanier zu den Waffen; Pizarro machte sie kurz mit dem Angriffsplan bekannt und traf die nötigen Anstalten.

Der große Platz war, wie bereits beschrieben, auf seinen drei Seiten von niedrigen Gebäuden umgeben, geräumigen Hallen mit weiten, auf den Platz führenden Toren. In diesen Hallen stellte Pizarro seine Reiterei in zwei Abteilungen auf, die eine unter seinem Bruder Hernando, die andere unter Soto. Das Fußvolk stationierte er in einem anderen Gebäude, behielt aber zwanzig ausgewählte Leute zu seiner eignen Verfügung, um mit ihnen Hand anzulegen, wo immer die Umstände es gebieten mochten. Pedro de Candia mit einigen Soldaten und der Artillerie – unter dieser imposanten Bezeichnung waren zwei kleine Geschütze, sogenannte Falkonette, zu verstehen – postierte er in der Festung. Alle wurden angewiesen, bis zur Ankunft des Inka auf ihren Posten zu bleiben. Auch nach seinem Eintreffen auf dem großen Platz sollten sie sich noch verborgen halten, bis ein Kanonenschuß das Zeichen gebe; dann sollten sie unter Kriegsgeschrei alle zugleich aus ihrem Versteck hervorbrechen, die Peruaner niedermachen und den Inka selbst fortführen. Die Anordnung der riesigen Hallen, die sich alle zu ebener Erde auf den Platz öffneten, schien wie geschaffen für einen solchen Handstreich. Pizarro schärfte seinen Leuten insonderheit strenge Zucht und unbedingten Gehorsam ein, damit in der Eile des Augenblicks keine Verwirrung entstehe. Alles hänge davon ab, daß sie gleichzeitig, kaltblütig und rasch zu Werke gingen.

Hierauf überzeugte sich der General, ob alle Waffen in gutem Zustand seien, und ließ die Brustriemen der Pferde mit Schellen versehen, deren Geläut die Bestürzung der Indianer noch vermehren sollte. Auch ließ er reichlich Erfrischungen unter die Truppen verteilen, um sie für das Treffen zu stärken. Als alle Vorkehrungen getroffen waren, wurde von den Geistlichen, die den Zug begleiteten, eine feierliche Messe zelebriert; sie flehten den Gott der Schlachten an, er möge die Krieger beschirmen, die hier zu

Felde zögen, um die Herrschaft des Kreuzes auszubreiten; und alle stimmten begeistert in den Gesang ein: ›Exsurge Domine‹ – Erhebe Dich, o Herr, und führe Deine Sache zur Entscheidung! Man hätte eine Schar von Märtyrern in ihnen vermuten können, bereit, Leib und Leben für ihren Glauben hinzugeben, und nicht eine verwegene Rotte von Abenteurern, die eine der abscheulichsten Treulosigkeiten der Geschichte im Schilde führte.

Der Tag war schon weit vorgerückt, ehe irgendeine Bewegung im peruanischen Lager zu bemerken war, wo man indes viele Anstalten traf, dem christlichen Lager mit gebührendem Pomp und Gepränge zu nahen. Eine Botschaft Atahualpas kündete dem spanischen Befehlshaber an, er werde mit seinen Kriegern bewaffnet erscheinen, ebenso wie die Spanier am Abend zuvor in sein Lager gekommen seien. Das war keine angenehme Nachricht für Pizarro, obwohl er gewiß keinen Grund hatte, etwas anderes zu erwarten. Ein Einspruch konnte jedoch Mißtrauen erregen oder vielleicht gar bis zu einem gewissen Grade seine eigenen Absichten verraten. Er zeigte sich deshalb erfreut über die Mitteilung und versicherte dem Inka, er werde ihn, wie er auch zu erscheinen beliebe, als Freund und Bruder empfangen.

Es wurde Mittag, ehe sich der indianische Zug in Marsch setzte, und da sah man alsbald, daß er eine lange Strecke des großen Dammweges einnahm. Voran ging ein Heer von Dienern, deren Aufgabe zu sein schien, jede Spur von Unrat sorgsam aus dem Weg zu räumen. Hoch über der Menge wurde der Inka sichtbar, von seinen vornehmsten Edelleuten in einer Sänfte getragen, während andere von gleich hohem Rang neben dem Tragsessel gingen, so überreich mit funkelndem Schmuck angetan, daß sie, um mit einem Eroberer zu sprechen, ›wie die Sonne glänzten‹. Aber der größere Teil der indianischen Streitmacht zog an den Feldern entlang, die den Weg säumten, und breitete sich über die Wiesen aus, so weit das Auge reichte.

Als den königlichen Zug nur noch eine halbe Meile von der Stadt trennte, machte er halt, und mit Erstaunen sah Pizarro, daß man Anstalten traf, die Zelte aufzuschlagen, als wollte man dort ein Lager beziehen. Bald darauf erschien ein Bote bei den Spaniern und erklärte, der Inka werde zur Nacht in seiner jetzigen Stellung bleiben und erst am nächsten Morgen die Stadt besuchen.

Diese Nachricht behagte Pizarro ganz und gar nicht; denn er hatte die allgemeine Ungeduld seiner Leute über das langsame Vorrücken der Peruaner geteilt. Die Truppen waren seit Tagesanbruch unter Waffen, die Reiterei zu Pferde, das Fußvolk auf seinem Posten, und erwarteten schweigend die Ankunft des Inka. In der ganzen Stadt herrschte Totenstille, die nur unterbrochen wurde, wenn der Ruf der Wächter von der Festung die Bewegungen des indianischen Heeres anzeigte. Pizarro wußte wohl, daß nichts so mißlich für den Soldaten ist wie langer Aufschub in einer bedenklichen Lage, und er fürchtete, ihr Eifer könnte verfliegen und einer gewissen Überreiztheit Platz machen, die selbst den tapfersten Gemütern in kritischen Augenblicken nicht fremd ist und die, wenn auch der Furcht nicht gleichzusetzen, ihr doch nahe verwandt ist. Er ließ deshalb Atahualpa bitten, von seinem neuen Plan abzustehen; er habe alles zu seinem Empfang vorbereitet und erwarte ihn noch heute zum Abendessen.

Diese Botschaft brachte den Inka tatsächlich von seinem Vorsatz ab; er ließ die Zelte wieder abbrechen und setzte seinen Marsch fort, nachdem er den General benachrichtigt hatte, er werde den größeren Teil seiner Krieger zurücklassen und nur mit wenigen Männern und ohne Waffen in die Stadt kommen, da er es vorziehe, die Nacht in Cajamarca zuzubringen. Zugleich gab er Weisung, man möge in einem der großen Steingebäude – nach einem Schlangenrelief an der Außenwand ›das Schlangenhaus‹ genannt – für ihn und sein Gefolge Unterkünfte bereithalten. Keine Nachricht konnte den Spaniern willkommener sein.

Nicht lange vor Sonnenuntergang erreichte die Spitze des königlichen Zuges die Tore der Stadt. Zuerst kamen einige hundert Diener, damit betraut, jedes kleinste Hindernis aus dem Wege zu räumen. ›Ihre Triumphgesänge‹, sagt einer der Eroberer, ›gellten in unseren Ohren wie Höllenlärm.‹ Dann folgten andere Gruppen unterschiedlichen Ranges und verschiedenartig uniformiert. Einige waren in einen auffälligen Stoff mit weiß und rotem Schachbrettmuster gekleidet, andere ganz in Weiß und mit Hämmern oder Keulen aus Silber und Kupfer ausgerüstet. Die Leibwachen sowie die unmittelbare Umgebung des Fürsten zeichneten sich durch prächtige himmelblaue Kleidung und eine Fülle glänzenden Schmuckes aus, und die großen Ohrpflöcke verrieten den peruanischen Edelmann.

Abb. 13 Erste Begegnung zwischen Pizarro und Atahualpa

Hoch über seinen Untertanen sah man den Inka Atahualpa in seiner Sänfte, einem Traggestell, auf dem sich eine Art von Thron aus gediegenem Golde von unschätzbarem Wert erhob. Der Tragsessel war mit farbenprächtigen Federn tropischer Vögel ausgekleidet und mit schimmernden Gold- und Silberplatten besetzt. Der Herrscher war viel reicher gekleidet als am vergangenen Abend. Er trug eine Halskette aus ungewöhnlich großen, leuchtenden Smaragden. Sein kurzes Haar war mit goldenem Zierat geschmückt, und um seine Schläfen wand sich die königliche Borla. Die Haltung des Inka war gelassen und würdevoll; von seinem hohen Sitz blickte er mit kühler Ruhe auf die Menge zu seinen Füßen wie jemand, der zu befehlen gewohnt ist.

Als die vordersten Reihen des Zuges den großen Platz erreichten – er war größer, sagt ein alter Chronist, als irgendein Platz in Spanien –, wichen sie nach rechts und links aus, um dem königlichen Gefolge Raum zu geben. Alles ging mit bewundernswerter Ordnung vor sich. Schweigend ließ man den Herrscher den Platz überqueren, und nicht ein einziger Spanier war zu sehen. Als etwa fünf- oder sechstausend Peruaner auf dem Platz angelangt waren, machte Atahualpa halt, blickte sich forschend um und fragte: »Wo sind die Fremden?«

In diesem Augenblick trat der Dominikanermönch Vicente de Valverde, Pizarros Kaplan und späterer Bischof von Cuzco, in Erscheinung, sein Brevier oder, wie andere berichten, eine Bibel in der einen Hand und ein Kruzifix in der andern, ging auf den Inka zu und erklärte, er komme im Auftrag seines Befehlshabers, um ihm die Lehren des wahren Glaubens darzulegen; denn zu diesem Zweck seien die Spanier von weit her ins Land gekommen. Nun setzte der Mönch ihm, so klar er's vermochte, die geheimnisvolle Lehre von der Dreieinigkeit auseinander; weit ausholend, fing er mit der Erschaffung des Menschen an, sprach dann vom Sündenfall, von der Erlösung durch Jesus Christus, von Kreuzigung und Himmelfahrt und berichtete, wie der Heiland den Apostel Petrus als seinen Stellvertreter auf Erden zurückließ. Diese Vollmacht sei auf die Nachfolger des Apostels, gute und weise Männer, übertragen worden, nämlich auf die Päpste, die über alle Gewalthaber und Fürsten der Erde geböten. Einer von ihnen habe den spanischen Kaiser, den mächtigsten Herrscher der Welt, beauftragt, die Eingeborenen auf der westlichen Halbkugel zu unterwerfen und zu bekehren, und sein General Francisco Pizarro sei jetzt gekommen, um die wichtige Mission zu erfüllen. Der Mönch schloß seine Rede, indem er den peruanischen Fürsten dringlich bat, er möge ihn freundlich empfangen, seinem Irrglauben abschwören und den soeben dargelegten Christenglauben annehmen, den einzigen, durch den er hoffen dürfe, selig zu werden. Überdies aber möge er sich Kaiser Karl V. als tributpflichtig unterwerfen, der ihm in diesem Fall als treuem Vasallen Beistand und Schutz gewähren werde.

Ob Atahualpa sich jedes Glied in der sonderbaren Kette von Beweisen zu eigen machte, durch die der Mönch Pizarro mit Sankt Peter verknüpfte, mag dahingestellt bleiben. Ganz gewiß aber begriff er die eigentliche Absicht der Rede: ihn zu bewegen, auf sein Zepter zu verzichten und die Oberherrschaft eines anderen anzuerkennen.

Die Augen des indianischen Monarchen sprühten Flammen, und seine düstere Miene verfinsterte sich noch mehr, als er erwiderte: »Ich will keinem Menschen tributpflichtig sein! Ich bin mächtiger als alle Fürsten auf Erden. Euer Kaiser mag ein großer Herrscher sein; ich zweifle nicht daran, wenn ich sehe, daß er seine Untertanen so weit übers Meer gesandt hat, und ich bin bereit, ihn als Bruder zu betrachten. Was aber den Papst betrifft, von dem ihr sprecht, so muß er besessen sein, wenn es ihm einfällt, Länder zu verschenken, die ihm nicht gehören. Und was meinen Glauben angeht«, fuhr er fort, »so mag ich ihn nicht ändern. Euer Gott, wie ihr sagt, ist von ebenden Menschen, die er schuf, getötet worden. Der meinige aber«, so schloß er, indem er auf seine Gottheit zeigte, die gerade in voller Pracht hinter den Bergen unterging, »mein Gott lebt noch immer im Himmel und blickt auf seine Kinder herab.«

Darauf fragte er Valverde, kraft welcher Vollmacht er diese Dinge gesagt habe. Der Mönch wies auf das Buch, das er in den Händen hielt. Atahualpa ergriff es und blätterte einen Augenblick darin; dann schien der erlittene Schimpf ihn plötzlich zu durchzucken, und heftig warf er es zu Boden und rief: »Sag deinen Gefährten, daß sie mir Rechenschaft von ihrem Tun in meinem Lande geben sollen. Ich gehe nicht eher von hier fort, bis sie für alles Unrecht, das sie begangen, Genugtuung geleistet haben.«

Aufs äußerste entrüstet über die dem heiligen Buch zugefügte

Schmach, hob der Mönch es schleunigst auf und eilte zu Pizarro, um ihn von dem Vorgefallenen zu unterrichten. »Seht Ihr denn nicht«, rief er aus, »daß sich die Felder mit Indianern füllen, während wir hier mit diesem stolzen Hunde reden und unsern Atem an ihn verschwenden? Greift augenblicklich an! Ich gebe Euch Absolution.« Pizarro sah, daß die Zeit gekommen war. Er schwenkte ein weißes Tuch und gab damit das verabredete Zeichen. Auf der Festung wurde der verhängnisvolle Kanonenschuß abgefeuert. Dann stürzten der spanische Feldherr und seine Leute mit dem alten Kriegsruf »Santiago und los auf sie!« hinaus auf den Platz. Alle übrigen Spanier erwiderten den Schlachtruf, indem sie, Reiterei und Fußvolk, aus den Toren der großen Hallen, worin sie verborgen gewesen, eilig hinausströmten und sich in dichten Schlachtreihen mitten in die indianische Menge warfen. Überrumpelt, betäubt vom Krachen der Kanonen und Musketen, das von den Gebäuden ringsum wie Donner widerhallte, und geblendet vom Rauch, der sich in schwefelgelben Schwaden über den Platz wälzte, wurden die Indianer von panischem Schrecken ergriffen. Sie wußten nicht, wo sie vor dem nahenden Verderben Zuflucht suchen sollten. Vornehme und Geringe – alle wurden bei dem wilden Angriff der Reiter niedergetreten; diese teilten nach rechts und links erbarmungslos ihre Hiebe aus, blitzend zuckten die Schwerter durch das rauchige Dunkel und erfüllten die unseligen Eingeborenen mit Entsetzen; denn zum ersten Mal sahen sie Roß und Reiter in ihrer ganzen Furchtbarkeit. Sie leisteten keinen Widerstand – hatten sie doch nicht einmal Waffen bei sich. Jeder Fluchtweg war versperrt, denn der Eingang zum Platz war verstopft von den Leichen all derer, die bei dem vergeblichen Versuch zu fliehen umgekommen waren. Doch die Todesangst der Überlebenden unter dem schrecklichen Andrang ihrer Verfolger war so groß, daß die Bedrohten in ihren verzweifelten Anstrengungen die den Platz begrenzende Mauer aus Stein und getrocknetem Lehm durchbrachen. Eine über hundert Schritt breite Öffnung tat sich auf, durch die nun viele den Weg ins Freie fanden, noch immer hitzig verfolgt von der Reiterei, die über die Trümmer setzte, sich den Flüchtigen an die Fersen heftete und sie niederhieb.

Unterdessen wütete der Kampf oder vielmehr das Gemetzel rings um den Inka, dessen Person das große Ziel des ganzen Angriffs war. Seine Getreuen scharten sich um ihn, warfen sich den Angreifern entgegen und versuchten, indem sie diese aus den Sätteln rissen oder wenigstens ihre eigene Brust als Ziel darboten, den geliebten Gebieter zu schirmen. Immer wieder zwangen sie die Reiter zurück, sich mit letzter Kraft an ihre Pferde klammernd, und sobald einer niedergehauen war, trat mit wahrhaft ergreifender Hingabe ein anderer an die Stelle des gefallenen Gefährten.

Bestürzt und verstört sah der indianische Herrscher ringsum die Getreuen fallen, ohne seine Lage recht zu begreifen. Die Sänfte, auf der er thronte, schwankte hin und her, wie der gewaltige Andrang rückwärts oder vorwärts wogte; er starrte in das unaufhaltsame Verderben, einem verlorenen Seefahrer gleich, der mit seinem Fahrzeug von den wütenden Elementen umhergeschleudert wird, die Blitze flammen sieht, den Donner rollen hört und weiß, daß er nichts tun kann, um das Schicksal von sich abzuwenden. Als die Abendschatten tiefer sanken, fürchteten die Spanier, ermüdet von ihrem Zerstörungswerk, die königliche Beute könnte ihnen zu guter Letzt entgehen, und einige Ritter machten den verzweifelten Versuch, den Kampf schleunigst durch die Tötung Atahualpas zu beenden. Aber Pizarro, der ihm zunächst stand, rief mit Stentorstimme: »Niemand, dem sein Leben lieb ist, vergreife sich am Inka!« – und indem er den Arm ausstreckte, um ihn zu schützen, empfing er von einem seiner eigenen Leute eine Wunde an der Hand – die einzige Wunde, die ein Spanier bei dem ganzen Unternehmen erhalten hat.

Der Kampf rings um die königliche Sänfte wurde nun hitziger. Sie schwankte immer bedenklicher, und nachdem etliche von den Edelleuten, die sie trugen, getötet worden waren, schlug sie schließlich um, und Atahualpa wäre heftig zu Fall gekommen, wenn Pizarro und einige andere Ritter ihn nicht in ihren Armen aufgefangen hätten. Ein Soldat namens Estete riß ihm augenblicklich die Borla von der Stirn, und der unselige Fürst wurde unter sicherem Schutz in ein nahe gelegenes Gebäude gebracht und dort sorgfältig bewacht.

Jeder Versuch zum Widerstand hörte nun auf. Die Kunde vom Schicksal des Inka verbreitete sich schnell über Stadt und Land. Der Zauber, der die Peruaner noch hätte zusammenhalten können, war gebrochen. Jedermann dachte nur an seine eigene Sicherheit. Auch den auf den nahen Feldern lagernden Kriegerscharen teilte sich die Bestürzung mit, und als sie die schlimme Kunde vernahmen, flohen sie nach allen Seiten vor den Verfolgern, die in ihrem Siegesrausch kein Erbarmen kannten. Endlich breitete die Nacht, mitleidiger als der Mensch, ihren freundlichen Mantel über die Flüchtigen, und die verstreuten Truppen Pizarros sammelten sich auf den Ruf der Trompete noch einmal auf dem bluttränkten Platz von Cajamarca.

Die Zahl der Toten wird wie gewöhnlich sehr verschieden angegeben. Pizarros Sekretär berichtet, zweitausend Eingeborene seien gefallen. Ein Abkömmling der Inka – eine zuverlässigere Quelle als Garcilaso – nennt die Zahl zehntausend. Die Wahrheit liegt wohl in der Mitte. Das ganze Gemetzel, so unaufhaltsam es auch wütete, füllte indes nur die knappe Zeitspanne der Tropendämmerung, nicht viel mehr als eine halbe Stunde; eine kurze Zeit – und doch lang genug, um das Schicksal Perus zu entscheiden und die Dynastie der Inka zu stürzen.

An jenem Abend hielt Pizarro sein Versprechen gegenüber dem Inka, indem er ihn bewirtete. Das Mahl wurde in einer der Hallen am großen Platz aufgetragen, der wenige Stunden zuvor der Schauplatz des Gemetzels gewesen war und auf dessen Pflaster sich nun die Leichen von Atahualpas Untertanen häuften. Der gefangene Fürst erhielt seinen Platz neben dem Sieger. Er schien das Ausmaß seines Unglücks noch nicht völlig begriffen zu haben, oder er legte wenigstens eine erstaunliche Festigkeit an den Tag. »Das ist Kriegsglück«, sagte er, und wenn wir den Spaniern glauben dürfen, äußerte er seine Bewunderung über die Geschicklichkeit, mit der sie es fertiggebracht hatten, ihn mitten unter seinen eigenen Truppen gefangenzunehmen. Er fügte hinzu, schon vom Augenblick ihrer Landung an sei er vom Vormarsch der weißen Männer unterrichtet gewesen, durch ihre geringe Anzahl aber dazu verleitet worden, ihre Stärke zu unterschätzen. Er habe nicht daran gezweifelt, daß es ihm ein leichtes sein werde, sie bei ihrer Ankunft in Cajamarca durch seine überlegenen Streitkräfte zu überwältigen; und da er selbst zu sehen gewünscht habe, welcher Art sie seien, habe er sie ruhig übers Gebirge ziehen lassen, in der Absicht, sich dann nach Belieben einige zu seinem Dienst auszuwählen, die übrigen aber zu töten und sich ihrer wundervollen Waffen und Pferde zu bemächtigen.

Daß Atahualpa dies vorhatte, ist nicht unwahrscheinlich. Das würde auch erklären, warum er es unterließ, die Bergpässe zu besetzen, die starke Verteidigungsstellungen gegen alle Eindringlinge boten. Aber daß ein so kluger Fürst, als den das Zeugnis der Eroberer ihn übereinstimmend ausweist, ein so unkluges Bekenntnis seiner verborgenen Pläne abgelegt haben sollte, ist weniger glaubhaft. Die Unterredung mit dem Inka wurde hauptsächlich mit Hilfe des Dolmetschers Felipillo, Philippchen, geführt, wie er von den Spaniern genannt wurde, eines, wie es scheint, boshaften jungen Menschen, der Atahualpa nicht wohlwollte und dessen Auslegungen die Eroberer gewiß bereitwillig gelten ließen, da sie begierig waren, einen Vorwand für ihr Blutbad zu finden.

Atahualpa war zu jenem Zeitpunkt ungefähr dreißig Jahre alt. Er war gut gewachsen und kräftiger als die meisten seiner Landsleute. Sein Kopf war groß, und das Antlitz hätte man schön nennen können, wenn die blutunterlaufenen Augen seinen Zügen nicht etwas Wildes gegeben hätten. Er war besonnen in seinen Äußerungen, würdevoll im Auftreten und gegen seine Untertanen streng bis zur Härte, obwohl er sich den Spaniern gegenüber leutselig zeigte und mitunter sogar heiterer Anwandlungen fähig war.

Pizarro erwies dem königlichen Gefangenen jede Aufmerksamkeit und bemühte sich, den Trübsinn, der trotz des zur Schau getragenen Gleichmuts Atahualpas Miene verdüsterte, wo nicht zu verscheuchen, so doch wenigstens zu mildern. Er bat ihn, sich nicht durch sein Mißgeschick entmutigen zu lassen; er teile nur das Los aller Fürsten, die sich den weißen Männern widersetzt hätten. Die Spanier seien in sein Land gekommen, um das Evangelium, die Religion Jesu Christi, zu verkünden, und es sei kein Wunder, daß sie gesiegt hätten, da Sein Schild sie beschirmt habe. Der Himmel habe gewollt, daß Atahualpas Stolz gedemütigt werde, weil er feindliche Absichten gegen die Spanier gehegt und das heilige Buch beschimpft habe. Aber er bitte den Inka, Mut zu fassen und ihm zu vertrauen, denn die Spanier seien ein großmütiges Volk, das nur diejenigen bekriege, die sich widersetzten, und Gnade gegen alle übe, die sich unterwürfen. Atahualpa mag wohl das Gemetzel jenes Tages für einen recht fragwürdigen Beweis dieser gerühmten Milde erachtet haben.

Ehe sich Pizarro zur Nacht zurückzog, hielt er eine kurze Ansprache an seine Truppen. Nachdem er sich überzeugt hatte, daß kein einziger von seinen Leuten verwundet war, hieß er sie der Vorsehung danken für das große Wunder; ohne den Beistand des Himmels hätten sie niemals so leicht über das Heer ihrer Feinde die Oberhand gewonnen, und er vertraue darauf, daß ihr Leben zu weit größeren Dingen bestimmt sei. Doch wenn sie ihr Ziel erreichen wollten, bleibe ihnen noch viel zu tun. Sie befänden sich im Herzen eines mächtigen Reiches, umringt von Feinden, die ihrem Gebieter nach wie vor treu ergeben seien. Sie müßten deshalb stets auf der Hut sein, zu jeder Stunde darauf gefaßt, vom Schall der Trompete aus dem Schlummer gerissen zu werden. – Nachdem er die Posten verteilt, eine starke Wache vor Atahualpas Gemächer gestellt und alle Vorsichtsmaßnahmen eines sorgsamen Befehlshabers getroffen hatte, begab sich Pizarro zur Ruhe.

Am nächsten Morgen galten seine ersten Anordnungen der Reinigung der Stadt; die zahlreichen Gefangenen wurden angewiesen, die Toten fortzuschaffen und geziemend zu begraben. Dann schickte er eine Abteilung von etwa dreißig Reitern zum königlichen Feldlager bei den Bädern, das Atahualpa zuletzt innegehabt hatte, wo sie sich der Beute bemächtigen und den Rest der peruanischen Streitkräfte zerstreuen sollten.

Noch vor Mittag kehrte der ausgesandte Trupp mit einer großen Schar Indianer zurück, Männern und Frauen, unter ihnen viele von den Weibern und Dienerinnen des Inka. Die Spanier waren nicht auf Widerstand gestoßen, denn die peruanischen Truppen hatten im Augenblick der Gefangennahme ihres Herrschers allen Mut verloren, obwohl sie an Zahl weit überlegen und trefflich ausgerüstet waren und sich zumeist aus kräftigen jungen Leuten zusammensetzten – der größte Teil der älteren kampferprobten Krieger stand mit den Heerführern des Inka im Süden. Es fand sich kein Anführer, Atahualpas Stelle einzunehmen; denn seine Untertanen erkannten keine andere Herrschaft an als die des Kindes der Sonne, und eine Art von unsichtbarem Zauber schien sie in der Nähe seines Gefängnisses festzubannen, während sie mit abergläubischer Scheu die weißen Männer anstaunten, die solch verwegenes Unternehmen vollbracht hatten.

Die Anzahl der indianischen Gefangenen war so groß, daß einige Spanier vorschlugen, man solle sie alle töten oder ihnen wenigstens die Hände abhauen, um sie an Gewalttaten zu hindern und ihre Landsleute abzuschrecken. Dieser Vorschlag kam zweifellos von den rohsten und grausamsten unter den Soldaten. Aber daß er überhaupt gemacht werden konnte, zeigt, aus welchen Elementen sich Pizarros Schar zum Teil zusammensetzte. Der Befehlshaber verwarf ihn sogleich als ebenso unklug wie unmenschlich und entließ die Indianer nach Hause, indem er ihnen versicherte, es solle ihnen kein Schaden zugefügt werden, sofern sie sich nicht den weißen Männern widersetzten. Eine beträchtliche Zahl wurde indes von den Eroberern in Dienst genommen, die nun in dieser Hinsicht so gut versorgt waren, daß die meisten gemeinen Soldaten über eine Dienerschaft verfügten, die besser zum Hausstand eines Edelmannes gepaßt hätte.

Die Spanier hatten in der Nähe der Bäder unter der Aufsicht von Hirten riesige Lamaherden gefunden, die für die Versorgung des Hofes bestimmt waren. Viele Tiere ließen sie nun in den heimatlichen Bergen frei umherlaufen, doch eine ansehnliche Menge behielt Pizarro für den Unterhalt seines Heeres zurück. Und das war keine geringe Anzahl, wenn, wie einer der Eroberer berichtet, an einem Tag oft hundertfünfzig peruanische Schafe geschlachtet wurden. Die Spanier waren in der Tat so unbedacht im Ausrotten der Tiere, daß in wenigen Jahren die prächtigen, von der peruanischen Regierung sorgsam gehegten Herden fast ganz aus dem Lande verschwunden waren.

Der zum Plündern von Atahualpas Landsitz ausgesandte Trupp brachte reiche Beute an Gold und Silber zurück, vor allem Tafelgeschirr, dessen Größe und Gewicht die Spanier in höchste Verwunderung setzte. Es wurde in sichere Verwahrung genommen, um später verteilt zu werden, ebenso einige große Smaragde, die man dort erbeutet, und die Kostbarkeiten, die man an den Leichen der beim Gemetzel umgekommenen indianischen Edelleute gefunden hatte. In der Stadt Cajamarca entdeckten die Truppen Vorratshäuser voll wollener und baumwollener Stoffe, die alle bisher gesehenen in den Schatten stellten, so fein waren die Gewebe, so meisterlich die verschiedenen Farben aufeinander abgestimmt. Vom Fußboden bis unters Dach der Häuser waren die Stoffe gestapelt, in solcher Menge, daß jeder Soldat nach Herzenslust zugreifen konnte, ohne daß sich der Vorrat merklich verminderte.

Pizarro hätte nun gern seinen Marsch nach der peruanischen Hauptstadt angetreten. Aber die Entfernung war groß und seine

Streitmacht gering. Diese mußte durch die nötige Bewachung des Inka sogar weiter vermindert werden, und der General hatte Bedenken, sich mit dem kostbaren Fang in Händen tiefer in ein so dichtbevölkertes und mächtiges feindliches Reich hineinzuwagen. Er hielt deshalb besorgt nach Verstärkungen aus den Pflanzstaaten Ausschau und sandte einen Boten nach San Miguel, um die dortigen Spanier von seinen jüngsten Erfolgen zu unterrichten und zu erfahren, ob irgendwelcher Nachschub aus Panamá eingetroffen sei. Unterdessen beschäftigte er seine Leute damit, Cajamarca zu einem angemesseneren Aufenthaltsort für ein christliches Heer zu machen, indem er eine Kirche errichten ließ – oder vielleicht auch ein indianisches Gebäude diesem Zweck anpaßte –, wo nun von den Dominikanermönchen regelmäßig mit großer Feierlichkeit die Messe gelesen wurde. Die zerstörten Mauern der Stadt wurden fester als vorher wieder aufgebaut, und alsbald war von dem Sturm, der eben erst gewütet hatte, jede Spur getilgt.

Nicht lange, und Atahualpa entdeckte bei den Eroberern inmitten aller zur Schau getragenen religiösen Hingabe eine geheime Begierde, die in den meisten mächtiger war als Glaubenseifer und Ehrsucht. Das war die Liebe zum Gold. Er beschloß, sich ihrer zu bedienen, um seine Freiheit wiederzuerlangen. In seiner bedenklichen Lage durfte er nicht lange damit warten. Sein Bruder Huascar war seit seiner Niederlage als Gefangener in der Gewalt des Siegers. Er befand sich jetzt in Andamarca, nicht weit von Cajamarca, und Atahualpa fürchtete mit gutem Grund, sobald seine eigne Gefangenschaft bekannt geworden sei, werde es Huascar ein leichtes sein, seine Wächter zu bestechen, die Flucht zu ergreifen und sich an die Spitze des umkämpften Reiches zu stellen, ohne daß sein Nebenbuhler ihn daran hindern könnte.

In der Hoffnung nun, sein Ziel durch die Habsucht seiner Hüter zu erreichen, erklärte er Pizarro eines Tages, wenn man verspreche, ihn freizulassen, so verpflichte er sich, den ganzen Fußboden des Zimmers, in dem sie sich befanden, mit Gold zu bedecken. Die Anwesenden hörten ihm mit ungläubigem Lächeln zu, und als der Inka keine Antwort erhielt, sagte er mit einigem Nachdruck, er wolle nicht bloß den Fußboden bedecken, sondern den ganzen Raum so hoch mit Gold füllen, wie er reichen könne; dabei stellte er sich auf die Zehenspitzen und reckte die Hand in die Höhe. Alle starrten ihn verwundert an, doch hielten sie es für die tolle Prahlerei eines Mannes, der viel zu begierig war, seine Freiheit zu erlangen, um die Bedeutung seiner Worte recht abzuwägen. Pizarro indessen war gebannt von solcher Aussicht. Bei seinem Zug durchs Land hatte vieles, was er zu sehen, und alles, was er zu hören bekam, die blendenden ersten Berichte von den Schätzen Perus bestätigt. Atahualpa selbst hatte ihm in den glänzendsten Farben den Reichtum der Hauptstadt geschildert, wo die Dächer der Tempel mit Gold gedeckt, die Wände mit Teppichen ausgekleidet und die Fußböden mit Platten aus demselben kostbaren Metall belegt seien. An alledem mußte doch etwas Wahres sein. Jedenfalls empfahl es sich, auf den Vorschlag des Inka einzugehen; denn so könnte man mit einem Male alles verfügbare Gold erlangen und verhüten, daß es von den Eingeborenen entwendet oder verborgen wurde. Er nahm deshalb Atahualpas Anerbieten an, und indem er in der Höhe, die der Inka angedeutet hatte, einen roten Strich über die ganze Wand zog, ließ er die Bedingungen des Vertrags vom Notar ordnungsgemäß zu Protokoll nehmen. Das Zimmer war ungefähr siebzehn Fuß breit und zweiundzwanzig Fuß lang; die angezeichnete Höhe betrug neun Fuß. Dieser Raum sollte mit Gold ausgefüllt werden; doch kam man überein, es nicht zu Barren einzuschmelzen, sondern allen Gegenständen ihre ursprüngliche Form zu belassen, so daß dem Inka immerhin ihr größeres Volumen zugute komme. Ferner erklärte dieser sich bereit, ein kleineres Nebengemach auf gleiche Weise zweimal mit Silber zu füllen; er erbat sich zwei Monate Zeit, um sein Versprechen einzulösen.

Kaum war das Übereinkommen getroffen, sandte der Inka nach Cuzco und anderen großen Städten des Reiches Eilboten mit dem Befehl, man solle alle Goldarbeiten, sowohl Zierat wie Gerät, aus den königlichen Palästen, den Tempeln und anderen öffentlichen Gebäuden entfernen und unverzüglich nach Cajamarca bringen. Unterdessen blieb er im spanischen Lager, wurde mit der seinem Range gebührenden Achtung behandelt und genoß jede Freiheit, die sich mit der Sicherstellung seiner Person vereinigen ließ. Zwar durfte er nicht ausgehen, doch trug er keine Fesseln und verfügte über eine Reihe eigener Gemächer, immer unter der mißtrauischen Aufsicht einer Wache, die den Wert des königlichen Gefangenen zu gut kannte, um ihre Pflichten zu vernachlässigen. Die Gesellschaft seiner Lieblingsfrauen war ihm gestattet, und

Pizarro sorgte dafür, daß er in seinem Privatleben nicht gestört wurde. Die Untertanen hatten freien Zutritt zu ihrem Herrscher, und jeden Tag empfing er Besuche von indianischen Edelleuten, die ihrem unglücklichen Gebieter Geschenke brachten und ihm ihr Mitgefühl bekundeten. Bei solchen Gelegenheiten wagte auch der mächtigste seiner Würdenträger nicht vor ihm zu erscheinen, ohne zuvor die Sandalen abzustreifen und sich als Zeichen der Ehrfurcht eine leichte Last aufzubürden. Die Spanier verfolgten mit neugierigem Staunen die Gesten der Huldigung oder vielmehr der sklavischen Unterwürfigkeit auf der einen Seite und auf der anderen die Miene völliger Gleichgültigkeit, mit der solche Zeichen als etwas Selbstverständliches aufgenommen wurden. Sie bekamen einen hohen Begriff von der Persönlichkeit eines Fürsten, der selbst in dieser elenden Lage seinen Untertanen solche Ehrfurcht einzuflößen vermochte. So zahlreich waren die Besucher und so viel Ehrerbietung wurde dem gefangenen Herrscher von seinen Untertanen erwiesen, daß schließlich ein gewisses Mißtrauen bei seinen Wächtern nicht ausbleiben konnte.

Pizarro versäumte nicht die Gelegenheit, seinem Gefangenen die Wahrheiten des Evangeliums darzulegen, und sowohl er wie sein Kaplan Pater Valverde arbeiteten an diesem guten Werk. Atahualpa hörte mit Gelassenheit und offenkundiger Aufmerksamkeit zu. Aber nichts schien ihn so zu beeindrucken wie das Argument, mit dem der kriegerische Bekehrer seine Rede schloß: Es könne doch gar nicht der wahre Gott sein, den Atahualpa anbete, sonst hätte er ihn nicht in die Hände seiner Feinde fallen lassen. Der unglückliche Herrscher erkannte das an und mußte zugeben, daß seine Gottheit ihn wirklich in der größten Not verlassen habe.

Indes beweist sein Vorgehen gegen seinen Bruder Huascar nur zu deutlich, daß die Lehren des Christentums, so viel Achtung vor seinen Bekehrern er auch gezeigt haben mag, ihn im Grunde doch wenig beeindruckten. Kaum hatte Huascar von der Gefangennahme seines Bruders und dem hohen Lösegeld erfahren, das er für seine Freilassung geboten, als er, wie Atahualpa es vorausgesehen, alles daransetzte, seine Freiheit wiederzuerlangen. Er versuchte, eine Botschaft an den spanischen Befehlshaber zu senden, in der er ein weitaus größeres Lösegeld versprach als Atahualpa, der ja, da er niemals in Cuzco gelebt habe, das Ausmaß der dortigen Schätze gar nicht kenne und nicht wisse, wo sie aufbewahrt würden.

Von alledem wurde Atahualpa durch die Wächter seines Bruders heimlich unterrichtet und seine einmal angefachte Eifersucht noch durch Pizarros Erklärung gesteigert, er gedenke Huascar nach Cajamarca bringen zu lassen, wo er selbst den Streit untersuchen und dann entscheiden wolle, wer von den beiden mehr Anspruch auf das Zepter der Inka habe. Pizarro erkannte von Anfang an die Vorteile eines Bruderzwistes, der es ihm ermöglichen würde, sein Schwert in die von ihm bevorzugte Waagschale zu werfen und ihr so das Übergewicht zu geben. Derjenige, dem er das Zepter zuerkannte, wäre fortan ein Werkzeug in seinen Händen, mittels dessen er seinen Willen besser durchsetzen könnte als in seinem eigenen Namen.

Atahualpa war sehr beunruhigt über den Entschluß des spanischen Befehlshabers, den Rechtsstreit der Nebenbuhler entscheiden zu wollen; denn er fürchtete, unabhängig von sachlichen Gründen werde das Urteil vermutlich zugunsten Huascars ausfallen, der dank seiner milden und nachgiebigen Gemütsart ein gefügigeres Werkzeug in den Händen der Eroberer sein würde. Ohne Zögern beschloß er, die Ursache seiner Eifersucht durch die Ermordung des Bruders für immer zu beseitigen.

Seine Befehle wurden unverzüglich ausgeführt, und der unglückliche Fürst, so wird berichtet, wurde im Flusse Andamarca ertränkt; sterbend erklärte er, die weißen Männer würden seinen Tod rächen und sein Nebenbuhler werde ihn nicht lange überleben. So starb der unselige Huascar, der rechtmäßige Erbe des Inkathrones, in der Blüte seiner Jahre, kaum daß er die Herrschaft angetreten hatte; doch war seine Regierungszeit immerhin lang genug, um viele treffliche und liebenswürdige Eigenschaften zur Entfaltung zu bringen, wenn seine milde Natur es auch nicht mit dem kühneren und wilderen Charakter seines Bruders aufnehmen konnte.

Atahualpa empfing die Nachricht von Huascars Tod mit allen Zeichen der Überraschung und Entrüstung. Er bat sogleich Pizarro zu sich und teilte ihm das Ereignis in Ausdrücken der tiefsten Betrübnis mit. Der spanische Befehlshaber wollte die unwillkommene Nachricht zuerst nicht glauben und erklärte dem Inka unumwunden, sein Bruder könne nicht tot sein, und er solle ihm für sein Leben haften. Doch Atahualpa konnte die Tatsache nur aufs neue bestätigen und fügte hinzu, die Tat sei ohne sein Wissen von Huascars Wächtern begangen worden, weil sie befürchtet hätten, er könne die Unruhen im Land zur Flucht benutzen. Pizarro ließ weitere Nachforschungen anstellen und mußte sich überzeugen, daß die Kunde von seinem Tod der Wahrheit entsprach.

6

Mehrere Wochen waren vergangen, seit Atahualpa seine Boten nach dem Gold und Silber ausgesandt hatte, das ihm als Lösegeld dienen sollte. Aber die Entfernungen waren groß, und die Sendungen trafen nur langsam ein; sie bestanden zumeist aus schwerem goldenem und silbernem Tafelgeschirr; einige Stücke wogen zwei bis drei Arrobas (ein spanisches Gewicht von etwa dreiundzwanzig Pfund). An manchen Tagen kamen Gegenstände im Wert von dreißig- bis vierzigtausend Pesos de oro an, mitunter auch im Wert von fünfzig- oder gar sechzigtausend. Die gierigen Augen der Eroberer weideten sich an den schimmernden Schätzen, welche die indianischen Träger da auf ihren Schultern herbeischleppten; alles wurde sogleich sorgfältig registriert und dann unter strenger Aufsicht in sicheren Gewahrsam genommen. Jetzt glaubten sie allmählich, daß die glänzenden Versprechungen des Inka sich erfüllen würden. Doch die hinreißende Schaustellung von Schätzen, wie sie ihre kühnsten Träume noch übertrafen, reizte ihre Habsucht erst recht und machte sie immer gieriger und ungeduldiger. Sie bedachten weder die Entfernungen noch die Schwierigkeiten des Weges und schimpften laut über die Säumigkeit, mit der die königlichen Befehle ausgeführt würden. Sie verdächtigten sogar Atahualpa, er habe die ganze Sache nur angezettelt, um unter diesem Vorwand mit seinen Untertanen in entfernten Gegenden in Verbindung zu kommen, und er gehe so langsam wie möglich zu Werke, um Zeit für die Ausführung seiner Pläne zu gewinnen. Gerüchte von einem Aufstand unter den Peruanern gingen um, und die Spanier befürchteten einen plötzlichen Überfall auf ihre Quartiere. Ihre neuen Reichtümer vermehrten ihre Besorgnis, und gleich einem Geizhals zitterten sie inmitten ihrer Schätze.

Pizarro teilte seinem Gefangenen die Gerüchte mit, die unter den Soldaten in Umlauf waren, und nannte als einen der von den Indianern vorgesehenen Sammelplätze die benachbarte Stadt Huamachuco. Atahualpa hörte mit offensichtlichem Erstaunen zu und wies entrüstet die Anklage als von Anfang bis Ende falsch zurück. »Nicht ein einziger meiner Untertanen«, sagte er, »würde es wagen, ohne meine Erlaubnis in Waffen zu erscheinen oder auch nur einen Finger zu heben. Ihr habt mich«, fuhr er fort, »in eurer Gewalt. Steht euch nicht mein Leben zur Verfügung? Könnt ihr eine bessere Bürgschaft für meine Treue haben?« Dann führte er dem spanischen Befehlshaber vor Augen, daß viele Orte sehr weit entfernt seien. Zwar könne man durch mehrere einander ablösende Eilboten in fünf Tagen eine Nachricht von Cajamarca nach der Hauptstadt Cuzco senden; doch brauche ein Träger mit einer schweren Last auf dem Rücken Wochen zu der gleichen Reise. »Damit du dich aber selbst überzeugen kannst, daß ich es ehrlich meine«, setzte er hinzu, »bitte ich dich, ein paar von deinen Leuten nach Cuzco zu senden. Ich will ihnen einen Geleitbrief mitgeben, und wenn sie dort sind, können sie die Ausführung des Auftrags überwachen und sich mit eigenen Augen überzeugen, daß keine Feindseligkeiten beabsichtigt sind.« Das war ein ehrliches Angebot, und begierig, genauere und zuverlässigere Kunde über den Zustand des Landes einzuziehen, ging Pizarro gern darauf ein.

Vor dem Aufbruch der Abordnung hatte der General seinen Bruder Hernando mit ungefähr zwanzig Reitern und einer kleinen Abteilung Fußvolk nach der benachbarten Stadt Huamachuco gesandt, um die Gegend auszukundschaften und festzustellen, ob an dem Gerücht, eine bewaffnete Streitmacht habe sich dort zusammengezogen, etwas Wahres sei. Hernando fand alles ruhig und wurde von den Eingeborenen freundlich aufgenommen. Ehe er den Ort verließ, erhielt er weitere Befehle seines Bruders, er solle seinen Marsch nach Pachacamac fortsetzen, einer Stadt an der Küste, wenigstens dreihundert Meilen von Cajamarca entfernt. Der große Tempel dort war der Gottheit jenes Namens geweiht, welche die Peruaner als den Schöpfer der Welt anbeteten. Die Inka sollen hier bei ihrer Besitznahme Altäre vorgefunden haben, die man diesem Gott errichtet hatte, und angesichts der großen Verehrung, die ihm von den Eingeborenen gezollt wurde, versuchten sie nicht, den Kult abzuschaffen, sondern hielten es für klüger, ihn neben der Anbetung ihrer eigenen Gottheit, der Sonne, fortbestehen zu lassen. Beide Tempel erhoben sich nebeneinander auf den Höhen über der Stadt Pachacamac und wurden immer prächtiger durch die Opfergaben ihrer Gläubigen.

Aber der Tempel des Pachacamac behauptete doch weiterhin seine Vorherrschaft, und die Orakelsprüche, die von seinem dunklen und geheimnisvollen Heiligtum ausgingen, standen bei den Eingeborenen von Tahuantinsuyu (›die vier Weltteile‹, wie Peru unter den Inka genannt wurde) in keinem geringeren Ruf als die Orakel von Delphi bei den Griechen. Aus den entferntesten Landstrichen unternahm man Wallfahrten nach dem geheiligten Ort, und die Stadt Pachacamac wurde bei den Peruanern, was Mekka bei den Mohammedanern, was Cholula bei dem Volk von Anahuac war. Das durch die Gaben der Pilger ständig bereicherte Heiligtum der Gottheit wurde allmählich das prächtigste im ganzen Land; und da Atahualpa daran lag, sein Lösegeld so schnell wie möglich zusammenzubringen, bat er Pizarro, er möge eine Abordnung dorthin senden, sich der Schätze zu bemächtigen, ehe die Priester des Tempels sie verstecken könnten.

Es war eine äußerst beschwerliche Reise. Zwei Drittel des Wegs führten über das Tafelland der Kordilleren und waren mitunter von den Kämmen der Gebirgskette durchschnitten, die den Marsch der Spanier nicht wenig behinderten. Glücklicherweise konnten sie auf einer langen Strecke die große Landstraße nach Cuzco benutzen, und ›nichts in der Christenheit‹, bezeugt Hernando Pizarro, ›läßt sich dieser prachtvollen Straße durch die Sierra vergleichen.‹ An manchen Stellen waren die Felsgrate so steil, daß man Stufen für die Reisenden hineingehauen hatte; und obgleich die Wege durch starke Steinbrüstungen oder Geländer gesichert waren, erklommen die Pferde sie doch nur mit größter Mühe. Häufig kreuzten Wasserläufe den Weg, über die hölzerne und zuweilen steinerne Brücken führten; mitunter aber stürzte das Wasser in reißenden Gießbächen durch tiefe Schluchten, und die einzige Möglichkeit, sie zu überschreiten, boten die Hängebrücken aus Agavefasern, mit denen die Spanier bis dahin kaum Bekanntschaft gemacht hatten. Sie waren auf beiden Ufern an massiven Steinpfeilern befestigt. Aber da sie ursprünglich für nichts Schwereres als Fußgänger und Lamas bestimmt waren und ungemein zerbrechlich wirkten, trugen die Spanier Bedenken, sich ihnen mit den Pferden anzuvertrauen. Die Erfahrung lehrte sie indes bald, daß die Brücken noch viel schwerere Lasten tragen konnten; und wenn auch die Reisenden, schwindlig vom Schwanken der langen Passage, wie betäubt in den Sturzbach blickten, der in einer Tiefe von hundert Fuß oder mehr unter ihnen dahinbrauste, so gelangte doch die gesamte Reiterei ohne Zwischenfall ans andere Ufer. An diesen Brücken, das mag noch bemerkt werden, fanden sie stets Aufseher, die von der Regierung damit betraut waren, von allen Reisenden Zoll zu erheben.

Die Spanier waren erstaunt über die zahlreichen großen Lamaherden, die in den höheren Regionen der Anden das verkümmerte Gras abweideten. Manchmal waren sie eingehegt, doch gewöhnlich liefen sie unter der Obhut ihrer indianischen Hirten frei umher, und die Eroberer erfuhren hier zum erstenmal, daß diese Tiere mit ebensoviel Sorgfalt gehütet und ihre Wanderungen ebenso gewissenhaft gelenkt wurden, wie sie es von den riesigen Merinoschafherden in ihrer Heimat kannten.

Das Tafelland und seine Abhänge waren übersät mit Dörfern und zum Teil recht ansehnlichen Städten, und der Boden zeugte überall von einer blühenden Landwirtschaft. Man sah Maisfelder in den verschiedensten Reifestadien, vom zarten Grün bis zum reifen Gelb der Erntezeit. Wenn sie in die Täler und tiefen Schluchten hinabstiegen, welche die Kämme der Kordilleren durchschnitten, umgab sie die Pflanzenwelt eines wärmeren Himmelsstriches, die mit ihrer tausendfältigen bunten Farbenpracht das Auge ergötzte und mit ihren Düften die Sinne betäubte. Überall wurde die natürliche Ergiebigkeit des Bodens noch erhöht durch ein sorgfältiges Bewässerungssystem, das aus jedem Bach oder Flüßchen, welches die Abhänge der Anden herabfloß, die lebenspendende Feuchtigkeit zog. Auf den terrassierten Berghängen prangten Blumen- und Obstgärten, strotzend von Früchten der verschiedensten Breitengrade. Die Spanier konnten nicht genug bewundern, mit welchem Fleiß die Eingeborenen sich die Freigebigkeit der Natur zunutze gemacht oder dort, wo sie sparsamer zu Werke gegangen war, dem Mangel abgeholfen hatten.

Wo sie auch hinkamen, wurden die Eroberer gastfreundlich aufgenommen, sei es, weil der Inka es so befohlen, sei es, weil ihre Taten im ganzen Land Furcht verbreitet hatten. Man bot ihnen Unterkünfte und reichliche Erfrischungen aus den wohlversehenen Vorratshäusern, die in regelmäßigen Abständen am Weg standen. In vielen Ortschaften kamen die Einwohner herbei, um sie mit Gesang und Tanz zu bewillkommnen; und wenn sie ihren Marsch wieder antraten, wurde ihnen eine Anzahl kräftiger Träger mitgegeben.

Nach mehrwöchigem, trotz all dieser Erleichterungen recht beschwerlichem Marsch erreichte Hernando Pizarro endlich Pachacamac. Es war eine Stadt mit einer beträchtlichen Bevölkerung; die Häuser waren zum großen Teil aus Stein gebaut. Der Tempel der Gottheit, ein riesiges Steingebäude oder vielmehr eine ganze Ansammlung von Gebäuden, die sich rings um einen kegelförmigen Hügel gruppierten, glich eher einer Festung als einer Andachtsstätte. Obwohl die Mauern aus Stein waren, bestand das Dach nur aus leichtem Stroh, wie es in Ländern üblich ist, wo es selten oder nie regnet und man vor allem eines Schutzes gegen die Sonnenstrahlen bedarf.

Als Hernando Pizarro sich am unteren Eingang des Tempels zeigte, wurde ihm von den Wächtern am Tor der Zutritt verweigert. Doch erzwang er sich den Einlaß mit Gewalt, indem er ausrief, er habe einen zu weiten Weg hinter sich, als daß er sich nun vom Arm eines indianischen Priesters sollte aufhalten lassen. Begleitet von seinen Leuten, wand er sich durch den Gang, der zu einem offenen Platz auf dem Gipfel des Hügels führte, wo auf der einen Seite eine Art von Kapelle stand, das Heiligtum der gefürchteten Gottheit. Die Tür war mit kristallenem Zierat, Türkisen und Korallenstücken geschmückt. Hier hätten die Indianer Pizarro gewiß aufs neue daran zu hindern gesucht, den geheiligten Bezirk zu entweihen, wenn nicht in diesem Augenblick ein Erdstoß die alten Mauern bis in ihre Grundfesten erschüttert und die Eingeborenen, sowohl die in Pizarros Begleitung wie die Stadtbewohner, so erschreckt hätte, daß sie entsetzt davonliefen, gar nicht daran zweifelnd, daß ihre erzürnte Gottheit nun die Eindringlinge unter den Trümmern begraben oder mit ihren Blitzen vernichten werde. Doch die Eroberer empfanden keine Furcht; sie fühlten, daß sie wenigstens hier den guten Kampf des Glaubens kämpften.

Pizarro riß die Tür auf und betrat mit seinen Leuten das Heiligtum. Doch fanden sie nicht, wie sie zuversichtlich erwartet hatten, eine von Gold und Edelsteinen – den Gaben der Verehrer Pachacamacs – funkelnde Halle, sondern einen kleinen, dunklen Raum oder vielmehr eine Höhle, deren Fußboden und Wände, einem Schlachthaus gleich, die widerwärtigsten Gerüche ausströmten. Es war die Opferstätte. Am Boden entdeckten sie ein paar Goldstücke und Smaragde, und als ihre Augen sich an das Dunkel gewöhnt hatten, erkannten sie im entferntesten Winkel des Raumes das Götterbild. Es war ein ungeschlachtes Scheusal aus Holz, dessen Kopf dem eines Menschen glich. Das war der Gott, durch dessen Lippen Satan die weitberühmten Orakelsprüche geflüstert hatte, die seine indianischen Anbeter in die Irre führten!

Entrüstet zogen die Spanier das Götzenbild aus seinem Schlupfwinkel, schleppten es ins Freie und zerschlugen es in tausend Stücke. Dann wurde der Ort gereinigt und ein großes Kreuz aus Stein und Mörtel an derselben Stelle errichtet. Einige Jahre später wurden die Mauern des Tempels von den spanischen Ansiedlern niedergerissen, die hier einen willkommenen Steinbruch für ihre eigenen Bauten fanden. Aber das Kreuz blieb stehen und breitete seine Arme über die Trümmer. Es stand, wo man es mitten in der Hochburg des Heidentums aufgerichtet hatte, und während alles ringsum in Trümmern lag, kündete es von den ewigen Siegen des Glaubens.

Als die einfältigen Eingeborenen sahen, daß der Himmel keine Donnerkeile für die Eroberer bereithielt und ihr Gott nicht die Macht hatte, die Schändung seines Heiligtums zu verhindern, da fanden sie sich allmählich ein, den Fremden zu huldigen, die sie jetzt mit abergläubischer Furcht betrachteten. Hernando Pizarro machte sich den Stimmungsumschwung zunutze und suchte sie von ihrem Götzendienst abzubringen; und obwohl selbst kein Prediger, wie er uns gesteht, hielt er eine zweifellos so erbauliche Rede, wie man sie aus dem Munde eines Kriegers nur erwarten konnte. Zum Schluß lehrte er sie das Zeichen des Kreuzes als einen unschätzbaren Talisman gegen die künftigen Anschläge des Teufels.

Doch war der spanische Befehlshaber von seinen geistlichen Verrichtungen nicht so in Anspruch genommen, daß er nicht auch die weltlichen Belange im Auge behalten hätte, derentwegen er schließlich in diese Gegend gezogen war. Zu seinem Verdruß mußte er jetzt feststellen, daß er etwas zu spät kam; die Priester des Pachacamac, von seiner Mission unterrichtet, hatten den weitaus größten Teil des Goldes bereits in Sicherheit gebracht und sich vor seiner Ankunft damit aus dem Staube gemacht. Vieles davon wurde später in der Nähe wiedergefunden, vergraben im Erdboden. Doch was man jetzt zusammenbrachte, war immerhin noch genug und belief sich auf fast achtzigtausend Castellanos, eine Summe, die den Spaniern früher als Entschädigung für weitaus größere Strapazen als die jetzt erduldeten gegolten hätte. Aber das Gold war ihnen alltäglich geworden, und ihre Einbildungskraft, angefacht durch die romantischen Abenteuer, die sie in letzter Zeit bestanden hatten, schwelgte in Wunschträumen, die alles Gold von Peru kaum hätte verwirklichen können.

Indes brachte die Unternehmung Hernando immerhin einen Fang ein, der ihn über den Verlust des Schatzes beinahe hinwegtröstete. Während seines Aufenthalts in Pachacamac erfuhr er, der indianische Befehlshaber Challcuchima befinde sich mit einer großen Streitmacht in der Nähe von Jauja, einer ansehnlichen Stadt, die in beträchtlicher Entfernung in den Bergen lag. Challcuchima, ein naher Verwandter Atahualpas und sein erfahrenster Heerführer, hatte im Verein mit Quisquis, der sich jetzt in Cuzco aufhielt, jene Siege im Süden erfochten, die den Inka auf den Thron brachten. An Herkunft, Fähigkeiten und Erfahrungen kam ihm keiner im Lande gleich. Pizarro wußte wohl, wie wichtig es war, sich dieses Mannes zu bemächtigen. Als er erfuhr, daß der indianische Edelmann es ablehnte, bei seiner Rückkehr mit ihm zusammenzutreffen, beschloß er, sogleich nach Jauja zu marschieren und den Häuptling in seinem eigenen Lager gefangenzunehmen. Ein solcher Plan mochte angesichts des ungeheuren zahlenmäßigen Mißverhältnisses selbst einem Spanier hoffnungslos erscheinen; aber der Erfolg hatte den Eroberern so viel Selbstvertrauen eingeflößt, daß es ihnen kaum einfiel, das Risiko zu bedenken.

Der Marsch durchs Gebirge bot noch größere Schwierigkeiten als der Hinweg. Zu allem Übel kam, daß die Hufeisen der Pferde völlig abgenutzt waren, und die Hufe litten sehr auf dem rauhen und steinigen Boden. Eisen war nicht zur Hand, nur Gold und Silber. In ihrer Not machten sie Gebrauch davon, und Pizarro ließ sämtliche Pferde mit Silber beschlagen. Indianische Schmiede besorgten die Arbeit, und sie gelang so gut, daß man das Edelmetall auch auf dem weiteren Marsch als Ersatz für Eisen nahm.

Jauja war eine große, volkreiche Stadt, wenn wir auch der Behauptung der Eroberer, auf dem großen Platz kämen gewöhnlich hunderttausend Menschen zusammen, schwerlich glauben dürfen. Es hieß, der peruanische Häuptling lagere mit einem Heer von fünfunddreißigtausend Mann nur wenige Meilen von der Stadt entfernt. Mit einiger Mühe konnte man ihn zu einer Zusammenkunft mit Pizarro bewegen. Dieser begrüßte ihn höflich und forderte ihn auf, mit ihm zum kastilischen Lager in Cajamarca zurückzukehren, was er für einen Befehl des Inka ausgab. Seit der Gefangennahme seines Gebieters war Challcuchima unschlüssig gewesen, wie er sich verhalten sollte. Dieser plötzliche und geheimnisvolle Handstreich, vollführt von Wesen, die aus den Wolken gefallen zu sein schienen, und das gerade in der Stunde von Atahualpas Triumph, hatte den peruanischen Kriegsmann ganz aus der Fassung gebracht. Noch hatte er keinen Plan zur Befreiung des Inka geschmiedet und wußte nicht einmal, ob dergleichen Maßnahmen willkommen sein würden. So fügte er sich nun in den Befehl und wünschte auf jeden Fall eine persönliche Unterredung mit seinem Gebieter. Pizarro erreichte sein Ziel, ohne auch nur die geringste Gewalt anwenden zu müssen. Fast scheint es, als sei der Eingeborene bei seiner ersten Berührung mit dem weißen Mann von dessen überlegenem Geist gelähmt worden, so wie man vom Tier des Waldes sagt, es verzage vor dem festen Blick des Jägers.

Challcuchima war von einem großen Gefolge begleitet. Er wurde von seinen Dienern in einer Sänfte getragen, und als er die Spanier auf ihrem Rückweg durchs Land begleitete, erwiesen ihm die Einwohner überall so viel Ehrerbietung, wie sie nur dem Günstling eines Königs gezollt wird. Alles Gepränge verschwand jedoch, als er vor dem Inka erschien, dem er sich auf bloßen Füßen näherte, auf dem Rücken eine leichte Last, die er einem seiner Diener abgenommen. Als er vor ihm stand, hob der alte Krieger die Hände zum Himmel und rief aus: »Wäre ich doch hier gewesen! – Dann wäre das nicht geschehen.« Darauf kniete er nieder, küßte dem königlichen Gebieter Hände und Füße und netzte sie mit seinen Tränen. Atahualpa seinerseits verriet nicht die mindeste Gemütsbewegung und gab kein anderes Zeichen der Freude über die Gegenwart seines liebsten Ratgebers von sich, als daß er ihn schlicht willkommen hieß. Die kühle Gelassenheit des

Herrschers stand in merkwürdigem Gegensatz zu der leidenschaftlichen Ergebenheit des Untertans.

Atahualpa wurde während seiner Gefangenschaft von den Spaniern mit unverminderter Ehrerbietung behandelt. Sie lehrten ihn das Würfelspiel und das schwierigere Schachspiel, worin der königliche Gefangene bald ein Meister war, und gern vertrieb er sich damit die Langeweile seiner Haft. Seinem eigenen Volk gegenüber behauptete er soweit wie möglich die gewohnte Würde und Förmlichkeit. Die Frauen und Mädchen seines Harems waren um ihn, warteten ihm wie sonst bei Tisch auf und verrichteten die üblichen häuslichen Dienste. Etliche indianische Edelleute hielten sich im Vorzimmer auf, durften aber nie unaufgefordert vor ihm erscheinen, und wenn sie bei ihm eintraten, unterwarfen sie sich dem gleichen demütigenden Zeremoniell, das auch dem höchstgestellten Untertan auferlegt war. Das Tafelgeschirr des Inka bestand aus Gold und Silber. Seine Kleidung, die er oft wechselte, war aus Vikunjawolle gefertigt, so fein, daß sie aussah wie Seide. Zuweilen legte er statt dessen ein Gewand aus Fledermaushäuten an, so weich und glänzend wie Samt. Um den Kopf trug er das Llautu, einen faltenreichen wollenen Schal oder Turban von feinstem Gewebe und reicher Farbenpracht; auch trug er weiterhin um die Schläfen die Borla, deren rot-goldene Fransen so tief herabhingen, daß sie seine Augen zum Teil verdeckten. Noch das Scheinbild des Königtums hatte Reiz für ihn, auch als keine Wirklichkeit mehr dahinterstand. Kein Kleidungsstück oder Gerät, das einmal dem peruanischen Herrscher gehört hatte, durfte je von einem andern benutzt werden. Sobald er es ablegte, wurde es sorgfältig in eine dafür bestimmte Kiste gelegt und später verbrannt. Es wäre Frevel gewesen, etwas zu niedrigen Zwecken zu gebrauchen, was einmal durch die Berührung des Inka geheiligt worden war.

Nicht lange nach der Rückkehr Hernando Pizarros aus Pachacamac in der zweiten Maihälfte trafen auch die drei Sendboten aus Cuzco ein. Ihre Mission hatte viel Erfolg gehabt. Dank den Anweisungen des Inka und der Furcht, welche die weißen Männer jetzt im ganzen Land einflößten, waren die Spanier überall freundlich empfangen worden. Die Eingeborenen trugen sie in den landesüblichen Sänften, und da sie den ganzen Weg nach der Hauptstadt auf der großen Inkastraße zurücklegten, an der in regelmäßigen Abständen indianische Träger stationiert waren, überstanden sie die Reise von mehr als sechshundert Meilen nicht nur ohne Beschwerde, sondern mit der größten Bequemlichkeit. Sie zogen durch viele volkreiche Städte, und überall fanden sie die arglosen Eingeborenen bereit, sie als Wesen höherer Art zu verehren. In Cuzco wurde ihnen ein festlicher öffentlicher Empfang bereitet; sie erhielten prachtvolle Unterkünfte, und die willfährige Ergebenheit der Einwohner kam allen ihren Wünschen zuvor.

Ihre Schilderungen der Hauptstadt bestätigten, was Pizarro bereits vorher über den Reichtum und die Bevölkerung von Cuzco gehört hatte. Doch bekamen die Abgeordneten, obwohl sie sich über eine Woche dort aufhielten, keineswegs die ganze Stadt zu Gesicht. Den großen Sonnentempel fanden sie buchstäblich überzogen mit Platten von purem Golde. Sie betraten auch das Innere und sahen die königlichen Mumien in reichgeschmückten Gewändern auf ihren goldgetriebenen Stühlen sitzen. Die Spanier brachten immerhin den Anstand auf, sie unangetastet zu lassen, wie es ihnen der Inka vorher eingeschärft hatte; aber sie verlangten, daß alle Platten von den Wänden abgenommen würden. Die Peruaner fügten sich nur widerwillig dem Befehl ihres Gebieters, das nationale Heiligtum zu entweihen, das jeder Einwohner der Stadt mit Stolz und Verehrung betrachtete. Weniger widerstrebend halfen sie den Spaniern, den Zierat von einigen anderen Gebäuden abzunehmen, dessen Gold jedoch mit einem hohen Anteil anderer Metalle legiert und daher von viel geringerem Wert war.

Die Anzahl der Platten, die sie vom Sonnentempel abrissen, belief sich auf siebenhundert. Sehr dick waren sie wahrscheinlich nicht; an Größe verglich man sie mit dem Deckel eines zehn bis zwölf Zoll breiten Kastens. Das Gebäude war von einem Gesims aus purem Gold umgeben, welches aber so fest im Stein saß, daß es allen Anstrengungen der Räuber widerstand. Die Spanier beklagten sich über den geringen Eifer, den die Indianer bei dem Zerstörungswerk an den Tag legten, und behaupteten, in anderen Teilen der Stadt gebe es von Gold und Silber strotzende Gebäude, die man ihnen aber vorenthalten habe. In Wahrheit war ihre Mission, mit der sie sich nicht gerade beliebt machten, durch die Art, wie sie zu Werke gingen, den Eingeborenen doppelt lästig geworden. Waren die Sendboten doch ganz primitive Rohlinge; aufgeblasen durch die Ehrenbezeigungen der Eingeborenen, glaubten sie, Anspruch darauf zu haben, und verachteten die armen Indianer als ein tief unter den Europäern stehendes Volk. Nicht nur zeigten sie die widerwärtigste Habgier, sie begegneten überdies selbst den vornehmsten Edelleuten mit rücksichtsloser Anmaßung. Ja, sie sollen sogar in die Abgeschiedenheit der Klöster eingedrungen sein und die religiösen Gefühle der Peruaner durch skandalösen Umgang mit den Sonnenjungfrauen verletzt haben. Die Einwohner von Cuzco waren so aufgebracht, daß sie gewiß gewaltsam Hand an sie gelegt hätten, wenn die angestammte Ehrfurcht vor dem Inka, in dessen Namen die Spanier gekommen waren, sie nicht gezügelt hätte. Wie die Dinge nun einmal lagen, brachten die Indianer immerhin genug Gold zusammen, um die unwürdigen Gäste zu befriedigen und so schnell wie möglich wieder loszuwerden. Es war ein schwerer Fehler von Pizarro, solche Leute nach Cuzco zu schicken. Selbst in seiner Schar gab es durchaus Männer, die, wie sich bei anderen Gelegenheiten zeigte, ein gewisses Maß an Selbstachtung, wenn nicht gar Achtung vor den Eingeborenen besaßen.

Die spanische Abordnung brachte außer Silber volle zweihundert von je vier Eingeborenen getragene Cargas oder Lasten Gold mit. Das war ein erheblicher Beitrag zu Atahualpas Lösegeld, und obwohl der Schatz die vorgezeichnete Linie noch keineswegs erreicht hatte, sah der Herrscher doch mit Genugtuung die Zeit seiner Auslösung näher rücken.

Nicht lange vorher war ein Ereignis eingetreten, das die Lage der Spanier veränderte und das Schicksal des Inka ungünstig beeinflußte. Es war die Ankunft Almagros mit einer ansehnlichen Verstärkung in Cajamarca. Ihm war es nach großen Anstrengungen gelungen, drei Schiffe auszurüsten und hundertfünfzig Mann zusammenzubringen, mit denen er gegen Ende des vergangenen Jahres von Panamá abgesegelt war. Während seiner Reise schloß sich ihm noch eine kleine Streitmacht aus Nikaragua an, so daß seine Schar nunmehr hundertfünfzig Fußsoldaten und fünfzig Reiter zählte, alle wohlversehen mit Kriegsvorräten. Seine Schiffe wurden von dem alten Lotsen Ruíz geführt; doch nachdem sie die Bucht von San Mateo angesteuert hatten, schlichen sie nur langsam an der Küste hin, wie gewöhnlich genarrt von widrigen Winden und Strömungen und allem Ungemach preisgegeben, das solch langwierige Reise mit sich bringt. Zu allem Unglück erhielten sie keinerlei Nachrichten von Pizarro, und Almagros Leute, zumeist rohe Abenteurer, waren so entmutigt, daß sie ihm bei der Ankunft in Puerto Viejo vorschlugen, die Unternehmung aufzugeben und sogleich nach Panamá zurückzukehren. Glücklicherweise brachte ein Schiff des kleinen Geschwaders, das Almagro nach Túmbez vorausgeschickt hatte, endlich Kunde von Pizarro und der Niederlassung, die er in San Miguel gegründet hatte. Belebt von dieser Nachricht, trat Almagro seine Reise wieder an, und gegen Ende Dezember 1532 gelang es ihm schließlich, seine ganze Mannschaft wohlbehalten nach der spanischen Niederlassung zu bringen.

Dort hörte er von Pizarros Marsch übers Gebirge, von der Gefangennahme des Inka und bald auch von dem ungeheuren Lösegeld, das dieser für seine Befreiung geboten habe. Almagro und seine Gefährten vernahmen mit unverhohlenem Staunen die Kunde von Pizarro und der ebenso raschen wie wunderbaren Wende seines Schicksals, die sie wie Zauberei anmutete. Gleichzeitig aber wurde er von einigen Ansiedlern davor gewarnt, sich in die Gewalt seines Verbündeten zu begeben, denn man wisse, daß er ihm nicht wohlwolle.

Nicht lange nach Almagros Ankunft in San Miguel gelangte die Kunde davon nach Cajamarca, doch eine geheime Botschaft von Almagros Sekretär Perez meldete Pizarro, sein Bundesgenosse sei keineswegs in der Absicht gekommen, mit ihm gemeinsame Sache zu machen, sondern wolle eine unabhängige Regierung bilden. Beide spanischen Heerführer scheinen von gewissenlosen Unruhstiftern umgeben gewesen zu sein, die Zwietracht zu säen suchten, zweifellos in der Hoffnung, dabei auf ihre eigne Rechnung zu kommen. Für diesmal schlugen ihre heimtückischen Machenschaften jedoch fehl.

Pizarro war hoch erfreut über eine so beträchtliche Verstärkung, die es ihm ermöglichen würde, sein Glück nach Wunsch weiter zu verfolgen und die Eroberung des Landes fortzusetzen. Auf die Mitteilung des Sekretärs legte er wenig Gewicht; denn was auch Almagros ursprüngliche Absicht gewesen sein mochte, Pizarro wußte, daß die reiche Goldader, die er im Lande geöffnet hatte, ihm die Mitwirkung des anderen beim Ausbeuten sichern würde. Er hatte deshalb den Edelmut – denn es liegt wirklich etwas Edelmütiges darin, die Einflüsterungen kleinlicher Nebenbuhlerschaft zugunsten einer klaren Einsicht zu überhören –, sogleich einen Boten zu seinem alten Gefährten zu senden und ihn unter vielen Freundschaftsbeteuerungen nach Cajamarca zu bitten. Almagro, offen und sorglos von Natur, nahm die Botschaft im gleichen Sinne auf, in dem sie abgesandt war, und nach einer kurzen notwendigen Ruhepause trat er seinen Marsch ins Landesinnere an. Doch da ihm das verräterische Treiben seines Sekretärs zu Ohren gekommen war, ließ er den Intriganten noch vor seinem Aufbruch von San Miguel für seine Treulosigkeit aufhängen.

Mitte Februar 1533 langte Almagro in Cajamarca an. Pizarros Soldaten hießen ihre Landsleute willkommen, und die beiden Heerführer umarmten einander mit allen Zeichen herzlicher Freude. Die früheren Zwistigkeiten waren vergessen, sie schienen nur gewillt, einander beizustehen und gemeinsam die glänzende Laufbahn zu verfolgen, die sich ihnen jetzt mit der Eroberung eines Weltreiches auftat. Doch gab es einen Menschen in Cajamarca, auf den die Ankunft der Spanier einen ganz anderen Eindruck machte. Das war der Inka Atahualpa. Er sah in den Ankömmlingen nur einen neuen Heuschreckenschwarm, der sein unglückliches Land heimsuchte, und wußte sehr wohl, je mehr Feinde sich um ihn zusammenzogen, desto geringer wurde seine Aussicht, die Freiheit wiederzugewinnen oder die wiedererlangte Freiheit zu behaupten. Ein geringfügiger Umstand, unbedeutend an sich, aber durch Aberglauben ins Furchtbare gesteigert, warf zu jener Zeit einen weiteren Schatten über sein Leben.

Einige Soldaten nahmen eine merkwürdige Erscheinung, einen Kometen vielleicht, am Himmel wahr und zeigten sie Atahualpa. Er betrachtete sie einige Minuten lang mit gespannter Aufmerksamkeit und stieß dann niedergeschlagen hervor, ein ähnliches Zeichen habe sich kurz vor dem Tode seines Vaters Huayna Capac am Himmel gezeigt. Von diesem Tag an schien tiefer Gram sich seiner zu bemächtigen, und voller Zweifel und unbestimmter Furcht blickte er in die Zukunft.

7

Die Ankunft Almagros veränderte Pizarros Aussichten beträchtlich; war er doch jetzt in der Lage, seine kriegerischen Unternehmungen fortzusetzen und seine Eroberungen im Landesinnern voranzutreiben. Das einzige Hindernis, das ihm im Wege stand, war das Lösegeld des Inka. Die Spanier hatten geduldig gewartet, bis die Abordnung aus Cuzco zurückgekehrt war und der Schatz gewaltige Ausmaße angenommen hatte, obwohl er immer noch unterhalb der vereinbarten Grenzlinie blieb. Nun aber schlug ihre Habsucht die Geduld aus dem Felde, und sie forderten laut die unverzügliche Aufteilung des Goldes. Länger warten hieße nur durch einen so verlockenden Köder die Feinde anziehen und einen Überfall heraufbeschwören. Solange der Schatz ungezählt bleibe, kenne niemand seinen Wert und den Anteil jedes einzelnen. Es sei besser, ihn sogleich zu verteilen und es dann jedem selbst zu überlassen, sein Eigentum zu verteidigen. Überdies waren einige jetzt geneigt, nach Hause zurückzukehren und ihren Anteil an Gold mitzunehmen, um es daheim sicher anzulegen. Aber es waren nur wenige, während der weitaus größere Teil dringend wünschte, das gegenwärtige Standquartier zu verlassen und sogleich nach Cuzco zu marschieren. Sie meinten, in der Hauptstadt erwarte sie mehr Gold, als ihnen längeres Verweilen hier einbringen; auch sei jede Stunde kostbar, denn man müsse verhindern, daß die Einwohner die bereits angedeutete Absicht ausführten und ihre Schätze verbargen.

Diese Erwägung gab bei Pizarro den Ausschlag. Außerdem wußte er, daß er nicht hoffen durfte, die Herrschaft über das Reich zu gewinnen, solange er die Hauptstadt nicht in seiner Gewalt habe. So wurde unverzüglich die Teilung des Schatzes beschlossen.

Zuvor aber war es nötig, das Ganze in gleichwertige Barren umzuschmelzen, denn die Beute bestand aus den mannigfaltigsten Gegenständen, bei denen der Feingehalt des Goldes sehr unterschiedlich war. Da gab es Becher, Wasserkrüge, Schalen, Gefäße von jeder Form und Größe, Zierat und Gerät für die Tempel und königlichen Paläste, Tafeln und Platten zur Ausschmückung der öffentlichen Gebäude, seltsame Nachbildungen von Pflanzen und Tieren. Unter den Pflanzengebilden war am schönsten der Mais mit dem goldenen Kolben inmitten breiter silberner Blätter, aus denen in dichten Büscheln die Narbenfäden aus dem gleichen kostbaren Metall herabhingen. Auch ein Springbrunnen wurde sehr bewundert, aus dem ein funkelnder Strahl von Gold aufstieg, während Vögel und Getier aus demselben Material im Wasserbecken spielten. Die Feinheit der Ausführung bei einigen dieser Arbeiten und die schöne, sinnreiche Formgebung erregten später die Bewunderung verständigerer Kunstrichter, als die rohen Eroberer von Peru es waren.

Ehe man die Proben indianischer Kunst zerstörte, beschloß man, einige Arbeiten, die dann vom königlichen Fünftel abgerechnet werden sollten, an den Kaiser zu schicken. Sie würden ihm die Kunstfertigkeit der Eingeborenen sowie den Wert seiner Eroberungen vor Augen führen.

Eine Anzahl der schönsten Gegenstände im Wert von hunderttausend Dukaten wurde ausgewählt und Hernando Pizarro dazu bestimmt, sie nach Spanien zu bringen. Er sollte eine Audienz bei Karl V. erwirken, und während er die Schätze vor ihm ausbreitete, sollte er über die Fortschritte der Eroberer Bericht erstatten und eine weitere Vermehrung ihrer Befugnisse und Würden erbitten.

Dank seiner Gewandtheit und Weltkenntnis taugte Hernando Pizarro besser als jeder andere im Heer zu solcher Mission; niemand war geeigneter, die Angelegenheit am stolzen kastilischen Hof mit Erfolg zu betreiben. Doch sprachen bei seiner Wahl in diesem Augenblick auch andere Gründe mit.

Seine frühere Eifersucht auf Almagro nagte noch immer an seinem Herzen, und dessen Ankunft im Lager hatte er mit unverhohlenem Mißmut verfolgt. Er sah in ihm den Eindringling, der sich nur seinen Teil an der Siegesbeute sichern und den Bruder um die ihm gebührenden Ehren bringen wollte. Statt die herzliche Begrüßung Almagros bei ihrer ersten Begegnung zu erwidern, wahrte der anmaßende Ritter ein mürrisches Schweigen. Sein Bruder Francisco war sehr ungehalten über ein solches Benehmen, das die alte Fehde zu erneuern drohte, und bewog Hernando, ihn nach Almagros Unterkunft zu begleiten und sich wegen seiner Unhöflichkeit zu entschuldigen. Aber trotz der scheinbaren Versöhnung machte der spanische Befehlshaber sich doch gern die günstige Gelegenheit zunutze, um den Bruder von einem Schauplatz zu entfernen, wo sein aufrührerischer Geist seine hervorragenden Dienste in den Schatten stellen mußte.

Das Einschmelzen der Schätze wurde den indianischen Goldschmieden übertragen, die somit genötigt waren, das Werk ihrer Hände zu zerstören. Sie arbeiteten Tag und Nacht, aber die Menge des Einzuschmelzenden war so groß, daß sie einen vollen Monat dazu brauchten. Als das Ganze in Barren von gleichem Feingehalt umgewandelt war, wurden diese unter Aufsicht der königlichen Beamten sorgfältig gewogen. Die gesamte Goldmenge belief sich auf 1326539 Pesos de oro. Das Gewicht des Silbers wurde auf 51610 Mark geschätzt. Es gibt in der Geschichte keinen zweiten Fall, wo eine solche Beute – noch dazu in dieser umsetzbaren Form, gewissermaßen in barer Münze – einer so kleinen Schar von Abenteurern in die Hände fiel.

Eine neue Schwierigkeit ergab sich nun bei der Teilung des Schatzes. Almagros Anhänger verlangten einen Anteil, der allerdings, da sie Pizarros Leuten an Zahl gleich, ja sogar etwas überlegen waren, den Gewinn der andern erheblich geschmälert hätte. »Freilich sind wir bei der Gefangennahme des Inka nicht dabeigewesen«, sagten Almagros Soldaten zu ihren Gefährten, »aber seither haben wir doch das Unsrige getan, ihn im Wechsel mit euch bewacht, euch geholfen, eure Schätze zu verteidigen, und jetzt ermöglichen wir es euch, das Unternehmen fortzusetzen und eure Eroberungen zu sichern. Es ist unsere gemeinsame Sache«, betonten sie, »bei der alle in gleichem Maße beteiligt sind, und deshalb sollte auch der Gewinn gerecht unter uns verteilt werden.«

Diese Art, die Sache anzusehen, sagte indes Pizarros Leuten keineswegs zu. Sie erklärten, Atahualpa habe den Vertrag ausschließlich mit ihnen geschlossen; sie allein hätten sich des Inka bemächtigt, das Lösegeld sichergestellt, kurzum, jedes Risiko des Unternehmens auf sich genommen, und sie seien nun nicht geneigt, die Früchte mit jedem Nachzügler zu teilen. – Es ließ sich nicht leugnen, daß diese Beweisführung viel für sich hatte, und so wurde schließlich zwischen den Anführern ausgehandelt, Almagros Leute sollten ihre Ansprüche gegen eine vereinbarte mäßige Summe aufgeben und die ihnen jetzt eröffnete Laufbahn dazu benutzen, selbst für ihr Glück zu sorgen.

Nachdem die heikle Angelegenheit so friedlich geordnet war, schickte sich Pizarro mit aller Feierlichkeit zur Teilung der gewaltigen Beute an. Die Truppen wurden auf dem großen Platz versammelt, und der spanische Befehlshaber erbat, wie uns schriftlich bezeugt wird, ›in Gottesfurcht den Beistand des Himmels, um das bevorstehende Werk gewissenhaft und gerecht zu vollbringen‹. Dieser Anruf mag bei der Verteilung einer so unredlich erworbenen Beute ziemlich unangebracht scheinen; bedenken wir aber die Größe des Schatzes und die Schwierigkeit der Aufgabe, ihn nach den Verdiensten jedes einzelnen zu verteilen, so werden wir zugeben müssen, daß Pizarro selten im Leben eine schwerere Verantwortung auf sich nahm. Von seiner jetzigen Entscheidung hing gewissermaßen das künftige Schicksal seiner Gefährten ab – Armut oder Unabhängigkeit für den Rest des Lebens.

Zuerst wurde das königliche Fünftel beiseite gelegt, die Sendung, die bereits nach Spanien unterwegs war, eingerechnet. Der Anteil Pizarros belief sich auf 57222 Pesos de oro und 2350 Mark Silber. Außerdem erhielt er den großen Sessel oder Thron des Inka aus gediegenem Golde, der auf 25000 Pesos de oro geschätzt wurde. Seinem Bruder Hernando wurden 31080 Pesos Gold und 2350 Mark Silber ausgezahlt. Soto erhielt 17740 Pesos Gold und 724 Mark Silber. Die meisten anderen Reiter, sechzig an der Zahl, bekamen je 8880 Pesos Gold und 362 Mark Silber, einige mehr, andere bedeutend weniger. Das Fußvolk zählte insgesamt hundertundfünf Mann. Fast ein Fünftel von ihnen erhielt je 4440 Pesos Gold und 180 Mark Silber, also halb soviel wie die Reiter. Die übrigen empfingen ein Viertel weniger, wiewohl es auch hier wieder Ausnahmen gab; und einige mußten sich mit einem noch viel geringeren Anteil begnügen.

Der neuen Kirche San Francisco, dem ersten christlichen Gotteshaus in Peru, wurden 2220 Pesos Gold gestiftet. Die für Almagros Truppe bestimmte Summe war nicht gerade überwältigend, wenn sie wirklich nicht mehr als 20000 Pesos betrug, und der für die Kolonisten von San Miguel zurückgelegte Betrag, der sich auf nur 15000 Pesos belief, war erstaunlich gering.

Bei der Teilung verlautet nichts von Almagro selbst, der dem ursprünglichen Vertrag entsprechend den gleichen Anteil an der Beute beanspruchen konnte wie sein Bundesgenosse. Ebensowenig wird Luque, der dritte im Bunde, erwähnt. Ihm selber freilich konnten irdische Schätze nicht mehr nützen. Er war kurz vor Almagros Abreise von Panamá gestorben, zu früh, um den vollen Erfolg des Unternehmens zu erfahren, das ohne seine Bemühungen hätte fehlschlagen müssen; zu früh, um von den Taten und Untaten Pizarros zu hören. Aber der Lizentiat Espinosa, der, wie es scheint, die Gelder für das Unternehmen vorgeschossen hatte, lebte noch in Santo Domingo, und Luques Ansprüche waren ausdrücklich auf ihn übertragen worden.

Nachdem die Spanier das Lösegeld aufgeteilt hatten, schien der Fortsetzung ihres Eroberungszuges und dem Marsch nach Cuzco nichts mehr im Wege zu stehen. Doch was sollte mit Atahualpa geschehen? Bei der Entscheidung dieser Frage konnte als das Rechte nur gelten, was zweckmäßig war. Ihn freilassen hieße ebenden Mann aus der Hand geben, der sich als ihr gefährlichster Feind erweisen konnte; seine Herkunft, sein königlicher Rang würde das ganze Volk um ihn scharen, ihm das Triebwerk der Regierung und all ihre Hilfsquellen dienstbar machen; sein bloßes Wort würde alle Kräfte seines Volkes gegen die Spanier vereinigen und die Eroberung des Landes wenn nicht ganz und gar vereiteln, so doch auf lange Zeit verzögern. Ihn gefangenzuhalten war indes mit kaum weniger Schwierigkeiten verknüpft; denn die Bewachung eines so wichtigen Fanges würde eine Zersplitterung und erhebliche Schwächung ihrer Streitmacht bedeuten; und wie konnten sie in den gefährlichen Gebirgspässen bei noch so großer Wachsamkeit die Befreiung ihres Gefangenen verhindern?

Der Inka selbst forderte jetzt laut seine Freiheit. Die versprochene Höhe des Lösegeldes war allerdings nicht ganz erreicht worden, und ob es je dazu gekommen wäre, mag angesichts der Hindernisse, welche die Tempelhüter in den Weg legten, dahingestellt bleiben. Schienen diese doch eher geneigt, die Schätze zu verstecken, als ihre Heiligtümer zu plündern, um die Habgier der Fremden zu befriedigen. Auch war es für den indianischen Herrscher ein Unglück, daß ein großer Teil des Goldes, und zwar von bester Qualität, aus flachen Platten bestand, die, zu Blöcken gestapelt, bei allem Wert nur wenig zur Erhöhung des Haufens beitrugen. Aber eine ungeheure Menge war doch zusammengekommen, und es wäre noch mehr geworden, so konnte der Inka mit Fug und Recht behaupten, wenn die Spanier ihre Ungeduld bezähmt hätten. Jedenfalls war es ein stattlicheres Lösegeld, als je von irgendeinem Fürsten oder Machthaber der Welt entrichtet worden war.

Solche Erwägungen trug Atahualpa einigen Rittern und besonders Hernando de Soto vor, der mit ihm auf vertrauterem Fuß stand als Pizarro. Soto berichtete diesem von Atahualpas Forderungen, aber der Befehlshaber wich einer klaren Antwort aus. Er enthüllte nicht die finsteren Pläne, über denen er brütete. Nicht lange darauf ließ er vom Notar ein Dokument aufsetzen, worin er den Inka von jeder weiteren Verpflichtung hinsichtlich des Lösegeldes freisprach. Diese Schrift ließ er im Lager bekanntgeben, während er zugleich öffentlich erklärte, die Sicherheit der Spanier erfordere es, den Inka so lange gefangenzuhalten, bis neue Verstärkungen eingetroffen seien.

Unterdessen kamen unter den Soldaten die alten Gerüchte von einem geplanten Angriff der Eingeborenen wieder in Umlauf. Einer erzählte es dem andern, und bei jeder Wiederholung wurde noch etwas dazugetan. Ein ungeheures Heer, hieß es, versammle sich in Quito, Atahualpas Geburtsland, und dreißigtausend Karaiben seien auf dem Wege, es zu verstärken. Die Karaiben, denen man als einem Kannibalenstamm ganz besondere Greuel zuschrieb, wurden von der Phantasie der frühen Spanier ziemlich wahllos in den verschiedensten Teilen Amerikas angesiedelt.

Es war nicht leicht, den Ursprung der Gerüchte aufzuspüren. Im Lager lebten zahlreiche Peruaner, die zu Huascars Partei gehörten und Atahualpa natürlich feindlich gesinnt waren. Aber sein ärgster Feind war Felipillo, der schon erwähnte Dolmetscher aus Túmbez. Dieser junge Mann hatte für eine der königlichen Konkubinen eine Leidenschaft gefaßt oder war, wie einige Quellen aussagen, bei seinem heimlichen Liebesverhältnis mit ihr ertappt worden. Der Vorfall kam Atahualpa zu Ohren, der sich dadurch tief beleidigt fühlte. Eine solche Kränkung seiner Person von seiten eines so niedrigen Menschen sei eine Schmach, sagte er, schwerer zu ertragen als die Gefangenschaft; und er erklärte Pizarro, nach peruanischem Gesetz könne solcher Schimpf nicht allein durch die Hinrichtung des Verbrechers, sondern nur durch den Tod seiner ganzen Familie und Verwandtschaft gesühnt werden. Felipillo war aber für die Spanier zu wichtig, als daß man so kurzen Prozeß mit ihm hätte machen können; auch maßen sie einem Vergehen, das sie, wenn die Berichte nicht trügen, durch ihr eigenes Beispiel ermutigt hatten, wahrscheinlich nicht allzuviel Bedeutung bei. Felipillo erfuhr indes bald, wie sehr ihm der

Abb. 14 Atahualpa im Kerker

Inka zürnte, und empfand von dem Augenblick an tödlichen Haß gegen ihn. Unglücklicherweise fanden seine Rachegelüste ein geeignetes Betätigungsfeld.

Die Gerüchte von einem Aufstand unter den Eingeborenen ließen vermuten, daß Atahualpa der Urheber der Verschwörung sei. Challcuchima wurde verhört, versicherte aber, er wisse nicht das geringste von einem solchen Plan, und bezeichnete ihn als böswillige Verleumdung. Darauf unterbreitete Pizarro die Sache dem Inka selbst, wiederholte die umlaufenden Gerüchte und stellte sich, als glaube er daran. »Welch ein Verrat ist das«, sagte der General, »den du da gegen mich im Schilde führst – gegen mich, der dich stets mit Ehrerbietung behandelt, der deinen Worten wie denen eines Bruders vertraut hat!« – »Du scherzest«, erwiderte der Inka, der vielleicht wenig von solchem Vertrauen gemerkt hatte, »immer scherzest du mit mir. Wie könnte ich oder mein Volk an eine Verschwörung gegen so kühne Männer wie die Spanier denken? Ich bitte dich, treibe nicht auf solche Weise Scherz mit mir!« – ›Diese Worte‹, so fährt Pizarros Sekretär fort, ›sagte er auf die ruhigste und natürlichste Weise und lächelte dabei, um seine Falschheit zu verbergen, so daß wir alle erstaunt waren, so viel List bei einem Wilden zu finden.‹

Doch war es nicht List, sondern, wie sich später erwies, das Bewußtsein seiner Unschuld, das Atahualpa so zu Pizarro sprechen ließ. Er erkannte indes sogleich die Ursache, vielleicht auch die Folgen der Beschuldigung. Ein dunkler Abgrund tat sich vor ihm auf; er war von Fremden umgeben, ohne auch nur von einem einzigen Rat oder Schutz erwarten zu können. Das Leben eines gefangenen Königs ist gewöhnlich kurz, und Atahualpa mochte diese Wahrheit wohl erkannt haben, wenn er an Huascar dachte. Bitter beklagte er jetzt die Abwesenheit Hernando Pizarros; denn, so seltsam es auch anmuten mag, der stolze Sinn dieses Ritters war von der Lage des königlichen Gefangenen gerührt worden, und er hatte ihn mit einer Ehrerbietung behandelt, die ihm in besonderem Maße Zuneigung und Vertrauen des Inka erworben hatte. Dieser erlahmte indes nicht in seinen Bemühungen, den Argwohn des Generals zu entkräften und seine Unschuld zu beweisen. »Bin ich nicht«, sagte er zu Pizarro, »ein armer Gefangener in deinen Händen? Wie könnte ich die Absichten hegen, die du mir zur Last legst, wo ich doch das erste Opfer des Aufruhrs sein würde? Und wenig kennst du mein Volk, wenn du glaubst, daß es sich ohne meinen Befehl erheben könnte; wo doch sogar die Vögel in meinem Reich«, setzte er mit selbstherrlicher Übertreibung hinzu, »gegen meinen Willen kaum wagen würden zu fliegen.«

Aber die Unschuldsbeteuerungen machten wenig Eindruck auf die Truppen, und das Gerücht von einem allgemeinen Aufstand der Eingeborenen gewann mit jeder Stunde mehr Boden. Es hieß, eine große Streitmacht stehe bereits in Huamachuco, keine hundert Meilen vom spanischen Lager entfernt, und man müsse stündlich auf einen Angriff gefaßt sein. Der Schatz, den die Spanier erworben hatten, war eine lockende Beute, und die Sorge, ihn zu verlieren, vermehrte ihre Unruhe. Die Spähtrupps wurden verdoppelt, die Pferde blieben ständig gesattelt und aufgezäumt. Die Soldaten schliefen unter Waffen; Pizarro machte regelmäßig die Runde, um sich zu überzeugen, ob auch jede Schildwache auf ihrem Posten sei. Kurz, die kleine Schar war ständig auf einen Angriff vorbereitet.

Menschen, die sich vor etwas fürchten, sind wahrscheinlich nicht allzu gewissenhaft in der Wahl der Mittel, die Ursache ihrer Furcht zu beseitigen. Murren und finstere Drohungen gegen den Inka als den vermeintlichen Urheber jener Umtriebe wurden laut. Schon forderten viele seinen Tod als notwendig für die Sicherheit des Heeres. Am entschiedensten sprachen sich Almagro und seine Anhänger dafür aus. Sie waren bei der Gefangennahme Atahualpas nicht dabeigewesen und empfanden keinerlei Mitleid für ihn in seiner entwürdigenden Lage. Sie sahen in ihm nur ein lästiges Hindernis, und ihr einziges Bestreben war, im Lande ihr Glück zu machen, da sie von dem Gold in Cajamarca so wenig abbekommen hatten. Riquelme, der Schatzmeister, und die anderen königlichen Beamten unterstützten ein solches Verlangen. Diese Leute waren von Pizarro in San Miguel zurückgelassen worden, weil ihm nichts daran lag, amtliche Beobachter in seiner Nähe zu haben. Nun aber waren sie mit Almagro ins Lager gekommen und forderten laut den Tod des Inka als unerläßlich für die Ruhe im Lande und die Interessen der Krone.

Pizarro lieh den düsteren Einflüsterungen kein williges Ohr – jedenfalls hatte es nicht den Anschein –, und er zeigte sichtliches Widerstreben, gegen seinen Gefangenen Gewalt anzuwenden. Nur wenige im Lager, darunter Hernando de Soto, bestärkten ihn in seiner Meinung und sahen in dem Verdacht gegen Atahualpa keineswegs eine Rechtfertigung für Gewaltmaßnahmen. Bei diesem Stand der Dinge beschloß der spanische Befehlshaber, eine kleine Abteilung nach Huamachuco zu senden, um die Gegend auszukundschaften und festzustellen, ob zu den Gerüchten von einem Aufstand Veranlassung bestehe. Soto wurde zum Führer des Unternehmens bestimmt, das bei der geringen Entfernung nur wenige Tage beanspruchen konnte.

Nach Sotos Aufbruch nahm die Aufregung unter den Soldaten, statt sich zu legen, in solchem Maße überhand, daß Pizarro ihrem Drängen nicht länger widerstehen konnte und darein willigte, Atahualpa unverzüglich den Prozeß zu machen. Es war nur schicklich und gewiß auch sicherer, die Formen eines Gerichtsverfahrens zu wahren. Ein Gerichtshof wurde eingesetzt, bei dem die beiden Befehlshaber Pizarro und Almagro als Richter den Vorsitz führen sollten. Ein Staatsanwalt wurde ernannt, um als Kläger für die Krone aufzutreten, und dem Gefangenen ein Rechtsbeistand zugewiesen.

Zwölf Klagen wurden gegen den Inka vorgebracht. Die wichtigsten waren: er habe sich widerrechtlich die Krone angeeignet und seinen Bruder Huascar ermordet; er habe die öffentlichen Einkünfte seit der Eroberung des Landes durch die Spanier verschwendet und sie an seine Verwandten und Günstlinge verschleudert; er sei des Götzendienstes und ehebrecherischer Praktiken schuldig, indem er öffentlich der Vielweiberei fröne; endlich habe er versucht, sein Volk zu einem Aufstand gegen die Spanier aufzuwiegeln.

Die Beschuldigungen, die sich größtenteils auf landesübliche Gepflogenheiten oder auf die persönlichen Verhältnisse des Inka bezogen, für welche die spanischen Eroberer juristisch keineswegs zuständig waren, sind so unsinnig, daß sie uns ein Lächeln abnötigen könnten, wenn sie unser Rechtsempfinden nicht so tief verletzten. Die letzte Beschuldigung war die einzige, die in einem solchen Prozeß Gewicht hatte; doch geht ihre geringe Glaubwürdigkeit schon aus dem Bemühen hervor, sie durch die übrigen Anklagepunkte aufzubauschen. Die bloße Aufzählung läßt hinreichend erkennen, daß das Schicksal des Inka bereits besiegelt war.

Eine Reihe indianischer Zeugen wurde vernommen, und ihre Aussagen, filtriert durch Felipillos Verdolmetschung, sollen, wo es nötig schien, eine vom Original recht verschiedene Färbung erhalten haben. Die Untersuchung war bald beendet, und es folgte, wie uns einer von Pizarros Sekretären versichert, eine ›hitzige Debatte über die etwaigen guten oder bösen Folgen, die der Tod Atahualpas zeitigen würde‹. Es war eine Frage der Zweckmäßigkeit. Er wurde für schuldig befunden – ob aller ihm zur Last gelegten Verbrechen, wissen wir nicht – und dazu verurteilt, auf dem großen Platz von Cajamarca lebendig verbrannt zu werden. Das Urteil sollte noch am selben Abend vollstreckt werden. Sie wollten nicht einmal Sotos Rückkehr abwarten, obwohl die Nachrichten, die er mitbringen würde, die Gerüchte über den Aufstand der Eingeborenen eindeutig bestätigen oder widerlegen konnten. Es war wünschenswert, sich Pater Valverdes Unterstützung bei dem Verfahren zu sichern, und man legte dem Mönch eine Kopie des Urteils zur Unterschrift vor. Er gab sie ohne zu zögern, indem er erklärte, seiner Meinung nach verdiene der Inka auf alle Fälle den Tod.

Immerhin waren einige wenige in der streitbaren Versammlung, die sich den willkürlichen Maßnahmen widersetzten. Sie sahen darin eine erbärmliche Vergeltung für alle Gunst, die ihnen der Inka erwiesen, der dagegen von ihrer Seite bisher nur Unrecht erlitten habe. Sie verwarfen das Beweismaterial als völlig unzulänglich und sprachen einem solchen Gerichtshof das Recht ab, einen regierenden Fürsten mitten in seinem eigenen Reich abzuurteilen. Wenn man ihn vor Gericht stellen wolle, so müsse man ihn nach Spanien schicken und die Sache vor den Kaiser bringen, der allein die Macht habe, darüber zu entscheiden.

Aber die allermeisten – zehn Stimmen gegen eine – verwarfen die Einwände, indem sie erklärten, an Atahualpas Schuld sei nicht zu zweifeln, und sie seien bereit, die Verantwortung für seine Bestrafung auf sich zu nehmen. Ein ausführlicher Bericht über die Vorgänge solle nach Kastilien gesandt werden und den Kaiser unterrichten, wer die treuen Diener der Krone und wer ihre Feinde seien. Der Streit tobte so heftig, daß eine Zeitlang offener Bruch drohte, bis endlich die schwächere Partei einsehen mußte, daß jeder Widerstand fruchtlos war, und, zum Schweigen gebracht, aber nicht überzeugt, sich damit begnügte, schriftlich gegen das Verfahren zu protestieren, das einen untilgbaren Flecken auf den Namen aller Beteiligten hinterlassen werde.

Als man das Urteil dem Inka mitteilte, war er sehr betroffen. Allerdings hatte er schon lange einen derartigen Ausgang befürchtet und auch seiner Umgebung gegenüber dergleichen geäußert. Aber eine Befürchtung ist etwas anderes als die Gewißheit – zumal wenn sie so jäh über einen hereinbricht. Einen Augenblick übermannte ihn das niederschmetternde Urteil, und mit Tränen in den Augen rief er aus: »Was haben ich oder meine Kinder getan, daß mich ein solches Schicksal treffen soll? Noch dazu von dir«, sagte er, zu Pizarro gewendet, »der von meinem Volk nur Freundschaft und Güte erfahren, mit dem ich meine Schätze geteilt, der nichts als Wohltaten aus meinen Händen empfangen hat!« Flehentlich bat er, man möge sein Leben schonen, versprach jede gewünschte Bürgschaft für die Sicherheit aller Spanier und verhieß doppelt soviel Lösegeld als bisher, wenn man ihm nur Zeit lasse, es zu beschaffen.

Ein Augenzeuge behauptet, Pizarro sei sichtlich ergriffen gewesen, als er vom Inka fortging, doch habe er nicht die Stärke aufgebracht, dessen Anruf zu erhören und sich über die Meinung des Heeres und seine eigene Auffassung von dem, was er der Sicherheit des Landes schuldig zu sein glaubte, hinwegzusetzen. Sobald Atahualpa spürte, daß er den Eroberer nicht von seinem Entschluß abzubringen vermochte, gewann er die gewohnte Selbstbeherrschung wieder und unterwarf sich von jenem Augenblick an mit der Tapferkeit des indianischen Kriegers seinem Schicksal.

Der Urteilsspruch wurde auf dem großen Platz von Cajamarca unter Trompetenschall bekanntgegeben, und zwei Stunden nach Sonnenuntergang versammelten sich die spanischen Soldaten bei Fackelschein, um der Vollstreckung des Urteils beizuwohnen. Es war am 29. August 1533. An Händen und Füßen gefesselt, wurde Atahualpa herausgeführt – denn seit im Heer die große Aufregung wegen des gefürchteten Angriffs herrschte, hatte man ihn in Ketten gehalten. Pater Vicente de Valverde stand ihm zur Seite, bemüht, ihm Trost zuzusprechen und ihn wenn irgend möglich noch in letzter Stunde zu bewegen, seinem Aberglauben abzuschwören und die Religion der Eroberer anzunehmen. Er wollte die Seele seines Schlachtopfers, das sich der irdischen Pein so bereitwillig unterworfen hatte, wenigstens vor der ewigen Pein bewahren.

Während Atahualpas Gefangenschaft hatte der Mönch ihm immer wieder die christlichen Lehren auseinandergesetzt, und der indianische Herrscher war den Darlegungen seines Lehrers aufmerksam gefolgt und hatte große Verstandesschärfe dabei an den Tag gelegt. Aber überzeugen ließ er sich nicht, und obwohl er geduldig zuhörte, zeigte er sich keineswegs geneigt, dem Glauben seiner Väter zu entsagen. In dieser ernsten Stunde machte der Dominikaner einen letzten Versuch, und als Atahualpa inmitten der Reisigbündel, die seinen Scheiterhaufen in Brand stecken sollten, an den Pfahl gebunden war, hob Valverde das Kreuz empor und flehte ihn an, den Christenglauben anzunehmen und sich taufen zu lassen. Wenn er es tue, versprach er, so solle der qualvolle Tod, zu dem er verurteilt sei, in die mildere Form der Garotte umgewandelt werden – eine in Spanien bei Verbrechern angewandte Methode des Erdrosselns.

Der unglückliche Fürst fragte, ob er sich darauf verlassen könne, und als Pizarro es bejahte, erklärte er sich bereit, seinem Glauben abzuschwören und sich taufen zu lassen. Die Zeremonie wurde von Pater Valverde vollzogen, und der Neubekehrte erhielt den Namen Juan de Atahualpa – zu Ehren Johannes' des Täufers, an dessen Namenstag das Ereignis stattfand.

Atahualpa äußerte den Wunsch, sein Leichnam möge nach seinem Geburtsort Quito gebracht werden, zu seinen Vorfahren von mütterlicher Seite. Darauf wendete er sich an Pizarro und legte ihm seine letzte Bitte ans Herz: Mitleid mit seinen Kindern zu haben und sie unter seinen Schutz zu nehmen. Gab es in der finsteren Versammlung, die ihn grimmig umgab, niemand anderen, von dem er Schutz für seine Nachkommen erhoffen konnte? Vielleicht glaubte er, Pizarro sei noch am ehesten dafür zuständig und die so eindringlich in dieser Stunde ausgesprochenen Wünsche würden selbst von seinem Widersacher geachtet werden. Dann gewann er seine stoische Haltung wieder, die einen Augenblick ins Wanken geraten war, und ergab sich gelassen in sein Schicksal, während die Spanier um ihn her Gebete für die Errettung seiner Seele murmelten. So starb der letzte Inka den Tod eines gemeinen Verbrechers.

Der Leichnam Atahualpas blieb die Nacht über auf dem Hinrichtungsplatz. Am nächsten Morgen wurde er in die Kirche San Francisco gebracht, wo ein feierliches Leichenbegängnis stattfand. Pizarro und die höchsten Offiziere erschienen in Trauer, und die

Truppen lauschten mit andächtiger Aufmerksamkeit der Totenmesse aus dem Munde Pater Valverdes. Die Zeremonie wurde jäh von lautem Schreien und Wehklagen unterbrochen, das von draußen kam und von vielen Stimmen herzurühren schien. Plötzlich wurden die Türen aufgestoßen, und eine Menge Peruanerinnen, die Frauen und Schwestern des Verstorbenen, stürmten durch das große Kirchenschiff und scharten sich um den Leichnam. Dies sei nicht die Art, riefen sie, wie man die Totenfeier für einen Inka begehe, und sie seien entschlossen, sich auf seinem Grab zu opfern und ihn ins Land der Geister zu begleiten. Entrüstet über das wilde Benehmen, erklärten die Spanier den Eindringlingen, Atahualpa sei im christlichen Glauben gestorben und der Gott der Christen verabscheue solche Opfer. Dann wies man die Frauen aus der Kirche, doch legten mehrere, in ihre Häuser zurückgekehrt, selbst Hand an sich in der eitlen Hoffnung, ihren geliebten Herrn in die glänzende Wohnung der Sonne zu begleiten.

Ungeachtet seiner Bitte wurden Atahualpas sterbliche Reste auf dem Kirchhof von San Francisco beerdigt. Aber von dort sollen sie, nachdem die Spanier Cajamarca verlassen hatten, heimlich entfernt und seinem Wunsch gemäß nach Quito gebracht worden sein.

Ein oder zwei Tage nach diesen traurigen Ereignissen kehrte Hernando de Soto von seiner Erkundung zurück. Groß war sein Erstaunen und seine Entrüstung, als er erfuhr, was während seiner Abwesenheit geschehen war. Er suchte sogleich Pizarro auf und fand ihn, sagt der Chronist, in Trauer, einen großen Filzhut tief ins Gesicht gezogen und in Kleidung und Benehmen alle Zeichen des Kummers zur Schau tragend. »Du hast übereilt gehandelt«, erklärte ihm Soto unumwunden; »Atahualpa ist schändlich verleumdet worden. In Huamachuco war kein Feind zu entdekken, kein Aufstand unter den Eingeborenen. Mir ist auf dem ganzen Weg nur Wohlwollen bekundet worden, und alles ist ruhig. Wenn es nötig war, dem Inka den Prozeß zu machen, so hätte man ihn nach Kastilien bringen und dem Kaiser die Entscheidung überlassen müssen. Ich selbst hätte mich dafür verbürgt, ihn sicher an Bord des Schiffes zu bringen.« Pizarro gab zu, daß er übereilt gehandelt habe; er sei von Riquelme, Valverde und den anderen getäuscht worden. Diese Beschuldigungen kamen bald dem Schatzmeister und dem Dominikaner zu Ohren, die sich ihrerseits

Abb. 15 Die Hinrichtung Atahualpas

rechtfertigten und Pizarro rundheraus erklärten, er allein sei für das Geschehene verantwortlich. Heftiger Streit entbrannte, und die Umstehenden hörten, wie beide Teile sich der Lüge bezichtigten. Die gemeine Zänkerei unter den Anführern so bald nach dem Ereignis ist der beste Beleg für die Widerrechtlichkeit ihres Vorgehens und für die Unschuld des Inka.

Die Behandlung Atahualpas bildet zweifellos eines der schwärzesten Kapitel in der Geschichte der spanischen Pflanzstaaten. Es mag Gemetzel größeren Ausmaßes gegeben haben, Hinrichtungen von noch ausgeklügelterer Grausamkeit; aber die blutbefleckten Annalen der Eroberung liefern kein zweites Beispiel so berechneter und kaltblütiger Peinigung, nicht eines Feindes, sondern eines Menschen, der sich den Eindringlingen nur als Freund und Wohltäter erwiesen hatte.

Das Vorgehen der Spanier gegen ihr unglückliches Opfer ist von Anfang bis Ende durch Grausamkeit und Betrug gekennzeichnet, und die Verfolgung Atahualpas wird mit Recht als eine Tat angesehen, die einen nie zu tilgenden Flecken auf den spanischen Waffen in der Neuen Welt hinterlassen hat.

8

Der Inka von Peru war Landesherr in einem besonderen Sinne. Er war nicht nur Oberhaupt des Staates, sondern zugleich der Mittelpunkt, in dem alle Fäden zusammenliefen – der Schlußstein des ganzen Staatsgebäudes, das durch sein eignes Gewicht in sich zusammenfallen mußte, wenn man jenen daraus entfernte. So geschah es beim Tode Atahualpas. Nicht nur der Thron war jetzt verwaist und ohne gesicherte Nachfolge, die Umstände seines Todes zeigten dem peruanischen Volk zugleich an, daß eine stärkere Hand sich jetzt des Zepters bemächtigt hatte und die Kinder der Sonne für immer abgetreten waren.

Die natürlichen Folgen einer solchen Gewißheit blieben nicht aus. Das schöne Gefüge überkommener Einrichtungen zerbrach, sobald die Macht fehlte, die es zusammenhielt. Nach der ungewöhnlichen Freiheitsbeschränkung, der die Peruaner bisher unterworfen waren, machten sie sich nun in um so größeren Ausschreitungen Luft. Dörfer wurden verbrannt, Tempel und Paläste geplündert, und das Gold, das sie enthielten, wurde vergeudet oder versteckt. Gold und Silber bekamen in den Augen des Peruaners große Wichtigkeit, als er sah, welchen Wert die Eroberer darauf legten. Die Edelmetalle, die vorher nur zur Ausschmükkung staatlicher und religiöser Einrichtungen gedient hatten, wurden nun gehortet und in Höhlen und Wäldern verborgen. Was die Eingeborenen an Gold und Silber versteckten, soll die Menge, die den Spaniern in die Hände fiel, bei weitem überstiegen haben. Die entlegenen Gebiete schüttelten nun das ihnen vom Inka auferlegte Joch ab. Ihre großen Häuptlinge, Befehlshaber ferner Heere, machten sich selbständig, Rumiñahui, ein Heerführer an der Grenze von Quito, versuchte dieses Gebiet vom peruanischen Reich abzulösen und ihm die frühere Unabhängigkeit wiederzugeben. Kurz, das ganze Land befand sich in einem Zustand, in dem alte Ordnungen zerbrechen und eine Neuordnung sich noch nicht durchgesetzt hat. Es war eine Zeit des Umsturzes.

Die Urheber der Umwälzung, Pizarro und seine Anhänger, blieben einstweilen in Cajamarca, und die erste Maßnahme des spanischen Befehlshabers war die Ernennung eines Nachfolgers für Atahualpa. Es erschien ihm leichter, mit Hilfe einer anerkannten Instanz zu regieren, der die Indianer so lange gehuldigt hatten, und ein Nachfolger war nicht schwer zu finden. Der rechtmäßige Thronerbe war Huayna Capacs zweiter Sohn Manco, ein Bruder des unglücklichen Huascar. Aber Pizarro kannte die Gesinnung des Prinzen zu wenig und machte sich kein Gewissen daraus, einem Bruder Atahualpas den Vorzug zu geben und ihn den indianischen Edelleuten als künftigen Inka vorzustellen. Wir wissen nichts über den Charakter des jungen Tupac, doch vermutlich schickte er sich ohne Widerstreben in ein Los, das ihn, so demütigend es auch in mancher Hinsicht sein mochte, auf eine Höhe hob, die zu erklimmen er im normalen Lauf der Ereignisse niemals hätte hoffen dürfen. Die althergebrachten Krönungszeremonien wurden eingehalten, soweit die Zeit es erlaubte; die Stirn des jungen Inka wurde vom Sieger eigenhändig mit der königlichen Borla geschmückt, und seine Untertanen huldigten ihm. Sie waren um so williger bereit dazu, als die meisten Peruaner im Lager zu der Partei von Quito gehörten.

Alle Gedanken waren nun begierig auf Cuzco gerichtet, über das die glänzendsten Berichte bei den Soldaten umgingen und dessen Tempel und Königspaläste, funkelnd von Gold und Silber, in allen Köpfen spukten. Mit hochgespannten Erwartungen brachen Pizarro und seine ganze Schar Anfang September von Cajamarca auf – insgesamt etwa fünfhundert Mann, von denen wohl ungefähr ein Drittel beritten war. Der junge Inka und der alte Häuptling Challcuchima begleiteten mit großem Gefolge den Zug in ihren Sänften und bewegten sich mit so viel Pomp und Feierlichkeit, als wären sie noch im Besitz wirklicher Macht.

Der Weg führte über die große Landstraße der Inka, die sich über die Höhen der Kordilleren bis Cuzco erstreckte. Doch so geschickt man den Weg auch angelegt hatte, für die Reiterei war er äußerst beschwerlich. Stufen waren in den Berg gehauen, aber die Felskanten zerschnitten den Pferden die Hufe, und obwohl die Reiter absaßen und die Tiere am Zügel führten, konnten diese doch nur mit großer Mühe festen Fuß fassen. Die Straße war nur für den Menschen und das leichtfüßige Lama gebaut.

Auf dem Marsch wurden sie vom Feind nicht beunruhigt. Aber mehr als einmal zeigten rauchende Dörfer und zerstörte Brücken seine Spuren an. Von Zeit zu Zeit erhielt Pizarro Kunde, daß peruanische Krieger seinem Zuge folgten, und mitunter tauchten Indianerhaufen wie dunkles Gewölk am Horizont auf, verschwanden aber, sobald die Spanier sich näherten. Als sie nach Jauja gelangten, verdichtete sich das Gewölk jedoch zu einer einzigen schwarzen Masse von Kriegern, die sich auf dem jenseitigen Ufer des Flusses, der das Tal durchschnitt, zusammenzog.

Die Spanier rückten gegen den Fluß vor, der durch Schmelzwasser angeschwollen und zu der Zeit sehr breit, aber nicht tief war. Die Brücke war zerstört, doch sprangen die Eroberer ohne Zögern kühn ins Wasser und gelangten teils schwimmend, teils watend, so gut es gehen wollte, ans andere Ufer. Durch dieses entschlossene Vorgehen aus der Fassung gebracht, ergriffen die Indianer, die auf den Schutz des Wassers gerechnet hatten, die Flucht, aber Roß und Reiter waren schneller, und die siegreichen Verfolger nahmen blutige Rache dafür, daß ihre Feinde an Widerstand auch nur zu denken gewagt hatten.

Jauja war eine ansehnliche Ortschaft, der, wie wir wissen, Hernando Pizarro bereits einen Besuch abgestattet hatte. Sie lag inmitten eines grünen Tales, das durch tausend kleine Rinnsale bewässert wurde, welche der haushälterische indianische Landmann von dem träge durch die Wiesen strömenden Fluß abgezweigt hatte. In der Stadt gab es verschiedene weitläufige Gebäude aus rohem Stein und einen zu jener Zeit bedeutenden Tempel. Aber der starke Arm Pater Valverdes und seiner Landsleute stürzte alsbald die heidnischen Gottheiten von ihrer stolzen Höhe und setzte an ihre Stelle die heiligen Abbilder der Jungfrau und des Kindes.

Pizarro beschloß, einige Tage hier zu verweilen und eine spanische Niederlassung zu gründen. Die Position sei günstig, meinte er, und leicht würden sich von hier aus die indianischen Bergbewohner in Schach halten lassen, während der Ort zugleich eine bequeme Verbindung mit der Meeresküste bot. Soto sollte unterdessen mit einer Abteilung von sechzig Reitern weiterziehen, um die Gegend vorsorglich zu erkunden und die Brücken, soweit sie vom Feind zerstört waren, wiederherzustellen.

Der tatkräftige Ritter machte sich sogleich auf, stieß aber unterwegs auf beträchtliche Schwierigkeiten. Die Spuren des Feindes zeigten sich immer häufiger, je weiter er vordrang. Dörfer waren verbrannt, Brücken zerstört, und schwere Felsbrocken und Baumstämme versperrten den Weg und behinderten die Reiter.

Dennoch rückte er immer weiter vor, überquerte den Fluß Abancay und das breite Gewässer des Apurímac und näherte sich der Sierra von Vilcaconga, wo er erfuhr, daß eine ansehnliche indianische Streitmacht in den gefährlichen Bergpässen im Hinterhalt liege. Die Sierra war etliche Meilen von Cuzco entfernt, und da der Ritter die andere Seite noch vor Anbruch der Nacht erreichen wollte, trieb er die ermüdeten Pferde unbedacht zur Eile an. Als er sich inmitten der felsigen Engpässe befand, erhoben eine Menge bewaffneter Krieger, die aus jeder Höhle und jedem Dikkicht der Sierra hervorzubrechen schienen, ihr Kriegsgeschrei und stürzten sich einem reißenden Bergstrom gleich auf die Eindringlinge, die eben mühsam die steilen Hänge hinaufklommen. Menschen und Pferde wurden von der Wut des Angriffs überwältigt; die oberen Reihen, zurückgedrängt auf die unteren, verbreiteten Verderben und Bestürzung. Vergebens bemühte sich Soto, die Ordnung wiederherzustellen und womöglich die Anstürmenden seinerseits anzugreifen. Die Pferde waren durch die Wurfgeschosse verschreckt und scheuten, während die tollkühnen Eingeborenen sich an die Beine der Tiere klammerten, um sie am Ersteigen des felsigen Bergpfades zu hindern. Soto sah, daß alles verloren war, wenn er nicht bald das ebene Gelände gewönne, das sich in einiger Entfernung vor ihm auftat. Indem er seine Leute mit dem alten Schlachtruf anfeuerte, der einem Spanier immer ins Herz drang, drückte er seinem ermüdeten Kampfroß die Sporen in die Weichen und durchbrach, von seiner Schar tapfer unterstützt, die dunkle Reihe der Krieger, die er rechts und links abschüttelte, bis es ihm endlich gelang, auf dem breiten Hochplateau Fuß zu fassen.

Hier hielten Freund und Feind wie auf Verabredung einige Augenblicke inne. Durch die Ebene rann ein kleiner Wasserlauf, an dem die Spanier ihre Pferde tränkten, und als die Tiere wieder zu Atem gekommen waren, machten Soto und seine Leute einen verzweifelten Angriff auf die Gegner. Die unerschrockenen Indianer hielten dem Anprall entschlossen stand, und der Kampf war noch immer unentschieden, als die dichter werdenden Schatten der Nacht die Streitenden trennten.

Beide Parteien verließen nun den Kampfplatz und bezogen in Speerwurfweite voneinander ihre Stellungen, so daß in der Stille der Nacht auf beiden Seiten die Stimmen der feindlichen Krieger deutlich zu vernehmen waren. Mehrere Reiter waren gefallen und auch einige Pferde getötet worden. Nur wenige Menschen und Tiere waren auf spanischer Seite unversehrt geblieben, und noch mehr hatten die indianischen Truppen gelitten.

Die Hartnäckigkeit und eine gewisse Ordnung, die bei dem feindlichen Angriff gewaltet hatten, ließen darauf schließen, daß er von einem kriegserfahrenen Führer geleitet worden war, vielleicht von dem indianischen Befehlshaber Quisquis, von dem es hieß, er lauere mit einer beträchtlichen Streitmacht in der Nähe von Cuzco.

Auf seinem Marsch hatte Soto von Zeit zu Zeit Pizarro über die bedrohliche Lage im Lande unterrichtet, so daß dieser ernstlich beunruhigt war und fürchtete, der Ritter könnte von der Übermacht des Feindes überwältigt werden. Er sandte deshalb Almagro mit fast allen noch verfügbaren Reitern als Verstärkung aus, und zwar ohne Fußvolk, damit er rascher vorankäme. Der wackere Anführer rückte nun in Eilmärschen vor, und gerade in der Nacht nach dem Treffen gelangte er glücklich an den Fuß der Sierra von Vilcaconga.

Als er dort von dem Gefecht hörte, eilte er, obwohl die Pferde vom Weg erschöpft waren, ohne Aufenthalt weiter. Die Nacht war stockfinster, und da Almagro fürchtete, ins feindliche Feldlager zu geraten, den Freunden aber doch seine Nähe ankünden wollte, ließ er seine Trompeter blasen, bis die Töne durch die Bergpässe zu seinen Landsleuten drangen und sie aus dem Schlummer weckten – lieblichste Musik in ihren Ohren. Sie antworteten sogleich mit ihren eignen Hörnern und konnten ihre Befreier bald freudig umarmen.

Groß war der Schrecken der Peruaner, als ihnen das Morgenlicht die frische Verstärkung der spanischen Reihen offenbarte. Sie benutzten den dichten Nebel, der die tiefer gelegenen Berghänge verhüllte, um sich zurückzuziehen, und überließen den Eindringlingen die Pässe. Die beiden Ritter setzten nun gemeinsam ihren Marsch fort, bis sie die Sierra glücklich hinter sich hatten, bezogen dann eine sichere Stellung und beschlossen, hier Pizarros Ankunft zu erwarten.

Der spanische Befehlshaber hielt sich unterdessen in Jauja auf, höchlich beunruhigt von den umlaufenden Gerüchten über die Zustände im Lande. Sein Unternehmen war bisher so ruhig vonstatten gegangen, daß er so wenig wie sein Stellvertreter darauf gefaßt war, bei den Peruanern auf Widerstand zu stoßen. Er schien nicht zu begreifen, daß auch die sanfteste Natur durch Unterdrückung am Ende in Aufruhr geraten kann und daß mehr als alles andere die Ermordung des Inka, dem sie mit so tiefer Ehrfurcht anhingen, die Eingeborenen aus ihrer Apathie aufrütteln mußte.

Die neuste Kunde vom Rückzug der Peruaner war ihm sehr willkommen; er ließ eine Messe lesen und dem Himmel, der sich den Christen während dieses großen Unternehmens so gnädig erwiesen hatte, Dankgebete darbringen.

Es war zu vermuten, daß irgendein einflußreicher Mann den Widerstand der Eingeborenen organisiert oder doch zumindest unterstützt hatte, und der Verdacht fiel auf den gefangenen Häuptling Challcuchima, den man der geheimen Verbindung mit seinem Bundesgenossen Quisquis beschuldigte. Pizarro begab sich zu dem indianischen Heerführer, bezichtigte ihn des Verrats und warf ihm, wie vormals seinem königlichen Gebieter, Undankbarkeit gegen die Spanier vor, die ihn ihrerseits so großmütig behandelt hätten. Zum Schluß drohte er ihm an, er solle, sobald sie Almagros Lager erreichten, lebendig verbrannt werden, wenn er die Peruaner nicht sofort veranlasse, die Waffen niederzulegen und sich zu unterwerfen.

Der indianische Häuptling hörte die schreckliche Drohung mit größter Gelassenheit an. Er bestritt, irgendeine Verbindung mit seinen Landsleuten unterhalten zu haben, und erklärte sich, wenigstens solange er der Gefangene der Spanier sei, außerstande, sie zur Unterwerfung zu bewegen. Darauf schwieg er hartnäckig, und Pizarro ließ die Sache auf sich beruhen. Aber er hieß den Gefangenen streng bewachen und in Ketten legen. Dieses Vorgehen bedeutete nichts Gutes; war es doch auch der Auftakt zu Atahualpas Tod gewesen.

Ehe die Spanier Jauja verließen, traf sie ein Unglück: der Tod ihres Geschöpfes, des jungen Inka Tupac. Der Verdacht fiel natürlich auf Challcuchima, den man nun einmal zum Sündenbock für alle Missetaten seines Volkes ausersehen hatte. Der Tod des Inka kam Pizarro sehr ungelegen; hatte er doch gehofft, mit diesem Scheinkönigtum sein künftiges Handeln bemänteln zu können.

Der General hielt es nicht für ratsam, seine Schätze auf den Marsch mitzunehmen und damit aufs Spiel zu setzen; deshalb ließ er sie unter der Aufsicht von vierzig Mann Besatzung in Jauja zurück. Auf dem Weg ereignete sich nichts von Bedeutung, und nachdem Pizarros Truppe sich mit Almagros Leuten vereinigt hatte, erreichten sie bald gemeinsam das Tal von Jaquijahuana, ungefähr fünfzehn Meilen von Cuzco. Dank seiner Schönheit und köstlichen Kühle war das Tal ein beliebter Aufenthalt der peruanischen Edelleute, und die Berghänge waren übersät mit Landhäusern, die ihnen in der Hitze des Sommers angenehme Zuflucht gewährten.

Pizarro verweilte hier mehrere Tage und versorgte seine Truppen aus den wohlgefüllten Vorratshäusern der Inka. Sein erstes Anliegen war es, Challcuchima den Prozeß zu machen, wenn man ein Verfahren so nennen will, bei dem Urteil und Anklage sozusagen Hand in Hand auftreten. Der Häuptling wurde auf der Stelle zum Feuertod verurteilt.

Pater Valverde begleitete den Peruaner zum Scheiterhaufen. Er scheint in solch unheilvollen Augenblicken immer zugegen gewesen zu sein, ängstlich darauf bedacht, die Gelegenheit zur Bekehrung des Opfers zu nutzen. In düsteren Farben schilderte er das furchtbare Los des Ungläubigen, dem allein das Wasser der Taufe die unbeschreiblichen Wonnen der ewigen Seligkeit verschaffen könne. Irgendeine Milderung der irdischen Strafe scheint er nicht verheißen zu haben. Jedenfalls trafen seine Bemühungen auf ein steinernes Herz, und der Häuptling erwiderte kalt, er begreife die Religion der weißen Männer nicht. In aller Marter bewies er die dem Indianer innewohnende Stärke, eine Kraft zu dulden, die über die angemaßte Macht der Peiniger triumphierte, und unter dem Anruf Pachacamacs hauchte er seinen Atem aus. Seine eigenen Anhänger trugen das Holz zusammen, um die Flammen zu nähren, die ihn verzehrten.

Bald nach diesem traurigen Ereignis wurde Pizarro vom Besuch eines peruanischen Edelmanns überrascht, der mit großem Gepränge in Begleitung eines zahlreichen und prächtigen Gefolges im spanischen Lager erschien. Es war der junge Prinz Manco, Bruder des unglücklichen Huascar und rechtmäßiger Thronfolger. Vor den spanischen Befehlshaber geführt, meldete er seine Ansprüche auf den Thron an und forderte den Schutz der Fremden. Es heißt, er habe ursprünglich erwogen, sich ihnen mit Waffengewalt zu widersetzen, und auch die bisherigen Angriffe auf die Spanier unterstützt. Von der Wirkungslosigkeit des Widerstands überzeugt, habe er jedoch zum großen Mißfallen seiner entschlosseneren Edelleute den diplomatischen Weg eingeschlagen. Wie dem auch sein mag, Pizarro vernahm sein Ansinnen mit größter Befriedigung, denn er sah in diesem neuen Sproß des echten Königsstammes ein für seine Zwecke nützlicheres Werkzeug, als er es in der Linie von Quito hätte finden können, der die Peruaner nur wenig zugetan waren. Er empfing daher den jungen Mann mit großer Herzlichkeit und versicherte ihm ohne Zögern, er sei von seinem Gebieter, dem Herrscher von Kastilien, ins Land geschickt worden, um die Ansprüche Huascars auf die Krone zu verteidigen und den Thronraub seines Rivalen zu bestrafen. In Begleitung des indianischen Prinzen setzte Pizarro darauf seinen Marsch fort.

Es war spät am Nachmittag, als die Eroberer Cuzco zu Gesicht bekamen. Die sinkende Sonne warf ihre vollen Strahlen auf die königliche Stadt, in der so mancher Altar ihrem Dienst geweiht war. Es war so spät geworden, daß Pizarro seinen Einzug bis zum nächsten Morgen aufschob.

Die ganze Nacht über wurde das Lager streng bewacht, und die Soldaten mußten unter Waffen schlafen. Aber sie verstrich ohne Störungen, und früh am nächsten Morgen, am 15. November 1533, schickte sich Pizarro zum Einzug in die peruanische Hauptstadt an.

Das kleine Heer war in drei Kolonnen eingeteilt, deren mittlere, das sogenannte Haupttreffen, der General selbst anführte. In den Außenvierteln drängte sich eine unübersehbare Volksmenge, die aus der Stadt und der Umgegend herbeigeströmt war, um dem ebenso glänzenden wie bestürzenden Schauspiel beizuwohnen. Alle blickten mit gespannter Neugier auf die Fremden, deren schrecklicher Ruf in die entlegensten Teile des Reiches gedrungen war. Sie bestaunten die schimmernden Waffen, die helle Hautfarbe, die jene als die wahren Kinder der Sonne auszuweisen schien, und mit geheimem Schauder hörten sie die langgedehnten Trompetentöne durch die Straßen der Stadt gellen, indes der feste Boden unter dem schweren Hufschlag der Reiter erzitterte.

Der spanische Befehlshaber ritt geradewegs auf den großen Platz. Dieser war von niedrigen geräumigen Gebäuden umgeben, darunter mehreren Palästen der Inka. Einer, von Huayna Capac erbaut, war von einem Turm gekrönt, während das Erdgeschoß aus mehreren ungeheuren Hallen bestand – ähnlich denen in Cajamarca –, darin die peruanischen Edelleute bei stürmischem Wetter ihre Feste feierten. Die Gebäude boten den Truppen bequeme Unterkunft; doch kampierten sie während der ersten Wochen in ihren Zelten auf dem offenen Platz, die Pferde angepflockt neben sich und jederzeit gerüstet, einen Aufruhr der Einwohner zu unterdrücken.

Wenn auch die Hauptstadt der Inka hinter dem El Dorado zurückblieb, das die leichtgläubigen Gemüter der Spanier beschäftigt hatte, so waren sie doch voller Bewunderung für die herrlichen Gebäude, die langen, regelmäßigen Straßen, die Ordnung und den offensichtlichen Wohlstand, ja Luxus, der bei der großen Bevölkerung zutage trat. Cuzco übertraf bei weitem alles, was sie bisher in der Neuen Welt gesehen hatten. Einer der Eroberer schätzt die Bevölkerung der Stadt auf zweihunderttausend, die der Randgebiete auf ebensoviel. Als Hauptstadt eines Riesenreiches, als Sitz des Hofes und des vornehmsten Adels beherbergte Cuzco die geschicktesten Handwerker und Künstler aller Art, die in den königlichen Wohnbezirken ein reiches Betätigungsfeld fanden. Zudem hatte die Stadt eine große Besatzung und war endlich das Ziel von Einwanderern aus den fernsten Provinzen. Aus welchen Gegenden die buntgemischte Bevölkerung kam, wurde an der verschiedenartigen Kleidung und besonders am Kopfputz deutlich, dessen mannigfache Farben dem Menschengewimmel in den Straßen ein höchst malerisches Aussehen gaben. Die Zucht und Ruhe in der zusammengewürfelten Menge zeugten von einer vortrefflichen öffentlichen Ordnung; das einzige Geräusch, das den Schlaf der Spanier störte, waren die Klänge von Fest und Tanz, dem sich die Eingeborenen in glücklicher Unbekümmertheit immer bis spät in die Nacht ergaben.

Die vornehmeren Gebäude, und es gab deren viele, waren aus Stein erbaut oder mit Stein verkleidet. Zu den schönsten gehörten die königlichen Wohnsitze; denn jeder Herrscher baute sich einen neuen Palast, der, wiewohl niedrig, eine ausgedehnte Grundfläche einnahm. Die Mauern waren mitunter bunt bemalt, und manche Tore schienen den Spaniern aus farbigem Marmor zu bestehen. ›In der Steinmetzkunst‹, sagt einer der Eroberer, ›waren die Eingeborenen den Spaniern weit überlegen, wenn auch ihre Häuser statt mit Ziegeln nur mit Stroh gedeckt waren, das freilich höchst kunstvoll aneinandergefügt war.‹ Dank Cuzcos sonnigem Klima brauchte man als Wetterschutz kein sehr festes Material.

Das wichtigste Gebäude war die auf einem Felsen errichtete Festung, welche die Stadt kühn überragte. Sie war aus behauenem Stein gebaut, und so sorgfältig waren die Blöcke bearbeitet, daß es unmöglich war, die Fugen zwischen ihnen zu entdecken. Die Zugänge waren durch drei halbkreisförmige Felswälle geschützt, so gewaltigen Gebilden, daß sie sich den sogenannten Zyklopenmauern vergleichen ließen. Die Festung erhob sich zu einer für peruanische Verhältnisse seltenen Höhe; von der Spitze des Turmes schweifte das Auge des Beschauers über eine prachtvolle Landschaft, in der die wilde Gebirgsszenerie, Felsen, Wälder und Wasserfälle, sich dem üppigen Grün des Tales und der schimmernden Stadt im Vordergrund verband – alles unter dem tiefen Azurblau des Tropenhimmels zu wunderbarer Harmonie geeint.

Die Straßen waren lang und schmal. Ganz regelmäßig angelegt, kreuzten sie einander im rechten Winkel, und von dem großen Platz gingen vier Hauptstraßen ab, die sich in den großen Landstraßen fortsetzten. Der Platz selbst und viele Flächen der Stadt waren mit feinem Kies bedeckt. Mitten durch die Stadt strömte ein Fluß mit klarem Wasser, wenn man ihn nicht eher einen Kanal nennen wollte, denn seine Ufer oder Ränder waren auf einer Länge von sechzig Meilen mit Stein eingefaßt. Über den Wasserlauf führten in bestimmten Abständen Brücken aus breiten Steinplatten und bildeten eine bequeme Verbindung zwischen den verschiedenen Stadtteilen.

Das prächtigste Gebäude in Cuzco zur Zeit der Inka war zweifellos der große Sonnentempel, über und über mit Goldplatten besetzt und umgeben von Klöstern und Wohnstätten für die Priester, von Gärten und großen, goldfunkelnden Blumenanlagen. Der äußere Zierat war von den Eroberern schon entfernt worden – bis auf den Goldfries, der, in den Stein fest eingebettet, noch immer das Hauptgebäude umgab. Wahrscheinlich übertrafen die Schilderungen vom Reichtum Cuzcos, die bei den Spaniern in Umlauf waren, bei weitem die Wirklichkeit. Oder aber die Eingeborenen müssen es gut verstanden haben, ihre Schätze vor den Eindringlingen zu verbergen. Immerhin war noch vieles übriggeblieben, nicht nur im großen Sonnentempel, sondern auch in den zahllosen kleineren Heiligtümern.

Beim Einmarsch in Cuzco hatte Pizarro einen Befehl erlassen, der es jedem Soldaten untersagte, gewaltsam in die Wohnungen der Eingeborenen zu dringen. Aber Paläste gab es genug, und die Truppen zögerten nicht, sie auszuplündern, ebenso wie die Kultstätten. Der Zierat im Inneren lieferte ihnen eine ansehnliche Beute. Sie raubten auch die Juwelen und Kostbarkeiten, mit denen die königlichen Mumien in der Curicancha geschmückt waren. Entrüstet darüber, daß man viele Schätze vor ihnen verborgen hatte, brachten sie die Eingeborenen in einigen Fällen auf die Folter, um so die Preisgabe der Verstecke zu erzwingen. Auch brachen sie in die Ruhe der Begräbnisstätten ein, in denen die Peruaner oft ihre wertvolle Habe verbargen, und entrissen den Gräbern ihre Toten. Kein Ort blieb von den habgierigen Eroberern verschont, und mitunter stießen sie auf einen Schatz, der ihre Mühen belohnte.

In einer Höhle nahe der Stadt entdeckten sie mehrere getriebene Gefäße aus reinem Gold, reich geschmückt mit Abbildern von Schlangen, Heuschrecken und anderem Getier. Unter der

Beute befanden sich auch vier goldene Lamas und zehn oder zwölf Frauenstandbilder, einige aus Gold, andere aus Silber, ›deren purer Anblick‹, sagt einer der Eroberer naiv, ›schon größtes Vergnügen gewährte‹. Das Gold war vermutlich dünn, denn die Figuren waren alle lebensgroß; einige davon, die man für das königliche Fünftel bestimmte, wurden nicht eingeschmolzen, sondern in ihrer ursprünglichen Form nach Spanien gesandt. Die Vorratshäuser waren mit merkwürdigen Gegenständen angefüllt: buntfarbiger Kleidung aus Baumwolle und Federwerk, goldenen Sandalen und ganz und gar aus Goldperlen gefertigten Gewändern. Getreide und andere Nahrungsmittel, die in den Vorratshäusern gehortet wurden, galten wenig bei den Eroberern, die nur darauf brannten, ihre Gier nach Gold zu befriedigen. Doch kam die Zeit, wo Getreide einen weitaus größeren Wert für sie haben sollte.

Trotz allem entsprachen die in der Hauptstadt gefundenen Schätze nicht den hochgespannten Erwartungen der Spanier. Der Mangel wurde freilich ausgeglichen durch die Beute, die sie unterwegs an verschiedenen Orten zusammengebracht hatten. In einer Stadt zum Beispiel fanden sie zehn Barren gediegenen Silbers, jeder zwanzig Fuß lang, einen Fuß breit und zwei bis drei Zoll dick. Sie waren dazu bestimmt gewesen, das Haus eines Inkaedelmanns zu schmücken.

Sämtliche Schätze wurden wie in Cajamarca auf einen Haufen gelegt, und nachdem man einige feinere Stücke für die Krone ausgesucht hatte, wurde der Rest den indianischen Goldschmieden übergeben, um in Barren von gleichem Feingehalt eingeschmolzen zu werden. Die Teilung der Beute wurde nach demselben Grundsatz wie beim erstenmal vorgenommen. Vierhundertachtzig Soldaten, die Besatzung von Jauja inbegriffen, mußten ihren Anteil erhalten, wobei die Reiterei doppelt soviel bekam wie das Fußvolk. Das Ausmaß der Beute wird von denen, die bei der Teilung zugegen waren, verschieden angegeben. Einige behaupten, sie habe das Lösegeld Atahualpas beträchtlich überstiegen, andere, sie sei geringer gewesen. Pedro Pizarro berichtet, jeder Reiter habe 6000 Pesos de oro und jeder Fußsoldat halb soviel erhalten; allerdings unterschied Pizarro wiederum nach Rang und geleisteten Diensten. Sancho dagegen, der königliche Notar und Sekretär des Befehlshabers, nimmt eine viel niedrigere Gesamtsumme an, nämlich nicht mehr als 580200 Pesos de oro und 215000 Mark Silber. In Ermangelung amtlicher Zeugnisse ist es unmöglich zu entscheiden, welche Angabe die richtige ist. Doch darf man nicht vergessen, daß Sanchos Aufstellung von Pizarro und dem königlichen Schatzmeister Riquelme gegengezeichnet ist und daher zweifellos die Summe angibt, über welche die Eroberer der Krone Rechenschaft ablegten.

Welche Angaben wir auch immer gelten lassen, die Beute dürfte zusammen mit der von Cajamarca wohl die Gelüste selbst des Habsüchtigsten befriedigt haben. Der plötzliche Zustrom solchen Reichtums, noch dazu in so bequem umsetzbarer Form, übte auf einen Haufen leichtsinniger Abenteurer, die an den Besitz von Geld kaum gewöhnt waren, seine natürliche Wirkung aus. Er bot ihnen die nötigen Mittel zum Spiel, einer Leidenschaft, die bei den Spaniern so stark und allgemein hervortritt, daß man sie ein Volkslaster nennen könnte. Ganze Vermögen wurden an einem einzigen Tag gewonnen und verloren, Vermögen, die ausgereicht hätten, die Eigentümer auf Lebenszeit unabhängig zu machen; und so mancher verwegene Spieler sah sich durch einen unglücklichen Wurf oder ein Mißgeschick beim Kartenspiel in wenigen Stunden um die Früchte jahrelanger Mühsal betrogen und war genötigt, das Raubgeschäft von neuem zu beginnen. Unter anderen wird ein Reiter namens Leguizano erwähnt, der als Anteil an der Beute das Bildnis der Sonne erhalten hatte, das, aus einer Platte polierten Goldes getrieben, eine Wand des großen Tempels geschmückt hatte und aus irgendeinem Grunde, vielleicht wegen seiner besonderen Schönheit, nicht wie der andere Zierat eingeschmolzen worden war. Diesen kostbaren Fang verlor der Verschwender in einer einzigen Nacht; und daher rührt das spanische Sprichwort: Juega el sol antes que amanezca – die Sonne verspielen, ehe sie aufgegangen ist.

Ein solcher Überfluß von Edelmetallen wirkte sich sogleich auf die Preise aus. Die alltäglichsten Gegenstände waren nur für übertrieben hohe Summen zu haben. Der Preis jeder Ware stieg in dem Maße, wie Gold und Silber, der Gegenwert aller Dinge, im Umlauf waren und damit im Wert sanken. Kurz, Gold und Silber schienen in Cuzco das einzige zu sein, was nicht kostbar war. Doch gab es einige verständige Leute unter den Spaniern, die, zufrieden mit dem gegenwärtigen Gewinn, in ihr Vaterland zurück-

Abb. 16 Der von Pizarro eingesetzte Inka Manco Capac

kehrten. Dort verschaffte ihnen ihr Reichtum Ansehen und Einfluß, und indem sie den Neid ihrer Landsleute erregten, trieben sie diese dazu, gleichfalls ihr Glück als Abenteurer zu versuchen.

9

Nach der Teilung der Beute war es die erste Sorge des spanischen Befehlshabers, Manco auf den Thron zu setzen und ihm die Anerkennung seiner Landsleute zu verschaffen. Er stellte ihnen deshalb den jungen Prinzen, den Sohn Huayna Capacs und rechtmäßigen Erben der peruanischen Krone, als künftigen Herrscher vor. Die Ankündigung wurde vom Volk mit Begeisterung aufgenommen; hielt es doch das Andenken des berühmten Vaters in Ehren und war erfreut darüber, wieder von einem Fürsten aus der alten Linie von Cuzco beherrscht zu werden.

Alles wurde aufgeboten, um diese Illusion bei der indianischen Bevölkerung aufrechtzuerhalten. Die üblichen Krönungszeremonien wurden gewissenhaft befolgt. Der junge Prinz hielt die vorgeschriebenen Fasten und Wachen, und am festgesetzten Tag versammelten sich die Edlen und das Volk mit dem ganzen spanischen Heer auf dem großen Platz von Cuzco, um der Schlußfeierlichkeit beizuwohnen. Pater Valverde las die Messe, und der Inka Manco empfing das fransenbesetzte Königsstirnband – nicht aus der Hand des Hohenpriesters seines Volkes, sondern aus der des Eroberers Pizarro. Dann huldigten die indianischen Edlen in gewohnter Weise ihrem Gebieter, und nachdem Pizarro den neuen Herrscher herzlich umarmt hatte, verkündeten die Trompeten den Schluß der Feierlichkeit. Aber dies war nicht das Zeichen des Triumphes, sondern der Erniedrigung; es machte offenbar, daß der Fuß des bewaffneten Fremden die Hallen der peruanischen Inka betreten hatte, daß die Krönungsfeier ein klägliches Schaugepränge, der König selbst nur eine Puppe in der Hand des Eroberers, der Glanz der Kinder der Sonne für immer geschwunden war.

Pizarros nächste Sorge war nun, in Cuzco eine städtische Obrigkeit wie in den Gemeinden des Mutterlandes einzusetzen. Zwei Alkalden und acht Regidores wurden ernannt; zu letzteren gehörten seine Brüder Gonzalo und Juan. Durch freigebige Bewilligungen von Ländereien und Häusern – den ehemaligen Palästen und öffentlichen Gebäuden der Inka – ermunterte er etliche Spanier, sich in der Stadt niederzulassen, und so mancher Ritter, der im eigenen Lande zu arm gewesen war, um eine Heimstatt zu finden, sah sich nun als Besitzer eines geräumigen Hauses, welches das Gefolge eines Fürsten hätte beherbergen können. Von der Zeit an, sagt ein alter Chronist (Montesinos), wurde Pizarro, der bisher den militärischen Titel Oberbefehlshaber geführt hatte, Gouverneur genannt. Beide Titel waren ihm vom Kaiser verliehen worden.

Auch die religiösen Belange vernachlässigte Pizarro nicht. Pater Valverde, dessen Ernennung zum Bischof von Cuzco bald darauf vom Papst bestätigt wurde, schickte sich an, den Pflichten seines neuen Amtes nachzukommen. Am großen Platz wurde eine Stelle für die Kathedrale seines Bistums ausgewählt. Später erhob sich auf den Trümmern des prächtigen Hauses der Sonne ein großes Kloster; seine Mauern wurden aus den alten Steinen aufgeführt, der Altar an derselben Stelle errichtet, wo das strahlende Bildnis der peruanischen Gottheit geleuchtet hatte, und in den Kreuzgängen, einst heidnischer Tempelbezirk, wandelten die Dominikanermönche. Um die Veränderung noch umfassender zu machen, wurde das Haus der Sonnenjungfrauen durch ein römisch-katholisches Kloster ersetzt. Christliche Kirchen und Klöster verdrängten allmählich die alten Gebäude, und was man an Altem stehenließ, wurde seiner heidnischen Embleme beraubt und unter die Herrschaft des Kreuzes gestellt. Dominikaner, Mercedarier und andere Glaubensboten waren jetzt eifrig mit dem Gott wohlgefälligen Werk der Bekehrung beschäftigt.

Während der Gouverneur, wie wir ihn von nun an nennen müssen, sich in Cuzco befand, erhielt er wiederholt die Kunde, daß eine beträchtliche Streitmacht unter dem Befehl von Atahualpas Heerführer Quisquis in der Nähe liege. Er sandte deshalb Almagro mit einem kleinen Reiterhaufen und einer großen indianischen Streitmacht unter Führung des Inka Manco aus, den Feind zu zersprengen und den Anführer womöglich gefangenzunehmen. Nach erbitterter Schlacht floh Quisquis nach den Hochebenen von Quito, wo er den Kampf gegen eine spanische Kriegsmacht in jener Gegend unverzagt fortsetzte, bis schließlich seine eigenen Soldaten, der langen, nutzlosen Fehden müde, ihren Anführer kalblütig ermordeten.

Einige Zeit vor diesen Ereignissen erhielt der spanische Gouverneur während seines Aufenthalts in Cuzco eine Nachricht, die ihn weit mehr beunruhigte als alle indianischen Feindseligkeiten. Es war die Ankunft einer starken spanischen Streitmacht an der Küste, unter dem Befehl Don Pedro de Alvarados, des tapferen Kriegsmannes, der unter Cortez an der Eroberung Mexikos so ruhmvollen Anteil gehabt hatte. Nachdem er in Spanien eine glänzende Verbindung eingegangen war, zu der ihn sowohl seine Herkunft wie sein militärischer Rang berechtigten, war er in seine Statthalterschaft Guatemala zurückgekehrt, wo ständig die großartigsten Berichte von Pizarros Eroberungen zu ihm gedrungen waren und seine Habsucht gereizt hatten. Doch hätten sich die Eroberungen, hieß es, auf Peru beschränkt, während das nördliche Königreich Quito, die ehemalige Residenz Atahualpas und ohne Zweifel seine eigentliche Schatzkammer, unberührt geblieben sei. Als wisse er nicht, daß dieses Land unter die Zuständigkeit des Gouverneurs fiel, gab er sogleich einer großen, nach den Gewürzinseln bestimmten Flotte Kurs auf Südamerika und landete im März 1534 in der Bucht von Caráquez, mit ihm fünfhundert Mann, zur Hälfte beritten und alle mit Waffen und Munition trefflich versehen. Es war die bestausgerüstete und furchtbarste Streitmacht, die sich bisher in den südlichen Gewässern gezeigt hatte.

Obwohl dies offenkundig ein Einbruch in das Pizarro von der Krone zugestandene Gebiet war, beschloß der kecke Ritter, sogleich nach Quito zu marschieren. Mit Hilfe eines indianischen Führers wollte er den direkten Weg übers Gebirge einschlagen, der selbst in der günstigsten Jahreszeit außerordentlich beschwerlich war.

Nachdem Alvarado den Río Dable überschritten, ließ ihn sein Führer im Stich, so daß er sich bald in die labyrinthische Wildnis der Sierra verstrickt sah, und je höher er in die Regionen des Winters aufstieg, desto dichter wurden Eis und Schnee, wofür seine Leute aus dem warmen Guatemala nur schlecht ausgerüstet waren. Immer strenger wurde die Kälte, so daß sie sich mit erstarrten Gliedern nur mühsam weiterschleppten. Das Fußvolk, zu anstrengender Bewegung gezwungen, war noch am besten dran. Viele Reiter dagegen froren auf ihren Sätteln fest. Die gegen Kälte viel empfindlicheren Indianer kamen zu Hunderten um. Nachts drängten sich die Spanier um die kümmerlichen Lagerfeuer, für die sie kaum Holz fanden, und erwarteten, fast ohne Nahrung, in düsterem Schweigen den Morgen. Aber auch das Tageslicht, das kalt in die trostlose Wildnis brach, gewährte ihnen keine Freude. Es zeigte ihnen das Ausmaß ihres Elends nur noch deutlicher. Während sie sich durch die Puertos Nevados, die Schneepässe, mühten, war ihre Spur unheilvoll gekennzeichnet von Kleidungsfetzen, zerbrochenen Harnischen, goldenen Schmucksachen und anderen unterwegs geraubten Kostbarkeiten – und von Leichen oder Sterbenden, denen das noch schlimmere Los beschieden war, ihr Leben einsam in der Wildnis zu beschließen. Die toten Pferde blieben nicht lange liegen, da die hungernden Soldaten sich ihrer rasch bemächtigten und sie halb roh verzehrten. Gleich den darbenden Kondoren, die jetzt scharenweise über ihren Häuptern kreisten, fielen sie gierig über den ekelhaftesten Abfall her, um nur den nagenden Hunger zu stillen.

Ängstlich darauf bedacht, wenigstens die Beute in Sicherheit zu bringen, die ihm zu Beginn des Unternehmens in die Hände gefallen war, forderte Alvarado alle auf, sich Gold nach Belieben von dem gemeinsamen Schatz zu nehmen und nur das königliche Fünftel zurückzulassen. Aber sie erwiderten mit dem Hohn der Verzweiflung, Nahrung sei für sie das einzige Gold.

Nach Leiden, die wohl selbst der Zähste kaum einige Tage länger hätte erdulden können, ließ Alvarado die Schneepässe hinter sich und erreichte die Hochebene, die sich in einer Höhe von mehr als neuntausend Fuß über dem Meeresspiegel nicht weit von Riobamba ausbreitet. Doch war ein Viertel seiner tapferen Schar umgekommen und in der Wildnis ein Fraß des Kondors geworden, dazu der größere Teil, wenigstens zweitausend Mann, seiner indianischen Hilfstruppen und eine große Menge Pferde.

Nachdem er den erschöpften Truppen eine kurze Rast gegönnt hatte, trat Alvarado seinen Marsch über die weite Hochebene an und bemerkte zu seinem Erstaunen Spuren von Pferdehufen am Boden. Es waren also schon vor ihm Spanier hier gewesen; trotz aller Mühen und Leiden waren ihm andere in der Unternehmung gegen Quito zuvorgekommen. Um dies zu erklären, bedarf es einiger Worte.

Als Pizarro Cajamarca verließ, sandte er, da er die wachsende Wichtigkeit von San Miguel, damals dem einzigen Hafen im

Lande, wohl erkannte, einen Mann, zu dem er großes Vertrauen hatte, als Befehlshaber dorthin. Es war Sebastián Benalcázar, ein Ritter, der sich später durch Mut, Fähigkeit und Grausamkeit unter den südamerikanischen Eroberern besonders hervortat. Kaum war er in der Hafenstadt angelangt, hörte er wie Alvarado solche Wunderdinge über die Reichtümer Quitos, daß er beschloß, mit den ihm anvertrauten Truppen das Land zu erobern, obwohl er dazu gar nicht ermächtigt war.

An der Spitze von ungefähr hundertvierzig Mann, Berittenen und Fußvolk, und einer tapferen Schar indianischer Hilfstruppen erklomm er auf einem sicheren und besseren Weg als Alvarado die große Gebirgskette der Anden und erreichte das Tafelland von Quito. Auf der Hochebene von Riobamba stieß er auf den indianischen Häuptling Rumiñahui. Nach mehreren Gefechten mit zweifelhaftem Erfolg siegte zuletzt bei gleicher Tapferkeit die überlegene Kriegskunst der Spanier, und der siegreiche Benalcázar pflanzte auf den alten Türmen Atahualpas die kastilische Fahne auf. Zu Ehren seines Generals Francisco Pizarro nannte er die Stadt San Francisco del Quito. Aber groß war seine Enttäuschung, als sich herausstellte, daß Quitos reiche Schätze entweder erdichtet oder von den Eingeborenen versteckt worden waren. Während er seinen Ärger so gut es ging hinunterschluckte, erhielt er Kunde vom Herannahen seines Vorgesetzten Almagro.

Sobald nämlich die Nachricht von Alvarados Unternehmen nach Cuzco gedrungen war, hatte sich Almagro mit einer kleinen Streitmacht nach San Miguel aufgemacht, von wo aus er, verstärkt durch die Truppen aus der Hafenstadt, sogleich gegen die Eindringlinge vorzugehen gedachte. Zu seinem Erstaunen erfuhr er bei der Ankunft in San Miguel, der Kommandant habe sich aus der Stadt entfernt. Da Almagro an der Redlichkeit seiner Beweggründe zweifelte, machte er sich mit jugendlichem Feuer, wenn auch in Wahrheit schon geschwächt von der Last der Jahre, unverzüglich auf, um Benalcázar übers Gebirge zu folgen.

In Riobamba gesellte sich alsbald der Befehlshaber von San Miguel zu ihm, der, vielleicht aufrichtig, jede unredliche Absicht bei seinem eigenmächtigen Unternehmen weit von sich wies. Um Benalcázars Streitkräfte verstärkt, erwartete der spanische Heerführer nun ruhig die Ankunft Alvarados. Als sie sich auf der weiten

Hochebene von Riobamba schließlich gegenüberstanden, war zu vermuten, daß sogleich ein hitziger Kampf entbrennen werde. Aber Almagro lag daran, einen solchen Ausgang zu vermeiden.

Unterhandlungen wurden eingeleitet, in denen jede Partei Anspruch auf das Land erhob. Unterdessen verkehrten Alvarados Soldaten ungezwungen mit ihren Landsleuten im gegnerischen Lager und hörten dort so großartige Berichte von den Schätzen und Wunderdingen in Cuzco, daß viele geneigt waren, ihren jetzigen Dienst zu quittieren und sich Pizarro anzuschließen. Selbst ihr Anführer war überzeugt, daß Quito keine angemessene Entschädigung für die Opfer bereithielt, die er bisher gebracht hatte und gewiß noch bringen müßte, wenn er auf seinem Anspruch bestünde, und deutlich wurde ihm jetzt die Übereiltheit seines Schrittes bewußt, der ihm zweifellos die Mißbilligung des Kaisers eintragen mußte. In dieser Stimmung fiel es ihnen nicht schwer, ihre Streitigkeiten beizulegen, und man kam überein, der Gouverneur solle 100000 Pesos de oro an Alvarado zahlen, dieser dagegen ihm seine Flotte, seine Truppen und alle Vorräte und Munition überlassen. Es waren insgesamt zwölf Schiffe, große und kleine, und wie hoch auch die ausbedungene Summe war, so deckte sie doch nicht seine Unkosten. Nach Abschluß des Vertrags wünschte Alvarado, ehe er das Land verließ, Pizarro aufzusuchen.

Der Gouverneur, der Alvarados wahre Pläne nicht kannte, war indessen von der peruanischen Hauptstadt nach der Küste aufgebrochen in der Absicht, jeden Angriff abzuweisen, den Alvarado etwa in jener Richtung versuchen mochte. Er ließ Cuzco in der Obhut seines Bruders Juan. Auch blieben neunzig Mann als Besatzung der Hauptstadt und als Kern der künftigen Ansiedlung zurück. In Begleitung des Inka Manco begab sich Pizarro nach Pachacamac, wo er die erfreuliche Nachricht von der Verständigung mit Alvarado erhielt; und nicht lange darauf besuchte ihn der Ritter selbst kurz vor seiner Einschiffung.

Bei der Zusammenkunft herrschte Höflichkeit und wenigstens dem Anschein nach Wohlwollen, zumal zwischen beiden kein Grund zur Eifersucht mehr bestand. Als die Begrüßungsfeierlichkeiten beendet waren, schiffte sich Alvarado wieder nach Guatemala ein, wo sein unruhiger Geist ihn bald in neue Unternehmungen verwickelte, die seine Abenteurerlaufbahn früh beendeten.

Sein Zug nach Peru war charakteristisch für ihn; auf Unrecht gegründet, wurde er übereilt ausgeführt und ging unglücklich aus.

Die Eroberung Perus konnte nun gewissermaßen als abgeschlossen gelten. Allerdings behaupteten sich noch einige wilde Stämme im Landesinnern, und Alonso de Alvarado, ein vorsichtiger und tüchtiger Offizier, erhielt den Auftrag, sie zu unterwerfen. Benalcázar befand sich noch in Quito, zu dessen Gouverneur er später von der Krone ernannt wurde. Er legte dort einen festen Grund für die spanische Herrschaft, indem er seine Eroberungen immer weiter nach Norden ausdehnte. Cuzco, die ehemalige Hauptstadt des indianischen Reiches, hatte sich ergeben, Atahualpas Heere waren geschlagen und zerstreut, das Reich der Inka vernichtet, und der Fürst, der jetzt die peruanische Krone trug, war nur der Schatten eines Königs, der im Auftrag des Siegers handelte.

Als erstes galt es nun, den Ort für die künftige Hauptstadt des riesigen Pflanzstaates zu bestimmen. Cuzco, abseits im Gebirge gelegen, war für ein handeltreibendes Volk gar zu weit von der Küste entfernt; die kleine Niederlassung San Miguel aber lag zu weit im Norden. Es empfahl sich, einen günstigeren Ort zu wählen, etwa in einem der fruchtbaren Täler, die an den Stillen Ozean grenzten. Pizarro entschied sich für das Tal von Rimac. Hier strömte ein breiter Fluß, den sich die Eingeborenen wie üblich zunutze gemacht hatten und der nun, einer großen Pulsader gleich, tausend feinere Adern, welche die schönen Wiesen durchzogen, mit Wasser versorgte. An diesem Fluß, bestimmte Pizarro, sollte seine neue Hauptstadt liegen, knapp sechs Meilen von der Mündung entfernt, die sich zu einem geräumigen Hafen ausweitete.

Die junge Hauptstadt erhielt den Namen Ciudad de los Reyes, Stadt der Könige. Aber die kastilische Bezeichnung kam schon innerhalb eines Menschenalters außer Gebrauch und wurde durch ›Lima‹ ersetzt, die spanische Verdrehung des ursprünglichen indianischen Namens Rimac.

Kaum hatte der Gouverneur Lage und Plan der Stadt bestimmt, als er auch schon mit der ihm eigenen Energie zu Werke ging. Aus einem Umkreis von mehr als hundert Meilen wurden indianische Hilfskräfte herbeigeholt. Die Spanier machten sich unter den Augen ihres Anführers mit Eifer an die Arbeit. Das Schwert wurde mit dem Werkzeug vertauscht, das Heerlager verwandelte sich in einen Bienenschwarm fleißiger Arbeiter, und auf den Kriegslärm folgte das friedliche Treiben einer geschäftigen Bevölkerung.

Unterdessen war Almagro, der Marschall, wie er von zeitgenössischen Geschichtsschreibern gewöhnlich genannt wird, auf Pizarros Geheiß nach Cuzco gezogen, um den Befehl über die Hauptstadt zu übernehmen. Außerdem war ihm aufgetragen, entweder selbst oder durch seine Offiziere die Eroberung der südlichen Länder zu unternehmen, die einen Teil von Chile bilden. Seit seiner Ankunft in Cajamarca schien Almagro bereit, den früheren Groll gegen seinen Bundesgenossen zu begraben oder wenigstens nicht laut werden zu lassen, und hatte sich dazu bequemt, gemäß der königlichen Verordnung unter Pizarros Oberbefehl das Kommando zu führen. Er war sogar edelmütig genug, in seinen Berichten Pizarro ehrenvoll zu erwähnen, als einen Mann, der eifrig bemüht sei, die Interessen der Regierung zu fördern. Dennoch traute er dem Gefährten nicht völlig; denn als Hernando Pizarro seine Reise nach dem Mutterland antrat, unterließ er es nicht, eine Vertrauensperson mitzusenden, die seine eigenen Verdienste gebührend hervorheben sollte.

Hernando war ohne Zwischenfall im Januar 1534 in Sevilla angelangt. Außer dem königlichen Fünftel führte er Gold im Werte von einer halben Million Pesos mit sich sowie eine große Menge Silber, beides Privateigentum mehrerer Abenteurer, die, zufrieden mit ihrem Gewinn, im selben Schiff nach Spanien zurückkehrten. Der Schatz bestand aus gediegenen Barren, Gefäßen verschiedener Formen, Nachbildungen von Tieren, Blumen, Wasserkünsten und anderem, alles mehr oder weniger kunstvoll ausgeführt und aus purem Gold. Nach kurzem Aufenthalt in Sevilla wählte Hernando Pizarro einige der prächtigsten Stücke aus und reiste zu Lande nach Calatayud, wo der Kaiser die Cortes von Aragonien versammelt hatte.

Hernando wurde sogleich vorgelassen und gnädig aufgenommen. Bescheiden erzählte er von den aufregenden Abenteuern seines Bruders und der kleinen Schar Getreuer, von den Strapazen, die sie erduldet, den Schwierigkeiten, die sie überwunden hatten, von der Gefangennahme des Inka und dem großartigen Lösegeld. Von der Ermordung des unglücklichen Fürsten konnte er nichts erzählen, denn dieses traurige Ereignis, das sich erst nach seiner Abreise zutrug, war ihm noch unbekannt. Der Ritter verbreitete sich ausführlich über die Fruchtbarkeit des Bodens, die hohe Kultur der Bewohner, ihre Kunstfertigkeit in den verschiedensten Handwerkszweigen; als Beweisstücke zeigte er die wollenen und baumwollenen Stoffe sowie die mannigfachen Schmuckgegenstände aus Gold und Silber. Bei diesem Anblick funkelten die Augen des Kaisers vor Freude. Seine ehrgeizigen Pläne hatten im Kronschatz eine Ebbe verursacht, und er sah in der goldenen Flut, die so unerwartet auf ihn einströmte, ein willkommenes Mittel, ihn augenblicklich wieder zu füllen.

So zeigte er sich auf der Stelle bereit, die Bitten des erfolgreichen Abenteurers zu gewähren. Alles, was Francisco Pizarro und seinen Gefährten früher bewilligt worden war, wurde in vollem Umfang bestätigt; die Grenzen seiner Statthalterschaft wurden zweihundertzehn Meilen weiter nach Süden ausgedehnt. Auch blieben Almagros Dienste diesmal nicht unbelohnt. Er wurde ermächtigt, südlich von Pizarros Gebiet das Land in einer Ausdehnung von sechshundert Meilen zu erobern und in Besitz zu nehmen. Um einen weiteren Beweis seiner Zufriedenheit zu geben, geruhte der Kaiser, an beide Befehlshaber ein gnädiges Schreiben zu richten, worin er ihre Tapferkeit lobte und ihnen für ihre Dienste dankte.

Bei der Verteilung kaiserlicher Huld ging auch der Gesandte nicht leer aus. Er bekam eine Unterkunft als Angehöriger des Hofes angewiesen, wurde in den Santiago-Orden, den höchstgeachteten Ritterorden Spaniens, aufgenommen und überdies ermächtigt, eine Flotte auszurüsten und das Kommando darüber zu führen. Die königlichen Beamten in Sevilla erhielten den Auftrag, ihn bei seinem Vorhaben zu unterstützen und seine Einschiffung nach Westindien zu erleichtern.

Hernando Pizarros Ankunft im Mutterlande und die Nachrichten, die er und seine Begleiter verbreiteten, erregten bei den Spaniern ein Aufsehen, wie man es seit der ersten Reise Kolumbus' nicht mehr erlebt hatte. Die Entdeckung der Neuen Welt hatte in den Gemütern der Menschen die Hoffnung auf unbegrenzten Reichtum entfacht, die sich bei fast allen folgenden Unternehmungen als trügerisch erweisen sollte. Die Eroberung Mexikos hatte freilich als glänzende und staunenswerte Heldentat allgemeine Bewunderung geweckt, doch bisher nicht die goldenen

Früchte getragen, die man sich so zuversichtlich davon versprochen. Die glänzenden Verheißungen Francisco Pizarros bei seinem letzten Besuch in Spanien hatten das Vertrauen seiner Landsleute nicht neu beleben können, da sie durch wiederholte Enttäuschungen skeptisch geworden waren.

Nun aber waren die Verheißungen Wirklichkeit geworden. Nicht mehr den goldenen Schilderungen brauchten sie zu trauen, sondern dem Golde selbst, das in Hülle und Fülle vor ihnen ausgebreitet lag. Aller Blicke waren jetzt gen Westen gerichtet.

In kurzer Zeit sah sich Hernando Pizarro an der Spitze einer der größten und vermutlich bestausgerüsteten Flotten, die je die Küsten Spaniens verlassen hatten. Er überquerte den Ozean und erreichte glücklich den kleinen Hafen Nombre de Dios. Aber man war dort auf seine Ankunft nicht vorbereitet, und da er eine Zeitlang verweilen mußte, ehe er übers Gebirge ziehen konnte, litten seine Leute bitteren Mangel. In ihrer Not verschlangen sie gierig die unzuträglichsten Dinge, und so mancher Ritter gab seine kleinen Ersparnisse hin, um nur sein Leben zu fristen. Wie gewöhnlich folgte Krankheit der Spur des Hungers, und zahlreiche unglückliche Abenteurer fielen der ungewohnten Hitze zum Opfer und fanden auf der Schwelle ihrer Entdeckerlaufbahn den Tod.

Doch nicht allen aus Hernando Pizarros Schar erging es so. Unter denen, die als erste die Landenge überschritten und an die peruanische Küste gelangten, befand sich ein Vertrauensmann Almagros, der ihm zutragen sollte, welche Rechte ihm die Krone inzwischen zugestanden hatte. Die Nachricht erreichte ihn, als er gerade in Cuzco einzog, wo er mit großer Ehrerbietung von Juan und Gonzalo Pizarro empfangen wurde, die denn auch sogleich den Anweisungen ihres Bruders folgten und den Oberbefehl über die Hauptstadt in die Hände des Marschalls legten. Almagro indessen war hocherfreut, daß sein Landesherr ihm nunmehr eine Stellung verliehen hatte, die ihn unabhängig von dem Manne machte, der ihm so großes Unrecht angetan; und er gab zu verstehen, daß er bei der Ausübung seiner gegenwärtigen Macht niemanden mehr über sich anerkenne. In dieser herrischen Gesinnung bestärkten ihn einige seiner Anhänger, die darauf bestanden, Cuzco liege südlich des Pizarro bewilligten Gebietes und gehöre daher zu dem des Marschalls. Unter seinen Parteigängern befanden sich viele von Alvarados Leuten, die zwar in besserer körperlicher Verfassung, jedoch viel zuchtloser waren als Pizarros Soldaten; denn unter ihrem gewissenlosen Führer hatte ein Geist zügelloser Dreistigkeit um sich gegriffen. Sie nahmen wenig Rücksicht auf die eingeborene Bevölkerung von Cuzco; nicht zufrieden mit den öffentlichen Gebäuden, bemächtigten sie sich nach Belieben der Privathäuser, eigneten sich ohne viel Umstände fremde Habe an, kurz, sie zeigten so wenig Achtung vor Personen und Eigentum, als hätten sie die Stadt im Sturm genommen.

Während sich diese Dinge in der ehemaligen peruanischen Hauptstadt zutrugen, befand sich der Gouverneur noch in Lima, wo ihn die Nachricht von den neuen, seinem Bundesgenossen erwiesenen Ehren höchlich beunruhigte. Er wußte nicht, daß seine eigene Statthalterschaft zweihundertzehn Meilen weiter nach Süden ausgedehnt worden war, und mutmaßte, gleich Almagro, die Hauptstadt der Inka liege von Rechts wegen nicht mehr innerhalb seiner Grenzen. Er sah schon großes Unheil voraus, das kaum ausbleiben konnte, wenn die reiche Stadt seinem Nebenbuhler in die Hände fiele, der damit fast unbegrenzte Möglichkeiten hätte, seine und seiner Anhänger Habgier zu befriedigen. Er hielt es unter den gegenwärtigen Umständen nicht für ratsam, ihm die Vorwegnahme einer noch nicht bestätigten Macht zu gestatten; denn die Depeschen, welche die Ermächtigung enthielten, waren noch bei Hernando Pizarro in Panamá, und nach Peru war nichts weiter gelangt als die Abschrift eines entstellten Auszugs.

Pizarro wies deshalb unverzüglich seine Brüder in Cuzco an, den Oberbefehl von neuem zu übernehmen, eine Maßnahme, die er vor Almagro damit begründete, es schicke sich nicht, schon im Besitz der Stellung zu sein, wenn die Beglaubigungsschreiben einträfen. Zugleich forderte er ihn auf, ohne Säumen seinen Zug nach dem Süden anzutreten.

Aber weder dem Marschall noch seinen Freunden war der Gedanke angenehm, die Macht so bald wieder fahrenzulassen, die sie jetzt für ihr gutes Recht hielten. Andererseits forderten die Pizarros sie energisch zurück. Der Streit wurde immer heftiger, und der Stadt drohten Gewalt und Blutvergießen, als Pizarro selbst bei ihnen erschien.

Sobald er Kunde von den schlimmen Folgen seiner Befehle erhalten hatte, war er in aller Eile nach Cuzco aufgebrochen. Er suchte sogleich Almagro auf, umarmte ihn mit allen Zeichen der

Herzlichkeit und fragte, ohne sich irgendeine Verstimmung anmerken zu lassen, nach der Ursache der Zwistigkeiten. Der Marschall schob die Schuld auf Pizarros Brüder, aber obgleich der Gouverneur diesen mit einiger Schärfe ihre Heftigkeit vorwarf, ließ sich nicht verbergen, daß er auf ihrer Seite stand, und die Gefahr eines Streites zwischen den beiden Bundesgenossen schien größer denn je. Glücklicherweise wurde er durch die Vermittlung einiger gemeinsamer Freunde, die mehr Besonnenheit zeigten als ihre Anführer, fürs erste vermieden. Mit ihrer Hilfe kam schließlich eine Versöhnung zustande, die sich im wesentlichen auf ihren alten Vertrag gründete.

Man vereinbarte, ihre Freundschaft solle unversehrt bleiben, und in einer Abmachung, die für beide Parteien nicht gerade ehrenvoll ist, wurde bestimmt, keiner dürfe den andern, zumal in Berichten an den Kaiser, verleumden oder herabsetzen; keiner dürfe ohne Wissen des andern mit der Krone in Verbindung treten; endlich sollten sowohl Kosten wie Gewinn künftiger Entdekkungen gleichmäßig von den Bundesgenossen geteilt werden.

Nicht lange nach der Beilegung ihrer Streitigkeiten trat der Marschall mit hundertfünfzig Leuten seinen Zug nach Chile an. Der Gouverneur aber, von der Gegenwart seines Nebenbuhlers befreit, kehrte ohne weiteren Aufschub zur Küste zurück, um sich wieder um die neuen Niederlassungen zu kümmern. Außer der ›Stadt der Könige‹ gründete er noch andere Städte am Stillen Ozean, die später blühende Handelsplätze werden sollten. Die bedeutendste, die er an einer bereits von Almagro bezeichneten Stelle anlegte, nannte er zu Ehren seines Geburtsortes Trujillo.

Doch nichts nahm Pizarros Sorge mehr in Anspruch als die entstehende Hauptstadt Lima. So eifrig ging er dabei zu Werke und so tatkräftig wurde er von den zahlreichen Hilfskräften unterstützt, daß zu seiner Genugtuung die junge Hauptstadt mit ihren stattlichen Gebäuden und prachtvollen Gärten rasch der Vollendung entgegenwuchs.

10

Während Pizarro durch die Abwesenheit seines Nebenbuhlers Almagro aller Beunruhigung von dieser Seite enthoben war, wurde von einer anderen, wo er es am wenigsten erwartet hätte, seine

Macht bedroht, nämlich durch die eingeborene Bevölkerung des Landes. Bisher hatten sich die Peruaner nur friedlich und gefügig gezeigt, was den Eroberern solche Verachtung einflößte, daß für Besorgnis kein Raum blieb. Sie hatten sich widerstandslos in die Gewaltanmaßung der Eindringlinge gefügt, hatten mit angesehen, wie man einen König hinschlachtete, einen andern auf den frei gewordenen Thron setzte, die Tempel ihrer Schätze beraubte, die Hauptstadt und das Land in Besitz nahm und aufteilte; aber von einem gelegentlichen Scharmützel in den Gebirgspässen abgesehen, war ihrerseits nicht ein Streich zur Verteidigung ihrer Rechte geführt worden. Und doch war dies dasselbe kriegerische Volk, das seine Eroberungen über einen so großen Teil des Festlands ausgedehnt hatte.

Pizarro hatte durch die Gefangennahme Atahualpas einen betäubenden Schlag geführt und glaubte wohl, die Eingeborenen damit ein für allemal durch Schrecken gelähmt zu haben. Er heuchelte sogar eine gewisse Achtung vor den öffentlichen Einrichtungen und hatte den Herrscher, den er gemordet, durch einen anderen aus der rechtmäßigen Linie ersetzt. Aber das war nur ein Vorwand. Das Königreich hatte eine tiefgreifende Umwälzung erfahren. Seine alten Institutionen waren über den Haufen geworfen. Seine himmelentsprossene Aristokratie wurde fast auf die Stufe des Bauern herabgedrückt. Der Eingeborene wurde zum Leibeigenen des Eroberers. Die Häuser in der Hauptstadt wurden – wenigstens nach Ankunft von Almagros Offizieren – besetzt und vereinnahmt, die Tempel in Ställe, die königlichen Paläste in Unterkünfte für die Truppen verwandelt. Die Heiligkeit der religiösen Gebäude wurde geschändet. Tausende von Frauen und Mädchen, die, wie irrig auch ihr Glaube, doch in keuscher Abgeschiedenheit in klosterartigen Häusern lebten, wurden auseinandergetrieben und fielen einem zügellosen Soldatenhaufen als Beute zu. Eine Lieblingsfrau des jungen Inka wurde von den kastilischen Offizieren mißbraucht, und der Inka selbst, mit geringschätziger Gleichgültigkeit behandelt, erkannte bald, daß er ein armseliger Vasall, wo nicht gar ein bloßes Werkzeug in den Händen der Eroberer war.

Der Inka Manco besaß jedoch einen stolzen Sinn und ein tapferes Herz. Aufs tiefste gekränkt durch die Demütigungen, denen er sich ausgesetzt sah, drang er wiederholt in Pizarro, ihm nicht nur zur Schaustellung, sondern zur wirklichen Ausübung der Macht zu verhelfen. Aber Pizarro wich einem Verlangen aus, das seinen eignen ehrgeizigen Plänen und freilich auch der Politik Spaniens zuwiderlief, und man ließ den jungen Inka und seine Edelleute weiter im stillen über den ihnen zugefügten Kränkungen brüten und beharrlich auf die Stunde der Rache warten.

Die Meinungsverschiedenheiten unter den Spaniern selbst schienen eine günstige Gelegenheit dafür zu bieten. Die peruanischen Häuptlinge hielten mehrmals Rat, und der Hohepriester, Huillac Umu, drang nachdrücklich auf eine Erhebung, sobald Almagro seine Truppen aus der Stadt abgezogen hätte. So faßten sie den Plan zu einem allgemeinen Aufstand.

Um ihr Vorhaben zu verwirklichen, war es nötig, daß der Inka Manco die Stadt verließ und sich seinem Volke zeigte. Es bereitete ihm keine Schwierigkeiten, sich aus Cuzco zu entfernen, wo seine Anwesenheit von den Spaniern kaum beachtet wurde, da seine nur dem Namen nach bestehende Macht den hochmütigen und selbstsicheren Eroberern ohnehin wenig galt. Doch befand sich in der Hauptstadt eine Gruppe indianischer Verbündeter, Angehörige eines dem Inka feindlichen Stammes, die mit größerem Argwohn über seine Bewegungen wachten. Sie gaben denn auch Juan Pizarro eiligst Nachricht von Mancos Aufbruch.

Jener machte sich an der Spitze eines kleinen Reitertrupps sogleich an die Verfolgung des Flüchtlings und entdeckte ihn alsbald in einem Schilfdickicht nicht weit von der Stadt, wo er sich zu verbergen gesucht hatte. Manco wurde festgenommen und als Gefangener unter starker Bewachung auf die Festung gebracht. Damit schien der Verschwörung ein Ende gesetzt zu sein.

Während sich diese Dinge zutrugen, kehrte Hernando Pizarro nach Ciudad de los Reyes zurück und überbrachte sowohl für seinen Bruder wie für Almagro die königlichen Vollmachten zur Ausdehnung ihrer Herrschaftsbereiche, außerdem eine Ernennungsurkunde, die Francisco Pizarro den Titel eines Marqués dc los Atavillos – einer peruanischen Landschaft – verlieh. So war nun der Abenteurer glücklich in die Reihen der stolzen kastilischen Aristokratie aufgerückt.

Der neue Marqués beschloß, dem Marschall die Vollmacht fürs erste vorzuenthalten, in der Hoffnung, dieser möchte sich vollends in die Eroberung Chiles verstricken, so daß seine Aufmerksamkeit von Cuzco abgezogen wäre, das freilich, wie ihm sein Bruder beteuerte, nunmehr ohne allen Zweifel innerhalb der jüngst erweiterten Grenzen seines eigenen Gebietes lag. Um sich die wichtige Beute auf jeden Fall zu sichern, beauftragte er Hernando, den Befehl über die Hauptstadt selbst zu übernehmen, denn in die Fähigkeiten und praktischen Erfahrungen ebendieses Bruders setzte er das größte Vertrauen.

Trotz des anmaßenden Benehmens gegenüber seinen Landsleuten hatte Hernando stets außergewöhnliches Wohlwollen für die Indianer gezeigt. Er ließ den Inka Manco aus der Gefangenschaft befreien und trat allmählich in vertrauten Verkehr mit ihm. Der listige Indianer benutzte seine Freiheit, um die Pläne zu einem Aufstand zur Reife zu bringen, jedoch mit so großer Vorsicht, daß es Hernando nicht einfiel, Verdacht zu schöpfen. Manco verriet dem Eroberer die Verstecke verschiedener Schätze, und nachdem er damit sein Vertrauen gewonnen hatte, reizte er seine Habgier noch mehr, indem er ihm von einer goldenen Bildsäule seines Vaters Huayna Capac erzählte und sich erbot, sie aus einer verborgenen Höhle in den nahen Anden herbeizuholen. Verblendet durch seine Habgier, stimmte Hernando dem Vorschlag des Inka zu.

Er gab ihm zwei spanische Soldaten mit, weniger um ihn zu bewachen, als um ihm bei dem Unternehmen beizustehen. Eine Woche verging, ohne daß der Inka zurückkehrte oder irgendeine Nachricht von ihm einging. Hernando sah nun seinen Fehler ein, zumal sein eigner Verdacht durch die ungünstigen Aussagen der indianischen Verbündeten bestärkt wurde. Ohne weiteren Aufschub schickte er seinen Bruder Juan an der Spitze von sechzig Reitern auf die Suche nach dem peruanischen Fürsten und beauftragte ihn, den Inka als Gefangenen nach der Hauptstadt zurückzubringen.

Der Ritter durchquerte mit seinem gutbewaffneten Trupp rasch die Umgebung von Cuzco, ohne auch nur eine Spur von dem Flüchtling zu entdecken. Das Land war merkwürdig still und unbelebt, doch in der Nähe der Gebirgskette, die das Tal von Yucay umschließt, etwa achtzehn Meilen von der Hauptstadt, begegnete er schließlich den beiden Spaniern, die Manco begleitet hatten. Sie erklärten Pizarro, nur mit Waffengewalt könne er sich des Inka wiederbemächtigen; denn das ganze Land stehe unter Waffen, und der peruanische Fürst sei im Begriff, an der Spitze seiner

Krieger gegen die Hauptstadt anzurücken. Ihnen selbst habe er jedoch kein Leid zugefügt und sie unversehrt zurückkehren lassen.

Der spanische Anführer fand diesen Bericht bestätigt, als er an den Fluß Yucay kam und am anderen Ufer viele Tausende von indianischen Kriegern erblickte, die sich unter der Führung ihres jungen Herrschers anschickten, ihm den Übergang zu verwehren. Der Fluß war zwar tief, aber schmal; die Spanier stürzten sich hinein und ließen sich von ihren Pferden hinübertragen, inmitten eines dichten Hagels von Steinen und Wurfspeeren, die auf ihre Harnische prasselten und mitunter einen Spalt oder eine verwundbare Stelle fanden; doch spornten die so empfangenen Wunden sie nur zu noch verzweifelteren Anstrengungen an. Die Eingeborenen wichen zurück, sobald die Reiter festen Fuß faßten; aber ohne diesen Zeit zu lassen, sich zu formieren, kehrten sie mit einem Kampfgeist, den man bisher kaum an ihnen kannte, zurück und umringten den Feind von allen Seiten in erschreckender Überzahl. Ein wütender Kampf entbrannte. Viele Indianer waren mit Lanzen bewaffnet, die kupferne, beinah stahlharte Spitzen hatten, andere mit ungeheuren Keulen und Streitäxten aus dem gleichen Metall. Auch ihre Schutzrüstung war in vieler Hinsicht vortrefflich; sie trugen feste, gefütterte Baumwollwämser, mit Tierfellen bezogene Schilde und reich mit Gold und Edelsteinen verzierte Helme. Mitunter hatten diese auch, wie bei den Mexikanern, die Form phantastischer Tierköpfe, und bleckende Zahnreihen grinsten furchterregend über den Gesichtern der Krieger. Das ganze Heer schien von wildem Kampfesmut beseelt und zugleich von einer Kriegszucht beherrscht, wie sie die Spanier bis dahin im Lande nicht erlebt hatten.

Die kleine Reiterschar, durch die Wut des indianischen Angriffs erschüttert, geriet zunächst etwas in Unordnung, aber bald bildeten sie, einander anfeuernd mit dem alten Kriegsruf ›Santiago!‹, eine dichte Kolonne und sprengten mutig mitten unter die Feinde. Außerstande, dem heftigen Anprall Trotz zu bieten, wichen diese zurück, wurden von den Hufen der Pferde niedergetreten oder von den Lanzen der Reiter durchbohrt. Doch ging ihr Rückzug mit einer gewissen Ordnung vor sich, und von Zeit zu Zeit wendeten sie sich um, ließen einen Hagel von Wurfgeschossen niederprasseln oder teilten mit ihren Streitäxten und Kriegskeulen furchtbare Hiebe aus. Sie kämpften, als spürten sie immer das Auge ihres Inka über sich.

Es war Abend, ehe sie die Ebene ganz verlassen und sich in den Schutz der hohen Bergreihe zurückgezogen hatten, die das schöne Tal von Yucay umgürtet. Juan Pizarro hatte wie gewöhnlich über eine ungeheure Überzahl den Sieg davongetragen, aber noch nie war ihm ein Schlachtfeld so tapfer bestritten worden. Trotzdem glaubte er, die strenge Lehre, die er dem Feind erteilt, sowie dessen hohe Verluste würden den Geist des Widerstandes brechen. Er sollte sich getäuscht haben.

Groß war am nächsten Morgen seine Bestürzung, als er die Bergpässe, so weit das Auge in die Tiefen der Sierra dringen konnte, mit dunklen Kriegerscharen besetzt sah, während dichte Feindesmassen sich wie Gewitterwolken über den Abhängen und Gipfeln zusammengezogen hatten, als warteten sie nur darauf, sich wütend auf die Gegner zu ergießen. In dieser bedenklichen Lage überraschte ihn, nachdem er ein oder zwei Tage mit nutzlosen Scharmützeln zugebracht hatte, die Aufforderung seines Bruders, schleunigst nach Cuzco zurückzukehren, das jetzt vom Feind belagert werde.

Unverzüglich trat er den Rückzug an, durchquerte das Tal, das noch vor kurzem Schauplatz des Gemetzels gewesen war, durchschwamm den Fluß Yucay, und nach eiligem Marsch, den siegreichen Feind, der seinen Erfolg mit Triumphgesängen oder vielmehr gellendem Geheul feierte, immer dicht auf den Fersen, bekam er noch vor Einbruch der Nacht die Hauptstadt zu Gesicht.

Aber ein ganz anderer Anblick bot sich ihm als noch vor wenigen Tagen bei seinem Aufbruch. Die ganze Umgebung, so weit das Auge reichte, war von einem riesigen Heer besetzt, das nach einer ungefähren Schätzung an die zweihunderttausend Krieger zählen mochte. Die dunklen Linien der indianischen Schlachthaufen reichten bis an den Saum des Gebirges; ringsumher erblickte man nichts als die Helmbüsche und wehenden Fahnen der Häuptlinge, dazwischen prächtige Rüstungen aus Federwerk, was einige, die schon unter Cortez gedient hatten, an die kriegerische Tracht der Azteken erinnerte. Über allen erhob sich ein Wald von langen Lanzen und kupferbewehrten Streitäxten, ein wildes Gewoge, das in den Strahlen der untergehenden Sonne glitzerte, als spielte das Licht auf der Oberfläche eines dunklen, unruhigen Meeres. Es war das erste Mal, daß die Spanier ein indianisches Heer in seiner ganzen Furchtbarkeit sahen, ein Heer, wie es die Inka zur Schlacht führten, als das Banner der Sonne noch siegreich über das Land getragen wurde.

Die kühnen Ritter schickten sich an, die Scharen der Belagerer zu durchbrechen. Doch schien der Feind ein Treffen vermeiden zu wollen; er wich bei ihrem Herannahen zurück und gab einen Zugang zur Hauptstadt frei.

Hernando begrüßte seinen Bruder mit nicht geringer Erleichterung; brachte er doch eine wesentliche Verstärkung für seine Streitmacht, die jetzt, wo alle beisammen waren, dennoch nicht mehr als zweihundert Mann zählte, Reiter und Fußvolk, abgesehen von etwa tausend Kriegern der indianischen Hilfstruppen – eine unbedeutende Zahl im Vergleich zu den unzählbaren Massen vor den Toren. Es war Anfang Februar 1536, als die Belagerung von Cuzco begann.

Die feindlichen Scharen waren bei Nacht nicht weniger furchtbar als bei Tage; weit und breit sah man ihre Wachtfeuer über Tal und Hügel leuchten, so dicht gesät, sagt ein Augenzeuge, wie die Sterne am Himmel in einer wolkenlosen Sommernacht. Ehe die Feuer im Morgenlicht verblaßten, wurden die Spanier durch den gräßlichen Lärm von Muschelhorn, Trompete und Trommel aufgeschreckt, worein sich die grimmigen Schlachtrufe der Wilden mischten, während Hagelschauer von Wurfgeschossen aller Art auf die Stadt niedergingen, zumeist ohne Schaden zu tun. Einige allerdings richteten Verheerungen an. Es waren brennende Speere und rotglühende Steine, in pechgetränkte Baumwolle gewickelt. Sie zeichneten lange Lichtspuren in die Luft, fielen auf die Dächer der Häuser und setzten sie sofort in Brand. Alle Dächer, auch die der festeren Gebäude, bestanden aus Stroh und brannten wie Zunder. Augenblicks schlugen in den verschiedensten Stadtteilen die Flammen hoch. Sie ergriffen rasch das Holzwerk im Innern der Gebäude, und breite, rauchgeschwängerte Feuerwände stiegen gen Himmel und tauchten jeden Gegenstand in furchtbare Grelle. Die verdünnte Luft verstärkte den ohnehin heftigen Wind, der die hochschlagenden Flammen anfachte und schnell von Haus zu Haus trieb, bis die ganze Feuermasse, vom Sturm gepeitscht, mit der Wut eines Vulkans brauste und tobte.

Die Hitze wurde unerträglich; Rauchschwaden legten sich wie ein schwarzes Bahrtuch über die Stadt, und wo der Wind sie hintrieb, glaubten die Menschen ersticken oder erblinden zu müssen.

Die Spanier hatten auf dem großen Platz ihr Lager bezogen, teils unter ausgespannten Planen, teils in der Halle des Inka Huiracocha, an der Stelle, wo seither die Kathedrale steht. Dreimal im Lauf jenes schrecklichen Tages wurde das Dach des Gebäudes in Brand geschossen.

Glücklicherweise war Hernandos kleine Schar durch einen freien Raum von der großen Feuersbrunst getrennt. Den ganzen Tag über wüteten die Flammen, und der Anblick war bei Nacht noch furchtbarer. Hoch über der Stadt, gegen Norden, erhob sich die graue Festung, die jetzt in dem grellen Glanz rötlich schimmerte und grimmig auf die Trümmer des schönen Cuzco herabblickte, das sie nun nicht mehr schützen konnte.

Bei der Ausdehnung der Stadt dauerte es mehrere Tage, bis die Wut der Flammen sich legte. Turm und Tempel, Hütte, Palast und Halle, alles fiel ihnen zum Opfer. Unter den Gebäuden, die dank ihrer abgesonderten Lage verschont blieben, befanden sich das prächtige Haus der Sonne und das benachbarte Kloster der Sonnenjungfrauen. Aber mehr als die Hälfte der Hauptstadt, die seit so langer Zeit auserwählter Sitz hoher Kultur, Stolz der Inka, glänzende Wohnstatt ihrer Schutzgottheit gewesen, war von der Hand ihrer eigenen Kinder in Schutt und Asche gelegt worden.

Während der Feuersbrunst machten die Spanier keinen Versuch, die Flammen zu löschen. Es wäre nutzlos gewesen. Sie unterwarfen sich aber nicht tatenlos den Angriffen der Feinde, sondern machten von Zeit zu Zeit Ausfälle, um sie abzuwehren. Die Peruaner dagegen pflanzten Pfähle auf und versperrten die Wege mit Barrikaden. Wenn endlich die Hindernisse beseitigt waren und die Reiter freie Bahn hatten, stürmten sie mit wildem Ungestüm auf die bestürzt zurückweichenden Feinde ein, durchbohrten sie mit ihren Lanzen oder streckten sie mit ihren Schwertern zu Boden. Bei diesen Gelegenheiten war das Gemetzel groß; aber die Indianer verzagten nicht und kehrten gewöhnlich mit erneutem Mut zum Angriff zurück. Sie verstanden es meisterlich, mit Wurfspeer und Schleuder umzugehen, und diese Treffen kosteten die Spanier trotz der Überlegenheit ihrer Waffen mehr Menschenleben, als sie in ihrem geschwächten Zustand verwinden konnten.

Noch eine andere Waffe war dem südamerikanischen Krieger vertraut und wurde von den Peruanern mit einigem Erfolg angewendet. Es war das Lasso – ein langes Seil mit einer Schlinge am Ende, die sie geschickt über den Reiter warfen oder in die sie die Beine des Pferdes verwickelten, so daß Roß und Reiter zu Fall kamen. Mehr als ein Spanier fiel auf diese Weise dem Feind in die Hände.

Ständig bedrängt, unter Waffen schlafend, zu jeder Stunde kampfbereit, fanden die Spanier weder Tag noch Nacht Ruhe. Sie hatten sich vorher so sicher gefühlt, daß sie die Festung über der Stadt, die den großen Platz mit ihrem Feldlager völlig beherrschte, zu ihrem Unglück nur schwach besetzt hatten und den anrückenden Peruanern ohne einen Schwertstreich überlassen mußten. Jetzt war sie mit einer starken feindlichen Streitmacht belegt, die von ihrer hohen Stellung aus von Zeit zu Zeit einen Hagel von Wurfgeschossen hinabschickte.

Noch mehr bekümmerten die Spanier die Gerüchte über den Zustand des Reiches, die ihnen immer wieder zu Ohren kamen. Der Aufruhr, hieß es, wüte im ganzen Land; die Spanier in ihren vereinzelten Ansiedlungen seien alle niedergemetzelt; Lima und Trujillo sowie andere wichtige Städte würden belagert und müßten bald dem Feind in die Hände fallen; die Peruaner seien im Besitz der Pässe und jede Verbindung abgeschnitten, so daß von ihren Landsleuten an der Küste keine Hilfe zu erwarten sei. Solcherart waren die trüben Nachrichten, die aus dem Lager des Feindes ihren Weg in die Stadt fanden. Und um die Gerüchte glaubwürdiger zu machen, wurden acht oder zehn Menschenköpfe auf den Platz gerollt; in den blutbefleckten Gesichtern erkannten die Spanier mit Schrecken die Züge ihrer Gefährten, die, wie sie wußten, auf ihren abgelegenen Besitzungen gelebt hatten.

Wenn die Spanier länger in ihrer jetzigen Stellung bleiben wollten, war es unbedingt notwendig, den Feind aus der Festung zu vertreiben; doch ehe sie sich an das gefährliche Werk wagten, beschloß Hernando Pizarro, einen Schlag zu führen, der die Belagerer von jedem weiteren Versuch, seine Leute zu belästigen, abschrecken sollte.

Er trug seinen Offizieren den Angriffsplan vor, teilte seine kleine Schar in drei Gruppen und stellte sie unter den Befehl seines Bruders Gonzalo, Gabriel de Rojas' und Hernán Ponce de Leóns. Die indianischen Hilfstruppen wurden vorgeschickt, um die Trümmer aus dem Weg zu räumen, und die drei Abteilungen rückten gleichzeitig über die Hauptstraßen gegen die Belagerer aus. Zunächst fanden sie wenig Widerstand und richteten ein furchtbares Gemetzel an. Aber allmählich sammelten sich die Indianer, und nachdem sie eine gewisse Ordnung in ihre Reihen gebracht hatten, stellten sie sich dem Kampf mit dem Mut von Männern, die längst mit der Gefahr vertraut sind. Sie fochten Mann gegen Mann mit ihren kupferbewehrten Kriegskeulen und Streitäxten, während ein Hagel von Wurfspeeren und Steinen auf die wohlgeschützten Leiber der Christen niederprasselte.

Die Eingeborenen zeigten größere Kriegszucht, als zu erwarten war; sie verdankten diese, heißt es, einigen spanischen Gefangenen, von denen der Inka, nachdem er ihnen großmütig das Leben geschenkt hatte, sich gelegentlich über die Kriegskunst belehren ließ. Auch hatten die Peruaner gelernt, mit einigem Geschick die Waffen der Sieger zu handhaben, und man sah sie mit Schilden, Helmen und Schwertern europäischer Herkunft ausgestattet, ja einige ritten sogar auf Pferden, die sie den weißen Männern abgenommen hatten. Namentlich der junge Inka saß, auf europäische Weise gerüstet, auf einem Streitroß, das er mit bemerkenswerter Gewandtheit zu regieren wußte, und führte, eine lange Lanze in der Hand, seine Krieger zum Angriff.

Das Gefecht war zwar hitzig, dauerte aber nicht lange. Nach tapferem Kampf, in dem sich die Eingeborenen immer wieder furchtlos auf die Reiter warfen und sie aus den Sätteln zu reißen suchten, sahen sie sich schließlich genötigt, dem wiederholten Ansturm zu weichen. Viele wurden von den Hufen niedergetreten, andere von den spanischen Schwertern zusammengehauen, während die Schützen ein ständiges Feuer unterhielten, das in den Flanken und im Rücken der Flüchtigen schreckliche Verheerungen anrichtete. Endlich war der kastilische Anführer des Gemetzels müde, und in der Hoffnung, die Züchtigung des Feindes werde die Spanier vorerst vor weiterer Belästigung schützen, zog er seine Truppen in die Hauptstadt zurück.

Als nächstes galt es, sich der Festung zu bemächtigen, und das war ein gefährliches Unterfangen. Den nördlichen Teil der Stadt beherrschend, stand sie hoch auf einer felsigen und so steilen Anhöhe, daß sie von der Stadt her unzugänglich war, wo denn auch

Abb. 17 Indianer im Kampf gegen Spanier

nur eine einzige Mauer sie schützte. Vom offenen Land her war der Zugang leichter, aber dort war die Festung durch zwei halbkreisförmige Wälle gesichert, jeder etwa zwölfhundert Fuß lang und sehr dick.

Hernando Pizarro übertrug das gefährliche Unternehmen seinem Bruder Juan, einem Manne, in dessen Brust der tollkühne Mut des fahrenden Ritters brannte. Kurz vor Sonnenuntergang verließ Juan mit einer auserlesenen Reiterschar die Stadt und schlug eine der Festung genau entgegengesetzte Richtung ein, um das Belagerungsheer glauben zu machen, er beabsichtige einen Plünderungszug. Aber in der Nacht kehrte er heimlich um, fand zu seinem Glück die Pässe unbesetzt und gelangte an den Außenwall der Festung, ohne von der Besatzung bemerkt zu werden.

Nachdem sie die schmale, jetzt durch schwere Steine verschlossene Öffnung mühsam freigelegt hatten, ritten Pizarro und seine tapferen Begleiter hindurch bis zum zweiten Schutzwall. Aber sie waren doch nicht lautlos genug zu Werke gegangen und nicht ganz unentdeckt geblieben. Der innere Hof wimmelte inzwischen von Kriegern, welche die anrückenden Spanier mit einem Hagel von Wurfgeschossen empfingen und sie nötigten, haltzumachen. Pizarro ließ die Hälfte seiner Leute absitzen, stellte sich an ihre Spitze und schickte sich an, in die Festungswerke wiederum eine Bresche zu schlagen. Er war einige Tage vorher am Kinnbacken verwundet worden, und da der Helm ihm Schmerzen verursachte, entledigte er sich seiner rasch und überließ sich dem Schutz seines Schildes. Trotz des Geprassels von Steinen und Wurfspeeren, das auch den Tapfersten hätte abschrecken können, führte er seine Leute vorwärts und ermutigte sie bei ihrem Zerstörungswerk. Der starke Panzer schützte sie nicht immer; aber andere traten an die Stelle der Gefallenen, bis eine Bresche gelegt war, die Reiter hindurchzulassen, die denn alles niederritten, was sich widersetzte.

Die Brustwehr wurde nun geräumt; der Feind verließ eilig den inneren Hof und suchte auf einer Art von Flachdach oder Terrasse unterhalb des Hauptturmes Zuflucht. Hier sammelte er sich wieder und richtete neue Salven von Wurfgeschossen auf die Spanier, während die Turmbesatzung ihnen Felsstücke und Balken auf die Köpfe schleuderte. Noch immer unter den vordersten, stürmte Juan Pizarro die Terrasse, indem er seine Leute durch Stimme und Beispiel anfeuerte; doch in diesem Augenblick wurde er von einem großen Stein am Kopf getroffen, der gerade nicht vom Schild geschützt war, und zu Boden gestreckt. Der unerschrockene Ritter spornte seine Leute dennoch weiter durch Zuruf an, bis die Terrasse genommen und die unseligen Verteidiger niedergemacht waren. Dann übermannte ihn der Schmerz; er wurde in die Stadt hinuntergebracht, wo er trotz aller Bemühungen, ihn zu retten, vierzehn Tage nach seiner Verwundung unter schweren Todesqualen starb.

Obgleich vom Unglück seines Bruders tief ergriffen, sah Hernando Pizarro ein, daß es die bereits errungenen Vorteile unverzüglich zu nutzen galt. Er übertrug Gonzalo den Befehl über die Stadt, stellte sich an die Spitze der Angreifer und trieb die Belagerung der Festungstürme energisch voran. Der eine ergab sich nach kurzem Widerstand. Der andere, mächtigere hielt sich noch unter dem tapferen Inkaedelmann, der ihn verteidigte. Er war ein Hüne von Gestalt, und man konnte ihn die zinnenbekrönte Brustwehr abschreiten sehn, angetan mit spanischem Schild und Küraß, in der Hand eine furchtbare, mit Kupferspitzen besetzte Keule schwingend. Mit dieser schrecklichen Waffe hieb er jeden nieder, der sich den Weg in die Festung erzwingen wollte. Auch einige seiner Landsleute, die eine Übergabe vorschlugen, soll er mit eigener Hand erschlagen haben. Hernando beschloß nun, den Turm zu eskaladieren. Leitern wurden angelegt, aber sobald ein Spanier die oberste Sprosse erreichte, wurde er von dem starken Arm des indianischen Kriegers zu Boden geschleudert. Seine Behendigkeit gab seiner Stärke nichts nach, und er schien an allen gefährdeten Stellen zugleich zu sein.

Der spanische Befehlshaber war voller Bewunderung für so viel Standhaftigkeit, die er auch bei einem Feinde zu schätzen wußte. Er wies seine Leute an, den Häuptling nicht zu verwunden, sondern nach Möglichkeit lebend gefangenzunehmen. Das war nicht leicht. Nachdem man schließlich zahlreiche Leitern angelegt hatte, erstiegen die Spanier den Turm gleichzeitig von verschiedenen Seiten und gelangten in die Festung, wo sie die wenigen, die noch den leisesten Widerstand wagten, niedermachten. Aber der Inkahäuptling ließ sich nicht fangen; als er sah, daß weiterer Kampf nutzlos war, sprang er auf den äußersten Rand der Brustwehr, warf seine Kriegskeule von sich und stürzte sich, fest in seinen Überwurf gehüllt, kopfüber in die Tiefe. Der kastilische Befehlshaber ließ eine kleine Streitmacht als Besatzung in der Festung und kehrte im Triumph in sein Lager zurück.

Eine Woche nach der andern verging, ohne daß den belagerten Spaniern Hilfe zuteil wurde. Schon lange machten sich die Anzeichen einer Hungersnot bemerkbar. Vorm Verdursten schützten sie glücklicherweise die Wasserläufe, welche die Stadt durchströmten; doch ihre Lebensmittelvorräte waren erschöpft, so sparsam sie auch damit umgegangen waren, und sie hatten schon eine Zeitlang mit den kärglichen Maisrationen vorliebnehmen müssen, die sie aus den zerstörten, großenteils abgebrannten Vorratshäusern und Wohnungen oder auf einem erfolgreichen Streifzug zusammenbringen konnten.

Monate vergingen, ohne daß sie etwas von ihren Landsleuten hörten, und immer düsterere Sorgen bemächtigten sich ihrer. Sie wußten wohl, daß der Gouverneur alles aufbieten würde, um sie aus ihrer verzweifelten Lage zu befreien. Da ihm dies aber nicht gelungen war, mußte man annehmen, es ergehe ihm nicht besser als ihnen oder er und seine Anhänger seien vielleicht gar der Wut der Empörer zum Opfer gefallen. Es war schrecklich zu denken, daß womöglich sie allein fern von aller menschlichen Hilfe im Lande übriggeblieben waren, um nun durch die Hand der Eingeborenen im Gebirge eines elenden Todes zu sterben.

Doch sah es in Wirklichkeit, wenn auch trübe genug, nicht ganz so verzweifelt aus, wie ihre Einbildungskraft es ihnen vorspiegelte. Der Aufstand hatte allerdings das ganze Land ergriffen, wenigstens den von den Spaniern besetzten Teil. Er war so gut vorbereitet, daß er überall fast gleichzeitig ausbrach, und die Eroberer, die in sorgloser Sicherheit auf ihren Besitzungen lebten, waren zu Hunderten ermordet worden. Eine indianische Streitmacht belagerte Jauja, und ein ansehnliches Heer besetzte das Tal von Rimac und belagerte Lima. Aber das Land rings um die neue Hauptstadt war offen und eben und eignete sich gut für den Einsatz der Reiterei. Sobald sich Pizarro von den feindlichen Heerscharen bedroht sah, sandte er den Peruanern eine gewaltige Streitmacht entgegen, die sie zur eiligen Flucht nötigte. Seinen Vorteil nutzend, erteilte er ihnen eine so harte Lehre, daß sie, obwohl sie in der Ferne weiter ihr Unwesen trieben und ihm die

Verbindung zum Landesinnern abschnitten, doch keine Lust mehr verspürten, sich auf die andere Seite des Rimac zu wagen.

Die Nachrichten, die der spanische Befehlshaber jetzt über den Zustand des Landes erhielt, beunruhigten ihn aufs höchste. Vor allem machte ihm das Schicksal der Besatzung von Cuzco Sorgen, und er bemühte sich mehrmals, die alte Inkahauptstadt zu befreien. Vier verschiedene Abteilungen, insgesamt über vierhundert Mann stark und zur Hälfte beritten, wurden nacheinander unter dem Befehl seiner tapfersten Offiziere ausgesandt. Aber keine erreichte ihren Bestimmungsort. Die listigen Eingeborenen ließen sie ins Landesinnere vordringen, bis sie sich gründlich in den Pässen der Kordilleren verfangen hatten. Dann umzingelten sie den Feind mit großer Übermacht, besetzten die Höhen und ließen ihre tödlichen Wurfgeschosse auf die Köpfe der Spanier niederprasseln oder zermalmten sie mit Felsblöcken, die sie von den Bergen hinabwälzten. In einigen Fällen wurde die ganze Abteilung bis auf den letzten Mann aufgerieben; in anderen kamen ein paar Versprengte mit dem Leben davon und konnten ihren Landsleuten in Lima die blutige Geschichte erzählen.

Pizarro war in der größten Verlegenheit. Was das Schicksal der übers ganze Land zerstreuten Spanier betraf, so erfüllten ihn die düstersten Ahnungen, und er zweifelte auch an der Möglichkeit, seine eigene Stellung ohne Unterstützung von außen zu behaupten. Er sandte Briefe an die Gouverneure von Panamá, Nikaragua, Guatemala und Mexiko, schilderte seine traurige Lage und bat dringend um Hilfe. Sein Schreiben an Alvarado, damals in Guatemala, appelliert an dessen Ehre und Vaterlandsliebe und beschwört ihn, zu seinem Beistand herbeizueilen, ehe es zu spät sei. Ohne Hilfe könnten die Spanier sich nicht länger in Peru behaupten, und das große Reich wäre für die spanische Krone verloren. Zuletzt erbietet er sich, diejenigen Ländereien, die sie gemeinsam erobern würden, mit ihm zu teilen. Die so dringend erbetene Hilfe traf zur rechten Zeit ein, nicht um den Aufstand der Indianer zu unterdrücken, sondern um ihm in einem ebenso furchtbaren Kampf gegen seine eigenen Landsleute beizustehen.

Es war jetzt August. Über fünf Monate waren verstrichen, seit die Belagerung von Cuzco begonnen hatte, und noch immer umringten die peruanischen Heerscharen die Stadt. Die Belagerung währte schon weitaus länger, als es nach indianischem Kriegsbrauch üblich war, ein Zeichen, daß die Eingeborenen entschlossen waren, die weißen Männer zu vertilgen. Aber auch die Peruaner selbst litten seit einiger Zeit Mangel an Nahrungsmitteln. Es war nicht leicht, ein so riesiges Heer zu ernähren, denn die reichen Vorräte in den Kornspeichern, von den Inka einst so sorgfältig gehortet, konnten ihnen nicht mehr nützen, da die Spanier von Anfang an höchst sorglos, ja verschwenderisch damit umgegangen waren. Die Zeit zum Pflanzen war jetzt gekommen, und der Inka wußte wohl, wenn seine Leute sie versäumten, würden sie von einer Geißel heimgesucht werden, die furchtbarer war als die Eindringlinge. Er entließ deshalb den größten Teil seiner Truppen und befahl ihnen, zu Hause das Feld zu bestellen und danach die Belagerung der Hauptstadt wiederaufzunehmen. Eine ansehnliche Streitmacht behielt er zu seiner Verfügung und zog sich mit ihr nach Tambo zurück, einem stark befestigten Ort südlich des Tales von Yucay, dem Lieblingsaufenthalt seiner Vorfahren. Auch postierte er eine große Abteilung als Beobachtungsposten in der Umgebung von Cuzco, um die Bewegungen des Feindes zu überwachen und ihm den Nachschub abzuschneiden.

Die Spanier sahen mit Freude das mächtige Heer, das so lange die Stadt umringt hatte, zusammenschmelzen. Eilends machten sie sich diesen Umstand zunutze, und Hernando Pizarro sandte Spähtrupps aus, das Land zu durchstreifen und die hungernden Soldaten mit Lebensmitteln zu versorgen. Die Streifzüge waren recht erfolgreich, ja bei einer Gelegenheit wurden nicht weniger als zweitausend peruanische Schafe von ihren Weideplätzen entführt und glücklich nach Cuzco gebracht. Damit war das Heer einstweilen aller Nahrungssorgen enthoben.

Aber Hernando Pizarro war nicht gewillt, ausschließlich in der Verteidigung zu verharren; er sann vielmehr auf einen kühnen Streich, durch den er dem Krieg mit einem Mal ein Ende machen könnte. Das war die Gefangennahme des Inka Manco, den er in Tambo zu überrumpeln hoffte.

Zu diesem Zweck wählte er etwa achtzig der bestberittenen Reiter aus, dazu einen kleinen Trupp Fußvolk, und auf einem großen Umweg über die weniger begangenen Pässe kam er, vom Feinde unbemerkt, vor Tambo an. Er fand den Ort stärker befestigt, als er erwartet hatte. Der Palast oder vielmehr die Festung der Inka stand auf einer steilen Anhöhe, deren abschüssige Hänge auf der Seite, von der die Spanier sich näherten, in Erdstufen unterteilt und mit starken Mauern aus Stein und sonnengetrockneten Ziegeln befestigt waren. Von hier aus war die Festung uneinnehmbar. Die entgegengesetzte Seite fiel allmählich zur Ebene hin ab, durch die der tiefe, aber schmale Wasserlauf des Yucay floß. Von dort aus mußte der Angriff erfolgen.

Nachdem sie ohne große Schwierigkeiten den Fluß überquert hatten, ritten die Spanier so geräuschlos wie möglich den sanft ansteigenden Hang hinauf. Auf den Bergen war kaum das Morgenlicht angebrochen, und darauf bauend, daß die Besatzung noch im Schlaf liege, näherte sich Pizarro rasch den äußeren Verteidigungswerken, einer mächtigen ringsumlaufenden Brustwehr wie in der Festung von Cuzco. Aber Tausende von Augen waren auf ihn gerichtet, und als die Spanier in Wurfweite kamen, zeigten sich plötzlich zahllose dunkle Gestalten über dem Schutzwall, während der Inka, eine Lanze in der Hand, hoch zu Roß im Festungshof sichtbar wurde, wo er die Kampfhandlungen seiner Krieger leitete. Im gleichen Augenblick verfinsterte sich der Himmel, und unzählige Wurfgeschosse – Steine und Wurfspeere – prasselten wie ein Hagelwetter auf die Truppen nieder, während die Berge widerhallten vom wilden Kriegsgeheul des Feindes. Überrumpelt und zum Teil schwer verwundet, gerieten die Spanier ins Wanken, und obgleich sie sich schnell wieder sammelten und noch zweimal zum Angriff ansetzten, sahen sie sich schließlich doch genötigt, zurückzuweichen, da sie der Heftigkeit des Geschoßhagels nicht gewachsen waren. Um sie vollends zu verwirren, füllte sich die Niederung in ihrem Rücken mit Wasserfluten, welche die Eingeborenen durch Öffnen der Schleusen aus dem Flußbett abgeleitet hatten, so daß ihre Stellung nicht länger zu halten war. Nach kurzer Beratung beschloß man, den Angriff als aussichtslos aufzugeben und sich in möglichst guter Ordnung zurückzuziehen.

Mit dem fruchtlosen Unternehmen war der ganze Tag hingegangen. Im freundlichen Schutz der Dunkelheit schickte Hernando nun Fußvolk und Troß voraus, übernahm selbst die Mitte und vertraute seinem Bruder Gonzalo die Nachhut an. Den Fluß überquerten sie ohne Zwischenfall, obgleich der Feind, nunmehr auf seine Stärke bauend, aus seinen Festungswerken hervorstürmte, den zurückweichenden Spaniern folgte und sie fortwährend mit Speerwürfen belästigte. Mehr als einmal kamen sie den Flüchtigen so nahe, daß Gonzalo und seine Reiterei genötigt waren, kehrtzumachen und eine jener verzweifelten Attacken zu reiten, die denn die Kühnheit des Feindes auch hinreichend bestraften und der Verfolgung Einhalt geboten. Dennoch ließ der siegreiche Gegner von der Nachhut der Geschlagenen erst ab, als sie die Bergpässe hinter sich hatten und die geschwärzten Mauern der Hauptstadt erblickten. Es war der letzte Sieg des Inka.

BÜRGERKRIEGE DER EROBERER

I

Während sich die eben geschilderten Ereignisse abspielten, befand sich der Marschall Almagro auf seinem denkwürdigen Zug nach Chile. Er war nur mit einem Teil seiner Streitmacht aufgebrochen und hatte seinen Stellvertreter angewiesen, ihm mit dem Rest zu folgen. Zunächst benutzte er die große Heerstraße der Inka, die über das Tafelland weit nach Süden führte. Aber als er sich Chile näherte, verlor er sich in den Bergschluchten, wo keine Spur von einem Weg zu erkennen war. Hier stieß er auf alle Hindernisse, die der wilden Bergwelt der Kordilleren eigen sind: tiefe, zerklüftete Schluchten, an deren Wänden sich ein schmaler Pfad bis zu schwindelnder Höhe über jähem Abgrund emporwand; Gießbäche, die wütend die Abhänge hinabbrausten und sich in gewaltigen Fällen in gähnende Tiefen stürzten; dunkle, nicht enden wollende Nadelwälder und dann wieder lange Striche öden Tafellandes ohne auch nur einen Busch oder Strauch, den zitternden Wanderer vor den Winden zu schützen, die von den eisigen Gipfeln der Sierra herabfegten.

Die Kälte war so grimmig, daß viele die Nägel von den Fingern, die Finger selbst, ja mitunter ganze Gliedmaßen verloren. Andere erblindeten in der gleißenden Schneewüste, welche die Strahlen der in der dünnen Luft dieser Höhen unerträglich hellen Sonne zurückwarf. Wie gewöhnlich reihte sich auch der Hunger in die Kette der Leiden, denn in den trostlosen Einöden wuchs nichts, was zur Nahrung hätte dienen können, und man sah kein lebendes Wesen außer dem großen Vogel der Anden, der in Erwartung eines Festschmauses über ihren Köpfen kreiste. Nur allzuoft wurde ihm ein solcher Schmaus zuteil; denn mancher arme Indianer, in seiner dürftigen Kleidung der Härte des Klimas nicht gewachsen, starb unterwegs. Der Hunger war so groß, daß die unseligen Überlebenden die Leichen ihrer Landsleute verzehrten, und die Spanier hielten es nicht anders mit den Kadavern ihrer Pferde, die in den Bergpässen erfroren.

Doch scheinen die eigenen Leiden in den Herzen der Spanier nicht das geringste Mitgefühl mit den Bewohnern des Landes erweckt zu haben. Überall ließen sie verbrannte und verödete Dörfer hinter sich, deren Einwohner ihnen als Lasttiere dienen mußten. Sie wurden in Gruppen von zehn oder zwölf aneinandergekettet, und weder Krankheit noch Schwäche enthob den unglücklichen Gefangenen des vollen Anteils an der gemeinsamen Fron, bis er mitunter aus purer Erschöpfung in seinen Ketten tot zusammenbrach.

Aus dem wilden Chaos der Bergwelt gelangten die Spanier endlich in das grüne Tal von Coquimbo etwa auf dem 30. Grad südlicher Breite. Hier machten sie halt, um sich in der fruchtbaren Ebene nach den beispiellosen Leiden und Strapazen zu erholen. Unterdessen sandte Almagro einen Offizier mit einem starken Trupp voraus, die Beschaffenheit des Landes nach Süden hin zu erkunden. Kurz darauf stießen zu seiner Freude die restlichen Truppen unter seinem Stellvertreter Rodrigo de Orgoñez zu ihm, einem ungewöhnlichen Mann, der mit Almagros weiterem Schicksal eng verknüpft ist.

Jetzt erst erhielt der Marschall die königliche Urkunde, die ihm die neue Machtbefugnis und territoriale Gerichtshoheit verlieh. Die Vollmacht war von den Pizarros bis zum letzten Augenblick zurückgehalten worden. Seine Truppen, denen der beschwerliche und unergiebige Marsch schon lange zuwider war, drangen nun lärmend auf Rückkehr. Cuzco, sagten sie, falle ohne jeden Zweifel in seinen Herrschaftsbereich, und es sei besser, dessen behagliche Unterkünfte in Besitz zu nehmen, als Verbannten gleich in dieser trostlosen Wildnis umherzuirren.

Almagro gab mit nur geringem Widerstreben dem Drängen seiner Soldaten nach und wendete sich nach Norden. Nachdem er die schreckliche Wüste von Atacama durchzogen hatte, erreichte er die alte Stadt Arequipa, ungefähr hundertachtzig Meilen von Cuzco. Hier hörte er zu seinem Erstaunen vom Aufstand der Peruaner und erfuhr auch, daß der junge Inka Manco noch immer mit einer furchtbaren Streitmacht nicht weit von der Hauptstadt liege. Er hatte früher auf freundschaftlichem Fuß mit dem jungen Fürsten gestanden und beschloß nun, ehe er seinen Weg fortsetzte, eine Gesandtschaft in dessen Lager zu schicken und eine Zusammenkunft mit ihm in der Nähe von Cuzco zu verabreden.

Almagros Boten wurden vom Inka freundlich aufgenommen; er führte Klage über die Pizarros und bestimmte das Tal von Yucay als den Ort, wo er mit dem Marschall zusammentreffen wolle. Dieser setzte nun seinen Marsch fort; mit der Hälfte seiner Streitmacht, die sich insgesamt auf beinahe fünfhundert Mann belief, begab er sich zu dem verabredeten Treffpunkt, während die andere Hälfte ihr Lager in Urcos, ungefähr achtzehn Meilen von der Hauptstadt, aufschlug.

Die Spanier in Cuzco staunten über die Ankunft der neuen Truppen in ihrer Nähe, und als sie erfuhren, woher sie kamen, waren sie im Zweifel, ob sie ihnen Gutes oder Böses verhießen. Hernando Pizarro rückte mit einer kleinen Abteilung aus der Stadt aus und hörte, als er sich Urcos näherte, mit nicht geringem Unbehagen von Almagros Absicht, an seinen Ansprüchen auf Cuzco festzuhalten. Obgleich er seinem Nebenbuhler an Stärke weit unterlegen war, beschloß er dennoch, ihm Widerstand zu leisten.

Die Peruaner indes, welche die Verhandlung zwischen den Soldaten der gegnerischen Lager mit angesehen hatten, argwöhnten irgendein geheimes Einverständnis zwischen den beiden Parteien, das die Sicherheit des Inka gefährden könnte. Sie trugen Manco ihre Bedenken vor, und da dieser sie teilte oder vielleicht auch von Anfang an eine Überrumpelung der Spanier beabsichtigt hatte, fiel er im Tal von Yucay plötzlich mit einer fünfzehntausend Mann starken Streitmacht über sie her. Aber die erfahrenen Veteranen von Chile kannten die indianische Kriegskunst zu gut, um sich überrumpeln zu lassen. Zwar entbrannte ein hitziges Gefecht, das über eine Stunde dauerte, wobei Orgoñez ein Pferd unter dem Leibe verlor; doch wurden die Eingeborenen schließlich unter großem Gemetzel verjagt, und der Inka war durch diesen Schlag so geschwächt, daß er es vorzog, die Spanier fürs erste in Ruhe zu lassen.

Almagro, der sich den in Urcos zurückgelassenen Truppen wieder anschloß, sah nun den Weg frei für seinen Zug gegen Cuzco. Er schickte sogleich eine Abordnung an die Obrigkeit der Stadt, verlangte seine Anerkennung als ihr rechtmäßiger Gouverneur und übersandte zugleich eine Abschrift der königlichen Beglaubigung. Aber die Frage der Zuständigkeit war nicht leicht zu entscheiden, weil es dabei auf die genaue Kenntnis der Breitengrade ankam, die bei den ungebildeten Anhängern Pizarros kaum vorauszusetzen war. Die königliche Übertragungsurkunde hatte diesem das ganze Land südlich des Santiagoflusses (der 1 Grad und 20 Minuten nördlich vom Äquator liegt) in einer Ausdehnung von 810 Meilen zugesprochen. Aber die Grenzlinie verlief so dicht an dem umstrittenen Gelände, daß jede Entscheidung anfechtbar bleiben mußte, solange sie sich nicht auf exakte Messungen stützte, und beide Parteien waren natürlich, wie stets in solchen Fällen, der festen Meinung, ihr eigener Anspruch sei klar und unbestreitbar.

Almagro war jedenfalls entschlossen, die Hauptstadt in Besitz zu nehmen. Im Schutz einer finsteren und stürmischen Nacht, am 8. April 1537, zog er, ohne auf Widerstand zu stoßen, in die Stadt ein, bemächtigte sich der Hauptkirche, postierte starke Reiterabteilungen an den großen Zugangsstraßen, um Überraschungen vorzubeugen, und beauftragte Orgoñez mit einem starken Trupp Fußvolk, in das Quartier Hernando Pizarros einzudringen. Dieser wohnte mit seinem Bruder Gonzalo in einer der großen Hallen, welche die Inka für öffentliche Vergnügungen errichtet hatten. Ein heftiger Kampf entbrannte, bei dem mehrere Spanier ums Leben kamen, und die Pizarros mußten schließlich kapitulieren.

Almagro war nun Herr über Cuzco. Er ließ die beiden Brüder sowie fünfzehn oder zwanzig der vornehmsten Ritter gefangensetzen und betraute einen von Pizarros fähigsten Offizieren, Gabriel de Rojas, mit der Verwaltung der Stadt. Die städtische Obrigkeit, über die Rechtmäßigkeit von Almagros Forderungen dergestalt belehrt, trug keine weiteren Bedenken, seinen Anspruch auf Cuzco anzuerkennen.

Zunächst sandte der Marschall nun eine Botschaft in Alonso de Alvarados Lager, unterrichtete ihn, daß er die Stadt eingenommen habe, und forderte als ihr rechtmäßiger Herr Alvarados Gehorsam. Dieser war einige Monate zuvor von Francisco Pizarro zum Entsatz von Cuzco ausgesandt worden und lag jetzt mit fünfhundert Mann, Reiterei und Fußvolk, in dem etwa vierzig Meilen von der Hauptstadt entfernten Jauja. Er blieb seinem Befehlshaber treu;

und als Almagros Abgesandte in sein Lager kamen, ließ er sie in Ketten legen und gab dem Gouverneur in Lima Nachricht von dem Vorfall.

Ergrimmt über die Festnahme seiner Boten, schickte sich Almagro sofort an, gegen Alonso de Alvarado zu Felde zu ziehen, um ihn durch wirksamere Maßnahmen zur Unterwerfung zu zwingen. Sein Stellvertreter Orgoñez empfahl ihm vor seinem Aufbruch dringend, den Pizarros die Köpfe abschlagen zu lassen, denn solange sie lebten, wäre sein Befehlshaber nie seines Lebens sicher. Er schloß mit dem spanischen Sprichwort ›Tote beißen nicht‹. Doch schreckte der Marschall, obwohl er im Grunde seines Herzens Hernando verabscheute, vor einer solchen Gewalttat zurück. Er begnügte sich damit, seine Gefangenen in einem der zum Sonnentempel gehörenden Steingebäude in strengen Gewahrsam zu nehmen, stellte sich an die Spitze seiner Truppen und verließ die Hauptstadt, um Alvarado entgegenzutreten.

Dieser hatte eine starke Stellung am anderen Ufer des Río de Abancay bezogen. Durch Verrat in Alvarados Lager begünstigt, setzte Almagro in der Dunkelheit über den Fluß, fiel seinem Gegner in den Rücken und brachte dessen Truppen völlig in Verwirrung. Der Kampf währte nicht lange, und Alvarado mußte sich mit seiner ganzen Mannschaft ergeben. Dies war die Schlacht am Abancay am 12. Juli 1537. Almagro kehrte mit einer großen Menge Gefangener, die an Zahl seinem eigenen Heer kaum nachstand, siegreich nach Cuzco zurück.

Während sich die soeben erwähnten Ereignisse zutrugen, war Francisco Pizarro noch in Lima. Mit einer Streitmacht von vierhundertfünfzig Mann, zur Hälfte beritten, verließ er jetzt seine neue Hauptstadt und trat seinen Marsch nach der alten Inkastadt an. Er war noch nicht weit gekommen, als er Kunde von der Rückkehr Almagros, der Besetzung Cuzcos und der Gefangennahme seiner Brüder erhielt, und ehe er Zeit hatte, sich von diesen erschreckenden Nachrichten zu erholen, erfuhr er von Alvarados völliger Niederlage und Gefangenschaft. Bestürzt über die raschen Erfolge seines Nebenbuhlers, kehrte er in aller Eile nach Lima zurück und versetzte es in besten Verteidigungszustand, um es gegen etwaige feindliche Unternehmungen zu sichern.

Aber während er eifrig Kriegsvorbereitungen traf, unterließ er den Versuch einer Unterhandlung nicht und schickte eine Abordnung zu Almagro nach Cuzco. Diesem lag indes wenig an einer Verständigung. Stolz auf seine jüngsten Erfolge, erhob er jetzt nicht nur Anspruch auf Cuzco, sondern auch auf Lima, das ebenfalls unter seine Zuständigkeit falle. Seine Ansprüche auf Cuzco zumindest waren nicht zu erschüttern, ja er erklärte sich bereit, sie unter Einsatz seines Lebens zu verteidigen.

Jeder Versuch, zu verhandeln, wurde vorerst aufgegeben. Almagro beabsichtigte vielmehr, zur Küste hinabzusteigen, um dort eine Niederlassung zu gründen, einen eigenen Hafen anzulegen und sich damit die wichtige Verbindung zum Mutterland zu sichern. Von hier aus wollte er die Verhandlungen zur Beilegung seines Streites mit Pizarro fortsetzen. Ehe er Cuzco verließ, sandte er Orgoñez mit einer starken Mannschaft gegen den Inka, da er die Hauptstadt während seiner Abwesenheit vor weiteren Beunruhigungen von dieser Seite schützen wollte.

Aber der Inka, durch seine letzte Niederlage entmutigt und wohl außerstande, eine schlagkräftige Streitmacht zu sammeln, gab seine feste Stellung in Tambo auf und zog sich übers Gebirge zurück. Orgoñez verfolgte ihn über Berg und Tal, bis der königliche Flüchtling, von seinen Anhängern verlassen, mit einer einzigen seiner Frauen in entlegener Gebirgswildnis Zuflucht suchte.

Ehe Orgoñez die Hauptstadt verließ, drängte er seinen Befehlshaber aufs neue, den Pizarros die Köpfe abschlagen zu lassen und dann sofort nach Lima aufzubrechen. Durch diesen entscheidenden Schritt werde er dem Krieg ein Ende machen und sich für immer von den tückischen Ränken seiner Feinde befreien. Aber Almagro ging nicht auf den Vorschlag ein. Da erklärte ihm der aufgebrachte Orgoñez, der Tag werde kommen, wo er die unangebrachte Nachsicht bereuen werde. Noch niemals, sagte er, habe ein Pizarro eine Kränkung vergessen, und das ihnen von Almagro bereits zugefügte Unrecht wiege zu schwer, um je verziehen zu werden. Prophetische Worte!

Als der Marschall von Cuzco aufbrach, gab er Befehl, Gonzalo Pizarro und die anderen Gefangenen in strengem Gewahrsam zu halten. Hernando nahm er unter scharfer Bewachung mit auf den Marsch. An der Küste erhielt er die unwillkommene Nachricht, Gonzalo Pizarro, Alonso de Alvarado und die anderen Gefangenen seien nach Bestechung der Wächter aus Cuzco entflohen, und bald darauf hörte er von ihrer glücklichen Ankunft im Lager Pizarros.

Aufgebracht über diese Nachricht, wurde der Marschall nicht eben beschwichtigt durch Orgoñez' Bemerkung, das alles sei nur die Folge seiner übertriebenen Milde; und es wäre Hernando wohl übel ergangen, wenn Almagros Aufmerksamkeit nicht durch Francisco Pizarros Vorschlag, die Verhandlungen wiederaufzunehmen, abgelenkt worden wäre.

Nach einem Schriftwechsel zwischen beiden Parteien kam man überein, die Schlichtung des Streites dem Bruder Francisco de Bovedilla, einem Mercedarier, zu übertragen. Eine Zusammenkunft der beiden Nebenbuhler wurde verabredet und fand am 13. November 1537 in Mala statt. Aber wie anders als bei früheren Zusammenkünften war das Verhalten der beiden Befehlshaber zueinander Almagro trat zwar, das Barett abnehmend, in seiner gewohnten freimütigen Art dem alten Gefährten entgegen, doch ließ Pizarro sich kaum herab, den Gruß zu erwidern, und fragte nur hochmütig, warum der Marschall sich seiner Stadt Cuzco bemächtigt und seine Brüder eingekerkert habe. Eine Gegenbeschuldigung war die Antwort. Die Unterhaltung nahm den Ton eines zornigen Wortwechsels an, bis Almagro auf den Wink – oder was er dafür nahm – eines der Anwesenden, es drohe Verrat, plötzlich das Zimmer verließ, sich auf sein Pferd schwang und nach seinem Lager in Chincha zurückjagte.

Wie bei den erhitzten Gemütern von Anfang an vorauszusehen war, hatte die Unterredung den Bruch, der geheilt werden sollte, nur vergrößert. Der Mönch, nun sich selbst überlassen, fällte nach einigem Überlegen seinen Schiedsspruch. Er bestimmte, ein Schiff mit einem erfahrenen Lotsen an Bord solle ausgesandt werden, um die genaue geographische Breite des Santiagoflusses, der nördlichen Grenze von Pizarros Gebiet, zu ermitteln, wonach dann alle Messungen sich zu richten hätten. Unterdessen solle Almagro Cuzco herausgeben und Hernando Pizarro in Freiheit setzen, unter der Bedingung, daß dieser das Land binnen sechs Wochen verlasse und nach Spanien gehe. Beide Parteien sollten sich in ihre unbestrittenen Gebiete zurückziehen und auf alle weiteren Feindseligkeiten verzichten.

Der Schiedsspruch, für Pizarro höchst befriedigend, wie sich denken läßt, wurde von Almagros Leuten mit Hohn und Entrüstung aufgenommen, und die von Orgoñez aufgereizten Truppen forderten immer vernehmlicher Hernandos Kopf.

Doch sein Bruder, der Gouverneur, war nicht geneigt, ihn seinem Schicksal zu überlassen, vielmehr war er zu jedem Zugeständnis bereit, um Hernandos Freiheit zu sichern. Der kluge Befehlshaber wußte sehr wohl, daß Zugeständnisse wenig kosten, wenn einer nicht gesonnen ist, sich daran zu halten. Nach einigen Vorverhandlungen wurde ein anderer Schiedsspruch erlassen, der gerechter oder jedenfalls für die unzufriedene Partei annehmbarer war. Die Hauptpunkte besagten, die Stadt Cuzco und das angrenzende Gebiet sollten bis zur Ankunft endgültiger Weisungen aus Kastilien in Almagros Händen bleiben, ferner sollte Hernando Pizarro in Freiheit gesetzt werden, jedoch unter der bereits gestellten Bedingung, das Land binnen sechs Wochen zu verlassen.

Um seinem Gefangenen besondere Ehre zu erweisen, begab sich Almagro selbst zu ihm ins Gefängnis und eröffnete ihm, er sei von diesem Augenblick an frei. Zugleich drückte er die Hoffnung aus, alle vergangenen Streitigkeiten möchten vergessen sein und sie künftig nur in der Erinnerung ihrer alten Freundschaft leben. Hernando erwiderte mit scheinbarer Herzlichkeit, er wünsche sich nichts Besseres. Dann schwor er einen feierlichen Eid und setzte seine Ritterehre zum Pfande – beides mochte für ihn dasselbe Gewicht haben –, daß er die im Vertrag genannten Bedingungen treulich einhalten wolle. Hierauf führte ihn der Marschall in seine Wohnung, wo sie in Gesellschaft der vornehmsten Offiziere eine Mahlzeit einnahmen. Einige von ihnen, darunter Diego Almagro, des Marschalls Sohn, begleiteten den Ritter hernach ins Lager seines Bruders, das in die benachbarte Stadt Mala verlegt worden war. Hier wurden sie vom Gouverneur aufs herzlichste begrüßt und mit fürstlicher Gastfreiheit bewirtet, wobei er besonders den Sohn seines alten Bundesgenossen mit Aufmerksamkeiten überhäufte. Kurz, bei der Rückkehr schilderten sie ihren Empfang in so leuchtenden Farben, daß Almagro nicht mehr daran zweifelte, alles sei endlich freundschaftlich beigelegt. Er kannte Pizarro schlecht.

2

Kaum hatten Almagros Offiziere das Lager des Gouverneurs verlassen, als dieser seine kleine Schar versammelte und ihnen das mannigfache Unrecht ins Gedächtnis rief, das sein Nebenbuhler ihm zugefügt habe: die Einnahme seiner Hauptstadt, die Einkerkerung seiner Brüder, den Überfall auf seine Truppen und deren Niederwerfung. Unter der lebhaften Zustimmung seiner kriegerischen Zuhörer schloß er mit der Erklärung, nun sei die Zeit der Rache gekommen. Doch da er zu alt sei, um selbst den Feldzug zu leiten, werde er diese Aufgabe seinen Brüdern übertragen. Zugleich sprach er Hernando von allen Verpflichtungen gegen Almagro frei, ein Schritt, den die Notwendigkeit rechtfertige.

Alsdann setzte der Gouverneur Almagro davon in Kenntnis, daß der Vertrag nunmehr ungültig sei. Zugleich forderte er ihn auf, seine Ansprüche auf Cuzco aufzugeben und sich in sein eignes Gebiet zurückzuziehen; andernfalls habe er allein die Verantwortung für die Folgen zu tragen. Almagros Gedanken hingegen waren nur auf Cuzco gerichtet, und er war darauf bedacht, sich noch vor Ankunft des Feindes der Stadt zu bemächtigen.

Der Gouverneur und seine Brüder stiegen unterdessen, nachdem sie den Paß von Huaitará hinter sich gebracht hatten, ins Tal von Ica hinab, wo Pizarro haltmachte, um seine Truppen zu ordnen und die letzten Vorbereitungen für den Feldzug zu treffen. Dann nahm er Abschied vom Heer, kehrte nach Lima zurück und überließ, wie schon angekündigt, die Fortsetzung des Krieges seinen jüngeren und rüstigeren Brüdern. Bald darauf brach Hernando von Ica auf und langte Ende April 1538 in der Nähe von Cuzco an.

Aber Almagro war schon zehn Tage vorher angekommen und hatte die Hauptstadt bereits in Besitz genommen. Er beriet mit seinen Offizieren, welcher Kurs nun einzuschlagen sei. Orgoñez' Meinung behielt schließlich die Oberhand, nämlich auszurücken und dem Feind in der Ebene eine Schlacht zu liefern. Der Marschall, durch Krankheit noch zu geschwächt, um das Kommando zu führen, übertrug es seinem treuen Stellvertreter Orgoñez, der mit den Streitkräften alsbald die Stadt verließ und eine Stellung in Las Salinas, kaum drei Meilen von Cuzco, bezog. Das Gelände eignete sich verhältnismäßig gut zur Verteidigung, da es durch einen Sumpf und einen Wasserlauf geschützt war, der die Ebene durchzog. Seine Truppen zählten insgesamt etwa fünfhundert Mann, der größere Teil war beritten. Dem Fußvolk fehlte es an Feuerwaffen, statt dessen hatten sie lange Piken. Auch verfügte er über sechs kleine Geschütze, sogenannte Falkonette, die er, ebenso wie die Reiterei, auf die beiden Flanken des Fußvolks verteilte. So gerüstet erwartete er ruhig das Herannahen des Feindes.

Hernando Pizarros Truppen kamen aus den Gebirgspässen hervor, marschierten über die Ebene und machten am anderen Ufer des kleinen Flusses halt, der Orgoñez' Front deckte. So erwartete man den nächsten Morgen. Auf beiden Seiten war die Zahl der zum Kampf Angetretenen gering, aber bei diesem blutigen Spiel ging es um den Besitz eines Reiches.

Hernando Pizarros Streitmacht belief sich auf etwa siebenhundert Mann, und die meisten seiner Soldaten waren durch manch mühseligen Marsch in den indianischen Feldzügen und manch blutiges Schlachtfeld abgehärtet. Er hatte weniger Reiter als Almagro, aber ein starkes Fußvolk, darunter eine gut ausgebildete Schar von Hakenbüchsenschützen, deren neue, aus Flandern eingeführte Waffen eine furchtbare Wirkung ausüben konnten. Sie hatten eine weite Mündung und spien doppelte Ladungen aus, jeweils zwei mit einer eisernen Kette verbundene Kugeln. Hernandos Schlachtordnung war die gleiche wie die seines Gegners: In der Mitte stand das Fußvolk, auf beiden Flanken die Reiterei; das Fußvolk führte sein Bruder Gonzalo an, die beiden Reiterabteilungen befehligten Alonso de Alvarado und er selbst.

Am Morgen des 26. April 1538 bei Sonnenaufgang begann die Schlacht. Hernandos Fußvolk watete durch den Fluß und den Sumpf und gewann trotz des schweren Geschützfeuers allmählich festen Boden am jenseitigen Ufer. Unter dem Feuerschutz der Hakenbüchsen rückte Hernando mit seiner nunmehr vereinten Reiterei vor. Da sprengten ihnen Orgoñez' Berittene entgegen. Der Zusammenstoß war fürchterlich und wurde von den Indianerschwärmen, die auf den umliegenden Höhen Zeugen des Bruderkampfes waren, mit Jauchzen begrüßt. Die Schlacht tobte erbittert, beide Parteien kämpften mit unbeschreiblichem Haß. Orgoñez focht wie der Held eines Ritterromans, bis ein Doppelgeschoß aus einer Hakenbüchse durch sein Visier drang und ihn einen Augenblick betäubte; er stürzte und mußte sich der Übermacht ergeben. Ein Gegner, dem er nach Ritterart sein Schwert übergab, stieß dem wehrlosen Gefangenen den Dolch ins Herz. Darauf wurde ihm der Kopf abgehauen, auf eine Pike gesteckt und später auf dem großen Platz von Cuzco als der Kopf eines Verräters zur Schau gestellt.

Nach Orgoñez' Tod kehrte sich das Kriegsglück gegen Almagros Anhänger. Ihr Fußvolk mußte vor dem mörderischen Schützenfeuer weichen, auch die Reiterei wurde geschlagen, und alles strömte in wilder Flucht auf Cuzco zu. Auch der kranke Almagro, bisher in einer Sänfte getragen, bestieg eilends ein Maultier und ritt davon, um auf der Festung von Cuzco Zuflucht zu suchen. Aber er wurde verfolgt, gefangengenommen und in demselben Raum, in dem er einst die Pizarros eingekerkert hatte, in Ketten gelegt. Die erbitterte Schlacht hatte zwei Stunden gedauert und hundertfünfzig oder zweihundert Tote gefordert, die meisten auf Almagros Seite. Nach der allgemeinen Flucht lag das Schlachtfeld verödet da, und bald schwärmten die Indianer zum Plündern von den Bergen herab und ließen nur die nackten Leichen auf der Ebene zurück.

Unmittelbar nach Almagros Gefangennahme machte man ihm den Prozeß. Die Anklageschrift füllte über zweitausend Folioseiten. Die Hauptpunkte waren, er habe einen Krieg gegen die Krone geführt und dadurch den Tod vieler Untertanen Seiner Majestät verschuldet; ferner habe er sich mit dem Inka in eine Verschwörung eingelassen und die Stadt Cuzco dem Gouverneur entrissen. Das Urteil lautete auf Hinrichtung. Er wurde in der traurigen Stille seines Gefängnisses erdrosselt. So endete der Held von hundert Schlachten.

3

Nachdem sein Bruder sich zur Verfolgung Almagros in Marsch gesetzt hatte, war der Marqués Francisco Pizarro, wie wir wissen, nach Lima zurückgekehrt. Dort erwartete er besorgt den Ausgang des Feldzugs, und als er die willkommene Nachricht von der Schlacht von Las Salinas erhielt, traf er augenblicklich Vorbereitungen zum Aufbruch nach Cuzco. In Jauja wurde er durch die verworrenen Zustände im Lande lange aufgehalten, doch mehr noch, wie es scheint, durch sein eigenes Widerstreben, die peruanische Hauptstadt zu betreten, solange das Gerichtsverfahren gegen Almagro nicht entschieden war.

Immer weiter verschob Pizarro seinen Marsch nach Cuzco, und als er ihn endlich wiederaufnahm, erhielt er bereits am Río de Abancay die Nachricht vom Tod seines Nebenbuhlers. Gewiß ist, daß er während seines langen Aufenthalts in Jauja in dauernder Verbindung mit Cuzco stand, und hätte er Pater Valverdes wiederholtem Drängen nachgegeben und seinen Marsch nach der Hauptstadt beschleunigt, so hätte er leicht das Ende der Tragödie verhindern können. Als Oberbefehlshaber hatte er Almagros Schicksal in der Hand; und so muß das unparteiische Urteil der Geschichte ihn in gleichem Maße wie Hernando für den Tod seines Bundesgenossen verantwortlich machen.

Mit dem stolzen Gebaren und der zufriedenen Miene eines Siegers zog er, wie ein Augenzeuge berichtet, unter dem Schall von Zinken und Trompeten an der Spitze seiner Kriegerschar in Cuzco ein. Gegen die Klagen der geschädigten Eingeborenen, die seinen Schutz anriefen, zeigte er sich auffallend unempfindlich, und Almagros Anhänger behandelte er mit unverhohlener Verachtung. Die Besitzungen der Anführer wurden beschlagnahmt und ohne weitere Umstände seinen eigenen Anhängern übereignet. Viele von Almagros Parteigängern gerieten in so tiefe Armut, daß sie, zu stolz, ihre Not den Blicken der Sieger preiszugeben, die Stadt verließen und eine Zuflucht in den nahen Bergen suchten.

Hernando war unterdessen eifrig damit beschäftigt, einen hinreichend großen Schatz zusammenzubringen, den er nach Kastilien mitnehmen wollte. Seit Almagros Tod war fast ein Jahr vergangen, und es war höchste Zeit für ihn, sich an den Hof zu begeben.

Vor seiner Abreise riet er seinem Bruder, sich vor den ›Männern von Chile‹, wie man Almagros Anhänger nannte, zu hüten, verzweifelten Leuten, die vor nichts zurückschrecken würden, um sich zu rächen. Aber der Gouverneur lachte nur über die törichten Sorgen seines Bruders und bat ihn, sich seinetwegen keine Gedanken zu machen. Er kannte den Charakter seiner Feinde nicht so gut wie Hernando.

Dieser schiffte sich bald darauf, im Sommer 1539, ein. Vorsichtshalber berührte er Panamá nicht, sondern machte den Umweg über Mexiko und segelte von Veracruz ab. Er steuerte erst eine der Azoreninseln an und erwartete dort Mitteilungen aus dem Mutterlande, denn er hielt es nicht für ratsam, sich ohne vorherige Informationen nach Spanien zu wagen. Kurz darauf erreichte er glücklich die spanische Küste.

Doch waren ihm durch Almagros Anhänger die gegen ihn gerichteten Beschuldigungen vorausgeeilt und der Krone zu Ohren gekommen. Trotz des großen Gold- und Silberschatzes wurde er am Hofe kalt aufgenommen und für sein eigenmächtiges Handeln bestraft. Ohne förmliches Urteil wurde er auf der Festung Medina del Campo gefangengesetzt, wo man ihn zwanzig Jahre schmachten ließ. Als er freigelassen wurde, war er alt und krank, ein gebrochener Mann, dessen Vermögen zum größeren Teil beschlagnahmt, dessen Laufbahn abgebrochen, dessen Ruf befleckt war, ein Verbannter mitten in seinem Vaterlande. Dennoch erreichte er das hohe Alter von hundert Jahren und lebte lange genug, um Freunde, Nebenbuhler und Feinde vor sich zur Rechenschaft abberufen zu sehen.

Die Lage in Peru war derart verworren, daß sie das sofortige Einschreiten der spanischen Regierung erforderte. Bei der allgemeinen Zügellosigkeit, die dort herrschte, wurden die Rechte der Indianer und Spanier gleichermaßen mit Füßen getreten. Pizarros Macht war jetzt fest gegründet in diesem Lande, das sich, von Kastilien weit entfernt, nur schwer von dort überwachen ließ, und seine Treue zur Krone war, wie man fürchtete, nicht so unverbrüchlich, als daß sie ihn in seinen Handlungen hätte beschränken können. Man mußte daher jemanden hinsenden, der, mit einer Art von Aufsichtsrecht ausgestattet oder wenigstens dem gefährlichen Befehlshaber gleichberechtigt, die Lage in Peru genau untersuchen und dem kastilischen Hof Bericht erstatten sollte. Zu diesem Amt wurde der Lizentiat Vaca de Castro ausersehen, ein geschmeidiger Rechtskundiger und Mitglied der königlichen Audiencia in Valladolid. Seine Vollmacht gestattete ihm, vor Pizarro in der Eigenschaft eines königlichen Richters aufzutreten. Im Fall von dessen Tod sollte er seine Ernennung zum königlichen Gouverneur vorzeigen und als solcher die Behörden im ganzen Land zum Gehorsam auffordern. Vaca de Castro segelte im Herbst 1540 von Sevilla ab.

Durch den Bürgerkrieg, der vor kurzem Peru zerrissen hatte,

befand sich das Land in einem völlig ungeordneten Zustand, unter dem besonders die Eingeborenen litten. Bei der willkürlichen Verteilung von Repartimientos und den Kämpfen zwischen den rivalisierenden Befehlshabern wußten sie nicht, wen sie als Regenten des Landes anerkennen sollten. Außerdem häuften sich die grausamen Ausschreitungen der Eroberer gegen die indianische Bevölkerung. Der Glaube der Peruaner an die Macht eines Herrschers jenseits des Meeres schwand immer mehr dahin.

Diese Stimmung machte sich der Inka Manco zunutze. Er verließ seine abgelegenen Schlupfwinkel in den Tiefen der Anden und fiel mit einem großen Haufen ihm ergebener Krieger zwischen Cuzco und der Küste über die Ansiedlungen her, zerstörte die Häuser, entführte das Vieh und ermordete die Siedler unter grausamen Martern. Hier und da gegen ihn ausgeschickte spanische Abteilungen wurden völlig aufgerieben.

Endlich sandte Pizarro eine bedeutende Streitmacht unter seinem Bruder Gonzalo gegen den Inka aus. Mehrfach stieß der kühne indianische Fürst in den rauhen Pässen der Kordilleren mit dem Feind zusammen. Zwar meistens geschlagen, doch ungebrochenen Mutes, verstand er es, sich jedesmal in leidlicher Ordnung zurückzuziehen und in den heimlichen Verstecken der Sierra Schutz zu finden. Auch Pizarros Versuch, den Weg friedlicher Verhandlungen einzuschlagen, blieb ergebnislos.

Da griff er zum wirksamsten Mittel, der Wirrnis unter den Eingeborenen Einhalt zu tun. Er gründete inmitten des aufgewiegelten Landes Niederlassungen. Es waren Siedlungen von Soldaten, zu denen sich mitunter ihre Frauen und Familien gesellten, und schnell entstanden volkreiche Ortschaften in der Wildnis, die dem umliegenden Land als Schutz und zugleich als Handelsplatz dienten. Solche Gründungen, etwas hochtrabend ›Städte‹ genannt, waren unter anderen Huamanga auf halbem Wege zwischen Cuzco und Lima, Villa de la Plata – die Silberstadt – im Bergwerksgebiet von Charcas und Arequipa in der Nähe der Küste, später eine bedeutende Handelsstadt.

Zugleich widmete sich Pizarro jetzt von Lima aus der inneren Verwaltung des Landes. Er belebte Handel und Gewerbe, führte Saatgut der verschiedenen europäischen Getreidearten ein und förderte die Ausbeutung der Gruben, die bereits ungeheure Erträge zu liefern begannen.

4

Während Francisco Pizarro fortfuhr, sich dem Aufbau seiner jungen Hauptstadt zu widmen und über die öffentlichen Angelegenheiten des Landes zu wachen, achtete er wenig auf eine stündlich drohende Gefahr, obwohl umsichtigere Freunde ihn wiederholt davor warnten.

Nach Almagros Hinrichtung zerstreuten sich dessen Anhänger, einige hundert an der Zahl, im Lande. Doch verband sie ein gemeinsames Gefühl der Entrüstung gegen die Pizarros, die Mörder ihres Anführers. Der Gouverneur betrachtete sie als erklärte Feinde, verachtete sie aber zu tief, als daß er sich zu Vorsichtsmaßregeln bequemt hätte. So ließ er den noch jugendlichen Sohn seines Nebenbuhlers, Almagro den Jüngeren, ruhig in Lima verweilen, wo dessen Wohnung denn bald zum geheimen Sammelplatz der mißvergnügten Ritter wurde.

Um es aber dem jungen Almagro zu erschweren, dieses Gefolge unnützer Anhänger zu unterhalten, entzog Pizarro ihm einen großen Teil seiner Ländereien und schloß ihn überdies von der Statthalterschaft von Neutoledo aus, die ihm durch das Testament seines Vaters bestimmt war. Aller Mittel beraubt, ohne Amt oder Anstellung irgendeiner Art, sahen sich die Männer von Chile, wie Almagros Anhänger noch immer genannt wurden, in die größte Dürftigkeit versetzt. So brannten sie darauf, die Unbill zu rächen, welche die Pizarros ihrem ehemaligen Befehlshaber und ihnen selbst zugefügt hatten.

Bald tat sich ihr Mißvergnügen offen kund. Die hochmütigen Ritter nahmen das Barett nicht ab, wenn sie dem Gouverneur auf der Straße begegneten. Einmal fand man am öffentlichen Galgen drei Stricke mit Zetteln, die die Namen Pizarros und seiner verhaßtesten Mitarbeiter trugen. Schließlich verfiel Almagros Partei auf den Plan, sich über jede gesetzmäßige Behörde hinweg selbst Genugtuung zu verschaffen. Sie faßte den verzweifelten Entschluß, Pizarro zu ermorden. Der dafür festgesetzte Tag war Sonntag, der 26. Juni 1541. Achtzehn oder zwanzig Verschworene sollten sich in Almagros Haus versammeln und, wenn der Gouverneur aus der Messe käme, über ihn herfallen. Der junge Almagro war allerdings noch nicht fähig, die schwierigen Umstände zu überblicken und als Führer aufzutreten. Sein erster Ratgeber war

Juan de Herrada, meist Rada genannt, ein Ritter, der dank seinen kriegerischen Fähigkeiten aus dem einfachen Soldatenstand zu den höchsten Stellen im Heer aufgestiegen war. Die Anhänglichkeit an den älteren Almagro scheint er in vollem Umfang auf dessen Sohn übertragen zu haben, nun wurde er das Haupt der Verschwörung. Aber der Mordplan wurde dem Gouverneur hinterbracht, und er hielt es für geraten, an jenem Sonntag nicht zur Messe zu gehen, sondern unter dem Vorwand einer Unpäßlichkeit zu Hause zu bleiben.

Als jedoch Almagros Leute bemerkten, daß der Gouverneur, vorgeblich krankheitshalber, ausgeblieben und somit ihre Verschwörung entdeckt war, schien ihnen der Untergang gewiß, falls sie nicht augenblicklich handelten. Mit dem Ruf »Lang lebe der König! Tod dem Tyrannen!« stürzten die Verschwörer, Rada an der Spitze, in Pizarros Palast. Im Vorhof hieben sie die anwesenden Diener nieder. Pizarros Tafelgäste, fünfzehn oder zwanzig an der Zahl, liefen auf den Lärm herzu und forschten nach der Ursache. Als sie die Absicht der Eindringlinge begriffen, eilten sie bestürzt ins Haus zurück, bewaffneten sich notdürftig und nahmen, um Hilfe zu holen, ihren Weg über den Altan in den Garten. Der Marqués befahl seinem Offizier Francisco de Chaves, dem er unbedingt vertraute, die Tür zur Treppe verschlossen zu halten, während er selbst in aller Hast die Rüstung anzuschnallen suchte. Chaves öffnete jedoch dem Befehl zuwider die Tür, um mit den Angreifern zu verhandeln. Diese stießen ihn sofort nieder und warfen ihn in den Vorhof hinab. Auch Pizarros Diener wurden niedergemacht, und Rada und seine Mitverschworenen drangen unter dem Ruf »Wo ist der Marqués? Tod dem Tyrannen!« in das Gemach. Da der Gouverneur in der Eile seinen Küraß nicht mehr anlegen konnte, warf er ihn von sich, hüllte den linken Arm in den Mantel, ergriff mit der Rechten das Schwert und kämpfte wie ein in seinem Lager aufgescheuchter Löwe, nur von wenigen Getreuen unterstützt. Aber die an Zahl überlegenen Angreifer waren im Vorteil, da sie einander im Kampf ablösten. Das Gemetzel in dem engen Durchgang währte einige Minuten. Schon waren mehrere gefallen und Pizarros beide Edelknaben niedergestreckt, als Rada ungeduldig rief: »Warum halten wir uns so lange damit auf? Nieder mit dem Tyrannen!« Pizarro stieß dem zunächststehenden Gegner noch das Schwert in den Leib, empfing aber gleich darauf

Abb. 18 Pizarros Tod

eine Wunde am Hals und sank taumelnd zu Boden, während die Schwerter Radas und anderer Verschwörer ihn durchbohrten.

Nachdem die Empörer ihre blutige Tat ausgeführt hatten, stürzten sie auf die Straße und riefen, ihre noch bluttriefenden Waffen schwingend: »Der Tyrann ist tot! Die Gesetze gelten wieder! Lang lebe unser Herr, der Kaiser, und sein Gouverneur Almagro!« Von allen Seiten strömten die Männer von Chile herbei und stellten sich unter Radas Banner, der sich nun an der Spitze von dreihundert Bewaffneten sah. Die Hauptanhänger des ermordeten Gouverneurs wurden festgenommen, und alle, die nicht zu Almagros Partei gehörten, zitterten davor, gleichfalls verfolgt zu werden. Die städtische Obrigkeit erkannte die Herrschaft des jungen Almagro an, der jetzt in prunkvollem Umzug durch die Straßen ritt und unter Trompetenschall zum Gouverneur und Oberbefehlshaber von Peru ausgerufen wurde.

Für Pizarros verstümmelten Leichnam wurde in einem dunklen Winkel der Stiftskirche insgeheim und in aller Eile ein Grab geschaufelt; hastig verrichtete man die Totenandacht, und beim matten Schein spärlicher Wachskerzen übergab man seine irdischen Überreste in ihrem blutigen Leichentuch dem Staub, dem sie angehörten. Solch elendes Ende nahm der Eroberer Perus – der Mann, der noch wenige Stunden zuvor ebenso unumschränkt wie die angestammten Inka über das Land geherrscht hatte.

Nachdem sich die Verschworenen den Besitz der Hauptstadt gesichert hatten, setzten sie als erstes die verschiedenen Städte von dem Umsturz in Kenntnis und forderten sie auf, den jungen Almagro als Gouverneur von Peru anzuerkennen. Wo sie bei den Stadtbehörden auf Widerstand stießen, wurden die Querulanten abgesetzt, um anderen, fügsameren Leuten Platz zu machen. Die Pizarro treu gebliebenen Einwohner von Cuzco, verstimmt über dieses Verfahren, sandten heimlich zu einem von Pizarros Hauptleuten namens Alvarez de Holguín, der mit einer beträchtlichen Streitmacht in der Nähe lag. Dieser rückte in Cuzco ein, enthob die neuen Würdenträger ihres Amtes und führte die alte Hauptstadt zu ihrer Untertanenpflicht zurück. Noch entschiedeneren Widerstand erfuhren die Verschwörer durch Alonso de Alvarado, einen der ersten Hauptleute Pizarros, der von Almagro an der Brücke des Abancay geschlagen worden war und jetzt mit zweihundert Mann im Norden stand. Als er von der Ermordung seines

Generals erfuhr, schrieb er unverzüglich an den Lizentiaten Vaca de Castro, unterrichtete ihn von den Zuständen in Peru und forderte ihn dringend auf, seinen Marsch nach dem Süden zu beschleunigen.

Dieser war, wie wir wissen, von der kastilischen Regierung als neuer Gouverneur nach Peru entsandt worden und befand sich noch in Panamá. Als er von der Umwälzung im ehemaligen Inkareich erfuhr, brach er sofort nach Süden auf und wies in Quito die königliche Vollmacht vor, die ihn für den Fall von Pizarros Tod befugte, die Statthalterschaft zu übernehmen. Dieser Fall war eingetreten, und Vaca de Castro erklärte seine Absicht, die ihm übertragene Macht nun auch auszuüben. Gleichzeitig sandte er Boten in die bedeutendsten Städte und forderte als rechtmäßiger Vertreter der Krone ihren Gehorsam. Dann setzte er seinen Marsch nach Süden fort.

Während sich diese Vorfälle im Norden ereigneten, gewann die Partei Almagros in Lima täglich an Stärke, denn viele sammelten sich dort aus alter Abneigung gegen Pizarro unter dem Banner des Anführers, der ihn gestürzt hatte.

Die erste Sorge des jungen Generals, oder vielmehr seines Ratgebers Rada, galt der Ausrüstung der Truppen. Die dazu erforderlichen beträchtlichen Summen beschaffte er, indem er sich der Gelder der Krone bemächtigte, die der königliche Schatzmeister verwaltete. Unterdessen erhielt er die Nachricht, daß Holguín mit einer dreihundert Mann starken Truppenmacht Cuzco verlassen habe, um sich mit Alvarado im Norden zu vereinigen. Das zu verhindern war für Almagro von großer Wichtigkeit. Sein Plan war, beide Abteilungen einzeln zu schlagen und mit der Vernichtung Alvarados den neuen Gouverneur in die Hände zu bekommen. Aber kaum hatte er den Marsch nach Jauja angetreten, als ihn durch den Tod seines erfahrenen Ratgebers Rada ein schweres Mißgeschick traf, und da unter den eifersüchtigen Offizieren seines Kriegsrates Uneinigkeit herrschte, wußte er nicht, auf wen er sich stützen sollte. Obendrein verhinderten die durch den Herbstregen angeschwollenen Flüsse ein rasches Vorwärtskommen. So gelang es Holguín, seine Truppen mit denen Alvarados zu vereinigen und Almagros Pläne zu durchkreuzen. Dieser marschierte nun nach Cuzco – der Hauptstadt seines eigenen Gebietes, wie er meinte – und schlug dort sein Winterquartier auf. Von hier aus richtete er im Frühjahr 1542 eine Botschaft an Vaca de Castro, in der er es entschieden von sich wies, gegen einen Bevollmächtigten der Krone die Waffen erheben zu wollen; sein einziger Wunsch sei, sich Neutoledo als den von seinem Vater ererbten Besitz zu sichern. Dagegen mache er dem neuen Gouverneur das Recht auf Neukastilien, wie das dem Marqués zugewiesene Land genannt wurde, keineswegs streitig. Er schloß mit dem Vorschlag, jede Partei solle so lange innerhalb ihres Gebietes bleiben, bis der Hof von Kastilien darüber bestimmt habe. Auf diese in ehrerbietigem Ton abgefaßte Botschaft erhielt Almagro keine Antwort. So blieb denn nur eine Entscheidung durch die Waffen übrig.

In der Ebene von Chupas, unweit von Huamanga, stießen die feindlichen Heere am 16. September 1542 aufeinander. Ehe Vaca de Castro zum Angriff schritt, hielt er eine Ansprache an seine Leute und erklärte ihnen, ihre Feinde seien Rebellen. Sie hätten gegen ihn, den Vertreter der Krone, die Waffen ergriffen, und es sei seine Pflicht, den Aufruhr zu unterdrücken und die Anstifter zu bestrafen. Hierauf ließ er das Gesetz verlesen, nach dem Almagro und seine Anhänger Leben und Eigentum verwirkt hätten; letzteres versprach er unter die zu verteilen, die sich in der Schlacht den größten Anspruch darauf erwerben würden.

Es war schon spät am Nachmittag, zwei Stunden vor Sonnenuntergang, als die Schlacht begann. Vaca de Castros General Francisco de Carbajal führte die Truppen, weil er sie nicht dem verderbenbringenden Feuer aus Almagros vorzüglichen Geschützen aussetzen wollte, um eine deckende Berghöhe, und bald erblickten sie den an einem Hügelrücken aufgestellten Feind mit seinen schneeweißen Bannern – der Farbe der Almagro-Partei – und den in der Abendsonne funkelnden Waffen. Erst als der Gegner ganz nahe herangekommen war, eröffneten Almagros Geschütze ein wütendes Feuer. Aber die Kanonen waren, obwohl sie ein kaum zu verfehlendes Ziel hatten, in zu hohem Winkel gerichtet, so daß die meisten Schüsse über die Köpfe der Angreifer hinwegfegten. Almagro, der diesen auffälligen Fehler für Verrat hielt, stieß dem Befehlshaber seiner Kanoniere das Schwert in die Brust, stürzte sich auf ein Geschütz, gab dem Rohr einen anderen Winkel und streckte mit einem Schuß mehrere von Vaca de Castros Reitern zu Boden. Von nun an tat das Feuer bessere Wirkung, eine einzige Salve streckte eine ganze Reihe des königlichen Fußvolks nieder.

Da griff Castros Reiterei an, und zugleich sprengten Almagros Berittene vor; beide Reiterschwadronen trafen sich auf halbem Wege, und der Zusammenprall war fürchterlich. Roß und Reiter taumelten, Lanzen splitterten, und die Ritter griffen zu Schwert und Streitaxt. Der Kampf wurde mit der ganzen Wut persönlichen Hasses ausgetragen, man gab keinen Pardon, denn alle Blutsbande waren zerrissen.

Zugleich unterhielt das Fußvolk auf beiden Seiten ein heftiges Hakenbüchsenfeuer, und als die Königlichen im Hagel der Kugeln und Geschützsalven wankten, warf Carbajal Panzer und Helm ab und riß, ungeschützt die Hellebarde überm Kopf schwingend, seine Leute aufs neue vorwärts. Sie überwältigten die Kanoniere und eroberten ihre Geschütze.

Der tödliche Kampf dauerte noch im Dunkel der Nacht an. Holguín war schon zu Anfang gefallen. Alvarado, der den rechten Flügel der Königlichen befehligte, hatte dort Almagro selbst gegen sich, und dieser focht, wie es seines Namens würdig war. Schon drang er nach Eroberung zweier königlicher Banner in die immer mehr gelichteten Reihen des Gegners. »Nehmt gefangen, aber tötet nicht!« rief der großmütige junge Anführer, der sich des Sieges bereits sicher glaubte. Da war für Vaca de Castro die Zeit gekommen, Alvarado zu Hilfe zu eilen und sich ins dichteste Kampfgewühl zu stürzen. Sein Erscheinen auf dem Schlachtfeld mit einer neuen, schlagkräftigen Schar wendete das Kriegsglück. Almagros Truppen wichen, obwohl verbissen kämpfend, in der Finsternis nach allen Seiten auseinander. Almagro selbst verrichtete Wunder an Tapferkeit, um seine Leute zurückzuhalten; obwohl er den Tod zu suchen schien, kam er doch ohne Verwundung davon. Manche seiner Ritter weigerten sich hartnäckig, den Kampfplatz zu verlassen, und warfen sich mit dem Ruf »Wir erschlugen Pizarro, wir töteten den Tyrannen!« den Siegern entgegen, da sie den Tod auf dem Schlachtfeld der schmählichen Verurteilung zum Galgen vorzogen. Erst um neun war der Kampf zu Ende. Im Schutz der Finsternis kamen die Indianer von den Berghängen herab, nachdem sie mit düsterer Genugtuung das Verderben ihrer Feinde mit angesehen hatten, und stürzten sich wie ein Rudel hungriger Wölfe aufs Schlachtfeld, um die Toten und Sterbenden auszuplündern. Am nächsten Morgen wurden große Gruben ausgehoben, in die man die Gefallenen, Sieger und Besiegte, ohne Unterschied hineinwarf. Die Zahl der Toten belief sich, nach verschiedenen Quellen, auf drei- bis fünfhundert, die der Verwundeten und Gefangenen war weitaus größer. Die Überlebenden flüchteten nach Huamanga und wurden dort, selbst wo sie in Kirchen und Klöstern Schutz gesucht hatten, gefangengenommen. Ihr tapferer Anführer floh nach Cuzco, wo er sogleich durch die von ihm selbst eingesetzte Obrigkeit verhaftet wurde. Vaca de Castro ernannte einen Ausschuß, der über die Gefangenen zu Gericht saß. Vierzig wurden zum Tode verurteilt, dreißig verstümmelt und des Landes verwiesen. Der Gouverneur zog mit dem ganzen Prunk und kriegerischen Glanz des Eroberers in Cuzco ein. Als erstes ließ er einen Kriegsrat über das Schicksal seines Gefangenen Almagro befinden. Die Mehrheit vertrat die Meinung, sein Tod sei für die dauernde Ruhe im Lande unerläßlich. Almagro starb tapfer unter dem Streich des Henkers und wurde seinem Wunsch gemäß im Kloster La Merced an der Seite seines unglücklichen Vaters beigesetzt. Mit ihm ist der Name Almagro erloschen, und die Partei von Chile, die so lange der Schrecken des Landes war, verschwand für immer.

Während dieser Vorfälle in Cuzco erfuhr der Gouverneur, daß Gonzalo Pizarro, zurückgekehrt von seinem ergebnislosen Entdeckungsmarsch nach dem Amazonas, in Lima angekommen war, wo er sich höchst unzufrieden über die Zustände in Peru zeigte. Er beklagte sich, daß nach seines Bruders Tod die Statthalterschaft nicht in seine Hände übergegangen sei, und äußerte die Absicht, sich sein Recht zu verschaffen. Vaca de Castro beorderte ihn nach Cuzco. Gonzalo hielt es für geraten, der Aufforderung Folge zu leisten, und zog an der Spitze einer wohlbewaffneten Reiterschar in die Inkahauptstadt ein. Dort empfahl ihm der Gouverneur, jetzt, nach Wiederherstellung der Ruhe im Lande, von den Strapazen der aufreibenden Amazonas-Expedition auszuruhen und sich auf das Silberminengebiet von La Plata zurückzuziehen. Da sich Gonzalo für einen Streit mit dem Gouverneur zur Zeit noch nicht stark genug fühlte, ging er auf den Vorschlag ein. Er widmete sich der Ausbeutung der reichen Silbergruben, die ihm bald ein Unternehmen ermöglichten, das bedeutsamer war als alles, was er bisher versucht hatte.

Nachdem Vaca de Castro auf diese Weise den gefährlichen Rivalen losgeworden war, konnte er sich um die innere Verwaltung des Pflanzstaates kümmern; insbesondere bemühte er sich, die Lage der indianischen Bevölkerung zu verbessern. Er errichtete Schulen, suchte die Eingeborenen vor den Erpressungen der Sieger zu schützen, ermunterte sie, ihren Wohnsitz in die Gemeinwesen der weißen Männer zu verlegen, und erleichterte den Verkehr, indem er die Rasthäuser für die Reisenden mit Lebensmitteln versorgen ließ. Überdies versuchte er, der während der Unruhen entstandenen Zerrüttung des Geldwesens zu steuern, und beschränkte einige übermäßig große Repartimientos, was ihm jedoch den Haß der Betroffenen eintrug.

5

Berauscht vom ungewohnten Besitz der Macht und ohne das mindeste Verantwortungsgefühl für das unterworfene Land, hatten sich die Eroberer und Ansiedler der Befriedigung jeder Laune überlassen, die ihnen Grausamkeit oder Eigensinn eingab. Greuel waren an der Tagesordnung. Aus purer Jagdlust wurden Eingeborene mit Bluthunden gehetzt; die Ritter füllten ihren Harem mit indianischen Mädchen, die sie erbarmungslos aus den Armen ihrer Familien oder aus den heiligen Häusern der Sonnenjungfrauen rissen; die Arbeitsleistung, die von den indianischen Sklaven erpreßt wurde, kannte keine Grenzen; die Kornspeicher waren geleert und die Lamaherden vernichtet, denn in den vier Jahren seit der Eroberung waren mehr Tiere geschlachtet worden als in den vierhundert der Inkaherrschaft.

Als Kaiser Karl V. im Jahre 1541 aus Deutschland in seine Stammlande zurückgekehrt war, nahm der Zustand der überseeischen Pflanzstaaten seine Aufmerksamkeit gebieterisch in Anspruch. Unter den ihm damals überreichten Denkschriften über die Verhältnisse in den indianischen Ländern ist der Bericht des Geistlichen Las Casas, des späteren Bischofs von Chiapa in Mexiko, ›über die Ausplünderung und Verwüstung der indischen Länder‹ (1542) die bedeutendste und eindringlichste, ein erschreckendes schriftliches Zeugnis menschlicher Verderbtheit. Unter dem Eindruck dieser Schilderungen traten Rechtsgelehrte und Geistliche in Valladolid zu einem Rat zusammen, um, auf Las Casas' Bericht fußend, Gesetze zur Regelung der Verhältnisse in den amerikanischen Pflanzstaaten zu entwerfen. Daraus entstand eine Sammlung von Verordnungen, die sich auf Eingeborene wie Europäer bezogen. Unter anderem wurden die übermäßig großen Repartimientos verkleinert und die Sklaverei gemildert; Eigentümer, die mit ihren Sklaven offenkundigen Mißbrauch trieben, sollten ihre Ländereien verlieren; ferner wurde befohlen, die Indianer nur mäßig zu besteuern, sie nicht gegen ihren Willen zur Arbeit zu zwingen und ihnen, wenn möglich, eine geringe Entschädigung dafür zu zahlen; auch sollten alle, die an den Streitigkeiten zwischen Almagro und Pizarro strafbaren Anteil genommen hatten, den Anspruch auf Grundbesitz und Sklavenhaltung verlieren. Und da Peru stets einen Geist der Widersetzlichkeit gezeigt hatte, der ein entschiedeneres Auftreten der Macht erforderte als in den anderen Pflanzstaaten, wurde beschlossen, einen Vizekönig mit großen Vollmachten und außerdem eine aus vier Richtern bestehende königliche Audiencia mit ausgedehnter Rechtsbefugnis nach Peru zu entsenden. Der Vizekönig wie der neue Gerichtshof sollten in Los Reyes oder Lima, wie man es nun zu nennen begann, ihren Sitz haben, der künftigen Hauptstadt des spanischen Reiches am Stillen Ozean.

Die Kunde hiervon drang bald nach Peru herüber, verbreitete sich mit Windeseile unter den an unbegrenzte Zügellosigkeit gewöhnten Ansiedlern, die um ihren Besitz zitterten, und versetzte das ganze Land in Aufruhr. Unter den Kolonisten war kaum einer, der hoffen durfte, nicht von den neuen Gesetzen betroffen zu werden. Auch gab es nur wenige, die nicht zu irgendeiner Zeit an den Streitigkeiten zwischen Almagro und Pizarro teilgenommen hatten. Empört über den vermeintlichen Undank von seiten der Krone, waren die meisten entschlossen, ihre Eroberungen notfalls mit Gewalt zu verteidigen. Auf der Suche nach einem Mächtigen, der ihre Interessen und Gefühle teilte, fiel ihr Blick auf Gonzalo Pizarro, den Letzten von der Familie, die die Eroberungsheere angeführt hatte. Sie bestürmten ihn mit Bitten, sich bei der Regierung für sie zu verwenden und sie vor den drückenden Verordnungen zu schützen. Gonzalo war damals in Charcas eifrig mit der Ausbeutung der Silberminen und den soeben entdeckten Erzadern von Potosí beschäftigt, die bald ungeahnte Ströme von Reichtum über Europa ergießen sollten. Zu klug, um sich jetzt schon durch ein aufrührerisches Unternehmen bloßzustellen, ermutigte er zwar die Unzufriedenen, fügte sich jedoch den Anweisungen Vaca de Castros und verhielt sich vorerst ruhig. Alle blickten der Ankunft des Vizekönigs gespannt entgegen.

Für dieses Amt hatte Karl V. den Ritter Blasco Núñez Vela ausersehen, eine Wahl, die der Einsicht des Monarchen keine Ehre machte. Der bereits in Peru tätige Vaca de Castro wäre auf Grund seiner Erfahrung und gerechten Verwaltung der geeignetere Mann gewesen. Gerade ihn jedoch beorderte der Kaiser bald darauf nach Kastilien zurück.

Im Januar 1544 landete der Vizekönig in Nombre de Dios. Er führte sich damit ein, daß er ein zur Abfahrt nach Spanien bereitliegendes, mit Silber aus den Bergwerken beladenes Schiff für die Krone beschlagnahmte, eine Anzahl indianischer Sklaven in Freiheit setzte und seine Entschlossenheit kundtat, den Verordnungen unnachgiebig Geltung zu verschaffen. Sein strenges Vorgehen versetzte das ganze Land in Bestürzung. Volksversammlungen wurden abgehalten, in denen man forderte, dem Vizekönig Widerstand zu leisten und ihm die Tore von Lima zu verschließen. Nur mit Mühe konnte der Gouverneur die Einwohner bewegen, nicht von ihrer Untertanentreue abzulassen, sondern den neuen Machthaber mit der gebührenden Ehrerbietung zu empfangen und sich darauf zu verlassen, daß er bei ruhiger Überlegung die Durchführung der Gesetze so lange verschieben werde, bis man der Krone den Fall unterbreitet hätte. Doch hegte der größte Teil der Spanier nur wenig Hoffnung auf Hilfe von dieser Seite, und um so dringlicher wandten sie sich abermals an Gonzalo Pizarro. Aus allen Teilen Perus strömten ihm Briefe und Bittschriften zu, er möge als Beschützer für die Ansiedler eintreten, und diesmal fanden die Bitten ein geneigteres Ohr. Gonzalo war tief gekränkt, daß die Krone mit der Ernennung eines Vizekönigs den festen Entschluß kundtat, die Familie Pizarro von jeder Führung der Staatsgeschäfte auszuschließen. Von der Regierung im Stich gelassen, erkannte er, daß es nun an der Zeit war, für sich selbst zu sorgen.

Zunächst begab er sich mit zwanzig Rittern und einem großen Silberschatz aus den Bergwerken nach Cuzco, wo er von der Bevölkerung mit lautem Jubel empfangen und mit dem Titel eines Generalverwesers von Peru begrüßt wurde. Die städtische Obrigkeit forderte ihn auf, an der Spitze einer Gesandtschaft nach Lima aufzubrechen, dem Vizekönig die Beschwerden der Ansiedler vorzutragen und die vorläufige Aufhebung der Verordnungen zu erbitten.

Aber der Funke des Ehrgeizes war in seiner Brust entfacht. Er erbat sich von den Stadthäuptern Cuzcos die Erlaubnis, unter dem Titel eines Oberbefehlshabers eine Streitmacht auszuheben. Seine Absichten seien durchaus friedlicher Natur, aber ihr alter Feind, der Inka Manco, lauere mit einem Kriegerhaufen drohend in den benachbarten Bergen. Unter dem Druck des Volkes übertrug ihm die Obrigkeit das Kommando, das er erstrebte.

Unterdessen wurde der Vizekönig auf seinem Weg nach Lima überall recht kühl aufgenommen, und nur spärlich war für seine und seines Gefolges Bequemlichkeit vorgesorgt. In einer Stadt fand er über dem Eingang zu seinem Quartier die bedeutsame Inschrift: ›Wer mein Eigentum antastet, muß darauf gefaßt sein, dafür mit dem Leben zu bezahlen.‹ Doch setzte er unerschrocken seinen Weg nach der Hauptstadt fort und zog, von Vaca de Castro und den städtischen Würdenträgern bewillkommnet, mit großem Prunk in Lima ein. Sogleich verkündete er seinen festen Entschluß, die Verordnungen durchzusetzen. Er sei nicht befugt, die Ausführung zu verschieben, sondern werde seine Pflicht erfüllen; doch erbiete er sich, in einer Eingabe an den Kaiser den Ansiedlern beizupflichten und um Aufhebung eines Gesetzes zu bitten, das, wie er jetzt selbst glaube, weder dem Lande noch der Krone dienlich sein könne. Die Verantwortung für eine eigenmächtige zeitweilige Aussetzung der Verordnungen scheute er offenbar. Durch sein halbes Entgegenkommen war die allgemeine Besorgnis jedoch keineswegs beschwichtigt. In Lima bildeten sich geheime Cliquen, die mit anderen Städten in Verbindung traten. Trotzdem regte sich beim Vizekönig kein Argwohn, und als er von Gonzalos kriegerischen Vorbereitungen hörte, tat er nichts weiter, als daß er eine Botschaft in dessen Lager sandte, ihn von seiner weitreichenden Vollmacht unterrichtete und aufforderte, die Truppen zu entlassen. Er schien zu glauben, ein einziges Wort von ihm genüge, den Aufstand zu unterdrücken und die eisernen Kriegerscharen Perus auseinanderzutreiben.

Inzwischen widmete Gonzalo Pizarro sich eifrig der Ausrüstung seiner Streitmacht. Zunächst ließ er sechzehn Geschütze, die Vaca de Castro nach Huamanga geschickt hatte, von den Eingeborenen übers Gebirge schaffen. Seine Truppen bestanden anfangs nur aus vierhundert Mann, doch glaubte er, sie würden auf dem Weg zur Küste durch den Zustrom aus den Städten und Dörfern erheblich anwachsen. All seine eigenen Geldmittel verwendete er zur Ausstattung und Versorgung seiner Leute, und die fehlenden Mittel ergänzte er, indem er sich bedenkenlos die Gelder der Krone aneignete. Nachdem er noch einen bedeutenden Zuwachs an Stärke in der Person Francisco de Carbajals erhalten hatte, des alten Kriegers, der in der Schlacht von Chupas eine so wichtige Rolle gespielt hatte, brach er mit seiner gutberittenen und wohlausgerüsteten Schar auf.

Bald nachdem Gonzalo Pizarro Cuzco verlassen hatte, erfuhr er vom Tod des Inka Manco. Er wurde von einer Gruppe Spanier ermordet, Parteigängern Almagros, die nach der Niederlage ihres jungen Anführers im indianischen Lager Zuflucht gesucht hatten. Die Mörder wiederum wurden alle von den Peruanern erschlagen. Der Tod des Inka Manco ist ein Ereignis, das in der peruanischen Geschichte nicht mit Stillschweigen übergangen werden kann; war er doch der Letzte seines Stammes, von dem man mit Fug und Recht sagen konnte, er sei vom heldenmütigen Geist der alten Inka beseelt gewesen. Obgleich von Pizarro auf den Thron gesetzt, war Manco weit davon entfernt, ein bloßes Werkzeug in den Händen der Spanier zu bleiben, und zeigte bald, daß er sein Los nicht an das der Sieger zu knüpfen gedachte. Wohl waren die alten Ordnungen seines Landes zerborsten, doch setzte er wie Quauhtemoc, der Letzte der Azteken, alles daran, das wankende Gebäude zu stützen oder aber die Unterdrücker unter den Trümmern zu begraben. Durch den Sturm auf seine eigene Hauptstadt Cuzco, wobei diese zum großen Teil zerstört wurde, tat er den Waffen Pizarros Einhalt, und eine Zeitlang hing das Schicksal der Eroberer an einem Faden. Mußte er auch der überlegenen Kriegskunst des Gegners schließlich weichen, so zeigte der junge Inka doch noch immer denselben unbeugsamen Mut wie früher. Er zog sich in die Bastionen seiner heimischen Berge zurück, aus denen er, sooft sich Gelegenheit bot, hervorbrach, um hier die Karawane des Reisenden, dort einen versprengten Soldatenhaufen zu überfallen, und wenn ein Bürgerkrieg tobte, warf er stets sein eigenes Gewicht in die leichtere Waagschale, um so den Streit der Feinde zu verlängern und seine Rachgier am Anblick ihres Elends zu weiden. Behende seinen Standort wechselnd, entging er in der Wildnis der Kordilleren der Verfolgung, lauerte in der Nähe der Städte, lag im Hinterhalt an den großen Straßen des Landes, kurz, er machte seinen Namen zum Schrecken der Spanier. Oft genug suchten sie einzulenken, und jeder der einander folgenden Machthaber bis hin zu Blasco Núñez war von der Krone angewiesen, alle Künste aufzubieten, um den furchtbaren Krieger zu versöhnen. Aber Manco traute den Versprechungen des weißen Mannes nicht und zog es vor, mit wenigen tapferen Getreuen seine wilde Unabhängigkeit in den Bergen zu behaupten, anstatt als Sklave in dem Lande zu leben, das einst vom Zepter seiner Vorfahren beherrscht wurde.

Der Tod des Inka beseitigte zwar einen der Hauptvorwände für Gonzalo Pizarros Kriegsvorbereitungen, doch konnte er ihn in der Verfolgung seiner Pläne nicht beirren. Weit mehr beschäftigte ihn der Abfall mehrerer seiner Anhänger gleich zu Beginn des Marsches. Einige Ritter aus Cuzco mißbilligten, daß er sich so bedenkenlos öffentliche Gelder aneignete, und bei dem kriegerischen Anstrich der ganzen Unternehmung schien ihnen zum erstenmal aufzugehen, daß sie den Weg der Rebellion beschritten hatten. Etliche von ihnen, darunter die Vornehmsten der Stadt, zogen sich heimlich vom Heer zurück, eilten nach Lima und boten dem Vizekönig ihre Dienste an. Statt ihrer stießen Überläufer der Gegenpartei zu Gonzalo, unter andern schloß sich ihm ein Offizier namens Puelles, Kommandant von Huánuco, mit einem ihm vom Vizekönig anvertrauten Reiterhaufen an. Überhaupt wechselten in den Bürgerkriegen dieses unglücklichen Landes die Parteien so leicht die Fahne, daß Verrat gegen einen Befehlshaber kaum noch als Fleck auf der Ritterehre galt, denn welcher Seite sie sich auch zuwandten, stets betonten sie ihre Treue zur Krone. Als Gonzalo die Hänge des Tafellandes hinabstieg, war die Zahl seiner Leute doppelt so groß geworden wie beim Verlassen der indianischen Hauptstadt. Auch in Huamanga, wo ihn die Einwohner mit offenen Armen empfingen, traten viele unter sein Banner, hörten sie doch von allen Seiten von der unbeugsamen Strenge des Vizekönigs und zitterten um ihr Eigentum.

Dieser begriff allmählich, wie bedenklich seine Lage war. Von seinen eigenen Leuten verraten, schöpfte er Argwohn gegen alle, die ihn umgaben, unglücklicherweise auch gegen solche, die sein

Vertrauen am meisten verdienten. So verdächtigte er seinen Vorgänger, den einsichtigen und ehrenhaften Vaca de Castro, der geheimen Verbindung mit seinen Feinden in Cuzco. Kurzerhand ließ er ihn festnehmen und an Bord eines im Hafen liegenden Schiffes gefangensetzen. Dieser gewaltsamen Maßnahme folgte die Verhaftung mehrerer anderer Personen aus ebensowenig stichhaltigen Gründen. Einen Ritter in Lima namens Suárez de Carbajal, der lange ein öffentliches Amt bekleidet hatte und in der Stadt großen Einfluß besaß, verdächtigte er, den Abfall einiger Verwandter, die sich den Unzufriedenen angeschlossen hatten, begünstigt zu haben. Er ließ ihn spät in der Nacht in seinen Palast kommen, nach einem heftigen Wortwechsel ermorden und die in den blutigen Mantel gehüllte Leiche insgeheim in der Stiftskirche beisetzen. Umlaufende Gerüchte erklärten bald das geheimnisvolle Verschwinden des Ritters, das Grab wurde geöffnet, und die verstümmelten Überreste des Ermordeten machten die Schuld des Vizekönigs offenbar. Von dieser Stunde an wurde Blasco Núñez allgemein verabscheut, da niemand wußte, wer als nächster den unbezähmbaren Leidenschaften des Machthabers zum Opfer fallen würde. Immer mehr Spanier setzten nun ihre Hoffnung auf Gonzalo Pizarro.

Während dieser Vorgänge trafen die neuen Richter der Audiencia in Lima ein. Schon unterwegs hatten sie keine große Achtung vor den Verordnungen und Willenskundgebungen des Vizekönigs gezeigt; denn sie hatten die unseligen Eingeborenen ebenso schwer und gewissenlos belastet wie irgendeiner der Eroberer. Das Fehlen jeglicher Übereinstimmung zwischen ihnen und Blasco Núñez wurde nach ihrer Landung in Lima noch augenscheinlicher: Sie mißbilligten sein Verfahren in allen Stücken und erklärten seine Handlungsweise für willkürlich, da sie die Grenzen seiner Macht weit überschreite. Sie begaben sich sogar persönlich ins Gefängnis und setzten die Gefangenen in Freiheit. Dieses dreiste Eingreifen gewann ihnen zwar die Gunst des Volkes, zerstörte aber vollends ihr Verhältnis zum Vizekönig.

Inzwischen war Gonzalo Pizarro bis auf wenige Tagemärsche gegen Lima vorgerückt. Blasco Núñez fühlte seine Verlassenheit; den eigenen Anhängern entfremdet, mit der Audiencia verfeindet, von seinen Truppen verraten, wurde er in seinen Entschlüssen unsicher und schwankend. Erst ließ er die Stadt in Verteidigungszustand versetzen, dann plante er, seine Truppen nach dem etwa zweihundertvierzig Meilen entfernten Trujillo zu führen und auf dem Marsch das gesamte Land zu verwüsten, um Pizarros Heer, wenn es nach Lima käme, dem Hunger preiszugeben und es davon abzubringen, ihn auf einem langen Zug durch verödete Gegenden zu verfolgen. Die Richter erklärten, er sei zu solchem Verfahren nicht befugt, und die Audiencia könne ihre Sitzungen nicht außerhalb der Hauptstadt abhalten. Doch bestand Blasco Núñez auf seinem Entschluß und drohte, die Körperschaft mit Gewalt dazu zu zwingen. Da hoben die Richter eine Streitmacht zu ihrem eigenen Schutz aus und ließen den Vizekönig in der nächsten Morgendämmerung verhaften. Von fast all seinen Leuten verlassen, ergab sich dieser ohne Widerstand. Nie hatte eine so unblutige Staatsumwälzung stattgefunden. Die Richter der Audiencia erklärten den Vizekönig für abgesetzt und ernannten eine aus ihrer eigenen Körperschaft bestehende vorläufige Regierung, deren erste Amtshandlung in der Aufhebung der verhaßten Verordnungen bestand, bis man vom Hof neue Befehle erhalten habe. Blasco Núñez sollte nach Spanien zurückgeschickt werden, und zwar in Begleitung eines Richters, der dem Kaiser die letzten Unruhen erklären und die Maßregeln der Audiencia rechtfertigen sollte. Nach wenigen Tagen wurde der Gefangene nach Panamá gebracht.

Gonzalo Pizarro stand jetzt in Jauja, dicht vor Lima. Auch hier traten eine Menge Bürger unter sein Banner, da sie lieber in seinem Heer dienen als länger unter der selbstherrlichen Gewalt der Audiencia leben wollten. Diese sandte jetzt eine Botschaft an Gonzalo und kündete ihm die soeben vollzogene Umwälzung sowie die vorläufige Aufhebung der Verordnungen an; damit sei der Hauptzweck seiner Sendung erreicht, und da nun eine neue Regierung gebildet worden sei, solle er ihr gehorchen, seine Truppen entlassen und sich selbst auf seine Besitzungen begeben. Der Bote wurde mit der Antwort zurückgeschickt, das Volk habe Gonzalo Pizarro zur Statthalterschaft berufen, und wenn die Audiencia ihm die Macht nicht sofort übertrage, werde er Lima der Plünderung preisgeben.

Unterdessen hatte Gonzalo seinen Unterbefehlshaber Carbajal in die Stadt geschickt. Mit Hilfe eines betont kleinen Trupps Soldaten – Ausdruck seiner Verachtung der richterlichen Gewalt –

bemächtigte sich Carbajal einiger Ritter, die seinerzeit von Gonzalo abgefallen waren, und ließ sie aufknüpfen. Voller Bestürzung sahen die Richter der Audiencia, daß bei so rücksichtslosem Vorgehen ihr eigenes Leben an einem Faden hing, und beeilten sich, Gonzalo Pizarro in die Stadt einzuladen mit der Erklärung, die Sicherheit und das allgemeine Wohl erforderten es, die Statthalterschaft in seine Hände zu legen. Mit großem Gepränge, unter Kanonendonner, Glockengeläut und dem Jubelgeschrei der Bewohner zog der neue Machthaber am 28. Oktober 1544 mit seiner Streitmacht in Lima ein und schlug sein Quartier im Palast seines Bruders auf, wo die Flecken von dessen Blut noch nicht verblaßt waren. Die Richter der Audiencia leisteten pflichtgemäß den Amtseid, und Gonzalo Pizarro wurde zum Gouverneur und Oberbefehlshaber von Peru ausgerufen, bis der Wille Seiner Majestät bekannt sei. Feste, Stierkämpfe und Turniere währten tagelang, und die wankelmütige Volksmenge der Hauptstadt jubelte, als habe für Peru eine neue und bessere Ordnung begonnen.

6

Die erste Amtshandlung Gonzalo Pizarros war die Verhaftung derer, die bei den letzten Unruhen am entschiedensten gegen ihn aufgetreten waren. Einige verurteilte er zum Tode, begnügte sich aber dann damit, sie zu verbannen und ihre Güter einzuziehen. Vor allem war er darauf bedacht, seine Autorität zu festigen. Die obersten Verwaltungsposten in Lima besetzte er mit seinen Anhängern und vertraute die wichtigsten Städte des Landes seinen Stellvertretern an. Er ließ Galeeren bauen, um sich die Herrschaft zur See zu sichern, und setzte seine Truppen in den bestmöglichen Stand.

Die königliche Audiencia bestand nur noch dem Namen nach. Um der Statthalterschaft dieselbe Machtfülle wie unter seinem Bruder, dem Marqués, zu verleihen, entzog Gonzalo der richterlichen Körperschaft alle Befugnisse.

Inzwischen war aus dem Hafen das Schiff verschwunden, auf dem Vaca de Castro gefangensaß. Dieser mochte nicht länger in einem Lande bleiben, in dem er keine gesetzliche Macht mehr besaß und nichts nützen konnte, und bewog seinen Kapitän, mit ihm nach Panamá zu segeln. Dort überquerte er die Landenge und schiffte sich nach Spanien ein. Gerüchte von seiner bevorstehenden Ankunft waren ihm schon vorausgeeilt, und seine Neider beeilten sich, ihn eigenmächtiger Maßnahmen sowie der Verschwendung öffentlicher Gelder zu bezichtigen. Kaum hatte er den Fuß auf den Boden seines Vaterlandes gesetzt, als er gefangengenommen und auf eine Festung gebracht wurde. Dort blieb er zwölf Jahre lang Staatsgefangener, bis die säumigen Gerichtshöfe Kastiliens seine Unschuld feststellten und ihn freisprachen. Nun wurde er in seine Ehren und Würden wiedereingesetzt und nahm aufs neue seinen Sitz im königlichen Rat ein. Das beredteste Zeugnis für seine kluge Verwaltung waren die Unruhen, in die sein Nachfolger die peruanischen Niederlassungen stürzte.

Größeren Verdruß sollte Gonzalo die Rückkehr des Vizekönigs Blasco Núñez bereiten. Kaum hatte das Schiff, auf dem er sich befand, die Küste verlassen, als ihn der Richter der Audiencia, unter dessen Aufsicht er nach Spanien reisen sollte, für frei erklärte, ihm das Schiff zur Verfügung stellte und ihm anheimgab, zu landen, wo immer es ihm beliebe. Der Vizekönig nahm das Anerbieten begierig an; denn sein stolzer Sinn sträubte sich gegen den Gedanken, nach dem Mißlingen seiner Mission mit Schande beladen nach Kastilien zurückzukehren. Er beschloß, sein Glück noch einmal in Peru zu versuchen, landete in Túmbez und erließ eine Bekanntmachung, worin er das gewaltsame Vorgehen Gonzalo Pizarros und seiner Anhänger für Verrat an ihrem Herrscher erklärte und alle treuen Untertanen aufforderte, ihn bei der Erhaltung der königlichen Macht zu unterstützen. Der Aufruf blieb nicht unbeachtet, und zögernd stellten sich Freiwillige aus den Küstenstädten unter seinen Befehl. In der Stadt San Miguel, wo Benalcázar, der treue Befehlshaber der im Norden des Landes gelegenen Provinz Popayán, ihm seine Hilfe im bevorstehenden Kampf versprach, pflanzte er seine Fahne auf und sah sich nach wenigen Wochen an der Spitze einer etwa fünfhundert Mann zählenden Streitmacht. Und da er sich nun für stark genug hielt, griff er einige von Pizarros Hauptleuten mit entschiedenem Erfolg an.

Während dieser Zeit war Gonzalo Pizarro nicht müßig gewesen. Er ließ eine starke Besatzung in Lima zurück und machte sich unverzüglich mit etwa sechshundert Mann nach San Miguel auf. Als er die Stadt erreichte, fand er sie vom Gegner verlassen, denn des Vizekönigs Soldaten, zumeist junge, eilig zusammengebrachte Mannschaften, waren durch den Namen Pizarro eingeschüchtert und wollten sich nicht ohne die Hilfe Benalcázars auf eine Schlacht einlassen. Gonzalo sandte ihnen seinen General Carbajal mit einer Abteilung leichter Voraustruppen nach und jagte sie, ohne ihnen Ruhe zu gönnen, durch die wüsten Sumpfebenen von Paltos, bis beide Parteien, Verfolgte und Verfolger, nach kaum noch erträglichen Leiden und Entbehrungen gleichermaßen erschöpft waren. Nördlich von Quito in der Nähe von Los Patos langte der Vizekönig endlich in Benalcázars Gebiet an. Hier machte auch Pizarros Heer halt, und durch einen kleinen Fluß voneinander getrennt, schlugen die feindlichen Truppen ihr Nachtlager auf. Am 18. Januar 1546 traten beide Heere in der Ebene von Añaquito zum Kampf an. Die Truppen des Vizekönigs beliefen sich jetzt auf etwa vierhundert Mann, Pizarros Streitmacht, in beherrschender Stellung auf einem Hügelkamm, zählte ungefähr siebenhundert. Blasco Núñez eröffnete die Schlacht mit dem Geschoßhagel seiner Hakenbüchsenschützen, und bald nahm der übers Feld hinziehende Pulverdampf den Kämpfenden jede Sicht. Es war schon spät, als die Schlacht begann, und das Tageslicht schwand schnell. Unter der Deckung des Rauches rückten auf beiden Seiten die Pikeniere vor und waren bald in hitzigem Handgemenge. Dann prallten die Berittenen aufeinander. Pizarros Reiterei ergoß sich wie eine übermächtige Welle auf den Feind und trieb ihn am Abhang vor sich her. Es war ein verzweifelter Kampf. Als die Lanzen zersplittert waren, fochten die Reiter Mann gegen Mann in wildem Knäuel mit Schwertern und Streitäxten. Der Boden war mit Leichen bedeckt, Rosse und Reiter, Tote und Lebende lagen in Haufen übereinander. Der Kampf dauerte nicht lange, denn obwohl die Zahl der Berittenen auf beiden Seiten ziemlich gleich war, konnte sich die Reiterei des Vizekönigs, ermüdet von den anstrengenden Märschen der letzten Tage, nicht mehr mit dem Feinde messen. Benalcázar geriet, von Wunden bedeckt, unter die Hufe seines Pferdes und blieb für tot auf dem Schlachtfeld liegen. Blasco Núñez zersplitterte als erster im Reiterkampf seine Lanze und kämpfte als tapferer Ritter; aber da seine Gefährten einer nach dem anderen fielen, war er schließlich fast ohne Beistand und mußte der zahlenmäßigen Übermacht des Gegners unterliegen. Schon war er verwundet, als ihn ein Soldat mit einem Hieb seiner Streitaxt vom Pferde warf und betäubt zu Boden streckte. Einer von Pizarros Leuten erkannte ihn und zeigte ihn sogleich dem Bruder jenes Ritters, den Blasco Núñez in seinem Palast so unbedacht hatte ermorden lassen. Um sein Gelübde einzulösen, am Vizekönig blutige Rache zu nehmen, wollte er ihn mit eigener Hand töten. Aber der Unterführer Puelles verwehrte es ihm als entehrende Handlung und befahl einem schwarzen Sklaven, dem Sterbenden den Kopf abzuschlagen. Das Haupt wurde auf einer Pike emporgehalten, und einige Soldaten waren roh genug, die grauen Haare aus dem Bart des Toten zu reißen und sie als gräßliche Siegeszeichen ans Barett zu stecken. Auf so traurige Weise endete Blasco Núñez, der erste Vizekönig von Peru.

Damit war das Schicksal des Tages entschieden. Die Pikeniere vermochten Pizarros Reiter nicht mehr aufzuhalten; ihre Reihen wurden durchbrochen und alle in wilde Flucht geschlagen. Die Verfolgung währte nicht lange, denn die Dunkelheit brach herein, und Gonzalo ließ die Trompeten blasen, um seine Leute unter ihre Banner zu rufen.

Fast ein Drittel der Soldaten des Vizekönigs hatte den Tod gefunden. Die Verluste der anderen Seite waren unbeträchtlich. Einige der besiegten Ritter, wahrscheinlich solche, die früher Pizarro angehangen hatten, wurden hingerichtet, andere nach Chile in die Verbannung geschickt; der größte Teil wurde vom Sieger begnadigt. Dem von seinen Wunden genesenen Benalcázar wurde erlaubt, in seine Provinz zurückzukehren, unter der Bedingung, nie wieder die Waffen gegen Pizarro zu erheben. Dieser war sehr aufgebracht über die dem Vizekönig angetane Schmach und ließ dessen verstümmelte Überreste mit allen seinem Range gebührenden Ehren in der Stiftskirche zu Quito begraben. Gonzalo Pizarro ließ es sich nicht nehmen, schwarz gekleidet als Hauptleidtragender im Trauerzuge einherzugehen; offensichtlich war es bei den Pizarros üblich, ihren Opfern diese letzte Ehre zu erweisen.

Der Sieg von Añaquito wurde im nahen Quito mit Freude begrüßt, alle Städte Perus sahen darin das Ende der verhaßten Verordnungen, und durchs ganze Land erscholl der Name Gonzalo Pizarros als der des Befreiers. Im Juli 1546 verließ er Quito; sein Marsch nach dem Süden war ein einziger Triumphzug, und unter Freudengeschrei und Glockengeläut zog er in Lima ein. Noch einmal war Peru unter die Herrschaft eines Pizarro gestellt. Nun war er unbestrittener Gebieter; von Quito bis zur Nordgrenze Chiles erkannte das ganze Land seine Macht an, sein Heer war besser gerüstet und ausgebildet als alle, die man bisher auf amerikanischem Boden gesehen hatte, und die neu geöffneten Erzadern von Potosí, ergiebiger als irgendeins der bisher entdeckten Vorkommen in Mexiko oder Peru, lieferten ihm die Hilfsquellen eines europäischen Monarchen.

BEFRIEDUNG DES LANDES

I

Während dieser bedeutsame Umsturz in Peru vor sich ging, gelangten von Zeit zu Zeit Gerüchte davon nach dem Mutterlande; aber die Entfernung war so groß und die Gelegenheit zur Übermittlung so selten, daß die Nachrichten gewöhnlich erst eintrafen, wenn die Begebenheiten lange zurücklagen. Die spanische Regierung vernahm mit Schrecken von den Unruhen, welche die Verordnungen und das unbesonnene Benehmen des Vizekönigs ausgelöst hatten, und bald darauf erfuhr sie, daß der neue Machthaber abgesetzt und aus der Hauptstadt verjagt worden sei, während das ganze Land sich unter Gonzalo Pizarro gegen ihn erhoben habe. Alle Volksklassen waren bestürzt über die alarmierende Kunde, und viele, die vorher die Verordnungen gebilligt hatten, verdammten jetzt laut die Verantwortlichen, die, ohne auf den leicht zu entflammenden Charakter des Volkes Rücksicht zu nehmen, so unbesonnen eine Zündschnur gelegt hatten, die nun alle Pflanzstaaten mit einer großen Explosion bedrohte.

So lagen die Dinge im Sommer 1545, als Karl V. sich in Deutschland befand, ganz in Anspruch genommen von den Unruhen der Glaubenskämpfe in seinem Reich. Die Regierung lag in den Händen seines Sohnes, der als Philipp II. bald das Zepter über den größten Teil des väterlichen Herrschaftsbereichs führen sollte und damals in Valladolid residierte. Er berief einen aus erfahrenen Geistlichen, Rechtsgelehrten und Kriegsmännern bestehenden Rat ein, um über Maßnahmen zur Wiederherstellung der Ordnung in den Pflanzstaaten zu entscheiden. Übereinstimmend betrachteten alle Pizarros Handeln als verwegene Rebellion, und zuerst gab es nur wenige, die nicht dafür gewesen wären, die ganze Kraft der Regierung einzusetzen, um die Ehre der Krone zu verteidigen, den Aufruhr zu unterdrücken und die Urheber zu bestrafen.

Wie aber sollte man an der weiten Küste Truppen landen, da die Hauptplätze, die Schlüsselstellungen des ganzen Landes, sich in den Händen der Eroberer befanden, während ihre Flotte den Stillen Ozean beherrschte und schon jede Annäherung an die Küste verhinderte? Und wenn wirklich die Landung einer spanischen Streitmacht gelänge, welchen Erfolg konnte man in einem Kampf mit den erprobten, an Land, Klima und indianische Kriegführung gewöhnten Soldaten Pizarros erwarten, die ihrem Befehlshaber von ganzem Herzen zugetan waren? Die nach Peru entsandten neuen Truppen konnten ja selbst vom Geist der Empörung angesteckt und ihrem Eid untreu werden. Es blieb daher nichts anderes übrig, als es mit versöhnlichen Maßnahmen zu versuchen, die verhaßten Verordnungen aufzuheben und allen, die sich unterwarfen, volle Begnadigung zu verheißen. Aber dem aufgeregten Volk diese Zugeständnisse zu machen, ohne dabei die Würde und unantastbare Macht der Krone preiszugeben, war schwierig und hing ganz und gar vom Charakter des Bevollmächtigten ab.

Nach reiflicher Überlegung fand man den geeigneten Mann in dem Geistlichen Pedro de la Gasca – ein Name, der, zumal vor dem Hintergrund jener düsteren Zeiten, bis auf den heutigen Tag in unvermindertem Glanze leuchtet.

Pedro de la Gasca, der sich durch unverbrüchliche Königstreue und geschickte, weitblickende Verwaltungstätigkeit zu hohen Ämtern emporgedient hatte, übernahm die ihm zugedachte Mission. Er wolle, so erklärte er, ohne Besoldung oder Entschädigung, ohne Entfaltung von Prunk oder kriegerischem Glanz ans Werk gehen und gedenke, es allein mit seiner Stola und seinem Brevier zu vollbringen. Da er jedoch angesichts der weiten Entfernung vom Mutterland die Schwierigkeit voraussah, in ungewöhnlichen und unerwarteten Fällen schnell und selbständig zu handeln, begnügte er sich bei aller Bescheidenheit und Demut nicht mit der eifersüchtig beschnittenen Vollmacht, wie sie die kastilische Regierung den Pflanzstaatbeamten aus gewohntem Mißtrauen zu erteilen pflegte, sondern erbat sich vom Kaiser persönlich eine umfassende Befugnis, die ihn nicht nur als Stellvertreter des Herrschers auswies, sondern auch mit dessen ganzer Macht bekleidete. Karl V., von Gascas Gründen überzeugt, bewilligte ihm die Vollmacht so unumschränkt, wie er sie begehrte.

Gasca sollte den Titel ›Präsident der königlichen Audiencia‹ führen; unter dieser einfachen Bezeichnung wurde er an die Spitze der gesamten zivilen, militärischen und richterlichen Verwaltung im Pflanzstaat gestellt. Er wurde ermächtigt, neue Repartimientos zu verteilen und die bereits vergebenen zu bestätigen. Er durfte Krieg erklären, Truppen ausheben, nach seinem Gutdünken Ämter besetzen oder Beamte abberufen. Er konnte das königliche Vorrecht der Begnadigung ausüben und war insbesondere ermächtigt, ausnahmslos allen denen Straferlaß zu gewähren, die in den gegenwärtigen Aufruhr verwickelt waren. Überdies war er befugt, sogleich die verhaßten Verordnungen zu widerrufen. Die beiden letzten Bestimmungen bildeten gewissermaßen die Grundlage seines gesamten Wirkens.

Da Geistliche nicht von weltlicher Hand belangt werden konnten und doch oft als Unruhstifter in den Pflanzstaaten auftraten, erhielt Gasca die ausdrückliche Erlaubnis, diejenigen aus Peru zu verbannen, bei denen er es für nötig halte. Auch den Vizekönig sollte er nach Hause schicken dürfen, wenn das Wohl des Landes es erforderte. Seinem eigenen Vorschlag gemäß sollte er keine feste Besoldung erhalten, sondern unbeschränkt über die Schatzkammern Panamás und Perus verfügen können. Er wurde mit Briefen des Kaisers an die obersten Behörden nicht allein in Peru, sondern auch in Mexiko und den benachbarten Pflanzstaaten versehen, die alle zu seiner Unterstützung aufgefordert wurden; und schließlich erhielt er Blankoblätter mit dem kaiserlichen Namenszug, die er nach seinem Ermessen ausfüllen durfte.

Der neue Präsident traf nun seine weiteren Vorbereitungen. Sie waren geringfügig und einfach; denn nur eine kleine Schar Getreuer sollte ihn begleiten, unter denen vor allem Alonso de Alvarado hervorragte, jener tapfere Offizier, der, wie der Leser sich erinnern wird, lange unter Francisco Pizarro das Kommando geführt hatte. Während der letzten Jahre hatte er sich am Hof aufgehalten und begleitete jetzt Gasca auf dessen Verlangen nach Peru, wo seine Gegenwart die Verhandlungen mit den Aufrührern erleichtern konnte, während seine Kriegserfahrung, falls man zu den Waffen greifen müßte, sich als nicht minder nützlich erweisen würde. Es bedurfte noch einiger Zeit, das kleine Geschwader segelfertig zu machen, und am 26. Mai 1546 schiffte sich der Präsident mit seinem Gefolge nach der Neuen Welt ein.

Nach einer glücklichen und für damalige Zeiten nicht langen Fahrt landete er um Mitte Juli im Hafen von Santa Marta. Hier hörte er zu seiner Bestürzung von der Schlacht von Añaquito, von Niederlage und Tod des Vizekönigs und von Gonzalo Pizarros seither unumschränkter Herrschaft über das Land: Ereignissen, von denen zum Zeitpunkt von Gascas Abreise noch keine Kunde nach Spanien gedrungen war, obwohl sie schon mehrere Monate zurücklagen.

Der Präsident war nun voller Besorgnis, denn er sagte sich, nach einer Freveltat wie dem Mord am Vizekönig mußten die Empörer mit gutem Grund glauben, jede Gnade verwirkt zu haben, und würden nur um so rücksichtsloser handeln. Er ließ daher bekannt werden, seine Vollmacht sei ihm erst nach jener unheilvollen Schlacht erteilt worden und ermächtige ihn ausdrücklich, allen, die sich bisher gegen die Regierung vergangen, völligen Straferlaß zu gewähren.

Gasca war unschlüssig, an welcher Stelle er versuchen sollte, den Boden Perus zu betreten. Sämtliche Häfen befanden sich in der Hand Pizarros und standen unter der Aufsicht seiner Offiziere, die streng angewiesen waren, alle Verbindungen mit Spanien abzuschneiden und jeden, der eine Vollmacht aus dem Mutterlande mitbringe, so lange aufzuhalten, bis Pizarros Befehle eingeholt worden seien. Endlich entschloß sich Gasca, nach Nombre de Dios überzusetzen, das damals von einer starken Streitmacht unter Hernán Mejia besetzt war, einem Offizier, dem Gonzalo Pizarro dieses starke Tor zu seinem Gebiet anvertraut hatte, weil er zuversichtlich auf seine Treue baute.

Wäre Gasca hier in drohender Haltung, mit kriegerischer Macht oder auch nur mit amtlichem Gepränge erschienen, dann wäre es ihm gewiß nicht leicht geworden, Fuß zu fassen. Aber in der Ankunft eines armen Geistlichen ohne Streitmacht, der, wie es schien, nur als Bote der Gnade kam, sah Mejia keinen Grund zur Besorgnis. So empfing er ihn, sobald er Stand und Auftrag des Abgesandten erfahren hatte, mit den gebührenden Ehren, indem er ihm an der Spitze seiner Truppen nebst einer großen Schar von Geistlichen entgegenzog.

Gasca erklärte, daß er als Bote des Friedens komme, und

machte ihn mit dem ganzen Umfang seines Auftrags bekannt, mit seiner Ermächtigung, ausnahmslos allen, die sich sofort der Regierung unterwürfen, aufrichtige Verzeihung zu gewähren, sowie mit seiner Absicht, die Verordnungen zu widerrufen. Der Zweck der Empörung sei nunmehr erreicht, und den Kampf fortzusetzen wäre offener Aufruhr. Er forderte den Befehlshaber von Nombre de Dios auf, ihm zu helfen, die Unruhen im Lande beizulegen und die Untertanen zum schuldigen Gehorsam zurückzuführen. Die sanfte, versöhnliche Sprache machte auf Mejia sichtlich Eindruck, da sie von der Anmaßung Blasco Núñez' und der Strenge Vaca de Castros völlig abwich. Und da er trotz seiner Bindung an Pizarro im Grunde ein treuer Untertan der Krone und wie die meisten mehr zufällig als absichtlich zum Empörer geworden war, schien ihm die Gelegenheit günstig, zu seiner Untertanenpflicht und damit zur königlichen Gunst zurückzukehren. So versicherte er dem Präsidenten, er sei bereit, ihm bei dem guten Werk der Befriedung beizustehen.

Wichtiger war es für Gasca, sich den Gehorsam Hinojosas, des Gouverneurs von Panamá, zu sichern, da dort Pizarros aus zweiundzwanzig Schiffen bestehende Flotte im Hafen lag. Hinojosa, ein Mann von festerem Charakter, als er sonst bei den Abenteurern der Neuen Welt anzutreffen war, und für Pizarros Sache eingenommen, hörte Gascas Ausführungen wohl ehrerbietig an, verlangte aber seine Vollmacht zu sehen, um zu erfahren, ob ihn diese berechtige, Pizarro in seiner gegenwärtigen Stellung zu bestätigen. Gasca wich der Frage aus. Da schrieb Hinojosa an Pizarro und unterrichtete ihn von der Ankunft des Präsidenten sowie vom Zweck seiner Sendung; doch sei jener nach seiner Überzeugung nicht befugt, Pizarro in seiner Statthalterschaft zu bestätigen. Gasca aber bediente sich insgeheim eines Dominikanermönchs, der eben zu einer der Küstenstädte Perus aufbrechen wollte, und gab ihm Bekanntmachungen mit, die den Zweck seiner Anwesenheit erklärten und die Aufhebung der Verordnungen sowie die volle Verzeihung für alle Gutwilligen versprachen; diese Blätter sollte der Mönch in den wichtigsten Städten des Pflanzstaates verteilen. In weiteren Schreiben an Geistliche und Stadtbehörden bat Gasca um Unterstützung bei der Verbreitung von Treue und Gehorsam im Volk und stellte für später wirksame Maßnahmen zum Wohle des Landes in Aussicht. Mochten auch manche dieser ausgestreuten Samenkörner auf unfruchtbaren Boden fallen, so hoffte der Präsident doch, daß der größte Teil im Herzen des Volkes Wurzel schlagen werde; und er wartete geduldig auf die Ernte.

Obgleich es ihm nicht gelang, Hinojosas Bedenken zu zerstreuen, verfehlte doch seine milde, überzeugende Sprache nicht ihre Wirkung auf andre Ritter, die in Panamá bei der Flotte dienten. Durch deren Bereitwilligkeit, sich der Sache der Krone anzuschließen und Gasca behilflich zu sein, gelang es diesem, Verbindung mit den Behörden von Guatemala und Mexiko aufzunehmen, die er von seiner Sendung unterrichtete und ermahnte, keinen weiteren Verkehr mit den Empörern in Peru zuzulassen. Endlich bewog er Hinojosa, ihm eine Verbindung mit Pizarro selbst zu verschaffen. Ein Schiff wurde nach Lima gesandt mit einem Brief Karls V. an den rebellischen Befehlshaber nebst einer Botschaft von Gasca selbst. Das königliche Schreiben war in der versöhnlichsten Form abgefaßt und weit davon entfernt, Gonzalo als Empörer hinzustellen; vielmehr sei dieser durch die Umstände, insbesondere durch die Halsstarrigkeit Blasco Núñez', der den Ansiedlern das unveräußerliche Recht der Bitte verweigert habe, zu seinem Verhalten gezwungen worden. Es deutete weder die Absicht an, Pizarro in seiner Statthalterschaft zu bestätigen, noch ihn daraus zu entfernen, sondern verwies ihn an Gasca, der ihn mit dem königlichen Willen bekanntmachen werde und mit dem gemeinsam er die Ruhe im Lande wiederherzustellen habe. Gasca selbst bemerkte in seinem Brief, für Gonzalos bisheriges Verhalten fehle nunmehr die Grundlage, und alle gewünschten Zugeständnisse seien gemacht worden; jetzt bleibe Pizarro nichts weiter übrig, als der Krone Gehorsam zu leisten. Er beschwor ihn bei seiner Ritterehre und Vasallenpflicht, die königliche Würde zu achten und nicht unbesonnen einen Kampf gegen die Krone heraufzubeschwören, dessen Beweggrund nicht Vaterlandsliebe, sondern nur eigensüchtiger Ehrgeiz sein könne. Die beiden Schreiben vertraute Gasca einem ihm ergebenen Ritter namens Paniagua an, außerdem Bekanntmachungen und Briefe, die dieser heimlich in Lima verbreiten sollte.

Wochen und Monate verstrichen, während derer sich Gasca, von jeder Verbindung mit Peru abgeschnitten, wie eine Art Strafgefangener zurückgehalten sah und auf eine Botschaft von Pizarro warten mußte. Reisende, die aus Lima kamen, waren übereinstimmend der Meinung, seine Macht sei zu fest gegründet, um erschüttert werden zu können.

Doch trotz aller Selbstherrlichkeit wartete Pizarro beklommen auf Nachrichten, aus denen hervorginge, in welchem Licht die spanische Regierung seine Handlungsweise betrachtete. Dies zeigte sich in der ängstlichen Vorsicht, mit der er die Landungsplätze an der Küste bewachen ließ, um königliche Sendboten fernzuhalten. Daher empfing er Hinojosas Kunde von der Landung Gascas und dem Zweck seiner Mission mit nicht geringem Unbehagen. Zwar wurde seine Unruhe gemildert, als er hörte, der Abgesandte sei ohne Kriegsmacht und ohne prunkvolles Beiwerk, sondern gewissermaßen nur im schlichten Gewand eines frommen Bekehrers gekommen. Aber die Nachricht von Gascas Ankunft beschleunigte seinen Plan, Sendboten nach Spanien zu schicken, die sein Verhalten in jüngster Zeit rechtfertigen und die königliche Bestätigung seiner Macht erbitten sollten. An die Spitze der Gesandtschaft stellte er den Ritter Lorenzo de Aldana, der als einer der treusten Anhänger sein ganzes Vertrauen genoß. Außer den Berichten an die Regierung wurde den Abgesandten auch ein von den Einwohnern Limas verfaßter Brief an Gasca mitgegeben, worin sie diesen zwar höflich willkommen hießen, zugleich aber bedauerten, daß er zu spät komme, denn durch den Sturz des Vizekönigs seien die Wirren im Lande jetzt beigelegt und unter der Herrschaft Pizarros völlige Ruhe eingetreten; auch sei eine Gesandtschaft nach Kastilien unterwegs, nicht um Verzeihung zu erflehen, denn sie hätten kein Verbrechen begangen, sondern um den Kaiser zu bitten, ihren Anführer in der Statthalterschaft zu bestätigen als den Mann, der in Peru den größten Anspruch darauf habe; Gascas Anwesenheit aber werde nur neue Unruhen bringen. Der Bericht schloß mit der dunklen Andeutung, sein Versuch zu landen werde ihn möglicherweise das Leben kosten.

Mit seinen Aufträgen versehen, legte Pizarros Abgesandter Aldana seine Reise nach Panamá schnell zurück. Er wurde sogleich bei Gasca vorgelassen und erfuhr von diesem den Inhalt der königlichen Vollmacht und den Umfang der den Empörern bewilligten Zugeständnisse. Jetzt begriff er, daß er sich mit Gonzalo Pizarro auf ein verzweifeltes Unternehmen eingelassen hatte und daß nach dessen Gelingen die Ansiedler vernünftigerweise keine weiteren Forderungen mehr stellen durften. Sosehr er seinem Anführer auch ergeben war, fühlte er sich doch keineswegs verpflichtet, sich an einem von purer Machtgier diktierten furchtbaren Kampf mit der Krone zu beteiligen. Daher gab er die Fahrt nach Kastilien auf und erklärte sich bereit, die von der Regierung gebotene Verzeihung anzunehmen und dem Präsidenten bei der Regelung der peruanischen Angelegenheiten behilflich zu sein. Hierauf schrieb er an seinen Befehlshaber nach Lima, teilte ihm seinen Entschluß mit und empfahl ihm dringend, seinem Beispiel zu folgen.

Der Einfluß eines so wichtigen Mannes wie Aldana vermochte jetzt auch Hinojosas Bedenken zu zerstreuen: Er stellte nunmehr die Flotte unter Gascas Befehl. Er und die Schiffsbesatzungen leisteten Kastilien den Treueid und hißten die königlich spanische Flagge an Bord des Geschwaders. Damit war Pizarro das Hauptbollwerk seiner Macht für immer genommen und der Schlüssel zu Peru in Gascas Hand. So war dieser große Schritt ohne Gewalt oder Betrug allein durch Geduld und kluge Voraussicht getan.

2

Sobald Gasca in den Besitz Panamás und der Flotte gelangt war, hob er Truppen aus und versah sich mit reichlichen Lebensmittelvorräten. Er sorgte dafür, daß den Soldaten die längst fälligen Rückstände gezahlt wurden, und versprach ihnen für die Zukunft freigebige Besoldung. Da die Geldmittel der Schatzkammer erschöpft waren, nahm er als Bevollmächtigter der Regierung Anleihen bei den reichen Bürgern von Panamá auf, die ihm im Vertrauen auf seine Rechtschaffenheit bereitwillig die nötigen Vorschüsse gaben. Bevor er selbst absegelte, beschloß er, ein kleines Geschwader von vier Schiffen unter Aldanas Befehl vorauszuschicken, das vor dem Hafen von Lima kreuzen sollte, um denen Schutz zu gewähren, die zur königlichen Sache hielten, und sie notfalls an Bord zu nehmen. Aldana wurden auch Abschriften von der Vollmacht des Präsidenten mitgegeben, die er Gonzalo Pizarro überreichen sollte, damit sich dieser überzeugen könnte, daß noch Zeit zur Umkehr sei, bevor ihm die Tore der Gnade verschlossen würden.

Während dieser Vorgänge taten Gascas Briefe und Bekanntmachungen ihre Wirkung in Peru. Es lag auf der Hand, daß das Volk, da ihm persönliche Sicherheit und Eigentum gewährleistet wurden, nichts zu gewinnen hatte, wenn es weiter zu Pizarro hielt. Jetzt gingen Vorteil und Pflicht jedes einzelnen Hand in Hand, und das eine Zeitlang unterdrückte, aber nicht erloschene Gefühl für Untertanentreue erwachte wieder. Anzeichen dieses Umschwungs der allgemeinen Stimmung machten sich schließlich auch in Lima bemerkbar, obwohl alle Nachrichten über die Mission des Präsidenten ängstlich von der Hauptstadt ferngehalten worden waren. Auch Gonzalo gewahrte jetzt erste Zeichen der Abneigung.

Zu dieser Zeit langte Paniagua in Gascas Auftrag mit dessen Schreiben und dem Brief des Kaisers an Pizarro vor dem Hafen an. Das war der entscheidende Augenblick für Gonzalos Schicksal. Gespornt durch seinen glühenden Ehrgeiz, verschmähte er es, die verzweifelten Aussichten eines Kampfes mit der Krone genau zu erwägen. Er verwarf das Anerbieten der Begnadigung; damit zerriß er das letzte Band zu seinem Vaterland und erklärte sich offen als Empörer. Kurz darauf erhielt er Nachricht vom Abfall Aldanas und Hinojosas und von der Übergabe der Flotte – des Hauptbollwerkes seiner Macht –, auf die er eine ungeheure Summe verwendet hatte. Ferner erfuhr er von der Abtrünnigkeit einiger wichtiger Städte im Norden und von der Ermordung Puelles', des treuen Offiziers, dem er die Regierung in Quito anvertraut hatte. Nicht lange darauf kam die Kunde, daß seine Herrschaft auch auf der entgegengesetzten Seite, in Cuzco, angegriffen wurde. Denn hier war Centeno, einst Unterbefehlshaber Gonzalos, später General unter Blasco Núñez, wieder aufgetaucht, der sich nach der Schlacht bei Añaquito, von Carbajal verfolgt, in einer Berghöhle verborgen gehalten hatte. Jetzt, nach Jahresfrist, war er aus seinem Versteck hervorgetreten und hatte auf die Nachricht von Gascas Ankunft erneut das königliche Banner erhoben, hatte Cuzco bei Nacht überfallen und erobert, die Besatzung besiegt und die Stadt für die Krone gesichert. Danach war er nach Charcas marschiert und hatte sich dort mit dem Offizier vereinigt, der für Pizarro das Kommando in La Plata führte. Beide Ritter bezogen nun mit einer Streitmacht von tausend Mann Stellung an den Ufern des Titicacasees und warteten dort auf eine Gelegenheit, ihrem ehemaligen Befehlshaber als Feinde entgegenzutreten.

Bitter enttäuscht von der Abtrünnigkeit derer, auf die er das größte Vertrauen gesetzt hatte, war Gonzalo Pizarro von den traurigen Nachrichten, die so dicht aufeinanderfolgten, wie betäubt. Doch verlor er keine Zeit mit unnützen Klagen, sondern schrieb an seine Hauptleute, soweit er sie noch für treu hielt, sie sollten sich bereit halten und ihm auf den ersten Wink mit ihren Truppen zu Hilfe eilen; er erinnerte sie an ihre Verpflichtungen gegen ihn und deutete an, ihr Vorteil sei von dem seinen nicht zu trennen; die Vollmacht des Präsidenten, so fügte er hinzu, sei diesem erteilt worden, ehe man in Spanien etwas von der Schlacht bei Añaquito gewußt habe, und könne unmöglich Verzeihung für die am Tode des Vizekönigs Beteiligten in sich schließen. Dann hob er in Lima Truppen aus und sah sich bald an der Spitze einer tausend Mann starken, vorzüglich ausgerüsteten Streitmacht. Sein bedeutendster Unterführer war wiederum der alte Carbajal, der die Kriegskunst einst unter den größten Feldherren Europas erlernt hatte. Die verschwenderische Ausrüstung von Pizarros Armee übersteigt jede Vorstellung, ihre Kosten sollen nicht weniger als eine halbe Million Pesos de oro betragen haben. Der Sold für Ritter und gemeine Soldaten war so hoch, wie es nur auf dem silbernen Boden Perus denkbar war. Als Pizarros eigene Geldmittel erschöpft waren, half er sich mit Abstandssummen, die er den reichen Bürgern Limas gegen Befreiung vom Heeresdienst abverlangte, oder durch Zwangsanleihen und andere Arten von Kriegsabgaben. Schon lange war das der Krone gebührende Fünftel nicht mehr nach Kastilien abgeführt worden, da er es sich selbst angeeignet hatte. Jetzt bemächtigte er sich sogar der Münzstätten, vernichtete die königlichen Prägestempel und gab verschlechterte, mit seinem eigenen Initial versehene Münzen heraus. Dies war die äußerste Anmaßung landesherrlicher Rechte.

Doch bei aller Machtentfaltung erfüllte ihn die Abtrünnigkeit seiner Anhänger mit Argwohn, und er wußte nicht, auf wen er sich noch verlassen konnte. Überall wuchs die Unzufriedenheit, und das größte Mißtrauen herrschte in Lima. Obwohl aller Handel und Verkehr mit den anderen Städten völlig abgeschnitten war und niemand ohne Erlaubnis die Stadt verlassen durfte, entgingen viele Bürger den Schildwachen und verbargen sich in den nahe gelegenen Wäldern und Bergen.

Inzwischen war Aldanas Geschwader auf seiner Fahrt längs der Küste in Trujillo gelandet, wo ihn die Einwohner begeistert begrüßten und sich bereitwillig der königlichen Gewalt unterwarfen. Dort erhielt er auch Botschaften von verschiedenen Offizieren Pizarros im Landesinnern, die ihre Rückkehr zur Pflicht kundtaten. Aldana bestimmte Cajamarca zum Sammelplatz, wo sie ihre Streitkräfte vereinigen und Gascas Landung abwarten sollten. Dann segelte er nach Lima weiter. Vor dem Hafen ging er vor Anker, aber kein Schiff der Empörer war zu sehen, denn kürzlich waren vier oder fünf verbrannt worden, um den Einwohnern auch diese Möglichkeit zum Verlassen der Stadt zu nehmen.

Zunächst ließ Aldana eine Abschrift von Gascas Vollmacht seinem ehemaligen Befehlshaber zugehen, der sie entrüstet zerriß. Weitere Bekanntmachungen des Präsidenten setzte Aldana durch seine Agenten bei den Soldaten des Lagers in Umlauf, denen erst jetzt der Zweck von Gascas Sendung, der Umfang seiner Vollmacht und die großmütigen Bedingungen der Regierung bekannt wurden. Alle sannen auf ein Mittel, wie sie sich aus der gegenwärtigen Lage befreien könnten, um zu ihrer Untertanenpflicht zurückzukehren. Einige entflohen bei Nacht aus dem Lager und kamen glücklich an Bord der Schiffe. Andere verbargen sich in den Wäldern, und das Beispiel war so ansteckend, daß selbst die nachgesandten Soldaten sich den Flüchtigen anschlossen.

Auf Gonzalo Pizarro machte die Abtrünnigkeit seiner Anhänger tiefen Eindruck, und es schmerzte ihn, die tapfere Schar, auf die er vertrauensvoll gerechnet hatte, wie einen Morgennebel dahinschwinden zu sehen. Er brach seine Stellung vor Lima ab, um sie nach Arequipa, einer ihm treu gebliebenen Hafenstadt, zu verlegen. Als er dort ankam, war sein Heer durch die große Zahl von Desertionen auf fünfhundert Mann zusammengeschmolzen, die Hälfte der Streitmacht, die er noch vor kurzem in der Hauptstadt befehligt hatte. Und kaum hatten sich seine Truppen von Lima entfernt, als dessen Einwohner Aldana die Tore öffneten, der nun im Namen des Präsidenten die Hauptstadt in Besitz nahm.

Indessen war Gasca von Panamá abgesegelt und ging am 13. Juni 1547 im Hafen von Túmbez an Land. Er fand begeisterte Aufnahme und erhielt viele Glückwünsche von Rittern im Innern des

Landes, die früher unter Pizarros Fahne gestanden hatten und jetzt dem neuen Machthaber ihre Dienste anboten. Gasca nahm das Anerbieten auf höfliche Weise an und beorderte sie gleichfalls nach Cajamarca, dem allgemeinen Sammelplatz. Dorthin sandte er auch Hinojosa, sobald sich dieser mit den Truppen ausgeschifft hatte. Er übertrug ihm den Befehl über alle dort versammelten Streitkräfte und beauftragte ihn, mit der gesamten Heeresmacht in Jauja zu ihm zu stoßen, denn diesen Ort, der in einer schönen, fruchtbaren und für kriegerische Zwecke zentralen Gegend lag, bestimmte er zum Hauptquartier. Dann brach er selbst an der Spitze eines kleinen Reiterhaufens nach Jauja auf.

Dort erhielt er von dem ihm ergebenen Centeno die Nachricht, er halte die Pässe besetzt, durch die Gonzalo aus Peru nach Chile zu fliehen suche, und der Empörer müsse ihm bald in die Hände fallen. Die Kunde erregte große Freude im königlichen Lager. So war denn, wie man glaubte, der Krieg zu Ende, ohne daß der Präsident das Schwert auch nur gegen einen einzigen Spanier zu erheben brauchte! Nachdem Gasca alle Streitkräfte in Jauja zusammengezogen hatte, wartete er dort auf weitere Nachrichten aus dem Süden. Es kam aber ganz anders, als er vermutet hatte.

In der Tat hatte Gonzalo Pizarro, der jetzt in Arequipa stand, beschlossen, Peru zu verlassen und nach Chile zu gehen. Dort hoffte er Truppen genug zusammenzubringen, um später, wenn das unbeständige Volk seines neuen Gebieters überdrüssig geworden wäre, den Versuch zu machen, die Herrschaft über Peru wiederzugewinnen. Aber wie sollte er sein Vorhaben ausführen, wenn Centeno die Bergpässe, über die sein Weg führte, mit einer doppelt so großen Streitmacht wie der seinen besetzt hielt? Er beschloß, es mit Unterhandlungen zu versuchen. So rückte er in der Richtung des Titicacasees vor, in dessen Nähe Centeno sein Lager aufgeschlagen hatte, und schickte einen Abgesandten in dessen Hauptquartier. Er erinnerte seinen jetzigen Gegner an die freundschaftlichen Beziehungen, die einst zwischen ihnen bestanden hatten; auch wolle er nicht mit Centeno rechten und ihm sein Verhalten in jüngster Zeit vorwerfen; er gedenke Peru zu verlassen, und die einzige Gunst, die er von seinem einstigen Gefährten erbitte, sei der freie Durchzug durch das Gebirge.

Centeno antwortete in ebenso höflichen Wendungen, er habe ihre alte Freundschaft nicht vergessen, stehe aber jetzt für die königliche Sache unter Waffen und könne seiner Pflicht nicht untreu werden. Wenn Pizarro seiner Redlichkeit vertrauen und sich ergeben wolle, gebe er ihm sein ritterliches Ehrenwort, daß er seinen ganzen Einfluß bei der Regierung zu seinen Gunsten geltend machen wolle.

Gonzalo las die glatten Worte seines einstigen Kampfgefährten mit bitterer Verachtung und zerriß den Antwortbrief. Nun blieb ihm nur die Entscheidung durch die Waffen. Er brach sein Lager sofort ab und marschierte nach den Ufern des Titicacasees, in dessen Nähe sein Gegner stand. In der Ebene von Huarina traten beide Heere am 26. Oktober 1547 zur Schlacht an.

Centenos Streitkräfte beliefen sich auf ungefähr tausend Mann, seine Reiterei auf etwa zweihundertfünfzig gut ausgerüstete Leute; unter ihnen befanden sich einige Edelleute von Rang, die ehemals unter Pizarros Banner gestanden hatten und zu den besten Kriegern Perus gehörten. Dazu kamen hundertfünfzig Büchsenschützen; der Rest bestand aus irregulären, eilig zusammengezogenen Pikenieren ohne Manneszucht. Unglücklicherweise konnte Centeno, der an einer Lungenentzündung erkrankt war, nicht selbst an der Schlacht teilnehmen; in einer Sänfte getragen, hielt er sich hinter dem Heerhaufen.

Pizarros Schar zählte kaum halb soviel. Sie betrug nicht mehr als vierhundertachtzig Mann, davon nur fünfundachtzig Reiter. Seine Stärke lag in den dreihundertfünfzig Hakenbüchsenschützen, die von Carbajal aufs sorgfältigste gedrillt worden waren und unter seinem Befehl standen. Diese Leute konnten dank ihrer vorzüglichen Waffen und ausgezeichneten Manneszucht als die Blüte des peruanischen Kriegsvolks gelten; sie waren zum Teil mit zwei, einige sogar mit drei Hakenbüchsen ausgerüstet, den zurückgelassenen Waffen der Deserteure, was auf dem Marsch zwar ungemein hinderlich, im Gefecht aber wegen der Zeitersparnis beim Laden von größtem Nutzen war. Vor allem auf sie setzte Pizarro seine Hoffnung für diesen Tag. Er selbst befehligte die Reiterei und stellte sich wie gewöhnlich in die vorderste Linie. Er war prachtvoll gekleidet; über der schimmernden Rüstung trug er einen Überrock aus geschlitztem scharlachrotem Samt und ritt ein feuriges Pferd mit prächtiger Schabracke, so daß der furchtlose Befehlshaber der auffälligste Blickfang auf dem ganzen Schlachtfeld war.

Pizarros erfahrener Unterführer Carbajal ließ haltmachen, da das freie Gelände seinen Hakenbüchsen ein vorzügliches Schußfeld bot, und erwartete den feindlichen Angriff. Centenos königliche Fußtruppen aber waren angesichts ihrer zahlenmäßigen Überlegenheit nicht zu halten; in ihrer falschen Vorstellung von Soldatenehre, wie sie zuchtlosen Truppen eigen ist, hielten sie es für eine Schande, den Angriff abzuwarten, und stürzten trotz der Warnungen ihrer Offiziere auf den Feind los. Carbajal wußte, daß die Schützen gewöhnlich über das Ziel hinwegschießen, deshalb wies er seine Männer an, auf die Gürtellinie der Königlichen oder noch tiefer zu zielen, damit kein Schuß verlorengehe. Seine alten Krieger standen unbeweglich. Als der rasch vorrückende Gegner auf hundert Schritt herangekommen war, ließ Carbajal Feuer geben, und augenblicklich erdröhnte auf seiner ganzen Linie eine Salve, deren Hagel sicher gezielter Kugeln mehr als hundert Angreifer tot zu Boden streckte. Carbajals Schützen ergriffen sofort die übrigen Hakenbüchsen und feuerten sie mit der gleichen furchtbaren Wirkung in den dichten Haufen der Feinde ab. Die königlichen Angreifer flohen in panischem Schrecken vom Schlachtfeld.

Ganz anders entschied sich das Schicksal des Tages im Reitergefecht. Pizarros Berittene hatten hinter Carbajals rechtem Flügel Aufstellung genommen, um den Schützen freien Schußraum zu lassen. Als die Königlichen trotz des Geschoßhagels plötzlich gegen sie ansprengten, rückte Pizarro mit seinen Berittenen einige Schritte vor, um den Angriff abzufangen. Centenos Schwadron jedoch stürmte in gestrecktem Galopp heran und fiel mit solcher Wut über Pizarros Abteilung her, daß sie diese, Reiter und Pferde, in den Staub warf. Der alte Geschichtsschreiber Garcilaso berichtet: ›Sie ritten über die hingestreckten Leiber hinweg wie über eine Schafherde.‹ Wohl versuchten sich Pizarros Berittene wieder zu sammeln, wurden aber überall zurückgetrieben. Das Feld war mit toten Menschen und Pferden bedeckt, und die größten Verluste hatte Pizarros Reiterei erlitten. Dieser hatte seine besten und tapfersten Leute um sich her fallen sehen und entging, selbst von zwei oder drei Reitern zugleich angegriffen, dem Handgemenge nur mit knapper Not; er sprengte davon, und als ein Verfolger den Zügel seines Pferdes festhielt, rettete er sein Leben nur, indem er dem Pferd des Gegners mit seiner Streitaxt einen solchen Hieb auf den Kopf versetzte, daß er zu Boden stürzte und den Reiter zwang, seinen Fang loszulassen. Die Niederlage von Pizarros Berittenen war vollständig, und als er hörte, wie die Trompeten der Königlichen Sieg bliesen, hielt er die Schlacht schon für verloren.

Centenos Fußvolk war, wie wir sahen, durch Carbajals Schützen gänzlich geschlagen und vom Schlachtfeld vertrieben worden. Aber seine Reiterei auf dem rechten Flügel hatte Carbajals linken angegriffen, der aus Musketieren und Pikenieren bestand, einer furchtbaren undurchdringlichen Phalanx von feuerspeienden Hakenbüchsen und einem Wald von Piken. Daher umritt Centenos Kavallerie die linke Flanke Carbajals und vereinigte sich im Rükken des Feindes mit dem eigenen siegreichen Reiterhaufen, der Pizarros Berittene in den Staub geworfen hatte. Aber Carbajals gut gedrillte Soldaten machten mit erprobter Schnelligkeit kehrt, so daß die Nachhut zur vordersten Linie wurde. So starrte den Reitern der königlichen Partei derselbe Wald von Speeren entgegen, und unaufhörlicher Kugelhagel prasselte auf sie ein, bis sie entmutigt dem Beispiel ihrer geschlagenen Fußtruppen folgten und das Schlachtfeld räumten.

Pizarro und einige seiner noch kampffähigen Leute setzten die Verfolgung nur eine kurze Strecke fort. Sein Sieg war vollständig, und er nahm nun die verlassenen Zelte der Königlichen in Besitz, wo er eine ungeheure Beute an Silber und gedeckte Tafeln vorfand. Der Ruhm des Tages war ausschließlich Carbajal und seiner tapferen Schar zuzuschreiben. Es war die wichtigste Schlacht, die bisher auf dem blutbefleckten Boden Perus geschlagen worden war. Als Pizarro über das mit den Leichen seiner Feinde bedeckte Schlachtfeld ritt, soll er sich mehrmals bekreuzigt und ausgerufen haben: »Jesus! Welch ein Sieg!«

Unempfindlich gegen alle Anstrengungen, setzte Carbajal die Verfolgung fort. Die Flüchtigen, die ihm in die Hände fielen, ließ er augenblicklich hinrichten. So wurden seine auf dem Schlachtfeld gewonnenen Lorbeeren durch Grausamkeit gegen schutzlose Gefangene befleckt. Der kranke Centeno hatte das Glück zu entkommen. Als er sah, daß die Schlacht verloren war, verließ er die Sänfte, warf sich auf sein Pferd und erreichte trotz seines Zustandes die nahe Sierra, wo er den Verfolgern entschwand.

Pizarro machte sich den Sieg zunutze und sandte Kommandos

nach Arequipa, La Plata und anderen Städten dieses südlichen Landesteils, um Geldmittel und Verstärkungen zusammenzubringen. Seine Verluste wurden durch die Zahl der Besiegten, die bereitwillig unter seine Fahne traten, mehr als aufgewogen. Nach einer Musterung der Truppen machte er sich nach Cuzco auf, das sich zwar mitunter zur Königstreue hatte verleiten lassen, aber doch schon früh seine Anhänglichkeit an die Sache Pizarros bekundet hatte. In der ehrwürdigen Hauptstadt der Inka wollte er sein Hauptquartier aufschlagen. Jetzt wurde jeder Gedanke an einen Rückzug nach Chile aufgegeben. Der soeben erfochtene Sieg hatte neue Hoffnungen in ihm geweckt und sein früheres Selbstvertrauen neu belebt. Nun würden alle schwankenden und um die eigene Sicherheit besorgten Spanier überzeugt sein, daß sein Stern noch immer im Aufsteigen begriffen sei.

3

Während dieser Ereignisse war der Präsident Gasca in Jauja geblieben und wartete auf Nachricht von Centeno, die ihm, wie er kaum zweifelte, die völlige Niederlage der Empörer melden würde. Daher war seine Bestürzung groß, als er vom unglücklichen Ausgang der Schlacht von Huarina erfuhr. Auch unter den Soldaten verbreitete sich tiefe Niedergeschlagenheit; denn sie meinten, es sei hoffnungslos, gegen einen Mann zu kämpfen, der, wie von einem Zauber beschützt, auch von der größten Übermacht nicht zu überwinden war.

Gasca aber richtete die Verzagten und Abergläubischen auf und strebte mit seiner ganzen Willenskraft danach, den Schaden von Huarina wiedergutzumachen. So beschloß er, sein Lager unverzüglich abzubrechen und gegen die Inkahauptstadt zu marschieren. Während des Marsches und des anschließenden Winterquartiers verstärkte sich die königliche Streitmacht durch ständigen Zustrom von Mannschaften, denn nach der ersten Bestürzung über Gonzalo Pizarros Sieg besann sich das Volk doch darauf, daß das Recht stärker sei und am Ende siegen müsse. Zugleich mit diesen Truppen waren auch einige der ausgezeichnetsten Anführer angekommen. Centeno, der vor Begierde brannte, die Scharte auszuwetzen, begab sich, nachdem seine Gesundheit wiederhergestellt war, mit seinen Anhängern aus Lima in Gascas Lager. Benalcázar, der in die Niederlage des Blasco Núñez im Norden verwickelt gewesen war, traf mit einer andern Truppenabteilung ein; bald nach ihm kam Valdivia, der berühmte Eroberer von Chile, und schloß sich sofort der Partei des Präsidenten an, obgleich er dadurch mit seinem alten Freund und Gefährten Gonzalo Pizarro in Feindschaft geriet. Als das kalte Wetter dem milden Tropenfrühling wich, musterte Gasca seine neuen Truppen, die nahezu zweitausend Mann zählten, allesamt gut ausgerüstet und diszipliniert. Es war die größte europäische Streitmacht, die bisher in Peru zusammengekommen war. Gasca hatte Hinojosa mit ihrer Führung beauftragt und den Marschall Alvarado zum zweiten Befehlshaber ernannt; Valdivia nahm die Stellung eines Obersten mit Sitz im Kriegsrat ein. Im März 1548 wurde das Lager abgebrochen und der Marsch nach Cuzco fortgesetzt.

Inzwischen hatte Gonzalo Pizarro seit seinem Einmarsch in Cuzco das sorglose Leben eines siegreichen Glücksritters geführt, als trüge er die Krone Perus schon auf dem Haupt. Anders verhielt es sich mit Carbajal, der den Sieg von Huarina als den Anfang, nicht als das Ende des Kampfes um die Herrschaft ansah. Unermüdlich wachte er über seine Truppen, drillte sie und war sorgsam um die Aufrechterhaltung der strengsten Manneszucht bemüht. Er hatte, wie es scheint, kein volles Vertrauen zu den Anhängern Pizarros, wenigstens nicht zu denen, die vorher dem Banner Centenos gefolgt waren. Diese Leute, etwa dreihundert an der Zahl, waren gewissermaßen gezwungen gewesen, unter Pizarro Dienst zu nehmen. Sie zeigten kein Herz für die Sache, und der alte Krieger drängte seinen Befehlshaber, sie zu entlassen; es sei weitaus besser, mit wenigen Getreuen in die Schlacht zu gehen als mit einem großen Haufen falscher und zaghafter Mitläufer. Da er aber meinte, sein Anführer habe zuwenig Soldaten, um es mit einem Gegner aufzunehmen, der von den besten Feldherren Perus befehligt wurde, riet er ihm, er möge Cuzco mit allem, was dem Feind sonst als nützliche Beute in die Hände fallen könnte, verlassen, einer offenen Feldschlacht ausweichen und sich in die nahe gelegene Wildnis zurückziehen, wo es ihm bei seiner Kenntnis des Landes ein leichtes sein würde, den Verfolger in den Bergpässen wirksam anzugreifen. Aber der Rat des alten Kriegers behagte dem feurigen Geist Pizarros nicht, der lieber in einer Schlacht sein Glück versuchen als einem Feind den Rücken kehren wollte. Ebensowenig beherzigte er den Rat des Lizentiaten und Heerführers Cepeda, der in Erkenntnis der militärischen Schwäche Pizarros zur Unterhandlung mit dem Präsidenten riet. Gonzalo faßte vielmehr den Entschluß, die indianische Hauptstadt zu verlassen und seinen Gegner im nahe gelegenen Tal von Jaquijahuana, einer sehr günstigen Stellung, zu erwarten. Seine Streitkräfte, wohlausgerüstet und vortrefflich ausgebildet, bestanden jetzt aus etwa neunhundert Mann und sechs Kanonen. Aber zu Pizarros Unglück setzte sich sein Heer, wenigstens teilweise, aus Leuten zusammen, mit deren Treue er keineswegs zuversichtlich rechnen konnte.

Als das königliche Heer den Kamm der hohen Gebirgskette erstiegen hatte, erblickte es unten die schimmernden Reihen des Feindes, dessen weiße Zelte sich ausnahmen wie Schwärme wilder Vögel, die sich zwischen Bergklippen eingenistet haben. Dahinter war ein Haufen indianischer Krieger in ihrer buntfarbigen Kleidung zu erkennen, denn die Eingeborenen, blind gegen ihren wirklichen Vorteil, zeigten großen Eifer für die Sache Pizarros. Gascas Streitmacht formierte sich nun zur Schlacht, und die Anordnungen waren so meisterhaft getroffen, daß auf der anderen Seite der alte Carbajal in das Lob ausbrach: »Entweder der Teufel oder Valdivia muß bei ihnen sein!«, obwohl er nicht wußte, daß dieser wirklich im feindlichen Lager war. Gasca überließ die Schlacht seinen Offizieren und zog sich mit seinem Stab von Geistlichen und Lizentiaten in die Nachhut zurück.

Gonzalo verließ sich wiederum auf die Stärke seiner Feuerwaffen. Sein Fußvolk hatte er unter den Befehl des kriegerischen Lizentiaten Cepeda gestellt, der in letzter Zeit stärkeren Anteil an der Leitung der militärischen Angelegenheiten gehabt zu haben scheint als Carbajal; denn dieser, am Erfolg der gegenwärtigen Unternehmungen zweifelnd, lehnte jede Verantwortung ab und zog die Rolle des einfachen Ritters der des Befehlshabers vor.

Doch gewahrte auch Cepeda mit scharfem Blick das nahende Verderben. Als er seine Befehle von Pizarro erhalten hatte, ritt er vorwärts, als wollte er das von seinen Truppen zu besetzende Gelände auswählen, und bei der Gelegenheit verschwand er für einige Augenblicke hinter einem Felsvorsprung. Als er wieder zum Vorschein kam, sah man ihn in gestrecktem Galopp über die

Ebene jagen. Seine Leute bemerkten dies zwar mit Erstaunen, doch ohne seinen Absichten zu mißtrauen, bis er geradewegs auf die feindlichen Linien zustrebte. Da wurde der Verrat offenbar. Einige jagten ihm nach, und ein Ritter, dessen Pferd schneller war, kam ihm so nahe, daß er nach dem Flüchtling eine Lanze werfen konnte, die Pferd und Reiter leicht verwundete und zu Boden streckte. Ein kleiner Reitertrupp des Gegners, der die Flucht des Überläufers beobachtet hatte, eilte diesem zu Hilfe und trug ihn ins Hauptquartier des Präsidenten.

Das Beispiel Cepedas wirkte ansteckend. Garcilaso de la Vega, der Vater des Geschichtsschreibers, ein Ritter aus alter Familie und wahrscheinlich von höherem Ansehen als irgendein anderer in Pizarros Lager, gab gleich darauf seinem Pferd die Sporen und sprengte zum Feind hinüber. Zehn oder zwölf Büchsenschützen folgten ihm und erreichten den Schutz der königlichen Vorposten.

Pizarro war wie versteinert über die Abtrünnigkeit derer, auf die er am meisten gerechnet hatte. Ihm war, als wanke der Boden unter ihm. Bei solcher Gesinnung der Soldaten wagte er den Angriff nicht in seiner Stellung abzuwarten, sondern gab sofort den Befehl zum Vorrücken. Als Gascas General Hinojosa den Feind in Bewegung sah, gab er seinen Truppen den gleichen Befehl, und das ganze Heer rückte festen Trittes und voller Entschlossenheit vor.

Aber noch ehe der erste Schuß gefallen war, verließ eine Abteilung von Büchsenschützen, die sich hauptsächlich aus Centenos früheren Anhängern zusammensetzte, ihren Posten und lief zum Feind über. Eine ihnen nachgeschickte Reiterschwadron folgte dem Beispiel. Um unnötiges Blutvergießen zu verhindern – denn das Heer der Empörer schien sich von selbst aufzulösen –, befahl der Präsident seinen Leuten, augenblicklich haltzumachen.

Pizarros Anhänger wurden von Schrecken ergriffen, als sie sich und ihren Anführer so an den Feind verraten sahen. Einige warfen ihre Waffen fort und flohen in Richtung Cuzco, andere suchten ins Gebirge zu entkommen. Wieder andere liefen ebenfalls über in der Hoffnung, daß es noch nicht zu spät sei, die versprochene Begnadigung für sich in Anspruch zu nehmen. Die indianischen Verbündeten waren die ersten, die das Feld räumten. Mitten in dem allgemeinen Zusammenbruch fand sich Pizarro allein mit nur wenigen Rittern, die es verschmäht hatten zu entfliehen. Betäubt durch den unerwarteten Umschwung des Schicksals, konnte der unselige Anführer kaum seine Lage begreifen. »Was bleibt uns übrig?« sagte er zu Acosta, einem der wenigen, die ihm treu geblieben waren. »Über den Feind herfallen, da es keinen andern Ausweg gibt«, gab der löwenherzige Krieger zurück, »und sterben wie ein Römer!« – »Besser ist es, wie ein Christ zu sterben«, erwiderte der Befehlshaber, wendete langsam sein Pferd und hielt auf das königliche Heer zu. Er war noch nicht weit geritten, als ihm ein Offizier entgegenkam; dem übergab er, nachdem er sich über Namen und Rang Gewißheit verschafft hatte, sein Schwert und erklärte sich gefangen. In Gascas Hauptquartier angelangt, blieb er im Sattel sitzen und verneigte sich achtungsvoll vor dem Präsidenten, was dieser mit einem kalten Gruß erwiderte. Auf die kurze Frage, warum er das Land in solche Verwirrung gestürzt, indem er das Banner der Empörung erhoben, den Vizekönig getötet, die Regierung an sich gerissen und das wiederholte Anerbieten der Gnade hartnäckig ausgeschlagen habe, rechtfertigte sich Gonzalo mit der Erklärung, der Vizekönig verdanke sein Geschick seinem üblen Verhalten, und seine eigene, Pizarros, Gewaltanmaßung, wie man es nenne, gründe sich auf die freie Wahl des Volkes und der königlichen Audiencia. »Meine Familie war es«, sagte er, »die das Land eroberte, und als deren Vertreter glaubte ich ein Recht auf die Statthalterschaft zu haben.« Nach einigen weiteren Worten brach Gasca die Unterredung kurz ab und ließ den Gefangenen in sicheren Gewahrsam bringen.

Carbajal war inzwischen, als er das Schlachtfeld fast leer und seine tapferen Anhänger wie eine Rauchwolke zerstoben sah, davongeritten, denn er wußte, daß es für ihn keine Gnade geben konnte. Aber da sein Pferd stürzte, wurde er von einigen seiner eigenen Leute ergriffen, die durch einen solchen Fang ihren Frieden mit dem Sieger zu machen hofften und mit ihm ins Lager des Präsidenten eilten. Wie Acosta und die anderen Ritter, die sich ergeben hatten, wurde er in strenge Haft genommen.

Alles Eigentum der Besiegten, Waffen, Zelte, Vorräte und Munition, ging in die Hände der Sieger über, ebenso eine beträchtliche Beute an Edelmetallen, da viele von Pizarros Leuten, in diesen unruhigen Zeiten ohne einen sicheren Aufbewahrungsort, ihre ganze irdische Habe mit in den Krieg nahmen.

So endete die Schlacht oder vielmehr die Flucht von Jaquijahuana. Da nur wenige bei der Verfolgung den Tod fanden, hat es nie einen billigeren Sieg gegeben – wenn man das einen Sieg nennen kann, wo nicht ein Schlag gefallen war –, nie eine so unblutige Beendigung einer wilden und blutigen Empörung!

4

Jetzt mußte über das Schicksal der Gefangenen entschieden werden. Es wurde kurzer Prozeß gemacht, denn ihre Schuld war offenbar, da man sie mit der Waffe in der Hand gefangengenommen hatte. Die Anführer wurden zum Tode verurteilt und ihre Güter zugunsten der Krone beschlagnahmt. Gonzalo Pizarro sollte enthauptet, Carbajal gevierteilt werden. Die Hinrichtung fand schon am folgenden Tag auf dem Schlachtfeld statt.

Carbajal wurde auf einer ›Schleife‹, das heißt in einem von zwei Maultieren gezogenen Korb, zum Richtplatz geschleppt. Er starb als aufrechter Kriegsmann, in dessen Brust trotz seines hohen Alters von vierundachtzig Jahren das Feuer der Jugend nicht erloschen war.

Gonzalo Pizarro zeigte auf dem Wege zur Hinrichtung dieselbe Prachtliebe wie in glücklicheren Tagen. Über seinem Wams trug er einen prunkvollen Mantel aus goldbesticktem gelbem Samt und auf dem Kopf ein ebenfalls reich mit Gold verziertes Barett aus dem gleichen Stoff. Geistliche und Mönche trugen das Kruzifix vor ihm her. In der Hand hielt er das Bildnis der Heiligen Jungfrau, während sein Blick mit offensichtlicher Andacht auf den Gekreuzigten geheftet war und alles andre unbeachtet ließ. Am Blutgerüst angelangt, bestieg er es festen Schrittes und bat um die Erlaubnis, einige Worte an das ringsum versammelte Kriegsvolk zu richten. »Es gibt viele unter euch«, sagte er, »die durch meine und meines Bruders Freigebigkeit reich geworden sind. Von meinen eigenen Reichtümern bleibt mir jedoch nichts als die Kleider, die ich trage; und selbst die gehören nicht mir, sondern sind Eigentum des Henkers. Daher fehlen mir die Mittel, eine Messe für mein Seelenheil zu bezahlen. Ich beschwöre euch beim Andenken früherer Wohltaten, mir diese Gunst zu erweisen, wenn ich dahin bin, damit es euch in eurer Todesstunde wohl ergehe.« In der kriegerischen Menge herrschte tiefe Stille, die nur durch Seufzer und Schluchzen unterbrochen wurde. Pizarro lehnte es ab, sich die Augen verbinden zu lassen, und bot nun den Nacken dem Henker dar, der ihm das Haupt mit einem so sicher geführten Hieb abschlug, daß der Körper einige Augenblicke aufrecht verharrte, als sei noch Leben in ihm. Er starb im zweiundvierzigsten Lebensjahr. Der Kopf wurde nach Lima gebracht, wo man ihn in einen Käfig steckte und auf einem Galgen neben Carbajals Kopf befestigte; darüber stand eine Inschrift folgenden Wortlauts: ›Dies ist der Kopf des Verräters Gonzalo Pizarro, der sich in Peru gegen seinen Landesherrn empörte und im Tal von Jaquijahuana für die Sache der Tyrannei und des Verrats gegen die königliche Fahne zu Felde zog.‹ Seine großen Besitzungen einschließlich der reichen Minen von Potosí wurden eingezogen, sein Haus in Lima dem Erdboden gleichgemacht, die Stelle mit Salz bestreut und ein steinerner Pfeiler darauf errichtet, der die Worte trug, niemand dürfe an diesem Orte bauen, da er durch die Wohnung eines Verräters entweiht worden sei.

Gonzalos Leichnam wurde in der Kapelle der Gnadenreichen Jungfrau in Cuzco beigesetzt, wo auch die sterblichen Reste der Almagros, Vater und Sohn, nebeneinanderlagen, die auf gleiche Weise durch Henkershand umgekommen waren. Was von Carbajal übrig war, wurde an den vier großen Landstraßen nach Cuzco an Ketten aufgehängt.

Acosta und drei oder vier andere Ritter, die sich mit Gonzalo ergeben hatten, wurden zugleich mit ihrem Anführer hingerichtet. Das Leben des Lizentiaten Cepeda wurde wegen des großen Dienstes, den er der Krone durch seinen Abfall von Pizarro geleistet hatte, von Gasca geschont, doch wurde er als Gefangener nach Kastilien gebracht, wo er bald darauf im Kerker starb.

Überhaupt fügte es sich, daß mehrere von denen, die es am eiligsten gehabt hatten, der Sache Pizarros untreu zu werden, ihren Befehlshaber nur kurze Zeit überlebten. Der tapfere Centeno, der ihn bei Lima verlassen und das königliche Banner auf dem Schlachtfeld von Jaquijahuana erhoben hatte, starb noch vor Ablauf eines Jahres, Hinojosa wurde zwei Jahre später in La Plata ermordet und sein alter Gefährte Valdivia nach einer Reihe glänzender Taten in Chile von den unüberwindlichen Kriegern der

Araukaner erschlagen. Die Manen Gonzalo Pizarros wurden vollauf gerächt.

Am Morgen nach dem traurigen Schauspiel brach Gasca das Lager ab und marschierte mit der ganzen Streitmacht nach Cuzco, wo er von der wetterwendischen Bevölkerung mit der gleichen Begeisterung empfangen wurde wie noch kurz zuvor sein Gegner. Die Flüchtlinge des geschlagenen Heeres, die in der Stadt Schutz gesucht hatten, wurden festgenommen, zehn oder zwölf der vornehmsten Ritter hingerichtet, andere auf die Galeeren geschickt. Das Strafgericht mag hart erscheinen, aber Milde wäre verschwendet gewesen bei einem rohen Kriegsvolk, das eine Regierung nur anerkannte, wenn es ihre Strenge fühlte.

Eine weitere schwere Aufgabe war die Belohnung der treuen Anhänger, da jeder, der auch nur einen Finger für die Regierung gekrümmt hatte, mit lärmender Zudringlichkeit unangemessene Forderungen stellte. Gasca bemühte sich ohne Parteilichkeit, jedem nach Verdienst seinen Anteil zuzusprechen. Die Vergabe der Repartimientos, deren Wert zwischen 100 und 3500 Pesos jährlichen Ertrages schwankte, wurde mit größter Genauigkeit nach den Leistungen der Empfänger bemessen. Und doch rief die Verteilung bei den Ansiedlern stürmische Entrüstung hervor, da bei der Maßlosigkeit der Forderungen alle enttäuscht werden mußten. Die Unzufriedenheit ging so weit, daß nur mit harten Strafen eine Meuterei unterdrückt werden konnte. Das eiserne Kriegsvolk der Eroberung brauchte eine eiserne Hand, es zu zügeln. Als der Präsident seine schwere Aufgabe gelöst hatte, zog er sich nach Lima zurück und überließ dem Erzbischof die weitere Verteilung.

Auf seiner Reise nach Lima wurde er überall mit größter Begeisterung aufgenommen; die treuen Einwohner der Hauptstadt bereiteten ihm einen glanzvollen Empfang und begrüßten ihn als den Vater und Befreier des Volkes, den Retter des Landes. Gasca dachte jetzt nur daran, wie er den Samen der Unordnung vertilgen und das Ansehen der Regierung auf dauerhaftem Grund festigen könnte. Kraft seines Amtes führte er den Vorsitz in der königlichen Audiencia, der großen richterlichen und zugleich vollziehenden Behörde des Pflanzstaates, und zum Glück setzte sich die neue Audiencia aus fähigen, redlichen Richtern zusammen, die das Unheil wiedergutzumachen suchten, das ihre Vorgänger angerichtet hatten.

Auch die unglücklichen Eingeborenen vergaß Gasca nicht und widmete sich ernsthaft der schwierigen Aufgabe, Mittel und Wege zur Verbesserung ihrer Lage zu finden. Er sandte Beamte in die verschiedenen Teile des Landes, um die Encomiendas – vor allem, was die Behandlung der Indianer anging – zu überprüfen, wobei sie nicht nur mit den Eigentümern, sondern auch mit den Eingeborenen selbst verhandeln sollten. Ferner hatten sie Art und Umfang der einst an die Inka entrichteten Abgaben zu erforschen. Auf diese Weise gelangte man zu unschätzbaren Kenntnissen, die es Gasca ermöglichten, mit Hilfe eines aus Geistlichen und Rechtsgelehrten bestehenden Rates ein einheitliches Abgabesystem für die Eingeborenen auszuarbeiten, das weniger drückend war als das der peruanischen Fürsten. Gern hätte der Präsident die besiegten Stämme ganz von persönlicher Dienstleistung befreit; aber man wußte aus Erfahrung, daß dies nicht anging, weil besonders in den tropischen Gegenden die Ansiedler auf die Arbeit der Indianer angewiesen und diese ohne Zwang nicht zur Arbeit zu gewinnen waren. Deshalb beschränkte Gasca die zu beanspruchenden Dienste aufs genaueste, so daß sie sich in mäßigen Grenzen hielten. Auch durfte jeder Peruaner mit Rücksicht auf seine Gesundheit in dem ihm gewohnten Klima bleiben. Durch diese Anordnungen wurde die Lage der Eingeborenen verbessert, zwar nicht so weitgehend, wie Las Casas' Menschenliebe gehofft hatte, aber doch entschieden mehr, als es mit dem ausbeuterischen Verlangen der Ansiedler bisher vereinbar war. Sklaverei im schlimmsten Sinne wurde in Peru nicht länger geduldet.

Weitere Verbesserungen führte Gasca in der Städteverwaltung sowie im Finanz- und Rechnungswesen ein. So stellte er die innere Verwaltung des Pflanzstaates auf eine neue Grundlage und erleichterte seinen Nachfolgern den Weg zu einer gesicherten, geordneten Regierung. Überdies war er so haushälterisch mit den Hilfsquellen des Landes umgegangen, daß er imstande war, die große Anleihe von über 900000 Pesos de oro abzuzahlen, die er bei den Kaufleuten der Niederlassung aufgenommen hatte. Ja mehr noch: dank seiner Sparsamkeit hatte er anderthalb Millionen Dukaten für die Regierung zurückgelegt, die schon seit Jahren aus Peru nichts mehr erhalten hatte, und schickte sich an, diesen ansehnlichen Schatz zur Füllung der königlichen Kasse in die Heimat zu bringen. Das Land befand sich nunmehr in einem Zustand

Abb. 19 Mißhandlung eines indianischen Trägers

der Ruhe. So glaubte Gasca, daß seine Arbeit vollbracht sei und es ihm freistehe, seinem natürlichen Verlangen nachzugeben und in sein Geburtsland zurückzukehren.

Kurz vor seiner Abreise boten ihm die indianischen Kaziken der Umgegend als Zeichen der Dankbarkeit für die großen Wohltaten, die er ihrem Volk erwiesen, eine ansehnliche Menge Silbergerät als Geschenk an. Gasca wies die Gabe zur tiefen Betrübnis der Peruaner zurück. Auch die spanischen Ansiedler übersandten ihm, nachdem er sich schon eingeschifft hatte, ein fürstliches Geschenk von 50000 Goldcastellanos, um ihm ihre Dankbarkeit für seine so wichtigen Dienste zu bekunden. Doch Gasca schlug mit gleicher Entschiedenheit auch diese Gabe aus. Er sei ins Land gekommen, sagte er, um dem König zu dienen und den Bewohnern die Segnungen des Friedens zu bringen. Jetzt, da es ihm der Himmel gewährt habe, sein Werk zu vollenden, wolle er seine Sache durch nichts beflecken, was auch nur einen Schatten von Argwohn auf die Reinheit seiner Absichten werfen könnte.

Er übertrug die Regierung bis zur Ankunft eines Vizekönigs den treuen Amtsgenossen der Audiencia. Im Januar 1550 schiffte er sich mit dem königlichen Schatz auf einem Geschwader nach Panamá ein. Vornehme und Geringe, Menschen jeden Standes und Alters begleiteten ihn zur Küste, um einen letzten Blick auf ihren Wohltäter zu werfen und dem Schiff nachzustarren, das ihn ihrem Lande entführte.

Nachdem er auf der Landenge von Panamá einer nach dem Schatz lüsternen Räuberhorde glücklich entgangen war, rüstete er eine Flotte von neunzehn Schiffen aus, um das königliche Eigentum nach Spanien zu bringen, wo er denn auch im Hafen von Sevilla wohlbehalten einlief, vier Jahre nachdem er von dort abgesegelt war.

Groß war das Aufsehen, das seine Ankunft im ganzen Lande erregte. Man wollte es kaum glauben, daß so ungeheure Erfolge in so kurzer Zeit von einem einzigen Mann erzielt werden konnten, einem armen Geistlichen, dem es ohne Hilfe der Regierung, gleichsam aus eigener Kraft gelungen war, eine Empörung niederzuschlagen, die den Waffen Spaniens so lange Trotz geboten hatte.

Der Kaiser befand sich gerade in Flandern. Er war hocherfreut über Gascas erstaunlichen Erfolg und nicht minder über die

Kunde von dem mitgebrachten Schatz, da seine ohnehin nie übermäßig gefüllte Staatskasse durch die jüngsten Wirren der Glaubenskämpfe in Deutschland erschöpft war. Unverzüglich bat Karl seinen Bevollmächtigten zu sich an den flandrischen Hof, um aus dessen eigenem Munde die näheren Umstände seiner Unternehmung zu hören. Gasca wurde von seinem königlichen Gebieter auf die gütigste Weise empfangen, bald darauf zum Bischof von Palencia und später zum Bischof von Sigüenza erhoben.

Seine Nachfolger in Peru verfolgten weiterhin die milde, aber entschlossene Politik, zu der Gasca das Beispiel gegeben hatte, die alten Zwistigkeiten wurden für immer beigelegt, und mit dem Frieden kehrte auch der Wohlstand in Peru zurück.

Nach den düsteren und ruhelosen Geistern, die uns beschäftigt haben, tut es wohl, bei einem Charakter wie dem Gascas zu verweilen. In der langen Reihe, die an uns vorübergezogen ist, haben wir nur den gepanzerten Ritter gesehen, wie er, die blutige Lanze schwingend, auf seinem Streitroß über die hilflosen Eingeborenen hinwegritt oder gegen seine eigenen Brüder und Freunde zu Felde zog, wild, anmaßend und grausam, gespornt von der Gier nach Gold oder dem kaum edleren Verlangen nach trügerischem Ruhm. Freilich haben wir mitunter auch Funken jenes ritterlichen und romantischen Geistes wahrgenommen, der dem Heldenzeitalter Spaniens angehört; aber von einigen rühmlichen Ausnahmen abgesehen, war es der Abschaum der Ritterschaft, der nach Peru zog und unter dem Banner der Pizarros Dienste nahm. Am Ende dieser langen Reihe eiserner Krieger sehen wir den armen, demütigen Gottesmann als Boten der Gnade das Land betreten und überall Frieden verkünden. Keine Kriegsfanfare meldet seine Ankunft, noch bezeichnet das Stöhnen Verwundeter und Sterbender seine Spur. Die Mittel, die er anwendet, stimmen vollkommen zu seinem Zweck. Seine Waffen sind triftige Gründe und milde Überredung; er will den Verstand, nicht den Körper bezwingen; er erreicht sein Ziel durch Überzeugung, nicht durch Gewalt. Es ist ein moralischer Sieg, nach dem er strebt, wirksamer und glücklicherweise dauerhafter als der des blutbefleckten Eroberers. Die ruhige und gleichsam unmerkliche Art, wie er seine hohen Ziele erreicht, erinnert uns wohl an das langsame, kaum wahrnehmbare Walten der Natur, das die großen Veränderungen in der stofflichen Welt bewirkt, die bestimmt sind zu dauern, wenn das Wüten der Stürme vergangen und vergessen ist.

Mit der Sendung Gascas schließt die Geschichte der Eroberung Perus. Eigentlich endet sie mit der Unterdrückung des peruanischen Aufstandes, wodurch die Kraft, wenn auch nicht der Mut des Inkastammes für immer vernichtet wurde. Der Leser dürfte jedoch ein natürliches Verlangen empfinden, das Schicksal der merkwürdigen Familie, die das Inkareich unterwarf, bis ans Ende zu verfolgen. Auch wäre die Geschichte der Eroberung selbst nicht vollständig ohne eine Schilderung der Bürgerkriege, die daraus entstanden, zumal diese eine Art moralischen Kommentars zu den vorhergehenden Ereignissen abgeben, indem sie zeigen, daß die Befriedigung wilder, ungezügelter Leidenschaften unfehlbar früher oder später, noch im irdischen Leben, auf die Häupter der Schuldigen zurückwirkt.

ANHANG

ZU DIESER AUSGABE

Um Prescotts umfangreiches Werk ›Die Eroberung Perus‹ in der deutschen Neuausgabe dem Leser als fesselnde Lektüre vorzulegen, war es notwendig, einige Kürzungen des Textes vorzunehmen, und zwar in Form von Auslassungen und Zusammenziehungen.

Weggelassen wurden einige Textpartien, deren Inhalt für die dramatische Gesamthandlung des Werkes von geringerer Wichtigkeit ist. So wurden ab und zu Stellen mit der Schilderung von Nebenpersonen und Seitenhandlungen ausgelassen, ferner Reflexionen, die Prescott selbst anstellt, oder Pläne, die seine Personen hegen, aber nicht zur Ausführung bringen. Desgleichen wurden allzu breite Naturschilderungen abgekürzt, ferner fielen Vergleiche mit historischen Ereignissen der Alten Welt sowie Gegenüberstellungen mit anderen Kulturen fort. Ausgelassen wurde das Kapitel, in dem Gonzalo Pizarros Expedition zum Napo und in die Urwälder des Amazonas behandelt wird, da sie gänzlich scheiterte und die Entdeckung und Inbêsitznahme dieses südöstlichen Teils von Peru einer späteren Zeit vorbehalten blieb, die in Prescotts Werk nicht mehr dargestellt wird. Im ganzen beschränken sich die Auslassungen auf Textstellen, die im Rahmen dieser Ausgabe als Dehnungen entbehrlich sind.

Andere Partien mußten, um ihre historische Ausführlichkeit und Breite dem Umfang dieser Ausgabe anzupassen, zusammengezogen werden. Dies geschah in der Weise, daß aus der Fülle von Gefechten und Plänkeleien, von Mühseligkeiten der Märsche und Strapazen im tropischen Klima, von drohenden Meutereien und Verhandlungen manches, was als Wiederholung den zügigen Gang der Erzählung aufhält, ausgeschieden und durch kürzere Zwischenberichte ersetzt wurde. Solche Zusammenziehungen größerer Textstücke wurden besonders gegen das Ende des Werkes hin (von unserem 2. Kapitel der ›Bürgerkriege der Eroberer‹ an) vorgenommen, denn Prescott betrachtet diesen Teil seines Werkes gegenüber der Schilderung der Eroberung selbst, seinem Hauptthema, mehr als Anhang und Abrundung. Wer Prescotts ›Eroberung Perus‹ zu wissenschaftlichen Zwecken studieren will, sei auf die englische Ausgabe hingewiesen, die auch die Quellenangaben und -belege enthält.

Erich Marx

NACHWORT

Nach der Anerkennung und Würdigung der vorangegangenen Werke Prescotts mit gesteigertem Interesse erwartet, erschien die ›Geschichte der Eroberung Perus‹ 1847 in Boston. Von einer im heutigen Sinne wissenschaftlichen Erforschung der indianischen Kulturen Altperus, der Geschichte ihrer Unterwerfung durch die Spanier und der folgenden Kolonialperiode konnte man damals noch nicht sprechen, da sich in der ersten Hälfte des 19. Jahrhunderts die Archäologie, die Ethnographie und die Geschichtsforschung als theoretisch und methodologisch begründete selbständige Wissenschaften gerade erst herauszubilden begannen. Wenn ein vor fast einhundertunddreißig Jahren geschriebenes Buch nun für einen breiten Leserkreis – der Fachmann greift sicher auf die englische Originalfassung zurück – wieder herausgegeben wird, so muß es noch heute in seinem Wahrheitsgehalt beträchtlich, in der Bewältigung seines Themas noch immer beachtenswert und durch die Kunst seiner Darstellung lesenswert geblieben sein. Prüfen wir, wie es sich damit verhält.

Prescott gliederte seine Geschichte der spanischen Eroberung Perus in zwei inhaltlich verschiedene, einander aber eng bedingende Teile. Er beschrieb zunächst die Kultur und Lebensweise der Menschen im Inkareich vor dessen Unterwerfung; danach die Entdeckung und Eroberung selbst, die sich von der Mexikos wesentlich unterscheiden. Auch ein Historiker unserer Tage kommt ohne die Betrachtung des ethnischen und sozialökonomischen Hintergrundes nicht aus, wenn er das Wesen geschichtlicher Abläufe aufzeigen will.

Prescott wäre wohl gern noch tiefer in die gesellschafts-historische Vergangenheit Altperus eingedrungen; denn er ahnte, möglicherweise beeinflußt durch Vermutungen, die der Spanier Cieza de León bereits 1553 niederschrieb, daß dem zur Zeit der Entdeckung in seiner staatlichen Organisation weit fortgeschrittenen Inkareich andere hochentwickelte indianische Kulturen des Andenlandes vorausgegangen sein mußten. Doch Prescotts Quellen gaben hierzu keine beweiskräftige Antwort, weil ›der Historiker erst innerhalb des letzten Jahrhunderts vor der spanischen Eroberung etwas findet, worauf er sicher fußen kann‹. Er überließ es deshalb leicht ironisch dem ›spekulativen Forscher‹, über die ›verlockenden Fragen‹ der vorinkaischen Geschichte weiter nachzusinnen.

Prescott konnte nicht wissen, daß die Archäologie schon bald nach dem

Erscheinen seines Werkes beginnen würde, der peruanischen Erde viele der ihr anvertrauten Kulturgüter wieder zu entreißen. Dank günstiger klimatischer Bedingungen und einer Bodenbeschaffenheit, die zur natürlichen Konservierung selbst sonst schnell vergänglicher Materialien wie Farben, Federn und Textilien beitrug, bargen die Forscher seitdem eine unermeßliche Zahl von Zeugen für den Entwicklungsgang der vorinkaischen Geschichte.

Der Nordamerikaner George Squier machte 1864 mit Ausgrabungen in der berühmt gewordenen Fundstätte Pachacamac, südlich von Lima an der peruanischen Küste gelegen, den Anfang. Vielseitig interessierte Reisende wie Thomas J. Hutchinson, Wilhelm Reiß, Alphons Stübel, Ernst W. Middendorf und Adolph Bandelier folgten seinem Beispiel. Ausgrabungsmethoden mit wissenschaftlicher Grundlage wandte jedoch erstmals 1896 der noch heute geschätzte deutsche Archäologe Max Uhle an. Ihm verdanken wir auch die erste Periodisierung altperuanischer Kulturen. Seine Anregungen führten in den zwanziger und dreißiger Jahren unseres Jahrhunderts zu umfangreicheren archäologischen Untersuchungen, an denen Alfred L. Kroeber, Wendell C. Bennett und der Peruaner Julio C. Tello, selbst indianischer Herkunft, hervorragenden Anteil hatten. Nach 1941 leiteten die Amerikaner Gordon R. Willey und Marshall T. Newman mit umfassenden Ausgrabungen ganzer Siedlungsstätten im Virútal Nordperus eine qualitativ höhere Stufe der archäologischen Erforschung ein. Sie bemühten sich so erstmals um eine tiefgründige Erfassung aller Faktoren, die die Kultur und Lebensweise der ehemaligen Bevölkerung dieses Gebietes beeinflußt haben können. Seit 1955 beteiligen sich in größerem Umfang Institutionen und Forscher aus Nordamerika und Europa, auch aus Japan und natürlich aus Peru selbst an der weiteren archäologischen Erschließung des Andenlandes.

Wer dessen Größe kennt und mit seinen archäologisch-ethnographischen Problemen vertraut ist, den wird es nicht verwundern, daß die altperuanischen Kulturen noch so manches Geheimnis bewahren, weil die Bodenfunde allein nicht auf jede Frage Antwort geben. Das trifft besonders auf die gedankliche Rekonstruktion älterer Phasen der ehemaligen gesellschaftspolitischen Verhältnisse zu. Hier ist der Wissenschaftler auch nach dem gegenwärtigen Forschungsstand noch immer überwiegend auf die Ausdeutung der Funde angewiesen, die gelegentlich sehr gegensätzliche Schlußfolgerungen zulassen. Die durch neue Ausgrabungen gewonnenen Erkenntnisse stützen dabei die hypothetischen Vorstellungen nicht immer, sondern zwingen vielmehr oft zu deren Korrektur. Daraus erklären sich die in den Werken über Altperu häufig zu bemerkenden unterschiedlichen Darstellungen. Die folgende Grobskizzierung der altperuanischen Geschichte ist unter diesem Gesichtswinkel zu betrachten. Sie wird es dem Leser dennoch ermöglichen, den Ursprung einer Reihe bedeutender kultureller Errungenschaften, die Prescott noch den Inka zuschreibt, zu erkennen und damit deren eigenschöpferische Leistungen klarer einzuschätzen.

Amerika gehört nicht zu den Entstehungszentren der Menschheit. Die Vorfahren der Indianer haben, vornehmlich von Nordostsibirien her über eine damals noch bestehende Landbrücke in der Höhe der Beringstraße einwandernd, die Neue Welt erst vor 25000 bis 35000 Jahren entdeckt und für sich erobert. Auf ihren Wegen über Nord- und Mittelamerika nach dem Süden erreichten sie als noch altsteinzeitliche Sammler, Jäger und Fischer etwa um 12000 v. u. Z., nach Meinung einiger Forscher noch früher, das altperuanische Gebiet. Überreste einer Jägerkultur fand man in den Höhlen von Lauricocha auf der peruanischen Sierra. Sie werden auf ein Alter von 8000 Jahren datiert. Mit ihren Pfeilen und Speeren, deren steinerne Spitzen den im Einwanderungsbereich von Alaska gefundenen noch sehr ähnlich sind, erlegten sie Tiere, die längst ausgestorben sind, aber auch die noch heute wildlebenden Guanakos und den Andenhirsch. Neben Fleisch gehörten Früchte und Wurzelknollen wildwachsender Pflanzen zur Nahrung der frühen Besiedler Altperus.

Der Schritt zur weiteren sozialökonomischen Entwicklung vollzog sich im Küstenraum, wo sie zur bevorzugten Nutzung der vom Meer und den Flüssen dargebotenen Nahrung übergingen und zu Fischern und Robbenjägern wurden. Die Fundstätten lassen die Hinwendung zu einer mehr und mehr seßhaften Lebensweise als notwendiger Voraussetzung für den Pflanzenanbau erkennen. Er begann im 4. Jahrtausend v. u. Z. mit verschiedenen Bohnen- und Kürbisarten. Etwa ab 2500 v. u. Z. kamen Erdnüsse, Süßkartoffeln (Bataten) sowie Baumwolle für die Fangnetz- und Kleidungsherstellung und Tabak für den religiösen Gebrauch hinzu. Wesentlich später – gegen 1800 v. u. Z. – drang der Pflanzenanbau auch auf das andine Hochland vor. Kartoffeln und Quinua, die mehligen Samen der Reismelde (Chenopodium quinoa), wurden dort zu Grundnahrungsmitteln. Der für die spätere hochkulturelle Entwicklung besonders in der Küstenzone so bedeutungsvolle Mais – erst seine hohen Ernteerträge gestatteten den Zusammenschluß größerer Bevölkerungsgruppen zu gemeinsamer Lebensweise – tritt dagegen in den Abfallschichten nicht vor 1400 v. u. Z. auf. Da er in Mesoamerika – dem Gebiet, das Mexiko, Guatemala, den Westen El Salvadors und Westhonduras umfaßt – und selbst im nördlichen Nachbarland Perus, Ekuador, früher bekannt war, ist der Maisanbau vermutlich von außen in das Andenland gelangt.

Die Epoche zwischen 1800 und 1400 v. u. Z. brachte für die Altperuaner auch in anderer Hinsicht bemerkenswerte Fortschritte. Sie erfanden den echten, noch heute in seiner einfachen Form in so manchem Andendorf verwendeten Webapparat und überwanden damit das Stadium der Herstellung von Kleidungsstücken in Flechttechnik. Die Kenntnis der Töpferei, deren frühe Erzeugnisse in der Form an die zuvor benutzten Kürbisgefäße erinnern, könnte ebenfalls über Ekuador nach Altperu gekommen sein. Nach dem längst zum Haustier gewordenen Hund schuf sich der Mensch mit dem Lama und Alpaka, hervorgegangen aus dem wildlebenden Guanako bzw. der Vikunja, wolle- und fleischliefernde Nutztiere, wobei er sich das Lama auch als Tragtier dienstbar machte.

Obwohl in diesem Zeitraum der Bodenbau noch keinesfalls die später festzustellende Bedeutung erlangt haben konnte und sich die Bewohner der Küstenregion noch immer vornehmlich von den Erträgen des Fischfangs und der Jagd auf Robben ernährten, errichtete man dort bereits pyramidenähnliche Zeremonialbauten von beachtlicher Größe aus Sand, Lehm und Stein. Es wird verschiedentlich angenommen, daß die Küstenbewohner damals noch in kleinen, verstreuten, dorfartigen Siedlungen lebten, mit einer Sippenorganisation ähnlich der später in ganz Peru verbreiteten Ayllu. Eine Siedlungseinheit allein hätte jedoch niemals die zur Errichtung von Tempelanlagen solcher Größenordnung benötigten Bauleute aufbringen können, die zudem noch vom täglichen Nahrungserwerb freigestellt werden mußten. Das zwingt zu der Schlußfolgerung, daß sich bereits auf dieser Stufe der sozialökonomischen Entwicklung in den Sippen führende Kräfte herausgebildet hatten, die über die Macht verfügten, viele Siedlungseinheiten zu gemeinschaftlichem Werk zusammenzuführen. Da es sich um Bauten religiöser Bestimmung handelte, dürfte diese Macht in den Händen von Priestern gelegen haben, die ja auch im weiteren Verlauf der altperuanischen Geschichte zur ersten herrschenden Klasse werden.

Die frühesten Kultbauten des Hochlandes entstanden um 1400 v. u. Z. oder schon etwas eher. In den folgenden Jahrhunderten wurden dort wie in der Küstenregion weitere errichtet. Sie stellen zeitlich den Anschluß zu einem gegen 900 v. u. Z. scheinbar plötzlich auftretenden neuen Kulturstil her, der unter dem Namen ›Chavín‹ in die Fachliteratur einging – abgeleitet von dem östlich der Weißen Kordillere in einem Tal auf 3177 Meter Höhe gelegenen Fundort Chavín de Huántar. Der Chavín-Stil verbreitete sich binnen eines Jahrhunderts über große Teile des nördlichen und zentralen Peru und wird deshalb zuweilen auch als erster panperuanischer Kulturstil bezeichnet.

Chavín de Huántar muß einst, einem Wallfahrtsort gleich, ein mächtiges Kult- und Orakelzentrum gewesen sein, dessen Bedeutung, wie spanische Chronisten berichteten, selbst den Indianern der Entdeckungszeit noch bekannt war. Die steinernen Ruinen von Pyramidenstümpfen, die ehemals Tempel trugen, zeugen noch heute von der beeindruckenden Größe dieser Anlage, die als eines der hervorragendsten Bauwerke des präkolumbischen Amerika angesehen wird. Tiere und Tier-Mensch-Wesen mit Raubvogel-, Schlangen- und Jaguarattributen gehörten zu den bevorzugten Darstellungsmotiven. Überwiegend in Relieftechnik, aber auch als Vollplastik ausgeführt, dokumentieren sie eine erstaunliche künstlerische Meisterschaft der Steinbearbeitung. Nicht weniger kunstfertige Arbeiten aus getriebenem Gold wurden, wenngleich seltener, ebenfalls gefunden. In der Küstenregion dagegen bestehen die Pyramiden der Chavín-Kultur aus luftgetrockneten Lehmziegeln (Adobes). Die für diesen Stil typischen Motive erscheinen besonders auf keramischen Erzeugnissen – kugligen ›Steigbügel‹-Gefäßen, Flaschen und Schalen – sowie auf den nun in weitaus besserer Qualität hergestellten Textilien.

Wo der Chavín-Stil seinen Ausgang nahm, weiß gegenwärtig noch niemand mit Bestimmtheit zu sagen. Der Peruaner Julio C. Tello suchte seinen Ursprung in den Urwäldern des Amazonasgebietes, da der Jaguarkult bei dort lebenden Indianern ebenfalls vorkommt. Andere Forscher sehen Beziehungen zu der etwa gleichzeitig auftretenden Olmeken-Kultur Mesoamerikas, wo Jaguar-Mensch-Darstellungen und Steigbügelgefäße sich gleichfalls in den Vordergrund drängen. Selbst die direkte Herkunft aus dem China der Chou-Zeit wurde für möglich gehalten. Nicht zuletzt sprechen auch die Ausgrabungen durch japanische Archäologen in Peru für die vermuteten Kontakte zwischen ostasiatischen und altamerikanischen Hochkulturen. In jüngster Zeit vertreten jedoch besonders peruanische Wissenschaftler unter Hinweis auf die zeitlich früheren Kultbauten wieder häufiger die Ansicht, daß sich der Chavín-Stil aus einheimischen Vorkulturen entwickelt haben könnte.

Was aber trug den Chavín-Stil über so große Räume Perus? An kriegerische Expansionen wird gegenwärtig seltener gedacht, da sich bisher weder hierfür noch für das ehemalige Bestehen eines politisch organisierten Chavín-Reiches Beweise fanden. Man hält es vielmehr für wahrscheinlicher, daß die typischen Elemente dieses Kulturstiles von einem neuen religiösen Kult getragen wurden, der sich wiederum mit einem nun schon produktiveren Maisanbau rasch über weite Gebiete verbreitete. Darüber hinaus wird angenommen, daß hierbei auch die ständig an Umfang zunehmenden Austauschbeziehungen zwischen Küstenregion und Hochland eine gewichtige Rolle gespielt haben.

Neben Chavín de Huántar gab es nach unserer heutigen Kenntnis auf dem Hochland und zahlreicher in der Küstenregion noch etwa zwanzig weitere Kultzentren der Chavín-Periode. Sie sprechen für ein Anwachsen der Priesterherrschaft. Die Bevölkerung der Umgebung war möglicherweise bereits tributpflichtig gemacht worden. Erste zentralgeleitete Organisationsformen für das ökonomische und gesellschaftliche Leben als Vorstufen der späteren staatlichen Regelungen dürften die Priester ebenfalls schon eingeführt haben.

Etwa seit 700 v. u. Z. verbreitete sich über die südliche Küstenregion Perus – vermutlich ebenfalls auf kultischer Basis – ein anderer Kulturstil, der nach dem wichtigsten Fundort, einer Halbinsel südlich der heutigen Hafenstadt Pisco, ›Paracas-Stil‹ genannt wird. Ihm muß jedoch eine längere Entwicklungsphase unter Einfluß der Chavín-Kultur vorausgegangen sein, der sich auch nach voller Ausprägung des Paracas-Stiles noch nachweisen läßt. An den Funden, die dank günstiger klimatischer Bedingungen sehr gut erhalten sind, läßt sich der Grad des sozialen Differenzierungsprozesses noch deutlicher ablesen. In gemauerten unterirdischen Kammern, die zuvor als Wohnstätten gedient haben sollen, entdeckte man an und als Grabbeigaben in großer Zahl auch neben den Mumienbündeln aus feingesponnenen Garnen hergestellte kostbare Gewebe in leuchtenden Farben, übersät mit kunstvoll gestickten mythischen Darstellungen: Fruchtbarkeitsdämonen, Mensch-Tier-Wesen, Vögeln und Fischen. Schleier- und Brokatstoffe sowie Gobelins fehlten ebenfalls nicht. Man hat ausgerechnet, daß allein zur Anfertigung eines einzigen bestickten großen Totenmantels der Weber etwa zwei Jahre arbeiten mußte. Diese Gegenstände waren keinesfalls für das einfache Volk bestimmt, sondern wurden von ihm für die herrschenden Priester hergestellt. Es befand sich demnach bereits in einem starken Abhängigkeitsverhältnis und war verpflichtet, mit seiner Arbeit den Besitz der Herrschenden zu mehren. Die hohe Qualität dieser Erzeugnisse – und das trifft gleichfalls auf die hier nicht näher beschriebene Keramik zu – setzt jedoch die Anwesenheit ständig mit dieser

Tätigkeit befaßter spezialisierter Handwerker voraus. Es muß also eine weitere Arbeitsteilung eingetreten sein. Neben den Bauern und Fischern gab es nun einen nicht mehr direkt mit der Nahrungswirtschaft verbundenen Handwerkerstand.

Ob Trophäenköpfe in den Händen von Dämonendarstellungen als Zeichen kriegerischer Expansionen, die man im allgemeinen erst nach dem Zerfall der Chavín-Kultur für gegeben hält, oder nur als Symbole eines Fruchtbarkeitskultes zu werten sind, sei dahingestellt. Viel bemerkenswerter ist das Bemühen, Leben zu erhalten, denn überraschenderweise wurden schon von den Paracas-Leuten mit Erfolg Schädeltrepanationen durchgeführt, deren Erfindung früher auch den Inka zugeschrieben wurde.

Ebenso plötzlich, wie er dem Anschein nach einst aufgetreten war, fand der relativ einheitliche, weitverbreitete Chavín-Stil um 200 v. u. Z. sein Ende. Auch der Paracas-Stil lief zu dieser Zeit aus. Die Chavín-Periode leitete jedoch gleich der olmekischen Phase Mesoamerikas ein Jahrtausend ein, in dem Technik, Kultur und Kunst zur höchsten Blüte gelangten. Weshalb die Chavín-Kultur so plötzlich zerfiel und durch vielfältige lokale Sonderentwicklungen ersetzt wurde, blieb bisher ungeklärt. Vermutlich waren die lokalen Priester durch den Chavín-Jaguarkult zu einer Macht vorgestoßen, die sie nun durch Einführung neuer, nur in ihrem Herrschaftsbereich wirksamer religiöser Kulte im eigenen Interesse weiter auszubauen gedachten. Es gibt Anzeichen dafür, daß in vielen der über dreißig Küstenflußtäler gesellschaftliche Gebilde entstanden, die man als frühe Stadtstaaten bezeichnen könnte, regiert von Herrschern mit dem Status eines Priesterfürsten. Die Mehrzahl dieser Stadtstaaten dürfte sich jedoch in der Folgezeit nicht über ihr Ursprungstal hinaus verbreitet haben; wenn man von der Nazca-Kultur absieht, die in der südperuanischen Küstenregion in den Tälern zwischen Ica und Nazca auf die Paracas-Periode folgte und bis in das 10. Jahrhundert hineinreichte.

Was uns von der Nazca-Kultur überkommen ist, zeigt in vielfältiger Weise den beachtlichen ökonomischen und kulturellen Aufschwung. Die Bevölkerung muß beträchtlich zugenommen haben. Um sie ernähren zu können, reichte die Urbarmachung neuen Bodens nicht aus, sondern den Feldern mußten zudem noch größere Erträge abgerungen werden. Das war bei der Trockenheit des Landes nur durch ausreichende Bewässerung möglich. Dazu dienten äußerst sinnvoll angelegte Bewässerungssysteme mit langen unterirdischen, steingemauerten Kanälen, die das Wasser aus den Anden zu noch heute genutzten Reservoirs an der Küste leiteten. Sie sind Zeugen eines bemerkenswerten technischen Fortschritts. Diese Bewässerungssysteme hat man früher oft den Inka zugeschrieben.

In Beziehung zur Landwirtschaft standen, obwohl es noch andere Deutungen gibt, vermutlich auch riesige, mit losen Steinsetzungen in ihren Konturen hervorgehobene und mit Steinsplitt ausgelegte Scharrbilder. Nur vom Flugzeug aus erkennbar, wurden die ersten, über eine Fläche von 500 Quadratkilometern in den Pampas (Sandwüsten) von Palpa und Nazca verstreut, vor noch nicht einmal 50 Jahren entdeckt. Erst kürzlich – berichtet wurde darüber Anfang 1985 – fand man auf gleiche Weise nochmals 87 Scharrbilder auf einem 600 Quadratkilometer umfassenden Areal in der Pampa von San José, und im größeren Umfeld werden weitere vermutet. Dargestellt sind vornehmlich geometrische Zeichen (Linien, Spiralen, Trapeze) und Tiere (Vögel, Affen, Fische, Reptilien). Bemerkenswert, weil bisher unbekannt, wären Scharrbilder in Pflanzengestalt, die sich unter den jüngst entdeckten befinden sollen. Zwei Beispiele mögen als Vorstellung über die Größenverhältnisse dienen: Ein Trapez mißt in seiner Länge 1700 Meter und in der Breite 50 Meter, ein eidechsenartiges Tier erstreckt sich über 190 Meter. Die Scharrbilder könnten Symbole für die jahreszeitliche Stellung bestimmter Sternbilder gewesen sein, die von den Indianern in magische Zusammenhänge mit dem Anbau und der Ernte ihrer Nahrungspflanzen gebracht wurden. Diese einmalige, vor 1500 bis 2000 Jahren angelegte, also im Verlauf von mehreren Jahrhunderten geschaffene ›Bildergalerie‹ in der peruanischen Wüste ist von der UNESCO zum Weltkulturgut erklärt worden.

Der nur den Nazca-Leuten eigene Darstellungsstil zeigt sich besonders auf ihrer Keramik, die in ethnographischen Museen Europas reichlich vertreten ist. Es handelt sich dabei um Krüge, Becher, Näpfe, Schalen und Teller und vor allem um mehr oder weniger bauchige Gefäße mit Doppelausguß, die schon in der Paracas-Kultur bekannt waren. Mit dieser verbindet die Nazca-Kultur auch die Verwendung einer Vielzahl leuchtender Farben. Als hätte hier die Angst vor der freien Fläche bestanden, wurden die Gefäße mit geometrischen oder figürlichen Darstellungen völlig überzogen. Mehr realistisch gestalteten Vögeln, Pflanzen und Früchten stehen bizarre Raubkatzen (Jaguare?) und Mensch-Tier-Wesen gegenüber. Menschendarstellungen sind seltener. Sie beschränken sich jedoch zumeist auf die plastische Hervorhebung der Nase und der Ohren, während der übrige Körper sowie die Kleidung und die Geräte in den Händen der Dargestellten dem Gefäß nur aufgemalt wurden. Das häufige Auftreten von Trophäenköpfen auf den Gefäßen, vereint mit den Resten von Mauern aus Feldsteinen und Lehmziegeln, die man als Befestigungsanlagen der Siedlungen deutet, läßt darauf schließen, daß nun doch die Epoche der kriegerischen Auseinandersetzungen begonnen hat.

Eindeutigere Beweise hierfür liefert uns die Moche-Kultur (in der Fachliteratur noch oft als Mochica bezeichnet). Ihre Anfänge liegen im Chicama- und Mochetal, von wo aus sie sich zwischen 200 v.u.Z. und 800 u.Z. einen beträchtlichen Teil der nördlichen Küstenregion eroberte. Hier haben wir es erstmals mit einem größeren zentral regierten Staatsgebilde zu tun. Im Vergleich zu Nazca erreichte die Bewässerungslandwirtschaft technisch einen höheren Entwicklungsstand. Noch heute erregt ein über 130 Kilometer von den Anden bis zur Küste in ein 1200 Meter langes und 800 Meter breites Reservoir führender Wasserkanal, teilweise als 15 Meter über dem Erdboden gelegener Aquädukt ausgeführt, unsere Bewunderung. Unter den zahlreichen Pyramidenstümpfen weist der größte, dem man nach der Entdeckung den irreführenden Namen ›Sonnen‹-Pyramide verlieh, die beachtlichen Maße von 228 Meter Länge, 136 Meter Breite und 18 Meter Höhe auf. Man schätzt die Zahl der darin verbauten Lehmziegel auf 130 Millionen. Wie viele Arbeitskräfte müssen allein zur Errichtung dieses Bauwerkes nötig gewesen und wieviel Zeit mag bis zu seiner Fertigstellung vergangen sein? Auch die Moche-Pyramiden hielt man einmal für Schöpfungen der Inkazeit. Tatsächlich könnten sie 1000 Jahre älter sein.

Die vielen religiösen Bauwerke sprechen auch hier für die Macht der Priesterfürsten. Als oberste Gottheit wurde die Mondgöttin verehrt. Ob die Priesterfürsten zugleich auch die Kriegsherren waren, ist ungewiß. Kriegerische Auseinandersetzungen mit anderen Völkerschaften, die zu deren Unterwerfung führten, müssen jedenfalls zur Moche-Zeit eine große Rolle gespielt haben. Dabei ging es um Gewinn von landwirtschaftlich nutzbarem Boden zur Ernährung der ständig anwachsenden Bevölkerung. Befestigte Anlagen an den Grenzen des Reiches dienten der Verteidigung gegen äußere Feinde. Möglicherweise waren auch bereits Beamte zur Durchführung und Kontrolle staatlicher Anordnungen und Vorschriften eingesetzt. Ebenso wird vermutet, daß der Produktenaustausch zwischen Hochland und Küste bereits als staatliches Monopol bestand. Die Herauslösung hochspezialisierter Handwerker aus dem Lebenskreis ihrer Sippen, in der die Bauern und Fischer nach traditioneller Weise organisiert blieben, könnte weiter vorangeschritten sein.

Dank einer im präkolumbischen Amerika einmaligen Töpferei gewähren uns die Moche einen so tiefgehenden Einblick in ihre Kultur und Lebensweise, daß man geneigt ist, von einer ›keramischen Schrift‹ zu sprechen. Die bewundernswert realistisch geformten Figurengefäße jener Zeit gehören zu den kostbarsten Kunstwerken ethnographischer Museen. Und was man nicht plastisch modellierte, malte man mit feinem Pinselstrich, oft als lebendige, Bewegung ausstrahlende Szenen, auf die nun wieder vorherrschenden Steigbügelgefäße. So wissen wir, wie die Priesterfürsten ausgesehen haben. Die Gefäße zeigen sie auf dem Thron sitzend, mit einem Zepter in der Hand, und lassen die Besonderheiten der Kleidung und die mondsichelartige goldene Kopfbedeckung erkennen. Gefäße, die nur den Kopf hochgestellter Persönlichkeiten darstellen, weisen so individuelle Züge auf, daß die Lebenden dazu Modell gestanden haben müssen. Krieger in voller Ausrüstung, auch in Kampfstellung wiedergegeben, der besiegte, gefesselte Feind, der auf einem Lama liegende Händler, der einfache Bauer und der Fischer in seinem Schilfboot sind gleichfalls häufige Darstellungsmotive. Selbst menschliche Schwächen und Gebrechen ließen die Töpfer nicht unbeachtet. Das beweisen Figuren des aufgeblasenen Dicken, des von zwei Begleitern geführten Betrunkenen, des Kranken und Verstümmelten. Bis in die intimste Lebenssphäre hinein führen uns die erotischen Szenen. Darüber hinaus gehören mythische Wesen, darunter auch wieder der Jaguarmensch, Tiere und Pflanzen sowie Häuser und Tempel zu der scheinbar unbegrenzten Darstellungspalette der überaus feinsinnigen und künstlerisch hochbegabten Töpfer der Moche-Zeit.

Die Metallbearbeitung gelangte ebenfalls zu einem höheren Grad der technischen und künstlerischen Bewältigung. Schmuck und Gebrauchsgegenstände aus Gold, Silber und Kupfer wurden gegossen. Die Herstellung von Legierungen, das Metall-Löten und verschiedene Methoden der Vergoldung waren bekannt.

Inzwischen war auch auf dem peruanischen Hochland die sozialökonomische Entwicklung weiter vorangeschritten, ohne daß sie jedoch zunächst den Stand der Küstenkulturen erreichte. Auf dem bolivianischen Hochland entstand dagegen um 400 u. Z. eine neue indianische Kultur, auf die diese Feststellung nicht zutrifft. Sie erhielt ihren Namen von der am Südufer des Titicacasees gelegenen, noch heute rätselhaften Tempelstadt Tiahuanako. Ihre Ruinen erstrecken sich über eine Fläche von mehr als 500 Quadratkilometern. Wie auf dem Hochland üblich, waren Steine – hier Sandstein und der vulkanische, porphyrartige Andesit – das vornehmlich verwendete Baumaterial. Darunter befinden sich monolithische Blöcke von über einer Tonne Gewicht. In der Tempelstadt fand man wuchtige, eckige menschliche Statuen, deren größte, aus einzelnen Steinquadern zusammengesetzt, mehr als fünf Meter Höhe mißt. Das bekannteste bauliche Detail der Tempelstadt ist das sogenannte Sonnentor, ausgestattet mit einem Relieffries, dessen zentrale Figur mit Würdestäben den Sonnengott oder den Schöpfergott Viracocha darstellen könnte. Auf bemalten tönernen Bechern, Schüsseln, Tellern und zweihenkligen Töpfen treten uns neben geometrischen Ornamenten die Abbildungen von Lamas, Kondoren, Pumas und Schlangen entgegen.

Noch ist nicht geklärt, ob Tiahuanako ehemals nur ein Wallfahrtszentrum oder der Mittelpunkt eines Stadtstaates gewesen ist. Ebensowenig wissen wir, welche Völkerschaften diese eindrucksvolle Kultur begründeten. Vermutlich waren es Aymara-Indianer, die noch heute in großer Zahl das bolivianische Hochland besiedeln. Als sicher ist jedoch anzunehmen, daß Tiahuanako unter der Herrschaft von Priestern stand, die die Bauernbevölkerung einer größeren Umgebung tributpflichtig gemacht hatten. Die Landwirtschaft beruhte auf dem Anbau von Kartoffeln und Quinua sowie auf der Haltung großer Herden von Lamas und Alpakas.

Wie der vorwiegend in Treibarbeit hergestellte Schmuck beweist, war die Goldbearbeitung auch hier bekannt. Bedeutender ist jedoch eine andere Erfindung: die Bronzelegierung. Dazu war der Abbau von Zinnerz Voraussetzung. Erst unter den Inka verbreitete sich die Nutzung der Bronze, besonders zur Herstellung von Waffen, über das ganze peruanische Territorium.

Im 9. Jahrhundert muß es vom Zentrum der Tiahuanako-Kultur aus zur Abwanderung großer Bevölkerungsgruppen gekommen sein, die in der Folgezeit die typischen und unverkennbaren Elemente dieses Stiles in Nordargentinien, Nordchile und bis weit hinein nach Peru verbreiteten. Über die Triebkräfte, die hinter diesen Expansionen standen, gehen die Meinungen noch auseinander. Kriegerische Absichten scheinen jedoch nicht vorgelegen zu haben. Aus der Kenntnis von Fundkomplexen der sogenannten expansiven Phase der Tiahuanako-Kultur, die der Verfasser dieses Nachwortes während einer völkerkundlichen Expedition 1966 in Nordchile sah, möchte er schließen, daß die abgewanderten Gruppen Hirten gewesen waren, die für ihre stark angewachsenen Herden auf dem bolivianischen Hochland nicht mehr genügend Weideflächen gefunden haben.

Die Verbreitung des Tiahuanako-Stiles bis nach Nordperu – deshalb auch verschiedentlich als zweiter panperuanischer Kulturstil bezeichnet – ging jedoch nicht mehr direkt vom bolivianischen Hochland, sondern von Huari aus. Huari, wenige Kilometer von der heutigen Provinzhauptstadt Ayacucho, südöstlich von Lima, entfernt, muß, seiner architektonischen Anlage nach, eine Stadt weltlichen Charakters von beträchtlichem Ausmaß gewesen sein. Sie war in Stadtviertel unterteilt, die hohe Mauern umschlossen. Das erinnert sehr an die Hauptstadt Chan-Chan des noch zu beschreibenden Chimor-Reiches und an die Inkahauptstadt Cuzco, die die gleiche Gliederung aufwiesen, wobei die einzelnen Stadtviertel nur von den Angehörigen bestimmter sozialer Klassen und beruflicher Stände bewohnt werden durften. In Huari gab es bereits mehrstöckige Häuser, aus Feldsteinen mit Mörtelbindung errichtet. Daneben wurden große Steinplatten verarbeitet. Die Decken vieler Räume waren gewölbeartig ausgebildet.

Die Stadt Huari war das Zentrum des von den Archäologen mit gleichem Namen bezeichneten Reiches. Von wem aber wurde es regiert? Übte der oberste Herrscher noch immer zugleich auch das Amt des Hohenpriesters aus, oder hatte bereits eine personelle Trennung dieser Funktionen stattgefunden? Wir wissen es nicht. Daß das Huari-Reich auf militärischen Expansionen beruhte, ist dagegen kaum noch anzuzweifeln. Ob die Krieger dabei ihre Erfolge dem Einsatz von Pfeil und Bogen als überlegener Fernwaffe verdankten, ist nicht zu beweisen, aber durchaus möglich, wenn man in diesem Zusammenhang an die Chichemeken Mesoamerikas denkt, die ihre Siege über die Tolteken mit derselben Waffe erstritten.

Schon zur Huari-Zeit gab es auf dem Hochland Straßen, für militärische Zwecke und den Handel mit der Küstenregion bestimmt. Sie waren also ebenfalls keine Erfindung der Inka. Diese haben sie allerdings später ausgebaut und um viele Hunderte von Kilometern verlängert. Dabei konnten sie im nördlichen Peru – um das bereits vorwegzunehmen – auch die Straßen des Chimor-Reiches in ihr Verkehrsnetz einbeziehen.

Auch in anderer Hinsicht zeigt sich der Huari-Staat als direkter Vorläufer des Inkareiches. Schon die Huari verehrten die Sonne als oberste Gottheit, dargestellt als anthropomorphes Wesen mit Raubtier- und Schlangenattributen. Hier treten die Hauptmotive der längst vergangenen Chavín-Zeit erneut hervor.

Die reichbemalten, oft sehr großen Tongefäße, auf denen auch figürliche Darstellungen nicht fehlen, sowie die farbenprächtigen Textilien der Huari-Periode fallen sofort durch ihre eckigen, abstrakten, beinahe geometrisch ausgeführten Motivgestaltungen auf. An der Küste verschmolz dieser Stil mit traditionellen Nazca-Elementen. Im Norden Perus verdrängte er die ehemals so realistisch gestaltete Moche-Keramik. Übrigens wurden Federhemden, die später zur Galakleidung der Inkafürsten gehörten, schon von den Huari-Handwerkern hergestellt, indem sie in ein netzartiges Baumwollgewebe blaue und gelbe Daunen von Papageien einflochten.

In der Huari-Periode gewinnt das Orakel der Tempelstadt Pachacamac, nördlich von Lima, große Bedeutung. Selbst die Inkafürsten zogen noch zu diesem Ort, um das Orakel über den Erfolg ihrer Vorhaben zu befragen.

Gegen 1200 scheint die Macht des Huari-Einflusses überall in Peru gebrochen zu sein. Es beginnt die letzte Entwicklungsphase, als deren Endstufe das Inkareich zur Zeit seiner Entdeckung anzusehen ist. Kleinere Fürstentümer treten wieder hervor, auf die wir jedoch hier nicht weiter eingehen können. Es seien nur einige Namen genannt, weil sie in der späteren Eroberungschronik der Inka eine Rolle spielen: Chincha, Cuismancu und Chuquismancu in südlichen und zentralen Küstentälern und Cajamarca auf dem Hochland. Prescott erwähnt davon nur Chincha und Cajamarca.

An der peruanischen Nordküste, auf dem Boden des ehemaligen Moche-Staates, bildete sich aber ebenfalls um 1200 ein mächtiges Reich heraus, das sich in seiner Blütezeit über 900 Kilometer entlang der Küste bis in die Gegend von Lima erstreckte: Chimor oder Chimú. Hauptstadt und Residenz der regierenden Fürsten war das aus luftgetrockneten Lehmziegeln errichtete Chan-Chan, nahe dem heutigen Trujillo. Es bedeckte eine Fläche von mehr als 10000 Quadratkilometern und soll nach Schätzungen, die vielleicht doch zu hochgegriffen sind, 250000 Menschen beherbergt haben. Daß es wie Huari in durch Mauern abgeschlossene Stadtviertel – hier zehn – unterteilt war, deren jedes nur von gesellschaftlich gleichgestellten Personen bewohnt werden durfte, erwähnten wir bereits.

Die sozialökonomische Struktur von Chimor ist uns nun schon besser bekannt, da die spanischen Chronisten noch viele Informationen darüber zusammentragen konnten. Wie die Inka müssen auch die Chimú bereits über ein starkes und gut organisiertes Heer verfügt haben; denn das Reich verdankte seine Größe militärischen Expansionen. Die gesellschaftliche Differenzierung erreichte einen Grad, der auch im Inkareich nicht mehr übertroffen wurde. Die Herrscherfamilie und ihre engere Verwandtschaft bildeten den obersten Adelsstand. Zur herrschenden Klasse gehörten auch der Priester- und Militäradel. Zwischen ihm und dem einfachen Volk stand der Adel der unterworfenen Völkerschaften. Die weitere Rangfolge entsprach der des Moche-Staates. Ungeklärt bleibt die Frage, ob die Kriegsgefangenen im gebräuchlichen Sinne des Wortes die gesellschaftliche Stellung von Sklaven einnahmen.

Die Bewohner der ländlichen Gebiete blieben weiterhin in Sippen organisiert. An deren Beibehaltung könnte auch staatliches Interesse bestanden haben, da sich das Gewohnheitsrecht der Sippen als Instrument der Macht über die zahlenmäßig große Bauernbevölkerung nutzen ließ. Es wird jedoch angenommen, daß die ursprüngliche Organisationsstruktur durch staatliche Eingriffe bereits gewisse Modifizierungen erfahren hatte. So gibt es Meinungen, nach denen die Gruppengliederung nach der Dezimalordnung, wie sie später das Ayllu-System der Inka aufweist, zuvor schon bei den Chimú erfolgte. Diese Gliederung könnte auf die Verwendung des Quipu, der sogenannten Knoten›schrift‹, die den Chimú ebenfalls bereits bekannt gewesen sein soll, zurückzuführen sein. Mit Hilfe dieses Rechenmittels wurden von den dazu eingesetzten Beamten nicht nur die geforderten Abgaben an den Staat, sondern auch die Menschen gezählt. Da die Knoten an den Schnursträngen des Quipu gleichfalls Zahlenwerte im Dezimalsystem ausdrückten – von unten noch oben die Einer, Zehner, Hunderter, Tausender und Zehntausender –, ließ sich damit eine nach demselben Dezimalsystem gegliederte Bevölkerungsgruppe statistisch leichter erfassen.

Der Quipu besaß, entgegen Behauptungen in älteren Publikationen, nicht das Wesen einer Schrift. Daher beschäftigte die Wissenschaft seit langem die Frage, ob die Altperuaner nicht auch über eine andere Möglichkeit der Aufzeichnung von Ereignissen und Wissen verfügt haben. Anlaß zu dieser Fragestellung gaben nicht zuletzt die beachtlichen Fortschritte der Maya, Mixteken und Azteken Mesoamerikas in der Schriftentwicklung. Sollten die geometrischen Zeichen auf inkazeitlichen Textilien und Trinkbechern, die man bisher nur als ornamentalen Schmuck angesehen hatte, das Rätsel lösen helfen? Der Tübinger Ethnologe Thomas S. Barthel untersuchte und ordnete sie. Nach seinen Forschungsergebnissen fand er über 400 Symbole, denen er feststehende Bedeutung beimißt. Sie sind nach Barthels Ansicht als Belege für eine Wortzeichen-Schrift der Inka zu werten. Weitere Forschungen mit eindeutigeren Beweisen werden diese Schlußfolgerung festigen müssen. Darin wird auch die Frage einzubeziehen sein, ob nicht bereits die geometrischen Zeichen auf Gegenständen vorinkaischer Kulturen – beispielsweise Nazca, Moche, Tiahuanako, Huari, Pachacamac – in ähnlicher Weise zu deuten sind, da auch hier Vorläufer nicht ausgeschlossen werden können.

Wie im Moche-Reich galt auch in Chimor der Mond als oberste Gottheit, der wohl die meisten Tempelpyramiden gewidmet waren. Aus Sprachforschungen, die Middendorf noch Ende des vergangenen Jahrhunderts vornehmen konnte, ergab sich, daß die Chimú eine eigene Sprache gesprochen haben, die nichts mit dem Ketschua der Inka gemein hatte.

Obwohl viele Forscher Chimor als eine Weiterentwicklung des Moche-Staates bezeichnen, besitzt doch die Keramik des Chimor-Reiches nicht mehr die Ausdruckskraft und den Formenreichtum jener Kulturperiode, wenngleich sich in seiner nun schwarzgrauen Töpferware noch manche Anklänge daran feststellen lassen. Es hat den Anschein, als sei diese Keramik nun als Massenartikel von Handwerkern in manufakturähnlichen Werkstätten hergestellt worden. Dagegen nimmt die Goldverarbeitung einen weiteren Aufschwung. Noch heute werden in den Ruinen von Chan-Chan viele kostbare Funde aus diesem Edelmetall geborgen. Die besten Metallhandwerker holten sich die Inka später an ihren Hof nach Cuzco. Sie sollen dort die prächtigen und zum Teil sehr großen menschlichen Darstellungen aus Gold und Silber angefertigt haben, die die Spanier noch in den Palästen und Gärten aufgestellt sahen. Die spanischen Eroberer schreckten in ihrer Gier nach edlem Metall leider nicht davor zurück, diese Kunstwerke einzuschmelzen. So blieben der Nachwelt nur einige wenige Kleinplastiken erhalten.

Im Jahre 1465 unterwarfen die Inkaheere, unaufhaltsam von Süden nach dem Norden vorstoßend, als letztes der Küsten- und Hochlandreiche auch Chimor. Dessen namentlich bekannter Herrscher Minchanzaman, der letzte einer Dynastie von achtzehn Fürsten, lebte in den folgenden Jahren gleich den Fürsten anderer unterworfener Reiche als geachtete Persönlichkeit in einem Palast in Cuzco.

Damit wäre der historische Anschluß an den Inhalt von Prescotts Buch hergestellt. Im Nachwort detaillierter auf das Inkareich einzugehen erübrigt sich, denn was Prescott in seiner Schilderung der Wirtschaft, der sozialen und politischen Gliederung, der Lebensweise, des Wissensstandes, der kulturell-künstlerischen Leistungen und der Religion mitteilt, ist von der Forschung seitdem zwar ergänzt und in manchem schärfer gesehen und beurteilt worden, in seinen Grundzügen behält es jedoch volle Gültigkeit.

Eines aber dürfte die hier nur skizzenhaft dargestellte vorinkaische Geschichte, verglichen mit dem, was Prescott über den Inkastaat berichtet, wohl deutlich gemacht haben: Viele der oft bewunderten und den Inka zugeschriebenen sozialen und kulturellen Leistungen und technischen Erfindungen waren in Wirklichkeit das Verdienst älterer Reiche. Die Inka übernahmen, was ihnen zum Auf- und Ausbau ihres Staatswesens nützlich erschien. Was jedoch zuvor in dieser Perfektion noch nie erreicht wurde, war ihre militärische Organisation und Kriegstaktik sowie auch ihre monumentale Steinarchitektur, die in erster Linie ebenfalls militärischen Zwecken diente.

Die Wurzeln hierfür sind zweifellos schon in den Anfängen des Inkastaates zu suchen. Als sich nach 1200 vermutlich vier Ketschua-Stämme in der Umgebung der späteren Hauptstadt Cuzco zu einem Bund zusammenschlossen, geschah das wohl in der Absicht, ihre kriegerische Macht zu vereinigen; denn schon die Vorfahren der Inka waren als Hilfstruppen in den militärischen Auseinandersetzungen der auf dem Hochland bestehenden Kleinstaaten sehr geschätzt. Ihr sozialökonomisches Entwicklungsniveau und ihr Bildungsstand müssen in jener Zeit beträchtlich unter dem anderer peruanischer Völkerschaften gelegen haben. Aber ebenso wie die Azteken Mesoamerikas, auf die das gleiche zutrifft, paßten sie sich nicht nur sehr bald der höheren Kultur und Lebensweise derer an, von denen sie als Hilfstruppen gedungen worden waren, sondern erhoben sich schließlich dank ihrer militärischen Macht selbst zu Herrschern.

Die großen inkaischen Landeroberungen erfolgten viel später, als manchmal angenommen wurde. Sie waren das Werk der letzten der dreizehn namentlich bekannten Inkafürsten: von Pachacutec Yupanqui (1438–1471), dem man die Gesetzgebung für die oft gerühmte innerpolitische Verwaltung des Inkastaates zuschreibt, von seinem Sohn Tupac Yupanqui (1471–1493), der bis nach Mittelekuador vorstieß und im Süden über das Hochland von Bolivien hinaus Mittelchile und Nordwestargentinien unter seine Herrschaft zwang, und von Huayna Capac (1493–1527), der zudem noch Nordekuador unterwarf, jedoch vergeblich versuchte, in das tropische östliche Tiefland einzudringen.

Das inkaische Großreich, das die Spanier vorfanden und das 1532 das gesamte Andengebiet vom 5. Grad nördlicher bis zum 40. Grad südlicher Breite umfaßte, war also ein noch sehr junges und keineswegs gefestigtes Gebilde. Außerdem befand es sich zu dieser Zeit in einer innerpolitischen Krise, die erkennen läßt, daß sich Kräfte des Kriegeradels, geführt von dem Inka Atahualpa, gegen die Allmacht des Priesteradels stellten, um dessen noch immer bestimmenden Einfluß auf die Entscheidungen und Geschicke des Staates zu brechen. Man kann hierin den Beginn der Herausbildung eines Feudaladels sehen, der, wäre dieser Prozeß durch die spanische Eroberung nicht gewaltsam unterbrochen worden, das Inkareich in der Zukunft möglicherweise zu einer universalhistorisch höheren Staatsform geführt hätte. Aber diese wäre ebensowenig wie die Gesellschaftsstruktur, die die spanischen Eroberer im Inkareich vorfanden, als Staatssozialismus zu bezeichnen gewesen. Die früher darüber verbreiteten utopischen Meinungen hat ja bereits Prescott durch seine Darstellung der Machtverhältnisse im inkaischen Peru eindeutig widerlegt.

Mit dem blutigen Bruderkrieg zwischen dem rechtmäßigen Thronerben Huascar in Cuzco und dessen Halbbruder Atahualpa, der in Quito, dem ehemaligen Herrschaftssitz seiner Mutter, residierte, beginnt Prescotts Erzählung. Er schilderte die spanische Eroberung Perus genau in der Abfolge, wie sie die Chronisten berichteten. Prescott bezeichnete, von einigen Ausnahmen abgesehen, die Eroberer als den ›Abschaum der Ritterschaft‹, der im spanischen Mutterland zu den Ärmsten gehörte und in der Neuen Welt nur danach trachtete, schnell Reichtümer zu erwerben. Doch da Prescott nur die Schicksale seiner ›Helden‹ beschreibt, erfahren wir aus seinem Werke so gut wie nichts über die vielen einfachen Kolonisten, Kaufleute, Handwerker und Angehörigen anderer Bevölkerungsschichten, ohne die die Macht des spanischen Kolonialreiches in Amerika niemals möglich gewesen wäre.

Das wird verständlich, wenn wir uns vergegenwärtigen, wer Prescott war und unter welchen Umständen er sein Werk schuf.

William Hickling Prescott wurde am 4. Mai 1796 als Sohn eines Rechtsanwaltes in Salem im nordamerikanischen Massachusetts geboren. Seine Vorfahren gehörten zu jenen Puritanern, die wegen ihrer Verfolgung im englischen Mutterland besonders zwischen 1620 und 1640 nach Nordamerika auswanderten und im nordöstlichen Teil der späteren Vereinigten Staaten die Neuenglandstaaten gründeten. Seine eigentliche Heimatstadt wurde jedoch Boston, wohin seine Eltern schon 1808 verzogen.

Diese Hafen- und Hauptstadt von Massachusetts galt damals als Zentrum des geistigen Lebens. Ein Bürger, der gesellschaftliche Achtung genießen wollte, mußte über eine gute klassische Bildung verfügen. So besuchte der junge Prescott, wie es in wohlhabenden puritanischen Familien üblich war, von 1811 bis 1815 die nahe Harvard-Universität und ging anschließend auf die traditionelle Bildungsreise nach England, Frankreich und Italien.

Eigentlich hatte Prescott, dem Vorbild des Vaters folgend, Rechtsanwalt werden sollen. Doch dazu verspürte er nicht die mindeste Lust; zu stark waren seine historischen Interessen, schon während der Studienzeit durch die Lektüre von Werken über die griechische und römische Geschichte geweckt. Nach seiner Rückkehr aus Europa suchte er lange nach einem Betätigungsfeld, das seinen Neigungen entsprach. George Ticknor, sein Freund und späterer Biograph (›Life of William Hickling Prescott‹, 1864), eröffnete es ihm durch seine Vorlesungen über spanische Literatur an der

Harvard-Universität. Prescott begeisterte sich an der spanischen Geschichte und begann bald darauf mit eigenen Studien darüber.

Als erstes Ergebnis dieser Arbeit erschien 1838 die ›Geschichte der Regierung Ferdinands und Isabellas‹, in der der Zusammenschluß von Kastilien und Aragón beschrieben wird, der zur spanischen Monarchie und schließlich zum spanischen Kolonialreich führte. Zwei bedeutende Abschnitte von dessen Entstehungsgeschichte stellte Prescott dann in der ›Eroberung Mexikos‹ (1843) und unserer ›Eroberung Perus‹ (1847) dar. In seinen letzten Lebensjahren widmete er sich einer ›Geschichte der Regierung Philipps II. von Spanien‹. Deren erste beide Bände erschienen 1855, der dritte 1858, doch blieb dieses größer angelegte Vorhaben leider unvollendet, da der Autor am 28. Januar 1859 darüber verstarb.

Es zeugt für Prescotts außerordentliche Energie und unermüdlichen Forscherdrang, daß er, der schon auf der Universität durch einen Unfall ein Auge eingebüßt und bald darauf auch die Sehkraft des anderen so weit verloren hatte, oft über Monate keine Zeile lesen konnte, dennoch solch großes Lebenswerk geschaffen hat, wie es diese vier Bücher darstellen. Hierbei half ihm sein überdurchschnittliches Gedächtnis und allerdings auch die ihm als Wohlhabendem gebotene Möglichkeit, Vorleser und Schreiber zu beschäftigen.

Es waren besonders die Geschichtswerke über Mexiko und Peru, die Prescott schon zu Lebzeiten hohe Anerkennung, die Mitgliedschaft angesehener wissenschaftlicher Gesellschaften, Akademien und Universitäten Europas und Nordamerikas, die Ehrendoktorwürde und – was ihm noch mehr bedeutete – die Freundschaft großer Geister seiner Zeit, darunter die Alexander von Humboldts, eintrugen. Aber was war an Prescotts Werken so außergewöhnlich? Es war die neue Art, mit der hier zwei bedeutende Ereignisse der amerikanischen Geschichte auf Grund aller erreichbaren Quellen sorgfältig erforscht, übersichtlich gegliedert und mit hoher Kunst der Erzählung anschaulich und fesselnd dargestellt wurden, obwohl Prescott wohl selbst niemals die Schauplätze seiner Darstellungen besucht hat. Jedenfalls ist weder seinen Werken noch den biographischen Angaben über ihn ein Hinweis auf Reisen nach Mexiko oder Peru zu entnehmen.

Schon bei den Vorarbeiten zu seinem Werk über Mexiko hatte sich Prescott bemüht, nicht nur die wenigen gedruckt vorliegenden Quellen auszuschöpfen, sondern sich darüber hinaus Kopien von Handschriften aus den spanischen Archiven zu verschaffen: Jahresberichte der königlichen Beamten, königliche Erlasse und Verordnungen, Briefe und andere Urkunden aus der Zeit der Conquista und der nachfolgenden Kolonialperiode, Zustandsschilderungen und persönliche Tagebücher. Und er hatte das Glück des Tüchtigen; denn im damaligen, nach der Unabhängigkeitserklärung der mittel- und südamerikanischen Kolonien (1811–25) zur politischen Bedeutungslosigkeit hinabgesunkenen Spanien suchte man offenbar durch geschichtliche Rückbesinnung auf die einstige Größe dem Volke wieder mehr Selbstbewußtsein zu geben. Im Zusammenhang damit hatte die spanische Regierung eine Sammlung der wichtigsten kolonialgeschichtlichen Handschriften zusammenstellen lassen. Diese Arbeit scheint sich gerade in ihrem Endstadium befunden zu haben, als Prescott mit seinem Anliegen an die spanischen Archive herantrat.

Als Prescott das ihm bereitwillig zur Abschrift überlassene Material sichtete, erkannte er sehr bald, daß er nicht nur einen unermeßlich reichen Schatz an ethnographischen, wirtschafts-, sozial- und kolonialgeschichtlichen Berichten über Mexiko und Peru besaß, sondern daß sich darunter auch viele Handschriften befanden, von denen die Öffentlichkeit bis dahin nichts wußte. So ist Prescott kaum eine bedeutende Quelle entgangen, wie spätere, bis in unser Jahrhundert reichende Nachforschungen in den spanischen Archiven ergaben. Diese Quellen erstmals für seine Arbeiten über Mexiko und Peru ausgewertet zu haben ist ein großes Verdienst Prescotts. Nicht wenige Handschriften, auf die er aufmerksam gemacht hat, wurden nach dem Erscheinen seiner Bücher gedruckt und so der weiteren Forschung zugänglich. Und wenn sich die von der Eroberung Mexikos und Perus berichteten Tatsachen bei Prescott und modernen Autoren so sehr gleichen, so liegt das eben an der Verwendung derselben Quellen.

Prescotts Werke gelten als Muster der sogenannten ›erzählenden Schule‹ der Geschichtsschreibung; denn bei aller Vollständigkeit in der Beschaffung und kritischen Auswertung der Quellen blieb die ›Schilderung von Charakteren, auffallenden romantischen Ereignissen und malerischen Naturszenen‹, die lebendige, anschauliche und farbige Darstellung, immer sein Hauptziel. Anregungen zur liebevollen Wiedergabe des ›Lokalkolorits‹, das seine Lektüre noch heute so anziehend macht, empfing er aus Walter Scotts historischen Romanen und aus der ›Geschichte der Herzöge von Burgund‹ (1824/26) des an Scott gebildeten französischen Diplomaten und Historikers Prosper Brugière, Baron de Barante, der der Geschichtsschreibung durch die Kunst unreflektierter Erzählung den Reiz des romantischen Romans zu geben suchte. Prescotts leicht pathetischer, dabei die Knappheit suchender Stil erinnert dagegen an den des schottischen Geschichtsschreibers William Robertson, dessen im Geiste der Aufklärung geschriebene ›Geschichte der Regierungszeit Karls V.‹ (1769) Prescott noch 1857 neu herausgab und der ihm auch durch seine ›Geschichte Amerikas‹ (1777) stofflich nahestand. Man dachte auch an andere Geschichtsschreiber der Aufklärung, so an Edward Gibbon oder Abbé de Mably, die Prescotts Darstellung beeinflußt haben könnten.

Doch man soll das alles bei einem zwar sehr belesenen, aber in sich selbständigen, wissenschaftlich und künstlerisch hochbegabten Autor vom Range und Fleiße Prescotts nicht überschätzen. In der Tat hat Prescott, über diese Anregungen weit hinausgehend, als Forscher und Darsteller seine eigene Gestaltungsart gefunden; man denke hier nur an den meisterhaft klaren Aufbau seiner Bücher und an die Kunst seiner Komposition, mit der er die Handlung ständig voranzutreiben und das Tempo dramatisch bis zu ihren entscheidenden Höhepunkten zu steigern wußte.

Als gemäßigter Liberaler der Neuenglandstaaten stand Prescott geistig zwischen den Nachwirkungen der Aufklärung und der Romantik. So zeigen seine Bücher mit ihrem Streben nach möglichst genauer Erforschung und tatsachengetreuer Wiedergabe historischer Ereignisse die fortschrittlichen Züge des Erbes der Aufklärung. Die Einflüsse der europäischen Romantik jedoch beschränken sich in seinen Werken auf die Form: Er weiß die Kunst lebendiger und anschaulicher Darstellung, die ihn die Romantik lehrte, den Tatsachen, die er mitzuteilen hat, völlig dienstbar zu machen und die nachdrückliche Wirkung seiner geschichtlichen Feststellungen auf den Leser durch Farbigkeit und Tempo der Erzählung glänzend zu verstärken. So steht Prescott, wenn er sich auch einmal selbst als ›Handwerker‹ bezeichnete, durch die Zuverlässigkeit seines Quellenstudiums bis heute unveraltet als hervorragender Forscher und durch seine Darstellungsgabe weltgeschichtlich bedeutungsvoller Vorgänge als unverblaßter großer Erzähler da.

Peter Neumann

QUELLEN UND DARSTELLUNGEN

Prescotts Hauptquellen

Acosta, José de (1539–1599): kam 1571 als Jesuitenpater nach Mexiko. Schrieb eine ›Historia natural y moral de las Indias‹ (Sevilla 1589). Prescott benutzte die englische Übersetzung, London 1604.

Andagoya, Pascual de (1495–1548): Zeitgenosse von Cieza de León, schrieb die ›Relación de los sucesos de Pedrarias Dávila en la Tierra Firme de los descubrimientos en el Mar del Sur. Años de 1514–1541‹. Erstmals 1865 englisch in London, dann 1892 in Kolumbien spanisch veröffentlicht. Prescott benutzte das Manuskript.

Betanzos, Juan de: schrieb um 1551 ›Suma y narración de los Incas ...‹. Erstmals 1880 in Madrid gedruckt. Prescott benutzte das Manuskript.

Cieza de León, Pedro (1518–1560): kam 1534 als Soldat nach Amerika. Schrieb 1541–1551 die erste größere und inhaltlich vielseitige Arbeit über Peru. Sie erschien 1553 in Antwerpen als ›Crónica general del Perú‹: eine wertvolle und glaubwürdige Quelle über das Leben der Inka und der Spanier, wobei besonders die lebendige Darstellung und anschauliche Sprache hervorzuheben ist.

Estete, Miguel de: Chronist des 16. Jahrhunderts. Schrieb ›Noticia del Perú‹. Prescott benutzte die in Barcias Sammelband ›Historiadores primitivos de las Indias Occidentales‹ (Madrid 1794) aufgenommene Fassung. Gesondert veröffentlicht 1918 in Ekuador und 1924 in Peru.

Fernández, Diego, el Palentino: diente als Soldat im Heer Pedro de la Gascas, das den Aufstand Gonzalo Pizarros niederschlug. Schrieb die Ereignisse zu seinem Vergnügen auf und wurde zum Geschichtsschreiber von Peru ernannt. Die Endabfassung seiner ›Historia del Perú‹ (Sevilla 1571) erfolgte erst nach seiner Rückkehr nach Spanien. Trotz Verherrlichung des königlichen Hofes zeichnet sich diese Quelle durch große Detailtreue in der Schilderung des letzten Kapitels der Eroberung Perus aus.

Garcilaso de la Vega, el Inka (1539–1616): Sohn eines gleichnamigen spanischen Eroberers und der Inkaprinzessin Isabel Chimpu Ocllo. Siedelte 1560 nach Spanien über, trat in den Kriegsdienst und wurde Hauptmann, später Geistlicher. Schriftstellerische Ambitionen seit etwa 1570. Begann um 1590 mit der Arbeit am Hauptwerk. Der 1. Teil seines Hauptwerkes, ›Comentarios reales que tratan del origen de los Incas‹, erschien 1609 in Lissabon, der 2. Teil, ›Historia general del Perú‹, der die spanische Eroberung Perus behandelt, postum in Córdoba 1617. Garcilaso de la Vega ist der meistzitierte Klassiker der Geschichte Altperus und der spanischen Eroberung des Landes. Um irrtümliche Auffassungen über das Leben der Altperuaner zu berichtigen, verfiel er bei aller Menschlichkeit seiner Darstellung in eine starke Idealisierung der Zustände im Inkareich. Prescott sagt über ihn in einer Fußnote der Originalausgabe: ›Sein Werk ist die Quelle der meisten Tatsachen – und Unwahrheiten ...‹. Das Werk erhielt politisch-patriotische Bedeutung für den Widerstandskampf peruanischer Indianer (Rebellion 1780/81) und die Unabhängigkeitsbewegung der Völker Lateinamerikas gegen das spanische Kolonialregime Anfang des 19. Jahrhunderts.

Gómara, Francisco López de (1510–1560): seit 1540 Hauskaplan der Familie Cortez. Schrieb nach Cortez' Tod die ›Historia general de las Indias‹ mit dem 2. Teil ›Crónica de la conquista de la Nueva España‹ (Zaragoza 1544). Sie stellt die Eroberung jedes amerikanischen Landes für sich, mit völkerkundlichen und kulturgeschichtlichen Erörterungen in einfachem, kultiviertem Stil, doch mit einseitiger Verherrlichung der Taten der Eroberer dar. 1553 von der spanischen Regierung verboten.

Herrera y Tordesillas, Antonio de (1549–1625): von Philipp II. zum Historiographen Kastiliens und beider Indien ernannt. Schrieb, ohne in den Kolonien gewesen zu sein, aber auf Grund der amtlichen Berichte und Dokumente seine nach Jahresgeschehnissen geordnete, daher die Schauplätze ständig wechselnde ›Historia general de las Indias Occidentales‹ (Madrid 1601–1616), die in 8 Teilen den Zeitraum von 1492 bis 1554 behandelt und stets für die Maßnahmen der spanischen Regierung Partei ergreift. Ihr Wert beruht auf der Benutzung zahlreicher später verschollener Quellen.

Hoz, Pedro Sancho de la: schrieb eine ›Relación para S. M. de lo sucedido en la conquista y pacificación de estas provincias de la Nueva Castilla ...‹. Prescott benutzte die in Gian Battista Ramusios ›Navigationi e Viaggi‹ (1565) in Italien erschienene Fassung.

Las Casas, Bartolomé de (1474–1566): der ›Freund der Indianer‹. Sohn eines Teilnehmers an der ersten Reise von Kolumbus, kam 1502 nach Amerika, 1510 als erster in der Neuen Welt zum Priester geweiht, 1521 Dominikaner, 1544 Bischof von Chiapa in Mexiko. Beginnt 1527 seine unvollendete ›Historia general de las Indias‹, die von Kolumbus bis 1520 reicht. Prescott benutzte das Manuskript, ebenso das der Schrift ›De las antiguas gentes del Perú‹, die erst 1892 in Madrid veröffentlicht wurde. Las Casas sucht 1542 durch seine leidenschaftliche ›Indiarum devastationis et exidii narratio brevissima‹ (›Kürzester Bericht über die Ausplünderung und Verwüstung der indischen Länder‹, gedruckt 1552) das Gewissen der Welt gegen die Greueltaten der spanischen Eroberer aufzurütteln. Das von ihm am spanischen Hof erwirkte Gesetz zum Schutze der Indianer hatte jedoch wenig Erfolg.

Montesinos, Fernando de (gest. nach 1652): wurde zweimal im Staatsauftrag nach Peru entsandt und lebte dort zwischen 1628 und 1642. Seine beiden um 1642 entstandenen Werke ›Memorias antiguas historiales y políticas del Perú‹ und ›Anales del Perú‹ benutzte Prescott im Manuskript; sie wurden erst 1882 bzw. 1906 in Madrid veröffentlicht. Prescott schrieb diesen Werken keinen hohen Wahrheitsgehalt zu, kritisierte die darin enthaltene Gleichgültigkeit gegenüber dem Schicksal der indianischen Ureinwohner, benutzte sie jedoch wegen der vom Verfasser verwendeten Dokumente.

Oviedo y Valdéz, Gonzalo Fernández (1478–1557): asturischer Adliger, 1513 Inspektor der königlichen Goldminen in Santo Domingo auf Haïti, nach Feldzügen Gouverneur der Festung Hispaniola in Santo Domingo 1535–1545, 1545 zum Chronisten für Amerika ernannt. Schrieb, völkerkundlich und naturwissenschaftlich interessiert, eine formlose ›Historia general y natural de las Indias‹, die durch Benutzung verschollener Chroniken und anderer historischer Notizen sehr wertvoll ist. Ihr 1. Teil (Sevilla 1535) beschreibt die westindischen Inseln naturgeschichtlich, der 2. Teil (1557) deren Eroberung, die beiden übrigen die Eroberung Mexikos, Perus und anderer amerikanischer Länder ohne Beschönigung, jedoch mit Parteinahme für die spanischen Eroberer. Prescott benutzte die Manuskripte. Vollständig erschien Oviedos Werk erst 1851/55 in Madrid.

Pizarro, Pedro (1514–um 1570): Bruder Francisco Pizarros, ging mit fünfzehn Jahren als Soldat mit diesem nach Amerika. Seine ›Relación del descubrimiento y conquista de los reynos del Perú‹, erst 1844 in Spanien erschienen, behandelt die ganze Eroberungsgeschichte und beruht seit der Rückkehr Francisco Pizarros aus Spanien 1530 auf eigenem Erleben. Nimmt Partei für die Eroberer und empfindet kein Mitleid für die Indianer. Das Werk erhält seinen Wert durch die Detailtreue der Schilderung der Ereignisse. Prescott benutzte das Manuskript.

Polo de Ondegardo, Juan (gest. 1570): war um 1550 als Jurist im peruanischen Staatsdienst tätig. Schrieb seit 1561 einige Berichte über Regierungsform, Kultur und Religion der Inka. Seine Schriften zeigen Mitgefühl für die Indianer und Ablehnung der spanischen Kolonialmethoden. Prescott benutzte die Manuskripte der ›Relación primera‹ und ›segunda‹ aus der Sammlung von Edward King, Viscount Kingsborough (1795–1837), dem englischen Erforscher der altamerikanischen Hochkulturen und Sammler von unveröffentlichten Dokumenten und gedruckten Büchern über Amerika. Die Berichte wurden erst zwischen 1873 und 1940 veröffentlicht: ›Report by Polo de Ondegardo. The rites and laws of the Incas‹ (London 1873); ›Del linage de los ingas y como conquistaron‹ (Peru 1917); ›Informe del Licenciado Juan Polo de Ondegardo al Licenciado Briviesca de Muñatones sobre la perpetuidad de las encomiendas en el Perú‹ (Lima 1940) u. a.

Sarmiento de Gamboa, Pedro, bei Prescott fälschlich Juan (1532–1592): lebte 1555–1557 in Mexiko und 1557–1579 in Peru. Kam in enge Berührung mit Angehörigen des Inkaadels. Schrieb die Geschichte des Inkareiches, nach Jahresgeschehnissen geordnet, mit Offenheit über die Greueltaten der Spanier. Seine Darstellung der ökonomischen und sozialpolitischen Verhältnisse im Inkareich ist leicht idealisiert. Das von Prescott benutzte Manuskript wurde erst 1906 unter dem Titel ›Geschichte des Inkareichs‹ in Berlin veröffentlicht.

Ulloa, Antonio de (1716–1795), und Jorge Juan y Santacilia (1713–1773): Marineoffiziere und Forschungsreisende. Schrieben eine ›Relación histórica del Viage a la América Meridional‹ (Madrid 1748). Prescott benutzte die französische Ausgabe von 1787.

Velasco, Juan López de (1727–1792): Jesuitenpater. Schrieb die ›Historia del reino de Quito ...‹, veröffentlicht 1840 in Paris in französischer Übersetzung von Ternaux-Compans und spanisch 1841/44 in 3 Bänden in Quito. Prescott benutzte die erste Fassung.

Xérez, Francisco de: lebte vermutlich in der ersten Hälfte des 16. Jahrhunderts in Peru. Schrieb eine ›Verdadera relación de la conquista del Perú y provincia del Cuzco llamada la Nueva-Castilla ...‹, die erst 1872 in London erschien. Prescott benutzte das Manuskript.

Zarate, Augustín de (1504–1589): war in Spanien Rechnungsaufseher für Kastilien, wurde dann von der Regierung nach Peru entsandt. Sammelte Bemerkungen und Tagebücher über die Verhältnisse in Peru, schrieb sein Werk aber erst nach der Rückkehr nach Spanien. Es erschien 1555 in Antwerpen unter dem Titel ›Historia del descubrimiento y conquista del Perú y de las guerras y cosas señaladas en ella‹. Prescott benutzte die Fassung in Barcias ›Historiadores primitivos de las Indias Occidentales‹ (Madrid 1794).

Außer den genannten Werken zitiert Prescott in der Originalausgabe seines Buches noch mehr als 50 Jahresberichte der königlichen Beamten, königliche Erlasse und Verordnungen, Briefe der spanischen Eroberer und andere Urkunden aus der Zeit der Eroberung, deren Manuskripte ihm aus den spanischen Archiven zur Verfügung gestellt worden waren. Darüber hinaus erwähnt er noch fast 30 Buchtitel der bedeutendsten Autoren des 18. und der ersten Hälfte des 19. Jahrhunderts, die sich mit Fragen Amerikas befaßt haben.

Einige Standardwerke und Werke über die neuere Erforschung Altperus und seiner Kulturen

Anton, Ferdinand: Alt-Peru und seine Kunst. Leipzig ²1972.
Alt-Amerika und seine Kunst. Leipzig 1977.
Altindianische Textilkunst aus Peru. Leipzig 1984.

Barthel, Thomas S.: Erste Schritte zur Entzifferung der Inkaschrift. In: Tribus 19, Stuttgart 1970.

Baudin, Louis: So lebten die Inkas vor dem Untergang des Reiches. Stuttgart 1957.

Bennett, Wendell C.: Ancient Arts of the Andes. New York 1954. The archeology of the Central Andes. In: Handbook of South American Indians (Smiths. Inst. BAE, Bull. 143). Washington 1946.

Bingham, Hiram: Lost city of the Incas. New York 1948.

Bolz, Ingeborg: Meisterwerke altindianischer Kunst. Recklinghausen 1975.

Bushnell, Geoffrey H. S.: Peru von den Frühkulturen zum Kaiserreich. Köln 1958.

Collier, Donald: El desarrollo de la civilización Peruana. Bogotá 1954.

Cordy-Collins, Alana und Jean Stern: Pre-Columbian Art History. Palo Alto 1979.

De Bry: Amerika oder die Neue Welt, 2. Teil. Hrsg. Friedemann Berger. Leipzig und Weimar 1978.

Disselhoff, Hans-Dietrich: Geschichte der altamerikanischen Kulturen. München 1953.

Das Imperium der Inka und die indianischen Frühkulturen der Andenländer. Berlin ²1974.

Dräger, Lothar: Das alte Peru. Leipzig 1964.

Eisleb, Dieter: Altperuanische Kulturen I. Veröffentlichungen des Museums für Völkerkunde Berlin. Berlin (West) 1975.

Altperuanische Kulturen II, Nazca. Veröffentlichungen des Museums für Völkerkunde Berlin. Berlin (West) 1977.

Engel, Frédéric: Historia elemental del Perú Antiguo. Lima 1965.

Engl, Lieselotte und Theo: Glanz und Untergang des Inkareiches. München 1967.

Garcilaso de la Vega: Wahrhaftige Kommentare zum Reich der Inka. Berlin 1983

Haberland, Wolfgang: Die Kunst des Indianischen Amerika. Zürich 1971.

Helfritz, Hans: Südamerika; Präkolumbische Hochkulturen. Köln 1973.

Horkheimer, Hans: Nahrung und Nahrungsgewinn im vorspanischen Peru. Berlin 1960.

Jones, Julie: Art of Empire: The Inca of Peru. The Museum of Primitive Art. New York 1964.

Karsten, Rafael: Das Altperuanische Inkareich und seine Kultur. Leipzig 1949.

Katz, Friedrich: Vorkolumbische Kulturen; Die großen Reiche des alten Amerika. München 1969.

Ketschua-Lyrik, Herausgeber Mario Razzeto. Verlag Philipp Reclam jun. Leipzig 1976.

Konetzke, Richard: Süd- und Mittelamerika I; Die Indianerkulturen Altamerikas und die spanisch-portugiesische Kolonialherrschaft (Fischer Weltgeschichte 22). Frankfurt a. M. 1965.

Kosok, Paul: Life, Land and Water in Ancient Peru. New York 1965.

Kubler, George: The Quechua in the Colonial World. In: Handbook of South American Indians (Smiths. Inst. BAE Bull. 143). Washington 1946.

The Art and Architecture of Ancient America. Penguin-Books. Middlesex ²1975.

Kutscher, Gerdt: Chimu, eine altindianische Hochkultur. Berlin 1950.

Lanning, Edward P.: Peru before the Incas. New Jersey 1967.

Mariátegui, José Carlos: Siete ensayos de interpretación de la realidad Peruana. Lima 1928.

Markham, Clements Robert: A history of Peru. Chicago 1892. The Incas of Peru. London und New York 1910.

Middendorf, Ernst W.: Die einheimischen Sprachen Perus. Leipzig 1890/92.
Peru. Berlin 1893/95.
Reiß, Wilhelm/*Stübel,* Alphons: Das Totenfeld von Ancón. Berlin 1880/87.
Rowe, John Howland: Inca culture at the time of the Spanish Conquest. In: Handbook of the South American Indians (Smiths. Inst. BAE, Bull. 143). Washington 1946.
Chavín Art. The Museum of Primitive Art. New York 1962.
Schlenther, Ursula: Bodenbesitzverhältnisse und Tribute bei den Inka und Azteca. In: Ethnographisch-Archäologische Zeitschrift (16. Jg., Heft 1). Berlin 1975.
Lateinamerika und seine Ureinwohner. Berlin 1976.
Schmidt, Max: Kunst und Kultur von Peru. Berlin 1929.
Squier, E. George: Peru; Incidents of travel and exploration in the Land of the Incas. New York 1877.
Tello, Julio C.: Origen y desarrollo de las civilizaciones prehistóricas andinas. Lima 1942.
Chavín; Cultura Matriz de la Civilización Andina. In: Publicación Antropológica del Archivo Julio C. Tello, 2, Lima 1956.
Trimborn, Hermann: Quellen zur Kulturgeschichte des präkolumbischen Amerika. Stuttgart 1936.
Das alte Amerika; Große Kulturen der Frühzeit. Stuttgart 1959.
Ubbelohde-Doering, Heinrich: Kulturen Alt-Perus; Reisen und archäologische Forschungen in den Anden Südamerikas. Zürich 1966.
Uhle, Max: Die alten Kulturen Perus im Hinblick auf die Archäologie und Geschichte des amerikanischen Kontinents. Berlin 1935.

P. N.

ERKLÄRUNG DER ABBILDUNGEN

Zur Illustration der vorliegenden Ausgabe wurden Abbildungen aus der ›Nueva Corónica y Buen Gobierno‹ (›Neue Chronik und gute Regierung‹) von Felipe Guaman Poma de Ayala ausgewählt. Wie aus dem Namen ersichtlich, war der Verfasser indianischen Blutes; denn in der Ketschuasprache bedeutet Guaman Falke und Poma Puma. Der Chronist gehörte nicht zum Inkaadel, sondern war Nachfahre der Yarovillca-Dynastie von Allauca Huanuco, die einst das nördliche Peru – zur Inkazeit Chinchasuyo genannt – beherrschte und auch nach der Eroberung dieses Gebietes durch den Inka Tupac Yupanqui noch große Macht besaß. So soll der Vater von Guaman Poma, nach dessen eigenen Angaben, der erste Berater des Inka Atahualpa gewesen sein. Leider sagt der Verfasser nichts über seinen Lebensweg, und auch später war darüber nichts Genaueres zu ermitteln.

Nach Meinung des Göttinger Forschers Richard Pietschmann (1851 bis 1923) verwendete Guaman Poma zwanzig bis dreißig Jahre für die Abfassung seines Werkes. Es wurde vermutlich vor 1613 abgeschlossen. Pietschmann erwähnt, der Chronist sei zu einer Audienz an den Hof des Königs von Spanien gerufen worden, um über die Behandlung der Indianer Perus durch die Eroberer zu berichten. Es ist durchaus möglich, daß Guaman Poma in Spanien gewesen ist; denn er sagt am Ende seines Werkes, er sei erst nach einer Abwesenheit von über dreißig Jahren, schon achtzig Jahre alt, zu seinen Angehörigen zurückgekehrt und habe sie in Armut und Elend vorgefunden. Er sei dann nach Lima gegangen, offenbar um sein lange zuvor begonnenes Werk zu vollenden, das er dem spanischen König widmete. Die Handschrift muß dann nach Spanien gelangt und dort in Vergessenheit geraten sein.

Die Auffindung der Originalhandschrift und Erkennung ihres besonderen Wertes für die Ethnographie Altperus und die Eroberungs- und frühe Kolonialgeschichte des Landes ist das Verdienst des schon erwähnten Forschers Richard Pietschmann. Er entdeckte den auf Papier geschriebenen starken Quartband kleinen Formats im Jahre 1908 bei der Durchsicht der Bestände der Königlichen Bibliothek in Kopenhagen unter der Nummer 2232 der alten Sammlung; ein ehemaliger dänischer Minister hatte die Handschrift aus Madrid mitgebracht und sie der Bibliothek übereignet.

Pietschmann berichtete noch im selben Jahre über seinen Fund und gab der Wissenschaft eine Analyse des Inhaltes (›Nueva Corónica y Buen Gobierno des Don Felipe Guaman Poma de Ayala, eine peruanische Bilderhandschrift‹. In: Nachrichten von der Königlichen Gesellschaft der Wissenschaften zu Göttingen, Philologisch-Historische Klasse, Berlin 1908). Im Jahre 1912 ergänzte er diesen Bericht durch Erläuterungen in seinem Beitrag ›Some Account of the illustrated Chronicle by the Peruvian Indian, D. Felipe Huaman Poma de Ayala‹ (International Congress of Americanists, Proceedings of the XVIII. Session, London 1912; Part II London 1913). Der Forscher starb, bevor er die Handschrift veröffentlichen konnte.

Das Werk in vollem Umfang erstmals der Öffentlichkeit zugänglich gemacht zu haben ist dem französischen Ethnologen Paul Rivet (1876 bis 1958) zu verdanken. Die ›Nueva Corónica‹ erschien 1936 im Faksimiledruck als Band 23 der ›Travaux et Mémoires de l'Institut d'Ethnologie‹ (Université de Paris). Unseren Bildwiedergaben, in der Größe zu zwei Dritteln den Originalen entsprechend, liegt diese Ausgabe zugrunde.

Guaman Pomas ›Chronik‹, 1179 Seiten umfassend, behandelt die Geschichte des Inkareichs von den mythischen Anfängen bis zur Kolonialzeit. Der Text des Buches stimmt nicht immer mit den historischen Tatsachen überein. Der eigentliche Wert der ›Chronik‹ beruht auf den 400 Federzeichnungen. In ihrem gestalterischen Ausdruck können sie nicht als ausgesprochen indianisch gelten, obwohl Anklänge an Malereien etwa auf Moche-Gefäßen (200 v. u. Z. – 800) nicht zu übersehen sind; der europäische Einfluß macht sich stark bemerkbar. Doch gerade die zeichnerische Naivität führte zu einer Ausdruckskraft der Abbildungen, die uns die in Guaman Pomas Werk dargestellten Motive lebendig entgegentreten läßt. Dabei ist die unmißverständlich kritische Haltung gegenüber den Eroberern und späteren Kolonialherren Perus zu spüren.

Guaman Poma schreibt zu Beginn, sein Werk möge ›nützlich für den Christen‹ sein. Vielleicht machte er deshalb auch Zugeständnisse und setzte der Ursprungsgeschichte der Inka die biblische Legende voran. Aus all seinen Worten und den Zeichnungen ist das Bestreben ersichtlich, ›dem Christen‹ verständlich zu machen, daß die Indianer stolz auf ihre Vergangenheit sind und ihnen das Recht zukommt, als Menschen behandelt zu werden. So zielen die Hauptteile seines Werkes darauf ab, Sitten und Gebräuche, Recht und Politik des Inkareiches dazustellen, durch die Wiedergabe altperuanischer Gebete und Gesänge den Spaniern zu verdeutlichen, daß die Indianer nicht ›gottlos‹ gewesen sind, und schließlich durch die Hervorhebung der Unmenschlichkeiten und Verbrechen an den Indianern eine Veränderung im Verhalten der Kolonialherren herbeizuführen. Der verdienstvolle englische Peruforscher Clements Robert Markham (1830–1916) bemerkte mit Recht, man hätte die ›Neue Chronik‹, wäre sie schon in Lima in die Hände der Priester oder Staatsbeamten gefallen, wahrscheinlich in Stücke gerissen. Auch ihr Verfasser, fügen wir hinzu, wäre dann wohl grausamer Verfolgung ausgesetzt gewesen.

Die ausgewählten Zeichnungen Guaman Pomas lassen sich dem Text des Prescottschen Werkes fast ausnahmslos zuordnen. Im folgenden bezeichnen die eingeklammerten Ziffern hinter den Bildunterschriften die Seitenzahlen des Originals der ›Neuen Chronik‹.

Die Erklärung der Abbildungen enthält alles zum Verständnis Notwendige, auch den wesentlichen Inhalt der aus spanischen und Ketschua-Wörtern gemischten Schriftzeilen.

Titelbild Der Inka Atahualpa vor seiner Gefangennahme (382): Hernando Pizarro und Hernando de Soto – nicht, wie auf der Abbildung angegeben, Sebastian Benalcázar – laden Atahualpa zu einem Besuch im Lager der Spanier in Cajamarca ein; entgegen der Darstellung Prescotts empfängt der indianische Herrscher hier die Boten in der Kriegssänfte. Diese Einladung leitete die Entmachtung des Inka ein. Der Zeichner gab diesem fälschlich eine spanische Hellebarde in die Hand.

Abb. 1 Der Inka Tupac Yupanqui in Festtracht (110): Tupac Yupanqui, Inka 1471–1493, war schon unter seinem Vater, dem 1438–1471 herrschenden Inka Pachacutec, dem eigentlichen Begründer und Gesetzgeber des Reiches, dessen oberster Heerführer und Eroberer großer Gebiete. Die Abbildung zeigt ihn als Machthaber in Festtracht, in der Rechten das Zepter, und zugleich als Krieger, erkennbar an Helm und Schild. Ornamente, wie sie auf dem Gewand des Inka erscheinen, werden in neuester Zeit als Schriftzeichen gedeutet.

Abb. 2 Das Fest des Umgrabens der Felder (1153): Alljährlich im August leiteten der Inka und sein Adelsgefolge mit Tänzen und Gesängen zeremoniell das Umgraben der neu zu bestellenden Felder ein; es war ein Fest auch für das Volk. Die Männer brechen den Boden mit der Taclla um. Dieser mit einem Trittstelz versehene Grabspaten war das Hauptgerät für die Feldbearbeitung im alten Peru; er wird in den Hochanden noch heute benutzt. Die stehende Frau, ebenso wie die knieenden Frauen in tunikaartigem Gewand mit breiter gemusterter Schärpe, reicht in Bechern Chicha, ein leicht alkoholisches Getränk aus Mais.

Abb. 3 Hängebrücke (356): Neben der Anlage eines weiträumigen Straßennetzes gehörte der Bau von Hängebrücken zur Überquerung von Schluchten und Flüssen zu den bewundernswerten Leistungen der Altperuaner. Wächterbeamte waren für die ordnungsgemäße Benutzung verantwortlich. Brücken dieser Art dienen in entlegenen Gebieten Perus noch heute dem Verkehr. Sie bestehen aus Seilen, geflochten aus pflanzlichen Fasern. Die Gehfläche wird mit Holzbrettern und Ästen belegt.

Abb. 4 Der Inka beim Fest der Sommersonnenwende (258): Das ›Capac Inti Raymi‹, etwa mit ›Fest der Erlauchten Sonne‹ übersetzbar, war die bedeutendste Festlichkeit im Inkareich. Die Abbildung zeigt den Inka und sein Gefolge in Festtracht bei der Anbetung der als männliche Gottheit dargestellten Sonne. Die Frauen schlagen dazu eine kleine Handtrommel. Das ›Capac Inti Raymi‹ fand im Dezember statt. Wahrscheinlich mit demselben Monat beginnend, war das Inkajahr jedoch nicht in Sonnen-, sondern in zwölf Mondmonate unterteilt, benannt nach wichtigen Festen, die zumeist mit der Landwirtschaft zusammenhingen. Auf die Bedeutung des Mondes soll vermutlich die zeichnerische Wiedergabe auf der Abbildung hinweisen.

Abb. 5 Zählen mit dem Quipu (360): Das ›Lesen‹ und der Gebrauch des Quipu, der Knotenschnur, blieb dem Beamtenstand – meist Angehörigen des Adels – vorbehalten. Die Abbildung zeigt den ›Zahl- und Schatzmeister‹ des Inka mit einem solchen Quipu. Man konnte damit nur Mengen festhalten. Zum Rechnen diente das links unten zu sehende Rechenbrett mit Kieseln oder Samenkörnern, die bestimmte Zahlenwerte bezeichneten.

Abb. 6 Kartoffelernte (1147): Die Kartoffelernte fiel in den Juni. Der Mann hebt die Pflanze mit der Taclla, dem Trittspaten, aus der Erde; eine Frau holt mit einer kurzen, krummstieligen Hacke die Knollen heraus. In Säcken werden die Kartoffeln zum Speicher gebracht. Bemerkenswert ist die Tragweise mittels Stirnband.

Abb. 7 Maispflanzung mit Feldhüter (1138): Ein Feldhüter mit Rasselstab und Steinschleuder, zur Abschreckung einen Fuchsbalg über Kopf und Nakken, vertreibt zur Reifezeit des Maises im März Vögel, hauptsächlich wohl Papageien, aus einer Pflanzung. Im Hintergrund sieht man, wie bei der Ernte die ganze Pflanze geschnitten und in Bündeln zum Speicher getragen wurde.

Abb. 8 Lamahirtin (225): Das Hüten der Tiere war, wie noch heute bei den Indianern der Hochanden, besonders Aufgabe der Frauen. Hier weidet ein zwölfjähriges Mädchen mit Hirtenhund Lamas. Nebenbei hat sie Holz für den häuslichen Herd gesammelt und verspinnt Wolle zu Garn.

Abb. 9 Indianerin am Webrahmen (215): Der erstmals für die Moche-Kultur (200 v. u. Z. – 800) nachgewiesene Webrahmen ist bezeichnend für Peru. Er hatte bereits einen Kettzug. Hier arbeitet daran eine Frau ›im Alter von dreiunddreißig Jahren‹.

Abb. 10 Die Eroberer vor ihrem Aufbruch nach Peru (371): Francisco Pizarro und Diego Almagro in Castilla del Oro, ›Gold-Kastilien‹, der ältesten festen Kolonie auf der Tierra firme (in der spanischen Entdeckungsgeschichte Bezeichnung für Mittelamerika und das nordwestliche Küstengebiet Südamerikas). Sie umfaßte gegen 1520 den größten Teil des heutigen Staates Panama und Teile von Kostarika und Nikaragua. Sitz des Statthalters der Kolonie wurde die 1519 gegründete Stadt Panamá, 8 km westlich des heutigen Ortes gleichen Namens gelegen. Von hier brachen die Eroberer zur Suche nach dem Inkareich auf. Die Standarte zeigt das Wappen der spanischen Krone.

Abb. 11 Die Eroberer auf der Fahrt nach Peru (373): Von Panamá gelangten Pizarro und Almagro auf dem Seewege nach Peru. Unhistorisch auf der Abbildung ist die Gestalt des spanischen Eroberers Vasco Núñez de Balboa (um 1475–1517), der 1511 die erste Kunde vom Goldland im Süden erhielt; er weist hier Pizarro sinnbildlich den Weg.

Abb. 12 Pizarro empfängt eine Gesandtschaft der Indianer (375): Nach Guaman Poma sandte der mit seinem Halbbruder Atahualpa im Bürgerkrieg liegende Inka Huascar 1532 an den nach Cajamarca vordringenden Pizarro eine Botschaft, um ihn als Verbündeten zu gewinnen. Diese Episode wird von Prescott nicht erwähnt, dagegen ein Zusammentreffen mit einem Abgesandten Atahualpas, dem Pizarro seine Kriegsdienste anbot. Offenbar wollte der spanische Eroberer beide Inka gegeneinander ausspielen.

Abb. 13 Erste Begegnung zwischen Pizarro und Atahualpa (384): Die Abbildung zeigt den Inka, der die Einladung zum Besuch im Lager der Spanier angenommen hatte, auf dem Thron inmitten seiner Krieger, vor ihm außer Pizarro und Almagro den Pater Vicente de Valverde, der den indianischen Herrscher zum Christenglauben zu bekehren suchte, und rechts davon, mit erhobenem Zeigefinger, den Dolmetscher Felipe oder Felipillo. Kurz darauf wurde Atahualpa nach einem blutigen Gemetzel unter seinem Gefolge gefangengenommen.

Abb. 14 Atahualpa im Kerker (387): In Erwartung reicher Beute behandelte Pizarro den gefangenen Inka zunächst gut, nachdem aber Gerüchte von einem Aufstand gegen die Spanier laut geworden waren, ließ er ihn in Ketten legen und streng bewachen.

Abb. 15 Die Hinrichtung Atahualpas (390): Obwohl der Inka den Spaniern das versprochene Lösegeld in Gold und Silber entrichtet und noch kurz vor seinem Tode das Christentum angenommen hatte – deshalb das Kreuz in seinen Händen –, verschonte Pizarro sein Leben nicht. Die Art der Hinrichtung, wie sie Guaman Poma dargestellt hat, stimmt nicht mit den historischen Berichten überein, wonach Atahualpa durch die spanische Garrotte, ein eisernes Würgeband, den Tod fand.

Abb. 16 Der von Pizarro eingesetzte Inka Manco Capac (398): Die Abbildung zeigt den Inka auf dem Thron unter einem Federbaldachin, umgeben von seinem Gefolge. Die Eroberer sahen in ihm ein willfähriges Werkzeug ihrer Macht, mußten aber bald erkennen, daß sie sich getäuscht hatten. Manco Capac rief das Volk zum Widerstand auf und kämpfte 1536/37 erbittert gegen die Eindringlinge. Nach erfolgloser Belagerung von Cuzco zog er sich mit seinen Getreuen in die Berge zurück, wo er 1544 von abtrünnigen Spaniern, die er freundlich aufgenommen hatte, ermordet wurde. Wie zur Zeit seiner Vorgänger trugen die Krieger Manco Capacs wollene Brustpanzer, mit Federn geschmückte hölzerne Helme und rechteckige – auch runde – Schilde aus Leder. Als Fernwaffe diente ihnen die Steinschleuder, für kürzere Entfernungen die Bola, ein Wurfstrick mit einem oder mehreren meist in Leder eingenähten Steinen. Im Nahkampf verwendeten sie vielgestaltige, oft schwertförmige oder in Sternköpfe aus Stein oder Bronze auslaufende Keulen sowie Streitäxte und Stoßlanzen. Die Standarten rechts und links vom Thron gehen vermutlich auf spanischen Einfluß zurück.

Abb. 17 Indianer im Kampf gegen Spanier (432): Eigentümlicherweise enthält das thematisch sonst so reiche Werk Guaman Pomas keine Abbildung, die den Kampf von Inkatruppen gegen die spanischen Eroberer zeigt. So soll die hier wiedergegebene Darstellung einer zeitlich späteren kriegerischen Auseinandersetzung – es handelt sich um den Kampf königstreuer indianischer Hilfstruppen gegen spanische Aufrührer im Jahre 1554 – dafür eintreten.

Abb. 18 Pizarros Tod (410): Die Anhänger des gleichnamigen Sohnes Diego Almagros erschlagen am 20. 6. 1541 in Lima Pizarro, der dessen Vater nach Ausbruch des Bürgerkrieges zwischen den spanischen Eroberern 1538 in Cuzco hatte erdrosseln lassen. Der jüngere Almagro wiederum wurde 1542 nach verlorener Schlacht gegen Pizarros jüngsten Bruder Gonzalo hingerichtet.

Abb. 19 Mißhandlung eines indianischen Trägers (527): In zahlreichen Beispielen stellt Guaman Poma die grausame Behandlung der unterworfenen Indianer durch die spanischen Eroberer dar, woran sich Soldaten, Staatsbeamte, Adlige und Priester gleichermaßen beteiligten. Hier ist es ein ›Reisender‹.

Die sechs Vignetten auf den Zwischentiteln sind Wiedergaben von Ornamenten auf Bauwerken und Tongefäßen der Chimú-Kultur (13. bis 15. Jahrhundert).

P. N.

ERLÄUTERUNGEN

Zur Aussprache der altperuanischen und spanischen Wörter

Die altperuanischen Wörter werden im allgemeinen nach den Regeln der spanischen Lautlehre ausgesprochen. Die Betonung liegt bei allen Wörtern auf der vorletzten Silbe, wenn sie mit einem Vokal oder mit n oder s enden. Wörter mit anderen Endkonsonanten werden auf der letzten Silbe betont. Abweichungen von der Regel sind durch Akzente auf den zu betonenden Silben gekennzeichnet.

c: vor e und i in Lateinamerika mehr wie ein weiches ß, in Spanien ähnlich wie th in engl. thing; sonst wie k.
ch: wie tsch.
g: vor e und i wie ch in Bach; sonst wie g.
gu: in altperuanischen Wörtern etwa wie gw; sonst wie g.
h: gewöhnlich stumm.
hu: in altperuanischen Wörtern wie hw.
i: im Anlaut vor e wie j.
j: wie ch in Bach.
ll: wie lj.
ñ: wie nj.
qu: vor e und i wie k.
s: wie ß.
v: wie w.
y: wie ij; im Auslaut wie i.
x: wie kß.
z: wie span. c vor e und i.

Adelantado: ehem. span. Provinzstatthalter, später Titel des Oberrichters.
›Akademie‹: die Schule Platons (427–347), nach dessen Lehre die Dinge schattenhafte Nachbilder übersinnlicher, nur in Begriffen erkennbarer ›Urformen‹, der ›Ideen‹, sind, aus denen die Dinge hervorgegangen seien; diese idealistische Lehre wurde von der Schule der Neuplatoniker seit 200 u. Z. religiös weitergebildet.
Alcabada (span.): Verkaufs- und Einnahmesteuer.
Alguacil mayor: span. höherer Richter.

Alkalde: span. Gemeindevorsteher und Ortsrichter.

Anahuac (aztek.: am Rande des Wassers): Bezeichnung der tropischen Küstengebiete am Stillen Ozean und am Golf von Mexiko; von den Spaniern fälschlich auf das mexikan. Hochland übertragen.

Bataten: Bezeichnung der Antillenindianer für die ›Süßkartoffel‹, die Knollenwinde Ipomoea batatas. Heute in vielen warmen Ländern kultiviert, werden ihre rübenförmigen, mehligen, süßen Wurzelknollen, 1 bis 2 kg schwer, geröstet oder gekocht wie Kartoffeln gegessen oder zu Stärke und Alkohol verarbeitet. In vorspan. Zeit in Nord-, Mittel- und Südamerika angebaut, in Peru besonders in den Tälern der Küste und im tropischen Gebiet der östl. Kordillerenabhänge. Bereits von Kolumbus nach Spanien gebracht, 90 Jahre vor der Kartoffel, auf die man den Namen der Batate übertrug (span. patata, franz. patate, engl. potato).

Candia: italien. Name für die Insel Kreta und deren Hauptstadt.

Castilla del Oro (›Gold-Kastilien‹): älteste feste Kolonie auf der Tierra firme, gegen 1520 den größten Teil des heutigen Staates Panama und Teile von Kostarika und Nikaragua umfassend.

Cavallero (Caballero; span.): eigtl. Reiter, dann Bezeichnung des Ritters, dem auch Adelsrechte verliehen werden konnten.

Cervantes Saavedra, Miguel de (1547–1616): der Verfasser des ›Don Quijote‹.

Contador (span.): Schatzmeister.

Córdoba y Aguilar, Gonzalo Fernández de, gen. Großer Kapitän (1443 bis 1515): span. Feldherr, der sich besonders in den Kriegen mit Frankreich um den Besitz von Neapel auszeichnete.

Cortes: im Mittelalter ständische Vertretung von Geistlichkeit, Adel und Bürgertum in Spanien und Portugal; urspr. zur Steuerbewilligung und Mitsprache in der Gesetzgebung berechtigt, verloren sie mit der wachsenden Macht des Königtums seit Beginn des 16. Jh. immer mehr an Bedeutung.

Cortez, Hernando (1485–1547): span. Eroberer, der 1519–1521 das mexikan. Aztekenreich unterwarf; anschließend sandte er Heeresabteilungen in die benachbarten Gebiete, so 1524 eine Expedition nach Honduras, die zur Eroberung des Landes und zur Gründung einer Kolonie führte.

Curaca (Ketschua): Häuptlinge unterworfener Stämme; im Inkareich unterster Adelsstand.

Dorado s. *El Dorado.*

El Dorado (span.: der Vergoldete): Nach indian. Überlieferungen badete ein mit Goldstaub überpuderter Herrscher alljährlich in einem der heiligen Seen auf dem Hochland von Bogotá und opferte dabei den Göttern Gold und Edelsteine. El Dorado wurde für die Spanier zum Inbegriff eines geheimnisvollen Goldlandes, das sie in verschiedenen Gegenden Mittel- und Südamerikas vermuteten und suchten; Pizarro glaubte es in Peru gefunden zu haben.

Enciso, Martin Fernandez de (15./16. Jh.): span. Entdecker, der 1510 eine Expedition nach Darién im Süden Panamas unternommen hatte: seit 1514 Oberrichter.

Encomienda (span.: Auftrag, im Sinne von Lehen): Hauptform der Leibeigenschaft in Spanisch-Amerika, die sich im ersten Drittel des 16. Jh. aus dem auf offener Sklaverei beruhenden Repartimiento-System entwikkelte. Die Regierung übertrug mit der Encomienda einem Grundherrn zeitweilig, auf Lebensdauer oder in Ausnahmefällen auch erblich das Recht zur Ausbeutung der indian. Arbeitskraft, zur Erhebung der an die Krone zu zahlenden Kopfsteuer und zur Christianisierung. 1718/21 wurde dieses System aufgehoben und durch andere Abhängigkeitsformen ersetzt.

Garcilaso de la Vega s. S. 366f.

Gasca, Pedro de la (1485–1567): span. Staatsmann, 1546 als ›Präsident der Königreiche und Provinzen von Peru‹ in die vom Mutterland abgefallene Kolonie entsandt, um sie wieder unter die Botmäßigkeit der Krone zu bringen; 1548 errang er den entscheidenden Sieg über den Aufrührer Gonzalo Pizarro.

Hidalgo: span. niederer Adliger.

Indienrat (span. Consejo Real y Supremo de las Indias): 1511 eingesetzte oberste Behörde der span. Kolonialverwaltung; mit dem Verlust der Kolonien verlor sie zunehmend an Bedeutung und wurde 1847 aufgelöst.

Isabella von Portugal (1503–1539): Gemahlin von Karl V., röm.-deutscher Kaiser 1519–1556, als Karl I. König von Spanien 1516–1555.

Jubeljahr (eigtl. Jobeljahr, von hebr. jobel, Widderhorn, auf dem das Jahr eingeblasen wurde): alle 50 Jahre im altjüd. Festkalender wiederkehrendes ›Freijahr‹ mit Schulderlaß, Freilassung der israel. Sklaven und Rückgabe des gepfändeten Grundbesitzes an den ursprünglichen Eigentümer.

Kazike: Häuptling; das aus der Sprache der Indianer Haïtis entlehnte Wort wurde von den Spaniern auf die Dorf- und Stammeshäuptlinge auch anderer Gebiete Lateinamerikas übertragen.

Las Casas s. S. 367.

Livius, Titus (59 v. u. Z. bis 17): röm. Geschichtsschreiber; in seinem umfangreichen Werk ›Seit Gründung der Stadt‹, das die Geschichte Roms von ihren sagenhaften Anfängen bis 9 v. u. Z. mit nationalem Stolz und sittlichem Empfinden erzählt, schreibt er der röm. Politik beschönigend Milde gegenüber den Besiegten zu.

Lykurg (angeblich 9. Jh. v. u. Z.): sagenhafter Gesetzgeber und Schöpfer der Verfassung Spartas, auf die König, Rat und Bürger schwören mußten und die von ihnen nicht verändert werden durfte; deshalb von Prescott ›ehernes Gesetz‹ genannt.

Mark: altes Gold- und Silbergewicht, in Spanien = 230,471 g.

Meile: engl. Meile = 1,609 km.

Mesta (span.: Vereinigung): Verband der Viehzucht, besonders Schafzucht, treibenden Großgrundbesitzer Kastiliens 1275–1836, von der Regierung durch umfassende Vorrechte und zahlreiche Gesetze gefördert; die einseitige Begünstigung der Viehzucht auf Kosten des Ackerbaus war eine der Hauptursachen für den Verfall der span. Wirtschaft seit dem 16. Jh.

Mitimaes (Ketschua): Von den Inkaherrschern zur Festigung ihrer politischen Macht in neueroberten Gebieten angesiedelte Untertanen.

Montezuma, eigtl. Motecuhzoma, II.: Herrscher des mexikan. Aztekenreiches 1502–1520; Cortez, der 1519 von ihm als Gast in seiner Hauptstadt empfangen worden war, zwang ihn unter dem Vorwand, an einer Ausschreitung gegen die Eroberer mitschuldig zu sein, von seinem Palast in das Quartier der Spanier umzuziehen, wo er zwar äußerlich ehrenvoll behandelt, aber doch bis zu seinem Tode gefangengehalten wurde.

Navarra: ehem. Königreich beiderseits der westl. Pyrenäen; 1512 eroberte Spanien Obernavarra, den Teil südl. der Pyrenäen, die heutige span. Provinz Navarra.

Oviedo s. S. 368.

Pavia: italien. Stadt 30 km südl. von Mailand; Ort des entscheidenden Sieges der kaiserlichen Truppen über Franz I., König von Frankreich 1514–1547, in den Italienischen Kriegen 1494–1559 um die Vorherrschaft in Europa.

Peru: Nach Garcilaso de la Vega war Pelu das indian. Wort für Fluß; als die Spanier nach dem Namen des Landes fragten, nannten die Indianer irrtümlicherweise den Namen eines Flusses. Die Herkunft des Wortes Peru ist bis heute ungeklärt; zumindest kann es nicht aus der Ketschuasprache stammen, da deren Ausdruck für Fluß anders lautet.

Regidor (span.): Ratsherr.

Repartimiento (span.: Verteilung): das in den ersten Jahrzehnten der Eroberung Amerikas durch die Spanier angewandte System, die Indianer als Sklaven an die Eroberer zu ›verteilen‹; im ersten Drittel des 16. Jh. durch die Encomienda abgelöst.

Rustika (lat.): Bossenwerk, ›bäuerliches‹ Mauerwerk, Fassadengestaltung aus Quadern, die an ihrer Vorderseite nur roh behauen sind; bei röm. Bauten, Burgen der Stauferzeit und Palästen seit der Renaissance als Ausdruck des Wuchtigen verwendet.

Satrap: fürstlicher Provinzstatthalter im alten Persien.

Scyri: Titel des Herrschers und wohl auch Name des Reiches von Quito, das zum Teil schon von Inka Tupac Yupanqui (1473–1493) und vollständig von dessen Sohn Huayna Capac (1493–1527) unterworfen wurde, wobei der letzte Scyri, Cacha, den Tod fand; Huayna Capac heiratete dessen Tochter Paccha.

Tierra caliente (span.): ›heißes Land‹, Bezeichnung für die tropische Zone im Gegensatz zu Tierra templada für die gemäßigte und Tierra fría für die kalte Zone der Berggebiete; diese geographisch-klimatische Einteilung in Zonen ist in ganz Lateinamerika üblich.

Tierra firme (span.): ›Festland‹, in der span. Entdeckungsgeschichte Bezeichnung für Mittelamerika und das nordwestliche Küstengebiet Südamerikas.

Toga virilis: das röm. lange Männergewand aus weißem Wolltuch, das die Knaben bei ihrem Eintritt in die Mannbarkeit anlegten.

Valdivia, Pedro de (um 1500–1553): span. Eroberer, bewährter Offizier Pizarros, der ihn 1540 zur Unterwerfung Chiles entsandte; 1547/48 am Kampf gegen den Aufrührer Gonzalo Pizarro beteiligt.

Vega s. S. 366 f. *Garcilaso de la Vega.*

Yuca (Manihot): blaubereifter hoher Strauch aus der Gattung der Wolfsmilchgewächse (Euphorbiazeen), nicht zu verwechseln mit der ebenfalls in Amerika heimischen Palmlilie, Yucca, einem Agavengewächs; neben Kartoffel und Batate die wichtigste tropische Stärkepflanze. Die Bezeichnung Yuca stammt von Indianern der Antillen: die Altperuaner nannten die Pflanze Ruma. Im deutschen Sprachgebrauch ist sie bekannter unter dem brasilian.-indian. Namen Maniok. Aus ihren großen zylindrischen Speicherknollen gewinnt man das stärkereiche Mehl (Mandioka oder Tapioka), das zum Kochen, Rösten, Backen von Brotfladen (Kassabe) oder zur Herstellung leichtvergärter alkoholischer Getränke verwendet wird. In Altperu kannte man als Anbaupflanze nur die ungiftige süße Art (Manihot utilissima).

P. N.

INHALT

Kultur des Inkareichs

Entdeckung Perus

Eroberung Perus

Bürgerkriege der Eroberer

Befriedung des Landes

Anhang

ISBN 3-7350-0001-0

Dritte Auflage 1986
Lizenz Nr. 387/190/3/86 LSV 7331
Gesamtherstellung: Offizin Andersen Nexö,
Graphischer Großbetrieb, Leipzig
Schrift: Garamond-Antiqua
Schutzumschlag und Einband: Horst Adler
Bestell-Nr. 786 139 3
Printed in the German Democratic Republic
01440